中国特色社会主义道路河南实践
★系列丛书★
☆☆☆

新型城镇化
引领三化协调科学发展

XINXING CHENGZHENHUA YINLING SANHUA XIETIAO KEXUE FAZHAN

主编 王发曾

人民出版社

策划编辑：娜　拉
责任编辑：雍　谊
封面设计：肖　辉

图书在版编目（CIP）数据

新型城镇化引领三化协调科学发展／王发增　主编．
　－北京：人民出版社，2012.11
ISBN 978－7－01－011615－0

Ⅰ.①新…　Ⅱ.①王…　Ⅲ.①城市化－研究－中国　Ⅳ.① F299.21

中国版本图书馆 CIP 数据核字（2012）第 317691 号

新型城镇化引领三化协调科学发展

XINXING CHENGZHENHUA YINLING SANHUA XIETIAO KEXUE FAZHAN

王发增　主编

人民出版社 出版发行

（100706　北京市东城区隆福寺街 99 号）

北京中科印刷有限公司印刷　新华书店经销

2012 年 11 月第 1 版　2012 年 11 月北京第 1 次印刷
开本：710 毫米 ×1000 毫米 1/16　印张：22.75
字数：350 千字　印数：00,001－10,000 册

ISBN 978－7－01－011615－0　定价：25.00 元

邮购地址 100706　北京市东城区隆福寺街 99 号
人民东方图书销售中心　电话：（010）65250042　65289539

深入贯彻落实科学发展观

——持续探索"两不三新"三化协调科学发展路子

卢展工

河南省第九次党代会提出，持续探索不以牺牲农业和粮食、生态和环境为代价的新型城镇化、新型工业化、新型农业现代化三化协调科学发展的路子，是从根本上破解发展难题的必然选择，是加快经济发展方式转变的具体实践，是中原经济区建设的核心任务。走好这条路子，必须充分发挥新型城镇化的引领作用、新型工业化的主导作用、新型农业现代化的基础作用。

在某种意义上，河南是中国的一个缩影，农村人口多、"三农"问题突出，持续探索"两不三新"三化协调科学发展的路子，是改革开放以来河南省历届省委、省政府团结带领全省广大干部群众持续探索的一个创造性成果，充分彰显了科学发展观的真理力量，充分彰显了科学发展观的实践价值，是中国特色社会主义道路在河南的生动实践。深刻理解这条路子，必须把握以下几点：

第一，倒逼机制。这条路子不是我们凭空想出来的，而是河南省发展面临的诸多困难和问题倒逼出来的。一是不牺牲农业和粮食、生态和环境的承诺形成了倒逼机制。不牺牲农业和粮食、生态和环境，是中央的要求，是人民的期盼，更是河南的承诺。一方面，不牺牲农业和粮食首先不能牺牲耕地，就河南省目前的农业生产力发展水平来看，在今后相当长一段时期内，没有足够的耕地作保障，要做到粮食稳产增产，到2020年达到 1300 亿斤是不可能的;另一方面,对河南这样一个人多地少的内陆省份来说,城市发展需要土地,工业发展需要土地。既要做到耕地不减少、粮食稳产增产,又要保障城镇化、工业化用地需求,就要求我们必须研究探索一条新的发展路子。二是河南省"三农"问题突出的状况形成了倒逼机制。目前,我省 60%的人口生活在农村,但农村生产力发展水平还比较落后,农业生产规模化、组织化程度不高,农民生活水平还比较低。比如,农村的水、电、路、气等基础设施很不健全,文化、教育、卫生等公共服务设施也很不完善;农民建的房子没有产权,不能抵押融资,无法带来财产性收入。提高农业生产力的发展水平,解决农民的柴米油盐酱醋茶等民生问题,改善农民的生产条件、生活方式、生活环境,维护保障农民的各项权益,都非常突出地摆在了我们面前。三是推动城乡统筹和城乡一体化、破除城乡二元结构、促进三化协调发展的要求形成了倒逼机制。我们过去提出的工业化、城镇化、农业现代化,都没有充分考虑农村发展的问题。传统的城镇化是农民进城的城镇化。现在河南外出务工人员达到二千五百多万,他们很难在务工的城市安家落户。2008 年国际金融危机爆发后,河南省有九百多万外出务工人员返乡,给我们造成了很大压力。中央提出要破解城乡二元结构,统筹城乡发展,形成城乡经济社会发展一体化新格局。在实际工作中如何破解城乡二元结构,如何推进城乡统筹和城乡一体化,过去我们始终没有找到好的切入点和结合点。推进新型农村社区建设,找到了统筹城乡发展的结合点、推进城乡一体化的切入点、促进农村发展的增长点,从而抓住了三化协调发展的着力点,使得协调有了希望、互动有了希望。正是这些倒逼机制,促使我们必须探索、走好这条路子。

第二,引领理念。新型城镇化是城乡统筹的城镇化,是城乡一体的城镇化,是包括农村在内的城镇化,是破解城乡二元结构的城镇化,是着力实现更均等、更公平社会公共服务的城镇化。新型城镇化的引领作用,体现在能够为新型工业化、新型农业现代化提供重要支撑、保障和服务。在新的发展阶段,没有新型城镇化就没有新型工业化,就没有新型农业现代化。从引领新型工业化来看,如果没有城市搭建的载体平台,没有城市集聚的生产要素,没有城市提供的相关服务,大型企业、高科技企业就发展不起来，新型工业化就无法推进。随着河南城镇化水平的提高，城市的基础设施更加健全，教育、文化、餐饮、住宿、旅游、休闲等服务更加完善，吸引了富士康等国际知名企业在豫落户。新型城镇化引领新型工业化发展，还体现在提供劳动力资源、土地资源上。例如，在中原内配股份有限公司调研时，企业负责人跟我们讲，新型农村社区建设的推进，将提供充足的劳动力和建设用地，支撑企业不断做大做强。从引领新型农业现代化来看，随着农业生产力的发展，生产关系必须作出相应的调整。现在一家一户分散经营的小农经济模式很难适应大面积机械化生产和现代化管理的需要，只有提高农业生产的规模化、组织化程度，才能实现农业现代化。推进新型城镇化，可以促进农村社会精细分工和农村劳动力转移就业，可以加快农村土地流转、促进农业规模经营，为推进新型农业现代化创造条件。新型城镇化的引领作用，体现在能够扩大内需、增加投资，有效支撑经济社会发展。最大的内需潜力在新型城镇化，最大的内需市场在农村。坚持新型城镇化引领、推进新型农村社区建设，既能够促进农村扩大投资、增加消费，又能够促进农村公共服务水平提升，成为经济社会发展一个新的重要增长点。从农民愿望来说，农民最渴望、最需要的是建房，建有产权、有公共服务设施的住房。现在，河南省农村进入了新一轮建房高峰期。推进新型农村社区建设，让农民在新型农村社区建房，既可以扩大固定资产投资，又可以拉动房屋装修、家具家电等消费。同时，政府为新型农村社区配套建设公共基础设施，促进城市公共服务向农村延伸，也可以扩大投资。

建设新型农村社区，必须把握好原则方向、基本要求，注重运作、科学运作、有效运作。一是政策引领。要切实把新型农村社区建设研究透，把有关政策制定好，让农民群众知道有什么好处，让干部知道怎么干，让有关部门知道怎么支持。我们已经探索了很多好的做法，积累了很多好的经验，下一步要逐步规范、不断提升、形成政策，充分发挥政策的引领作用。二是规划先行。设计理念不一样、规划水平不一样，效果就会大不一样。现在很多人把城市规划和城市建筑设计作为艺术来做，这个理念很好。我们要以对广大农民负责的态度，着眼长远，认真对待，通盘规划，逐步实施，真正高水平规划建设新型农村社区。三是突出主体。要突出农民的主体地位，坚持让农民主导，让农民全程参与新型农村社区的规划布局、方案制定、监督管理、收益分配等各个环节。四是保障权益。建设新型农村社区就是要为群众谋利益。要切实保障群众的各项权益，绝不能从中谋取利益。值得一提的是，新型农村社区建设不是搞福利分房，还是老百姓自己建房。五是规范有序。建设新型农村社区是河南的一个创新。我们既要和现有的政策衔接，把政策用足用够用好，又要坚持依法依规、规范操作、有序推进。六是拓展创新。河南省各地基础不一样，区位不一样，条件不一样，经济发展水平也不一样，在推进新型农村社区建设中会遇到很多不同的困难和问题，需要我们去探索、去创新、去试验，逐步研究解决。河南省之所以没有进行统一部署，没有出台相关文件，就是考虑到还有很多具体问题需要深入研究，急于出台文件会限制基层的创新创造。七是互动联动。上下级之间要加强互动，各方面要加强联动，使人才、资金等各种要素流动起来、发挥作用。八是一体运作。建设新型农村社区，不仅仅是建设部门、发展改革部门的事情，也是各级党委、政府和各个部门共同的事情。要加强统筹协调，真正形成上上下下、方方面面的合力。总之，要通过新型农村社区建设使三化真正互动起来，不断加快新型城镇化、新型工业化、新型农业现代化进程，不断加快民生改善步伐，为中原经济区建设提供有力支撑。

第三，"三新"内涵。新型城镇化，新就新在把农村涵盖进来，形成新的城镇化概念、新的城镇化体系、新的城镇化规划布局。统计上主要用城镇化率这一指标来衡量城镇化水平。城镇化率是指城镇人口占总人口的比例。现在有些地方城镇化率比较高，但实际上城市的公共服务水平并不高。如果城市聚集大量没有技能、没有就业的人口，即使人口规模很大，发展水平也不可能高。我们在推进新型城镇化过程中，一定要在完善城镇公共服务、提升城镇化水平上下功夫，而不能单纯地扩大城镇人口规模。新型城镇化意味着整个城镇体系的不断完善，意味着大中小城市、小城镇、新型农村社区的互动联动、协调发展。当前，河南省区域性中心城市、县城和中心镇的发展水平并不高，亟须进一步提升。一方面要注重新型农村社区建设，为提升大中小城市的发展水平打好基础；另一方面要注重大中小城市和小城镇的协调发展。新型工业化，新就新在科技含量高、信息化涵盖广、经济效益好、资源消耗低、环境污染少、人力资源优势得到充分发挥,这是我省推动工业化进程的方向。对河南这样一个发展中省份来说,推进新型工业化既需要提升层次水平,也需要扩大总量规模,不断加快发展步伐。新型农业现代化,新就新在以稳定和完善家庭联产承包责任制为基础,不断提高农业的集约化、标准化、组织化、产业化程度,使更多农民从土地的束缚中解放出来。改革开放初期我们实行家庭联产承包责任制是一项重大的改革举措,现在建设新型农村社区、推进新型农业现代化同样是一项重大的改革举措。这一生产关系的调整,是由当前的农业生产力发展水平决定的。如果还是一家一户的分散经营模式,农业生产力就很难发展,"不牺牲农业和粮食"就很难实现。新型农村社区体现了新型城镇化、新型工业化、新型农业现代化之间的互动联动关系。一些地方通过建设新型农村社区,农民变成了社区居民,住进了配套设施齐全的楼房,生活水平有了很大提高;很多人进入企业工作,实现了劳动力就近转移,推动了新型工业化发展;农民自愿把土地交给专门的农业合作机构进行规模化、组织化经营,有效地提升了新型农业现代化水平。

第四,着力协调。科学发展观是以人为本、全面协调可持续的发展观,统筹兼顾是科学发展观的根本方法,也是领导干部的根本领导方式和工作方法。统筹兼顾就是要注重协调。领导干部要在协调上下功夫,注重研究解决发展中的不协调问题,协调推动三化互动联动、一体运作,协调推动政治、经济、文化、社会建设以及生态文明建设,协调上上下下、方方面面的力量,使全省1亿人民的共识不断凝聚、合力不断增强。探索走好这条路子,最大的难题也是协调。我们不能就城镇而城镇、就工业而工业、就农业而农业,要下功夫研究如何协调,在协调中促进三化更好地发展。"协调"是新型城镇化的创新所在、重点所在、关键所在。只有牢牢抓住新型城镇化作为引领,才能推动新型城镇化、新型工业化、新型农业现代化协调发展。

(本文系河南省委书记、省人大常委会主任卢展工同志2012年8月在河南省新乡市、焦作市调研时的讲话节选)

目　录

第一章
新型城镇化的中原实践

"中原"，是我国政治军事、经济社会、历史地理乃至科技文化的一个非常重要的地域概念，说"中原支国脉，中原系民心"一点也不为过。中原的辉煌是国之大幸，中原的没落是国之悲哀，中原的崛起是国人更是中原儿女的期盼。以历史唯物主义与辩证唯物主义的眼光解析中原以及中原崛起的背景，就不难明白中原经济区战略为什么会拥有深厚的群众基础、广阔的实践空间，以及由此而生的无边的民心拥戴。以科学发展观的理念与眼光审视城镇化在中原地区的演进，就不难明白新型城镇化为什么应运而起。新型城镇化的中原实践，为持续探索不以牺牲农业和粮食、生态和环境为代价的新型城镇化、新型工业化、新型农业现代化三化协调科学发展的路子，铺下了奠基石，标定了出发点。

第一节　中原崛起，时代与民心的呼唤

什么是"中原"？履新不久的河南省委书记卢展工同志一句简单的发问难住了中原人。2010年3月，在这个平常而又很不平常的年月，刚拉开阵势的河南省委、省政府中原经济区研究课题组，动员了郑州大学历史学院、河南大学历史文化学院以及河南省社会科学研究院历史研究所的十几名历史文化学者，围绕"中原"二字开展了一场学术攻关。

研究表明，"中"字最早出现在殷墟甲骨文，意为徽帜；"原"字最早出现在西周金文，"广平曰原"。"中原"作为一个特定的地域概念，它的

提出和最终被认可，经历了相当长的历史过程。

"中"与"原"连在一起作为单词使用，最早出现于《诗经》，指宽广平坦之地，即平原或原野，是一个通用的地理名词。大约在春秋时期出现了特指的中原地域概念，逮至魏晋，中原地区作为一个相对完整、固定的地理概念逐渐为人们所接受。历史上，中原地理范围变迁较大的主要有七个时期：史前时期（裴李岗文化——夏代时期）、夏商周时期、秦汉时期、魏晋南北朝隋唐时期、宋金时期、元明清时期、近现代时期。

作为特定地域概念的中原，历史所指范围并不一致。依据中原地区历代政区的变迁和文化影响，大致可以将中原的四至界定为：西临华山，北至太行山—漳河一线，南界沔水—淮河一线，东达泰山—泗水一线，主要包括现在的河南省全部，河北邯郸以南，湖北枣阳、襄樊、郧县以北（襄阳以北与南阳联系密切，属南阳管辖），陕西华山以东（包括洛南），山西临汾以南（运城地区），山东菏泽、聊城以西，安徽亳州市、宿州市以及江苏徐州市、宿迁市所辖区域。

在历史长河里，农耕文化、中原文明孕育了中华民族；在政治格局中，金戈铁马、中原逐鹿铸就了大中华。中原地区为民族的繁兴和国家的统一作出了无可比拟的贡献，也经受了太多的磨难。

在改革开放的新时期，中原地区却像一位大喘粗气、步履艰难的老英雄：改革发展大潮涌动神州，"中原凹陷"的担忧却挥之不去；精神文明春风吹遍中华，"妖魔化河南人"的浊流却时隐时现；其主体区河南省常年头顶"人口大省"、"农业大省"的落后帽子，尽管经济总量全国第五，人均经济实力却排在二十几位。

情何以堪，痛何以堪！

中原儿女在委屈中艰难前行，在期盼中苦苦求索。

20世纪80年代，河南人喊出了"无农不稳，无工不富，无商不活"的心声，试图找到一条农、工、商全面繁荣的路子。中原地区在挣脱小农经济的束缚中觉醒。

20世纪90年代，河南"围绕'农'字上工业，上了工业促农业"，"两篇文章联起做，两道难题一起解"，"工农业二十面红旗"迎风招展，"十八罗汉闹中原"红红火火……全省国内生产总值提前6年实现了"翻两番"

的战略目标。中原地区向着美好未来迈了一大步。

2000 年以来，中原亿万人民发出了"中原崛起"的强烈呼声，改革开放后积压了二十多年的谋发展、求振兴的热情和欲望轰然爆发！在"奋力实现中原崛起"的战略构想下，河南省加快发展工业化、城镇化与农业现代化，实施东引西进战略与中心带动战略，构建中原城市群经济隆起带、推动郑汴一体化发展、开发建设郑汴产业带、建设现代城镇体系等大手笔相继推出。河南"天下粮仓"、"国人厨房"的美誉实至名归，新兴工业大省的地位基本确立，经济总量进入全国第一方阵。中原儿女初尝中原崛起的自豪与喜悦。

2006 年，继优先发展东部沿海地区、西部大开发、东北老工业基地振兴等国家区域性宏观战略的先后实施之后，中央启动了举世瞩目的"中部地区崛起"战略。随着《中共中央国务院关于促进中部地区崛起的若干意见》（中发〔2006〕10 号）的颁布，一个期待已久的讯号风行神州，一个迟到的伟大战略亮丽面世！这无疑给了中原儿女极大的鞭策、敦促与鼓舞，"中原崛起"成为国家"中部地区崛起"发展板块上的最强音，成为一条深得人心、充满希望的发展之路！

中原崛起，是时代与民心的呼唤。

中部地区崛起战略实施后，中部六省搅翻了天，不约而同地采取了城市群战略：湖北省的武汉城市圈、河南省的中原城市群、湖南省的长株潭城市群、安徽省的皖江城市带、江西省的环鄱阳湖城市群和山西省的太原都市圈等 6 个城市群先后组建；有的省份期望在中部崛起中扮演重要角色，例如湖北省提出以武汉城市圈为核心整合中部六省共同崛起，河南省以中原城市群为核心力求成为中部崛起的领头羊，江西省则声称"中部崛起看江西"；有的省份积极寻求空间"突围"，期望率先实现崛起，例如山西省将目光瞄向了京津唐和环渤海经济圈，湖南省则带着发展成熟的"长株潭一体化"战略走向泛珠三角，同时向长江经济带融合，江西省提出以"三个基地，一个后花园"对接长江三角洲、珠江三角洲与闽三角地区，安徽省将皖江城市带定位为"长三角的纵深腹地"……

这种步调杂乱的局面，反映了中部六省压抑太久猛然爆发、万马奔腾、奋勇争先的客观现实，但却实实在在地对中部地区的整合发展构成了威胁，如果不从理念、姿态、思路、机制等方面予以克服，人为造成的内耗将使中部崛起陷入尴尬局面。

在这种局面下，中原地区的主体——河南省怎么办？

科学发展观教会我们：从本源上认识问题的本质，从本质上找到解决问题的根本出路。在中原崛起这个大命题中，首先要给崛起搭建一个地域承载体，就必须弄清什么是中原；其次要给崛起设置一个认知标杆，就必须明白什么是中原崛起；再次要给崛起找到一个充分理由，就必须回答为什么要中原崛起；然后要给崛起找到一条可行途径，就必须回答如何才能实现中原崛起；最后要给崛起树立一个努力目标，就必须回答中原能否走在中部崛起的前列。解决这五个问题，靠决策者的"拍脑瓜"或"突发奇想"不行，靠文人的"闭门造车"或"神来之笔"不行，要靠理论与实践相结合，决策与研究相结合，学术与实务相结合。

中原经济区在 30 年的孕育中即将破茧，呼之欲出。

在河南省委、省政府"中原经济区研究"课题组辛勤工作的基础上，2010 年 7 月 2 日，河南省委常委扩大会议正式提出了建设中原经济区、加快中原崛起河南振兴的战略构想。

2011 年 9 月 28 日，国务院《关于支持河南省加快建设中原经济区的指导意见》（后文简称为"国务院《指导意见》"）（国发〔2011〕32 号）正式颁发，标志着中原崛起河南振兴终于进入了国家战略，中原地区在新时期的伟大复兴迈开了关键一步，中原儿女实现了为中华民族强国之梦再作贡献的宏伟愿景！

建设中原经济区是历史的选择、时代的选择、科学发展的选择，是体现了中原地区最广大人民群众心愿的崛起之路。

当今的河南，刚刚经历具有里程碑意义的一段时日。在持续、延伸、拓展、深化中原崛起战略的过程中，凝聚全省人民智慧和力量，先后推进中原经济区建设列入国家"十二五"规划纲要、全国主体功能区规划，以国务院《指导意见》为标志跨入了国家战略序列。"建设中原经济区的气势正在形成、效应逐步显现，一个自强不息、务实发展的河南，一个开放包容、和谐文明的河南，一个日新月异、充满生机的河南，正以崭新的姿态展现在世人面前。""中原经济区建设成为国之大事、省之大计、民之大业，显著提升了河南在全国发展大局中的地位，为我省改革发展创造了难得历史机遇，必将极大地激发人民群众干事创业热情，汇成万众一心、奋发进取、克难攻坚、共襄盛举的强大精神动力，开创中原崛起河南振兴的美好未来！"

当今的河南，标志着胜利的里程碑只是行进途中记录里程的一块界石。朝前看，"路漫漫其修远兮"，"路修远以多艰兮"。河南在蓄势待发，但人口多、底子薄、基础弱、发展不平衡、人均水平低的基本省情尚未根本改变；经济增长方式粗放、产业结构不合理、城乡差距大等长期积累的深层次矛盾尚未根本解决；"钱从哪里来、人往哪里去、粮食怎么保、民生怎么办"的四道难题尚未根本破解。国务院《指导意见》给出了中原经济区建设的定位、准则与基本要求。河南省自己如何在加快中原经济区建设的进程中走出一条中原崛起的路子？

在兴奋中逐渐冷静下来的社会各界，开始思索一个迫切而现实的问题：建设中原经济区，河南省要走一条什么样的路子？2011年10月26日，中国共产党河南第九次代表大会开幕，会议集中讨论了在国务院《指导意见》框架下中原崛起、河南振兴的大计，讨论并通过了《中原经济区建设纲要（草案）》。此后，学习、贯彻九次党代会精神的热潮在中原大地一浪高过一浪……一条路子，一条中原崛起河南振兴的路子，一条完成中原经济区建设核心任务的路子，逐渐清晰并在各界取得共识，那就是：持续探索一条不以牺牲农业和粮食、生态和环境为代价的，以新型城镇化为引领化、新型工业化为主导、新型农业现代化为基础的三化协调科学发展之路。简言之，新型城镇化引领三化协调科学发展，新型城镇化是引擎。

2012年8月13日至16日，河南省委书记、省人大常委会主任卢展工同志在新乡、焦作调研时，系统总结了河南省今后一个历史时期"一个战略、一条路子、一个要领、一个形象"的大政方略。一个战略，就是中原经济区发展战略，已经上升为国家战略；一条路子，就是持续探索走一条"两不三新"三化协调科学发展的路子；一个要领，就是坚持重在持续、重在提升、重在统筹、重在为民的实践要领；一个形象，就是以务实发展树立起务实河南的形象。

第二节　传统城镇化踯躅前行

世纪之交，我国提出了工业化、城镇化、农业现代化等小康社会建设的三大方略，全国也由此进入了一个快速城镇化时期，城镇化取得了巨大的成绩。考察中原经济区战略出台前的情况，即截止到 2011 年年底，全国 31 个省、自治区、直辖市共有设市城市 653 个（包括 4 个直辖市，共657 个），城镇人口按统计口径算，已达 6.91 亿人，占总人口比重首次超过 50%，达到 51.3%。"十一五"以来年均增加约 0.9 个百分点。与同期国际社会比较，我国城镇化发展迅速，与发达国家之间的差距正在逐步缩小。

众所周知，城镇化是一个国家或地区现代化的重要标志，是实现现代化的必然选择，无论东方、西方概莫能外。在我国，城镇化水平的现今状况、乡村巨量剩余劳动资源的最终出路，以及城镇化与经济、社会发展的互动关系等，都要求我们必须积极推进城镇化进程。我国全面建设小康社会的一个重要指标是：到 2020 年，城镇化率达到 50% 以上。5 年前，本书作者在研究我国城镇化健康发展之路时，曾经粗略地算过一笔账：2007年全国总人口按 13 亿计，城镇化率按 40% 计，当年约有 5.2 亿多的人口为"城镇人"；到 2020 年，总人口按 14 亿（每年净增平均约 800 万人）计，城镇化率按 50% 计，届时应有 7.0 亿的人口为"城镇人"。这就意味着，自那以后的 13 年里，我国须增加 1.8 亿左右的城镇人口，增加比例将近35%，"任务"十分艰巨！传统意义上的城镇化面临着前景诱人与压力沉重的双重影响。

在这个诱人的前景和沉重的压力之下，形成了我国城镇化的一个突出特点：城镇化进程带有浓重的"行政推进"色彩，即以不同层次的组织决议、《河南省全面建设小康社会规划纲要》以及其他形形色色的"决定"、"规划"来确定国家、省区和地方的城镇化目标——这是我国当代城镇化的一个突出问题！

从实际情况看，一些地方将城镇化简单地等同于城市的规划、建设和管理，城镇规模平面扩张，而功能却未能得到有效提升，城镇第二、三产业的发展也未能相应跟进。城镇化不仅未能完全有效地助推产业结构的优化升级，反而在城镇建设方面贪大求洋，陷入了资源消耗大、环境污染重的粗放式增长"窠臼"。"土地的城镇化"大大快于"人口城镇化"、"经济城镇化"，"三无人群"（种田无地、就业无岗、社保无份）引发的社会矛盾逐渐凸显，形成新的社会安定隐患。城乡之间居民的收入水平、生活质量以及社会发展最需要的物质因素和文明因素的充裕水平的差距越拉越大，城乡差距从 1978 年的 1.26：1 升至 2011 年的 3.13：1（城乡居民收入比）。

从理论上看，"行政推进"机制中确实蕴含着隐蔽的非科学性与潜在的危险性。随着传统城镇化进程的不断深入，新设置的城镇将不断增加，城镇规模将不断扩大，各种发展要素将进一步向城镇集中，城镇将承受人口、资源、环境等重重压力，其可持续发展将面临严重挑战。而"行政推进"中的急功近利、短期行为、政绩导向等可能造成的盲目性，将使这种挑战更为严峻。例如，通过行政区划调整，整建制地将乡、村划为城镇区域，以完成城镇人口的"统计任务"；把城镇化率作为衡量发展水平的指标来相互攀比，硬性下达城镇人口增长计划；到处提倡做大城市"蛋糕"，把扩大城市建设规模作为考核当地官员政绩的主要依据之一等。

在我国现行的经济、社会发展体制下，城镇化进程能得到行政力量的助推，原本是好事，但是如果发展观念产生错位，即在非科学的发展观的驱使下使用非科学的行政手段去催生城镇化，往往会误入歧途。城镇化没有固定、统一的发展模式，它是一个自然的发展过程，是人类选择生产方式和生活方式的自然推动过程。城镇化进程中，固然需要政府的规划、领导、指导和推动，但决不能单靠行政手段，古今中外没有哪个国家是通过行政手段达到预定城镇化目标的。城镇化水平也绝非仅用一个"城镇化率"指标就能完整、准确刻画的，它涉及人口、经济、社会、文化、环境甚至风俗、习惯等多方面的状态，仅仅追求"城镇人口占总人口的比率"（城镇化率），也是十分不恰当的。

"行政推进"机制主导下的传统城镇化必然产生一系列的发展矛盾：城镇数量的扩增欲望与城镇体系的发展规律间的矛盾；急剧膨胀的城镇人

口数量与人口素质、市民就业间的矛盾；强劲的城镇经济发展态势与有限的城镇资源承载力以及脆弱的城镇生态环境间的矛盾；强劲的城镇社会需求与落后的城镇基础设施、有限的供给能力间的矛盾；高投入、高消耗、高环境影响的传统增长方式与人口多、底子薄、生态脆弱的中国国情间的矛盾；传统体制、文化、技术与未来城镇社会持续发展的高效、和谐、活力要求间的矛盾，等等。

"行政推进"机制主导下的传统城镇化还必然产生一系列的城镇发展难题：城镇人口的快速增长进一步加重了城镇负担，人均资源量相对下降；为了安置大量涌入的人口就业，可能会出现新的产业结构失衡问题；经济资源在城镇的集聚有相当的泡沫成分，这直接造成了城镇经济的不稳定性和脆弱性；环境质量的理性经营困难重重，城镇环境将进一步恶化；盲目拉大空间框架的城镇会使城乡结合部的建设陷入混乱，农用地的无序开发损害了城郊农业；生存和发展的空间竞争愈演愈烈，其中的无序或恶意竞争使城镇规划陷入尴尬境地，建设用地的开发和利用常常越轨；生存和发展的机会竞争愈演愈烈，其中的无序或恶意竞争是酿成动荡、犯罪、失业等社会问题的根源。

据统计，2011 年我国的城镇化率已达 51.3%，提前 9 年实现了小康社会的城镇化目标。按此趋势，未来 9 年城镇化率理论上平均每年增长 1 个百分点，2020 年城镇化率将会达到 60%，届时，我国的城镇人口将达 8.4 亿！这个理论上存在的事实给我们留下了许多想象与深思的空间。

"城镇化，城镇化，全国人民都在心中描绘我们的大中华；行路难，行路难，全国各地都在纸上拨拉各自的小算盘。"作者 5 年前这两句顺口溜，形象地刻画了我国传统城镇化进程的现实状况。

那么，作为人口大省的河南省怎样？河南是全国的缩影，前些年河南照样走了一条典型的传统城镇化之路。

第一，城镇化快速推进，城镇化率的提升速度超过全国平均水平。仍以中原经济区战略出台前的 2009 年为例，全省城镇人口 3758 万人，城镇化率 37.7%，比 2000 年提高了 14.5 个百分点，9 年间平均每年提高 1.6 个百分点以上，大大高于同期全国平均水平。特别是 2005 年城镇化率超过 30% 之后，城镇化率平均每年提高 1.7 个百分点以上，高于全国平均约

0.8 个百分点。2011 年城镇化率达到 40.6%。

第二，城镇化总体水平依然较低，滞后于经济发展水平。2011 年年底，河南省城镇化率低于全国平均水平 7.7 个百分点，居全国 31 个省级地区单位的倒数第 5，中部地区 6 省的倒数第 1。尽管城镇化速度明显加快，但相对于经济发展水平，城镇化仍然滞后，城镇化率仅为工业化率的70% 左右。

第三，城镇体系的规模结构不尽合理，核心城市的中心带动作用不强。河南省 38 个城市中，大城市 9 个，占 24%；中、小城市 29 个，占76%，后者是前者的 3.22 倍，大城市明显偏少。核心城市郑州经济实力不够强，综合竞争力不够强，辐射带动作用不够强，经济居中部地区省会城市之末。

第四，区域发展水平差异明显，城乡差别有进一步扩大的趋向。河南省中原城市群紧密层（传统 9 市的中原城市群）和豫北安阳的城镇化水平，明显高于其他地区。城乡居民收入绝对差距已由 2000 年的 2780 元扩大到2011 年的 11591 元，城乡居民收入比由 2.4：1 扩大到 2.8：1。城乡居民消费支出绝对差距由 2000 年的 2515 元扩大到 2011 年的 8017 元，城乡居民消费支出比高达 2.9：1。城乡基础设施和公共服务水平差距也很大，农村水、电、路、气和教育、卫生、文化设施建设严重落后于城镇。

在纵横中原经济区论坛的媒体人何平的笔下，河南的城镇化是如此一番景象：

> 都市村庄的"蚁族"，立交桥下的"地铺"，诉说着 2000 多万农民工，尤其是新生代农民工共同的"乡愁"和"城困"。

> 老家不想回，城市留不下。进城抑或返乡，他们都更像"生活在别处"。

> 工业上去了，粮食下来了；经济发展了，环境毁掉了。

> 走了一村又一村，村村像城镇；走了一镇又一镇，镇镇是农村。

> 三高一低，傻大笨粗，拉个院墙就是厂。

> 一亩地里做道场，两亩地里奔小康。

> 各弹各的琴，各唱各的调；长腿只管跑、短腿顾不了。

......

读着这些文字，在忍俊不禁的同时，只能引发一声沉重的叹息。

河南前几年的发展引人注目："十一五"期间，生产总值、工业增加值、财政总收入、人均生产总值均翻了一番，分别突破 2 万亿元、1 万亿元、2000 亿元和 3000 美元，城镇居民人均可支配收入和农民人均纯收入分别达到 1.5 万元和 5000 元。然而，三年前的一场金融危机让河南猝不及防，主要经济指标增速纷纷大幅度下滑。原因何在？经济结构不合理、产业层次不高、竞争力不强，导致国际金融危机影响"来得晚、影响深、走得迟"，保民生、保粮食、保增长面临新的困难和挑战。归根结底是发展方式相对粗放，"钱从哪里来、人往哪里去、粮食怎么保、民生怎么办"等"老四难"尚未根本解决，"土地哪里来、减排哪里去、要素怎么保、物价怎么办"等"新四难"又逐渐彰显。

用领导方式转变促进发展方式转变，新型城镇化应运而生……

第三节　新型城镇化悄然兴起

改革开发以来，为了缩小与发达国家城镇化的差距，我国走了一条重在扩大城镇规模、追求城镇化率的传统城镇化之路，并取得巨大成就。但是，随着我国综合国力的持续提升，深层次的矛盾和问题不断浮现，人们开始不断反思城镇化进程中的问题，对走何种城镇化道路不断进行摸索创新。推进新型城镇化的命题越来越凸显，其实践在转变经济发展方式的战略中的作用越来越重要。

城镇化，本质上是一种在城市与区域（主要是乡村地区）的相互作用中持续前行的社会进程。城市是构成区域一体化组织网络的核心单元，随着区域内外发展要素的交流和互换，城市与区域之间的相互作用必然成为二者整合发展的根本性机制和主要途径，城镇化必然凝结出"城乡统筹、城乡一体"的丰硕果实。从全球角度看，工业革命之后，城市再也不是孤立的城堡，区域再也不是割据的城邦，城市区域化、区域城市化趋势日益强劲，不同空间尺度的城市与区域组成了庞大而复杂的多级综合体。从城市的产生与发展过程来看，城市是各种"功能流"在一定地域空间上不断结节积聚的结果。在空间相互作用影响下，城市与区域的组合形态也在不断变化，20世纪50年代之后出现的城镇密集区、大都市带、城市体系、德赛克特（desakota）型区域、超级都市区、城市联邦（city-states）等都是城市—区域演替的结果，也都是城镇化呼啸而过留下的不朽印记。

20世纪80年代以来，伴随着全球化、信息化的影响，城市与区域的互动催生了一种涵盖面很广的学术概念——城市—区域系统。城市—区域系统不仅是地球陆地表层自然、人文、经济构成状态的综合表现，更是人类社会系统综合发展的结果与进一步发展的基础和平台。也就是说，城镇化只有在城市—区域系统的空间架构内迈开脚步，其进程才具有实际意义；城镇化只有统筹兼顾城镇与区域（乡村），变二元为一元，其进程才能健康、可持续——这，就是新型城镇化的精神内核。

近年来，我国过去以行政区划为框架的地域分工和发展模式受到了极大挑战，许多地区出现了以中心城市为依托，打破行政区划限制，重新整合发展要素的新趋势。然而，由于市场无序竞争、地方保护盛行作怪，城乡差距拉大、产业结构趋同、利益冲突加剧的现象相当普遍，城市—区域整合发展的内聚力不断受到冲击，新型城镇化破解的时机迟迟未现。科学发展观的践行与新型工业化道路的提出，为我国转变经济发展方式指明了方向，同时迫切要求对城镇化推进方式进行相应调整。党的十六大报告提出要"走中国特色的城镇化道路"，党的十七大报告进一步将"中国特色城镇化道路"作为"中国特色社会主义道路"的五个基本内容之一。2007年5月，国务院总理温家宝在上海主持召开长江三角洲地区经济社会发展座谈会上明确指出："不仅要坚持走新型工业化道路，而且要走新型城镇化道路。"

我国人口多、底子薄，人均资源有限，各地区发展很不平衡。在推进城镇化的过程中，还面临着实现经济增长、扩大就业、维护社会稳定以及解决人多地少、资源紧缺、环境脆弱、地区差异等诸多问题和矛盾。因此，城镇化道路的选择，既不可能再像过去那样走高消耗、高排放、城乡分割、缺乏特色的传统城镇化老路，也不可能照搬其他国家的做法，而必须从中国国情出发，走符合中国实际、符合各地区实际的新型城镇化道路。

在中原崛起的历史进程中，新型城镇化注定要充当重要角色。河南省建设中原经济区，必须在优化城市—区域系统的理论框架中，密切结合中原地区实际，探索一条在中西部欠发达地区有示范意义的城镇化的新路子。

早在二十年前，中原学界就开始了一场没有硝烟的学术"长征"，试图为中原地区这位"老英雄"在新时期的涅槃重生寻找生机。几代学者默默求解、苦苦求索，获得了一批成果。例如，20世纪90年代初，在李润田、黄以柱教授的指导下，河南大学的年轻学者阐述了"河南省自内向外圈层式梯度开发"理念，提出了省域城市体系"三圈层发展"模式，并对省域城市—区域的空间组织进行了系统论述。尤其是最近十年，河南学界成果犹丰，为催生新型城镇化作了积极贡献。

省域经济社会发展的空间组织研究起了基础性作用。"河南省城镇体系空间结构的多分形特征及其与水系分布的关系探讨"一文分析了省域城镇体系的分形结构，论证了地表的分形体由测度的集中区向分散区逐渐发育的空间格局。"河南省经济空间结构演变分析"一文基于经济统计数据以及 Arc GIS 等分析软件对河南省经济空间结构特征、演化过程、结构调控等方面进行了研究。"河南省城镇密集区的空间地域结构"一文从节点发育程度、交通网络联系程度、基质发展水平三方面讨论了本省城镇集聚的程度与发展措施。

中原城市群研究取得了引人注目的成果。自2004年至今，河南省出现了大量关于中原城市群的研究成果。例如"中原城市群空间整合战略探讨"，"从中外城市群发展看中原经济隆起——中原城市群发展研究"，"中原城市群发展特征及空间焦点"，"中原城市群经济市场化与一体化研究"，《中原城市群城市生态系统研究》，"河南省城市的经济联系方向与强度——兼论中原城市群的形成与对外联系"，《中原城市群整合研究》，"基于城市群整合发展的中原地区城市体系结构优化"，"中原城市群城镇体系空间结构分形特征及优化启示"，"中原城市群整合发展的关键问题研究"，"城市群生态空间结构优化组合模式及对策——以中原城市群为例"，"中原城市群城市竞争力的评价与时空演变"，"省域城市群深度整合的理论与实践研究——以中原城市群为例"，"中原城市群的深度整合：内聚、外联与提升"等。

划分中心城市的影响范围显然是城市—区域系统空间形态研究的一个核心问题。中原学者这方面的研究水平居全国领先，这主要得益于2004年以来在加权扩展 Voronio 技术应用方面的突破性进展。

中原经济区战略给城市—区域系统研究开拓了新的学术空间，短短的一年多时间就取得了可观的成果。据作者手头文献，《中原经济区科学发展研究》一书对中原经济区范围界定与战略定位，增长极的培育及三化协调发展，资源开发以及产业、交通、文化、生态建设等，进行了深入研究。《解读中原经济区》一书论证了中原经济区的战略定位、战略布局，并提出构建新型城镇化支撑体系、现代产业支撑体系、综合交通支撑体系等。其他还有《中原经济区纵横谈》，《中原经济区研究》，"河南省新型城镇化战略研究"，"中原经济区的新型城镇化之路"，"我国区域发展空间重组与构建中原经济区"，《中原经济区建设纲要（试行）解读》，《中原经济区策论》，《中原经济区概览》，《中原经济区竞争力报告（2011）》，"中原经济区地缘经济关系研究"，"新型城镇化，'三化'协调发展的引擎"，"构建中原经济区统筹协调的城乡支撑体系"，"试论中原经济区工业化城镇化农业现代化协调发展"，"中原经济区经济发展水平综合评价及时空格局演变"，"中原经济区的'三化'协调发展之路"，"基于多维视角的河南省城市—区域系统空间结构特征分析"，等等。

以上是作者对手头正式出版的著作、发表的论文做了一个不完全的文献综述，可以说是"挂一漏万"。尽管如此，我们仍然可以看出一些端倪：①国家和地方发展战略的多元化以及不同层面上发展方式的转变给学者提供了一个空前宽厚的学术平台，中原研究百花齐放，成果累累，是中原地区经济、社会、文化建设的重要支撑。②学术实践凝聚了力量、锻炼了队伍，河南省科研单位、高等院校、政府部门有一批学者及学者型官员，十分关注中原崛起，他们的专业背景涉及区域经济学、发展经济学、人文地理学、经济地理学、城市规划学、城市生态学、城市社会学、城市管理学等。③学界参与重大决策的论证与重大战略的制定，有力推动了地方经济社会发展，中原学者为中原城市群、郑汴一体化、现代城镇体系、新型城镇化等战略的提出与实施提供了理论支持与科学指导，享有较高的社会声誉。④尤其是中原经济区研究，是一次理论与实践相结合、决策与研究相结合、学术与实务相结合的成功典范，为重大决策、重大战略的组织与实施开了一个有示范意义的先例。

但是，就新型城镇化而言，学界的努力只是为其破题打好了基础，做好了铺垫。2011 年 10 月 26 日，河南省委书记卢展工同志在中国共产党河南省第九次代表大会上的报告中，谈到今后五年的发展目标时明确指出："以新型城镇化为引领的新型城镇化、新型工业化、新型农业现代化协调推进，以工促农、以城带乡、产城互动的长效机制基本建立，破解'三农'问题取得重大进展，三化协调发展格局初步形成。"至此，中原地区的新型城镇化之路铺在了中原儿女脚下。

其实，在这之前，新型城镇化的实践就已经悄然兴起。可能我们对于发生在自己身上、自己身边的事不那么敏感，而中央党报的记者以独特的敏锐，从独特的角度感受到了新型城镇化在河南的兴起：

这两年，河南不空谈，不折腾，坚持科学谋划，务实推进，新型城镇化改革渐入佳境，6000 多万农民的生产生活与城里人渐行渐近，古老的中原大地正在经历一场前所未有的历史跨越！

2011 年，河南农民外出务工出现历史性的转折：1360 多万农民选择在家门口就业，首次超过出省打工人数 260 多万。让农民在家门口既能安居又能乐业，是河南持续探索三化协调带来的变化之一。

当省委主要领导悄然来到濮阳市西辛庄村时，村党委书记李连成说："搞新型城镇化建设，我们一直是这么想的，更是这么做的。大家还要建设'西辛庄市'呢！"由于具备了现代化的硬件设施和公共服务，周围 15 个村的群众纷纷表示自愿并入西辛庄。

济源市王屋山深处，月亮湾农村社区一期 5 栋楼刚刚开建，就被曹腰村一个居民组抢购一空。调查显示，济源 20% 农民有建新房需求。济源市委书记感慨："出台政策，制定规划，党委、政府等不得、慢不得！"

看了上述报道，本书作者在备感欣慰的同时，一种使命感在胸中油然升腾：解析中原经济区新型城镇化引领三化协调科学发展之路，是中原学者义不容辞的责任！

第二章
新型城镇化的引领之路

　　中原经济区建设的主题是科学发展观指导下的"两不三新"三化协调科学发展，主线是发展方式转变中的新型城镇化引领三化协调科学发展。在主题和主线之间，主题决定主线，主线体现主题。所谓主线，就是贯穿主题事物发展过程的主要线索、行动轨道与实施途径。要突出三化协调科学发展这个主题，就要抓住中原经济区建设的关键问题作为突破口，扭住新型城镇化引领这条主线不放，一以贯之。中原经济区新型城镇化的引领之路，须从其引领行为客体（三化协调科学发展）说起，经由引领行为主体（新型城镇化）的解析，落脚到行为主体如何引领行为对象，从而为本书构成搭一个框架，为本书展开挈一条线索。

第一节　三化协调科学发展

　　"引领"的行为"客体"（或曰"对象"）是三化协调科学发展。三化协调科学发展是中原经济区战略的精华，是中原经济区建设的核心任务与主题，是中原崛起河南振兴的"希望的田野"。新型城镇化引领这样的对象，任重而道远。

一、中原经济区战略

　　中原地处我国中心地带，是中华民族和华夏文明的重要发源地。中原

015

地区山水相邻、血缘相亲、文脉相承、经济相连、使命相近，是中华文明史上最古老、最集中、最重要，也是演进过程最为跌宕遒丽的地域单元。用现代的眼光看，中原地区的共性是：区位优势明显，战略地位重要；自然资源丰富，文化积淀丰厚；人力资源充裕，人口压力沉重；农业在全国举足轻重，"三农"问题突出；经济发展水平、城镇化水平比较低，发展潜力比较大。

河南省是中原地区无可置疑的主体区。在河南集结了三十多年的"崛起之势"终于在21世纪第二个十年到来之前爆发了，中原经济区战略"横空出世"。

2010年第十一届全国人民代表大会第三次会议和政协第十一届全国委员会第三次会议过后，河南省委主要领导同志就"中原崛起"明确提出要研究"什么是中原"、"什么是中原崛起"、"为什么要中原崛起"、"怎样实现中原崛起"、"中原能否走在中部地区崛起前列"等重大问题。2010年3月，在这个平常而又很不平常的年月，省委、省政府抽调学术界与省直部门的专家学者组建了"中原经济区研究"课题组，在省发展改革委的统一组织下专题研究中原崛起问题。该课题组最初不叫这个名字，而是叫做"加快中原发展建设纲要"编写组。这说明，起初就连课题组的设计者、组织者以及课题组成员，都不清楚自己肩上已经落下了一副什么样的历史重担，大家只是冲着"中原崛起"四个字应召而来，义无反顾。将近三个月的集中研究，个中的辛劳、摸索、互动、碰撞、激荡等等，"过了黄洋界，险处不须说"。

2010年7月2日，中共河南省委常委扩大会议专门听取了课题组关于建设中原经济区设想的汇报，并正式提出了建设中原经济区、加快中原崛起河南振兴的战略构想。其后，中共河南省委全会研究通过了《中原经济区建设纲要（试行）》，并上报国务院。经国家有关部委多次调研和多方论证，2010年12月21日，国务院正式印发了《全国主体功能区规划》（国发〔2010〕46号），中原经济区正式纳入其中；2011年3月，第十一届全国人民代表大会第四次会议和政协第十一届全国委员会第四次会议期间，中原经济区建设列入《中国国民经济和社会发展第十二个五年规划纲要》；2011年9月28日，国务院《指导意见》（国发〔2011〕

32 号）正式签发。

"中原经济区研究"课题的完成，是一次理论与实践相结合、决策与研究相结合、学术与实务相结合的成功典范。其特点是：策动与研究高度集中，宣传与推进高度开放。这次成功是践行科学发展观的胜利，为以后重大决策的科学支撑提供了范例。国务院《指导意见》的正式颁发，标志着中原崛起河南振兴终于进入了国家战略，中原地区在新时期的伟大复兴迈开了关键一步！

中原经济区是以全国主体功能区规划明确的重点开发区域为基础、中原城市群为支撑、涵盖河南全省、延及周边地区的经济区域。随着经济社会的快速发展，特别是现代综合交通网络的逐步形成，区域内经济联系、人员交往等日益紧密，已经成为地域毗邻、主体突出、经济互补、联系紧密的经济区域。中原经济区优势独特，地理位置重要，粮食优势突出，市场潜力巨大，文化底蕴深厚，发展基础显著增强，发展活力和后劲不断提升，在全国改革发展大局中占据重要战略地位。

加快建设中原经济区，对国家、中部地区、中原地区三个地域层面的全面、协调、可持续发展，功莫大焉。

国家区域经济宏观布局的进一步完善，统筹协调梯次推进战略的实施，新的经济增长板块的形成，在全国范围内"承东启西、联南通北"腹地效应的发挥等，皆有赖于中原经济区托举的中原崛起。

中部地区崛起的北方支架的构建，带动力量的增强，战略任务的圆满完成，区域协调发展的客观需要等，也有赖于中原经济区托举的中原崛起。

中原地区在全国难以替代的枢纽地位的增强，富民强省、发展振兴目标的实现，各地发展定位、发展优势的进一步明确，经济发展方式的转变，与全国同步实现小康社会与和谐社会等目标的需要等，更有赖于中原经济区托举的中原崛起。

建设中原经济区，主题是在科学发展观指导下的三化协调科学发展，主线是发展方式转变中的新型城镇化引领，奋斗目标是中原崛起、河南振兴、富民强省，动力源泉是解放思想、改革开放、转变方式，方法是统筹兼顾，关键是实做实干。

建设中原经济区的指导思想①是：高举中国特色社会主义伟大旗帜，以邓小平理论和"三个代表"重要思想为指导，深入贯彻落实科学发展观，全面实施促进中部地区崛起战略，全面落实国务院《指导意见》，坚持以科学发展为主题，以加快转变经济发展方式为主线，紧紧围绕富民强省目标，充分发挥新型城镇化引领作用、新型工业化主导作用、新型农业现代化基础作用，持续探索不以牺牲农业和粮食、生态和环境为代价的新型城镇化、新型工业化、新型农业现代化三化协调科学发展的路子，切实用领导方式转变加快发展方式转变，推动务实发展、建设务实河南，进一步解放思想、抢抓机遇，进一步创新体制、扩大开放，着力稳定提高粮食综合生产能力，着力推进产业结构和城乡结构调整，着力建设资源节约型和环境友好型社会，着力保障和改善民生，着力促进文化发展繁荣，推动中原经济区实现跨越式发展，在支撑中部地区崛起和服务全国大局中发挥更大作用。

中原经济区的战略定位是：①国家重要的粮食生产和现代农业基地；②全国新型城镇化、新型工业化和新型农业现代化协调发展示范区；③全国重要的经济增长板块；④全国区域协调发展的战略支点和重要的现代综合交通枢纽；⑤华夏历史文明传承创新区。

中原经济区的发展目标为：到 2015 年，初步形成发展活力彰显、崛起态势强劲的经济区域，综合经济实力明显提升，三化发展协调性明显提升，文化教育科技发展水平明显提升，人民生活质量明显提升，促进中部地区崛起支撑作用明显提升。到 2020 年，粮食生产优势地位更加稳固，工业化、城镇化达到或接近全国平均水平，综合经济实力明显增强，城乡基本公共服务趋于均等化，基本形成城乡经济社会发展一体化新格局，建设成为城乡经济繁荣、人民生活富裕、生态环境优良、社会和谐文明，在全国具有重要影响的经济区。

一个重要的但又非常敏感的问题不得不说，即中原经济区的地域范围问题。在"中原经济区研究"课题组的集中研究时期，即 2010 年 3 月

---

① 河南省发展和改革委员会：《河南省建设中原经济区纲要》，2012 年 6 月 12 日，见 http://www.hndrc.gov.cn/fzgh/3041.jhtml。

至 7 月，这个问题费脑筋最多，纠结也最重。研究的结果最终没有正式面世，甚至在国务院《指导意见》中，对中原经济区地域范围的界定也只是个笼统的说法，至于后来一些研究所作的探索，见仁见智而已。其实，笼统有笼统的必要、笼统的好处，有时笼统一些甚至比精确更科学——模糊数学的精髓就是笼统。

正如预料的那样，国务院《指导意见》颁布以后，中原经济区国之方略的集聚效应越来越明显，国家部委支持中原经济区建设的战略合作协议不断出台，政策、资金、项目、人才等不断向河南汇聚，周边省份一些城市积极要求纳入中原经济区战略规划……2012 年 8 月初，在国家发展改革委主持下，河南、河北、山西、山东、安徽五省的领导齐聚郑州，商讨安排修订《中原经济区规划》，并基本确定了中原经济区的地域范围（见图 1）。即：中原经济区规划区域以河南省为主体，包括与河南毗邻的晋东南、鲁西南、冀南、皖北的部分地区。具体范围包括河南全省 18 个省辖市；山西省的晋城市、长治市和运城市；河北省的邯郸市和邢台市；山东的聊城市、菏泽市和泰安市东平县；安徽省的

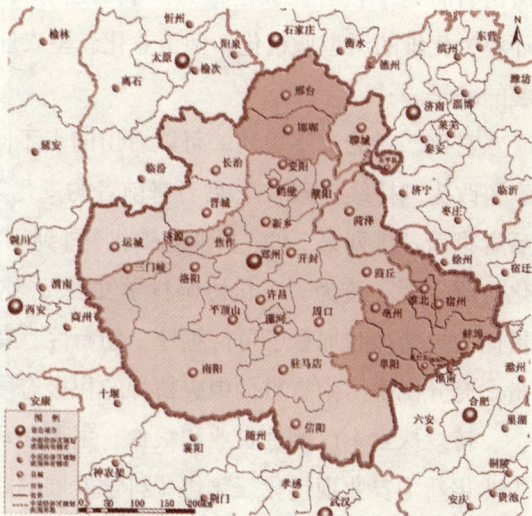

图 1　中原经济区的规划区域范围

淮北市、亳州市、宿州市、阜阳市、蚌埠市和淮南市凤台县，共涵盖 30 个地级市、两个县，区域面积 28.9 万平方公里，涉及人口约 1.7 亿。

按照国家发展和改革委员会的计划，2012 年 9 月 15 日前将初步形成《中原经济区规划（征求意见稿）》，送有关省、国务院有关部门征求意见。之后，根据意见对《中原经济区规划（征求意见稿）》进一步修改，协调沟通重大事项，2012 年 9 月底前按有关程序对《中原经济区规划（送审稿）》研究讨论后，尽快报国务院审批。此规划以 2011 年为基期，规划到 2020

年。分为近期、中长期两个阶段。近期规划至 2015 年，与国家"十二五"发展规划相衔接，突出可操作性，提出明确的发展目标；中长期规划主要目标展望至 2020 年。

二、中原经济区建设的核心任务

国务院《指导意见》指出："河南省是人口大省、粮食和农业生产大省、新兴工业大省，解决好工业化、城镇化和农业现代化协调发展问题具有典型性和代表性。"意见明确标定："积极探索不以牺牲农业和粮食、生态和环境为代价的'三化'协调发展的路子，是中原经济区建设的核心任务。"河南省将这个核心任务诠释为："持续探索不以牺牲农业和粮食、生态和环境为代价的新型城镇化新型工业化新型农业现代化'三化'协调科学发展的路子。"

对比二者的文字表述，可以看出四点不同：①后者将前者的"积极探索"改为"持续探索"；②后者将前者的三化前面均冠以"新型"二字；③后者将前者排列第二的"新型城镇化"排到了第一位；④后者将前者的"三化协调发展"改为"三化协调科学发展"。这四处改动充分说明河南省在贯彻中央精神时加重了可持续性、创新性、新型城镇化与科学发展观的分量，充分说明河南省贯彻中央精神的积极态度、创新精神和务实作风。

持续探索不以牺牲农业和粮食、生态和环境为代价的新型城镇化新型工业化新型农业现代化三化协调科学发展的路子，是中原经济区建设的核心任务。这气势千钧的一句话可简化为：持续探索走一条"两不三新"三化协调科学发展的路子，还可简化为三化协调科学发展之路。

在科学发展观指导下的"两不三新"三化协调科学发展这个核心任务，为什么是中原经济区建设的主题？

先解决两个基本的理论认知。

第一，三化本来就是一项"三位一体"的社会系统工程：农业现代化为城镇化、工业化提供充足的剩余农产品和剩余劳动力以及广大的农村市场；工业化为农业现代化提供技术、生产力资源和农产品加工支撑，为城镇化提供产业链动力、城镇建设资金和就业容量；城镇化为农业现代化、工业化提供强大的区域发展中心带动机能、群体带动机能以及产业发展的优质载体。

第二，三化协调发展是指：新型城镇化、新型工业化与新型农业现代化相互制约、相互影响、相互作用、相互促进，形成互为动力、互为支撑、良性谐振、良性循环的经济社会发展整合体，以产业关系协调、产城关系协调、城乡关系协调为主要标志，以产业集群发展、产城互动发展、城乡统筹发展为主要途径，是具有中国特色的区域科学发展之路。

再来回答三化协调科学发展为什么是中原经济区建设的主题。这要从四个方面说起。

第一，三化协调科学发展是中原经济区建设的最高境界。中原经济区是实现中原崛起河南振兴的载体和平台，是明晰定位、整合优势、凝聚合力的载体和平台，是扩大对外开放、加强交流合作、实现互利共赢的载体和平台。中原经济区建设上升为国家战略后，其载体和平台效应将更加坚实，在中部地区崛起中发挥的作用将更加凸显，在国家区域经济社会发展版图中的战略地位将更加重要。这个载体和平台建设的最高境界是持续探索一条不以牺牲农业和粮食、生态和环境为代价的三化协调科学发展的路子。坚持三化协调科学发展之路，是中原地区决策层、学术界以及社会各界的共识，是在酝酿、策动中原经济区建设之初就明确提出、反复强调的。一直以来，从河南的决策层到学术界，从广大干部到人民群众，从党政部门到社会各界，从省直机关到地方政府，尽管对中原经济区的理解百花齐放、见仁见智，但对三化协调科学发展是核心任务的认知始终高度一致。三化协调科学发展已经成为中原崛起河南振兴的一面"帅旗"，成为各个层面决策与实务的共同"标杆"，成为亿万中原儿女的共同行动"纲领"，成为历史评价中原经济区建设的"圭臬"。三化协调科学发展是中原经济区建设的最高境界，自然是无可争议的发展主题。

第二，三化协调科学发展是中原经济区进入国家战略的唯一选择。我国中部地区崛起战略的一个突出指向，是要求中部地区各省加强粮食生产核心区建设，切实保障国家粮食安全。尤其是粮食主产区河南省，更是首当其冲。河南省人多地少，以占全国1.74%的土地承载了占全国7.47%的人口，以占全国6.5%的耕地生产了占全国10.3%的粮食。根据国务院

《指导意见》，中原经济区要建成全国重要的高产稳产商品粮生产基地，到2020年粮食生产能力稳定达到1300亿斤。这是一个不容置疑、不容折扣的硬任务，也是河南省产业结构调整、土地资源配置的一道红线，更是国家认可、支持中原经济区建设的前提。另外，河南人口密度接近600人/平方公里，是全国平均水平的4倍，生态环境的负载本来就过重、超重，再加上增长和发展的欲望无度施加的重重压力，脆弱的生态环境再也经不起折腾。东部沿海地区不管不顾环境效益的做法不能做，国外先破坏再治理的老路走不得，提高生态水平、维护环境质量，是中原地区可持续发展的必然，也是国家认可、支持中原经济区建设的底线。中原经济区，农业和粮食，只能加强，不能牺牲；生态和环境，只能改善，不能破坏。正是有了"两不牺牲"的保障，正是有了持续探索一条三化协调科学发展路子的不懈追求，中原经济区才上升为国之方略。以"两不牺牲"为前提与底线的三化协调科学发展，是中原经济区能够进入国家战略的唯一选择，自然是无可争议的发展主题。

第三，三化协调科学发展是中原儿女的庄严承诺。中原儿女深知：保障国家粮食安全，重任在肩。除满足自身一亿人口的消费外，河南每年要向国家贡献原粮及制成品折原粮400亿斤以上；未来10年国家要新增1000亿斤粮食的生产能力，河南10年之内每年都要增产近20亿斤，贡献率高达20%。毫无疑问，粮食生产虽然重要，但经济收益较低，农民单靠种粮收入只能维持低水平的生活延续，河南省也难以实现"富民强省"的宏伟蓝图。显然，河南省要保证粮食生产，必须推进新型农业现代化；要富民强省，必须推进新型工业化和新型城镇化。而要二者兼顾，就必须走三化协调科学发展之路。工业化、城镇化与粮食安全相矛盾的观念不是科学发展观，三化协调不是做给外界看的一个标签，而是在理论上站得住、在实践上行得通的实实在在的可持续发展之路。中原经济区的三化协调科学发展有一个至关重要的前置语：不以牺牲农业和粮食、生态和环境为代价。正是有了"两不牺牲"的承诺，河南务实发展的形象才得以持续展现，三化协调科学发展的路子才能越走越宽——这是中原儿女对中央和全国人民、对历史和未来的庄严承诺！突出这一主题，完成这一核心任务，才能践行、实现庄严承诺。

第四，三化协调科学发展是全国同类地区推进现代化的示范。中原经济区走一条新型三化协调科学发展之路，可以为全国同类地区创造最鲜活的经验。中原地区农耕时代长，农耕意识强，村庄多，农民多，农业占比大，转变落后小农经济的任务要比其他地方沉重得多，解决广泛存在的"三农"问题要比其他地方困难得多。河南作为人口大省、农业大省和新兴工业大省，解决好三化协调科学发展问题在全国具有典型性、代表性和先行性。中国现代化进程已经到了一个新的重大节点，中原经济区注定要为中西部地区乃至全国同类地区扮演"开路先锋"的重要角色。河南省加快建设中原经济区，建立以工促农、以城带乡、产城互动的长效机制，探索走出一条不以牺牲农业和粮食、生态和环境为代价的三化协调科学发展的路子，不仅是实现中原地区又好又快发展的内在要求，更可以为全国同类地区推进现代化先行先试，探索路子，积累经验。三化协调科学发展是全国同类地区的示范，突出这一主题，完成这一核心任务，示范标杆的展示与影响才能圆满。

河南省获嘉县种粮大户算了一笔账，扣除各项支出，一年种一亩粮食的纯收益也就1000块钱左右。进城的农民工一个月就能挣一两千块，而城镇职工的月平均工资最起码都得在2000元以上。河南一年生产的粮食，其产值仅1100多亿元，尚不及河南煤化集团一年的营业收入多。2011年，河南人均财政支出比全国平均水平少了将近一半，全省95个粮食核心县又比全省平均水平少了一半。

中原崛起，道路漫长，压力沉重。破解之道，在于走好"两不三新"三化协调科学发展之路。

三、三化协调科学发展的路子

三化协调科学发展之路，是破解难题、战略抉择之路，是科学发展、小康和谐之路，是顺应规律、高屋建瓴之路，是追求创新、注重实践之路，是深得民心、体现民意之路，也是持续探索、筚路蓝缕之路。"在中原经济区探索走出一条养活人最多、消耗资源较少、环境破坏程度较低的路子，本身就是对发展的贡献、对进步的贡献、对全国乃至全世界的贡献，这个价值怎么估量也不过分。"

如何走好"两不三新"三化协调科学发展之路？

走好这条路子，必须接受建设中原经济区之大计的指引与约束。建设中原经济区之路具体分两步走，第一步，五年彰显优势；第二步，十年实现崛起。关键是第一步，到 2015 年，要力争实现五个"明显提升"①。①综合经济实力明显提升。在优化结构、提高效益和降低消耗的基础上，主要经济指标年均增速高于全国平均水平、力争高于中部地区平均水平，人口自然增长率低于全国平均水平；人均生产总值达到 38000 元，财政总收入增速高于生产总值增速，城镇化率达到 48%；有利于科学发展的体制机制不断完善，内陆开放高地基本建成。②三化发展协调性明显提升。以新型城镇化为引领的新型城镇化、新型工业化、新型农业现代化协调推进，以工促农、以城带乡、产城互动的长效机制基本建立，破解"三农"问题取得重大进展，三化协调发展格局初步形成。③文化教育科技发展水平明显提升。文化强省建设取得新进展，公共文化服务体系基本建立，文化产品更加丰富，良好思想道德风尚进一步弘扬。教育质量整体提高，优质教育资源总量不断扩大，教育的基础性、先导性、全局性作用充分发挥。人力资源高地建设取得重大进展。自主创新能力增强，科技创新成果大量涌现，科技进步贡献率不断上升。④人民生活质量明显提升。努力实现居民收入增长和经济发展同步、劳动报酬增长和劳动生产率提高同步；基本公共服务水平切实提高，就学、就业、就医、养老、住房等问题得到更好解决；主要污染物排放量持续减少，生态环境质量进一步改善；民主法制更加健全，社会管理更加完善，人民权益得到更好保障，社会大局更加和谐稳定。⑤促进中部地区崛起支撑作用明显提升。粮食生产基地、能源原材料基地、现代装备制造及高技术产业基地、综合交通运输枢纽建设取得重大进展，主要经济总量指标领先地位进一步巩固，成为带动中部地区崛起的核心地带，走在中部地区崛起前列。

走好这条路子，必须深刻理解这条路子，解决四个理论认识问题。第

---

① 河南省发展和改革委员会：《河南省建设中原经济区纲要》，2012 年 6 月 12 日，见 http://www.hndrc.gov.cn/fzgh/3041.jhtml。

一，倒逼机制，逼上"华山一条路"。中原地区"三农"问题突出的实际状况，"两不牺牲"的承诺，推动城乡统筹和城乡一体的目标，破除城乡二元结构、破解"四大难题"的要求等，形成了一系列倒逼机制，逼着我们必须走好三化协调科学发展之路。第二，"新型"意涵，给三化以全新的境界。新型城镇化，新就新在涵盖城镇与农村，城乡统筹、城乡一体，形成新的城镇化体系；新型工业化，新就新在科技含量高、信息化程度高、经济效益好、资源消耗低、环境污染少、人力资源优势得到充分发挥；新型农业现代化，新就新在以稳定和完善家庭联产承包责任制为基础，不断提高农业的集约化、标准化、组织化、产业化程度。第三，"引领"理念，赋予新型城镇化新的时代使命。新型城镇化的引领体现在为新型工业化、新型农业现代化提供重要支撑、保障和服务，坚持推进新型农村社区建设。只有把新型农村社区建设作为统筹城乡发展、推进城乡一体化的切入点，才能抓住推动三化协调科学发展的着力点。第四，协调机理，是科学发展的关键。探索走好这条路子，最大的难题是协调，在协调上下功夫，协调推动三化互动联动、一体运作，协调推动经济、政治、文化、社会建设以及生态文明建设，协调上上下下、方方面面的力量，才能使广大人民群众的共识不断凝聚、合力不断增强。

走好这条路子，必须以经济、社会的又好又快发展为基础。到2020年，河南省在保证实现粮食核心区生产目标——粮食综合生产能力达到1300亿斤/年的前提下，新型三化基本协调，趋于同步，产业集聚区产出增加值占GDP比重达到50%左右，服务业增加值占GDP比重达到40%以上；研发（R&D）经费投入占GDP比重达到2.5%以上，力争赶上全国平均水平；城乡居民收入比降低到2.8以内，达到全国平均水平；城乡建设用地标准严格控制在国家规定的允许范围内；万元GDP二氧化碳排放量比2005年降低45%左右，万元GDP能源消耗下降30%以上；社会保险覆盖面、人均文教卫支出达到全国平均水平；城镇人均公共服务设施达到宜居城市、文明城市有关要求和标准。只要中原经济区建设顺利实施，上述指标能够实现并必须实现。但应清醒地认识到，中原经济区面临巨大的人口、资源和环境压力，有限的资源条件和环境容量要求必须转变经济发展方式，构建资源环境支撑体系，走出一条具有中原特色的资源节约型、环境友好型的发展道路。

基于此，走好三化协调科学发展之路要遵循以下原则：

在中原经济区建设"坚持稳粮强农，坚持统筹协调，坚持节约集约，坚持以人为本，坚持改革开放"五个"坚持"的总体制约下，三化协调科学发展必须遵从四个原则。①整体发展原则。三化协调科学发展的着眼点与落脚点的设计，突破口与具体抓手的探寻，大政方针与政策机制的确立，以及实施方略与工作思路的谋定等，都要通盘考虑、全面规划、统一部署，避免画地为牢、顾此失彼、扬此抑彼。②协调发展原则。在三化协调的大框架下，力争做到资源配置协调，基础设施协调，产业业态协调，规划形态协调，建设形式协调，调控机制协调，多种效益协调。③融合发展原则。在三化协调的大框架下，力争做到三大产业融合，产业与城镇融合，城镇与乡村融合。④可持续发展原则。在三化协调的大框架下，力争做到新型城镇化可持续，新型工业化可持续，新型农业现代化可持续。

三化协调发展的主要途径为产业集群发展、产城互动发展、城乡统筹发展。第一，产业集群发展，即第一、二、三产业综合发展，构建产业集群平台，形成综合实力与竞争力强大的产业增长、发展势头。包括以循环经济理念为引导，转变经济发展方式，构建新型经济体系和新型产业结构；以产业信息化为动力，现代加工业和服务业发挥支撑作用，推动农业产业化；以产业价值链与生产链为线索，做好规划设计，建设各类产业集群平台；以统筹兼顾、科学谋划为原则，打破地区壁垒、行政壁垒，实施区域基础设施建设一体化。

第二，产城互动发展。即产业与城镇整合发展，产业的带动功能与城镇的中心功能互动，形成产业兴旺、生态宜居的城镇发展状态。包括以产业转移为契机，引进与内生相结合，更新城镇产业结构；以土地资源节约集约利用为前提，在产业链和城镇总体规划的制约下，组织、建设城镇产业集聚区；以城镇信息化为动力，建立区域城乡机制，构建城镇产业创新、服务体系；以尊重市场规律为原则，改革金融管理体制，构建城镇产业投、融资平台。

第三，城乡统筹发展。即城镇与乡村融合发展，在新型城镇化进程中统筹城乡，形成三化协调的可持续发展格局。包括以中原城市群为支撑，城、镇、乡协调布局，构建现代城镇体系；以农业剩余劳动力转移为牵引，开辟县域中心城市、中心镇、新型农村社区转移渠道，搭建城镇化本土承载平台；以切实解决"三农"问题为目标，调动农民积极性，推进新型农村社区建设；以缩小城乡差距为目标，逐步实现城乡均等化，构建城乡资源共享平台和社会保障体系。

以上，产业集群发展涵盖第一、二、三产业并依附城镇，是三化协调科学发展的第一结合点；产城互动发展建立产业与城镇的整合链接，是三化协调科学发展的第二结合点；城乡统筹发展总揽城镇、乡村、产业发展，是三化协调科学发展的第三结合点，也是最终的落脚点。

三化协调科学发展必须以"四个重在"作为实践纲领。①重在持续。坚持把持续作为推动科学发展的基本要求，持续科学发展意识，持续科学发展思路，持续科学发展举措，持续科学发展进程。②重在提升。坚持解放思想、实事求是、与时俱进，不断探索规律，提升发展理念；推进体制机制创新和科技创新，拓展开放领域和空间，提升发展层次和质量。③重在统筹。统筹改革发展稳定，统筹经济社会发展、城乡发展、区域发展、人与自然和谐发展，统筹各项事业发展，形成共同支撑中原经济区建设的良好局面。④重在为民。坚持发展为了人民，始终站在人民的立场上谋划发展、推动发展；坚持发展依靠人民，充分尊重人民主体地位，动员和组织人民群众为中原经济区建设共同奋斗；坚持发展成果由人民共享，解决好人民群众最关心、最直接、最现实的利益问题，实现好、维护好、发展好最广大人民群众的根本利益。

中原儿女有信心走好三化协调科学发展之路，这是因为，我们手中有国务院《指导意见》赋予我们的"先行先试"这把"尚方宝剑"。"先行先试"要求中原经济区在重点领域和关键环节上，领改革开放风气之先，闯出一条新路，为全国同类地区起到典型示范作用。"先行先试"表明三化协调科学发展之路对我国未来发展具有重要的探索、实践和样本意义，将为解决发展之惑、发展之痛、发展之难以及如何实现可持续发展，提供一个创新、务实、科学的参照。

走好这条路子，必须充分发挥新型城镇化的引领作用。

第二节　新型城镇化

"引领"的行为"主体"，是新型城镇化。新型城镇化区别于传统城镇化，具有鲜明的时代特征与中国特色。新型城镇化是三化之一，在中原经济区被排在了三化之首。在发展方式转变中的新型城镇化引领三化协调科学发展，成为中原经济区建设的主线，势所必然。

一、新型城镇化的内涵

新型城镇化，首先必然是"城镇化"。究竟什么是城镇化？新型城镇化新在哪里？

为了找到 21 世纪我国城镇化正确的发展道路并给中原经济区的新型城镇化搭建理论平台，有必要对"什么是城镇化"进行科学的、全面的再认识。在人类社会发展史上，城镇这种高度集聚的居民点的诞生，是人类第二次劳动大分工的产物，非农产业及其从业者在狭小地域上的集聚，不仅标志着人类栖居方式的伟大变革，也标志着整个人类的文明、进步事业的发展找到了空间支撑点，城镇化以其不可抗逆的力量和气势成为人类社会发展洪流中的一条"主流"。

关于诸多见诸文献的城镇化的"定义"，可说是见仁见智，但基本上都与城镇规模的扩张有关系。可是，历史的经验和教训表明：城镇化不仅仅是城镇规模的增长，还应是城镇发展状态的优化、提高和扩展。这包括人口结构、经济结构、社会结构、空间结构、环境结构等各类城市结构的完善，也包括工作、居住、交通、通讯、休憩等各种功能的增强，还包括城市效率的提升、城市环境的改善、城市特色的塑造和城市资源的集约使用等，甚至还包括城镇生存方式在非城镇地区的渗透、扩展与普及。总之，如果没有城镇发展状态的结构优化、水平提高和地域扩散，所谓的城镇化就失去了精神内核。

因此，与其用简单定义去界定城镇化，倒不如从实质上认识城镇化进程。因为，如果脱离了精神内核，城镇化的定义再多、再新也无济于事，甚至会引起概念的混乱。

我们认为，城镇化进程的实质应该是"能够适应和推动社会进步的城镇生产、生活方式以及城镇性质、状态不断扩展与深化的发展进程"。这句话浓缩了太多太复杂的内容，但如果将其"表象化"，却比较容易理解：第一，城镇化不仅是人类社会追求的一个目标，更是人类社会发展实践的一个过程。脱离了过程的城镇化目标是无水之源、无本之木，没有现实意义，不注重过程的城镇化目标可能引导城镇化畸形发展。第二，城镇化进程包括外延扩张和内涵优化两个过程。外延扩张是指城市数目、规模、地域的扩张过程。内涵优化体现在三个层面上的优化过程：①狭义内涵优化，是单个特定城镇内部结构、功能、质量的优化；②广义内涵优化，是特定区域内多个城镇组成的城镇体系结构、功能、质量的优化；③泛义内涵优化，是城镇生产、生活方式和文化、景观形态等在非城镇地区的渗透、扩展和普及。

关于20世纪传统城镇化遗留的诸多问题以及21世纪城镇化的继续推进的冷静思考，迫使城市科学家把研究未来城镇化的眼光抬得更高，伸得更远，放得更深。如果说20世纪传统城镇化主要体现在城镇数目、规模、地域的外延扩张，那么21世纪的城镇化应主要追求城镇和城镇体系结构、功能、质量的内涵优化，以及城镇生产、生活、文化、景观在乡村地区的渗透、扩展和普及，并要求外延扩张与内涵优化保持高度的协调统一。此即城镇化的"深层次发展"——或曰"内涵发展"——这与城镇可持续发展的概念和内容基本趋同，城镇化的深层次发展必将成为21世纪城镇化进程的主旋律。

尽管城镇化深层次发展的论题很多，但其基本途径可归结为两种：一种是城镇化的"个性发展"，另一种是城镇化的"区域发展"——这是由城镇的本质所规定的。从本质上讲，任何城镇都有鲜明的二元性。一方面，城镇必然是相对独立存在的空间地域实体，不同的城镇自有其不同的存在状态、发展目标和发展进程；另一方面，城镇又必然是区域的中心，某一特定区域内的所有城镇以其整合状态客观存在，并与区域的发展休戚相关。城镇化必须落实到每一个具体城市，完成城镇化的狭义内涵优化，并按照城镇的自身发展规律将其带进可持续发展的完美境界中去；城镇化还必须以区域内所有城镇的有机整合为前提，完成城镇化的广义内涵优化，并促使所有城镇以群体力量带动区域的可持续发展；个性发展和区域发展还必须充分关注乡村地区的本土转化，完成城镇化的泛义内涵优化，城镇化的深层次发展才能进入全面、统一、完美的状态。

行文至此，解析新型城镇化的理论障碍已不复存在。

新型城镇化，是以科学发展观为统领，以工业化和信息化为主要动力，资源节约、环境友好、经济高效、文化繁荣、城乡统筹、社会和谐，大中小城市、小城镇与新型社区协调发展，个性鲜明的健康城镇化。新型城镇化的城镇化精神内核十分饱满，城镇化的实质体现得最为充分，实际上就是城镇化的"深层次发展"或曰"内涵发展"。

新型城镇化当然也包括外延扩张和内涵优化两个进程，外延扩张是指城市数目、规模、地域的"合理扩张"；内涵优化包括狭义内涵优化、广义内涵优化和泛义内涵优化。据此，我们可以很顺畅地做如下推论：推进新型城镇化的途径应该是其狭义内涵优化、广义内涵优化和泛义内涵优化；新型城镇化引领三化协调科学发展的切入点，也应是狭义内涵优化、广义内涵优化和泛义内涵优化。尤其是广义内涵优化和泛义内涵优化，即特定区域内多个城镇组成的城镇体系或城市群结构、功能、质量的优化，以及城镇生产、生活方式和文化、景观形态等在乡村地区的渗透、扩展和普及，是当前中原经济区推进新型城镇化、引领三化协调科学发展的关键问题——这给下文剖析新型城镇化引领的两个切入点埋下了理论伏笔，为全书的展开做好了铺垫。

"新型城镇化不是传统概念的城镇化，是城乡统筹、城乡一体、产城互动、节约集约、生态宜居、和谐发展的城镇化；新型城镇化不是一般层面的城镇化，是实现'农业产业化、农民职业化、农村社区化'，消除城乡分割的城镇化；新型城镇化不是简单意义的城镇化，是让农民告别祖祖辈辈面朝黄土背朝天的传统习作，实现公民权益、提升文明力量的城镇化……"我们称之为"传统城镇化"（也称为"一般层面的城镇化"、"简单意义的城镇化"）的城镇化，只盯住了"城镇"。这似乎是一个悖论，城镇化不盯住城镇算什么城镇化？

这就有必要厘清新型城镇化与传统城镇化有什么不同。二者的根本区别是：传统城镇化单纯追求城镇的外延扩张，眼里只有城镇没有乡村，往往堕入"盲目扩张、超前扩张，有了数量、毁了质量，顾了城镇、闪了乡村"的陷阱；新型城镇化在合理的外延扩张的同时，注重城镇化的内涵优化，心里既装着城镇更惦着乡村，外延扩张与内涵优化相辅相成，城镇与乡村统筹发展。具体说，二者有六点不同：

第一，发展背景不同。传统城镇化产生于计划经济体制，其推进战略、方式等存在诸多缺陷；新型城镇化产生于社会主义市场经济体制，以科学发展观为统领，与新型工业化、新型农业现代化密切结合，建设社会主义和谐社会。

第二，发展目标不同。传统城镇化以外延扩张为主要目标，依靠扩大发展要素投入来实现规模增长；新型城镇化以内涵优化为主要目标，资源节约、环境友好，以人为本，实现质量提升。

第三，发展重点不同。传统城镇化的重点在城镇，特别是大中城市，有时为了城市甚至不惜牺牲乡镇利益；新型城镇化强调大中小城市、小城镇、农村社区协调发展，即城乡统筹发展，发展总揽全局，兼顾各方利益。

第四，发展主体不同。传统城镇化的主体主要是各级政府，"自上而下"地以行政推进掌控城镇化；新型城镇化的主体多元化，包括政府、企业、公众等，"自下而上"地助推城镇化。

第五，发展方式不同。传统城镇化追求城镇化率的提高，造成资源大量消耗、环境质量下降、基础设施不足、社会保障欠缺；新型城镇化注重城镇化水平的提高，旨在优化城镇功能、提高发展质量、倡导资源节约、实现环境友好。

第六，发展动力不同。传统城镇化的根本动力主要来自于传统工业化，以经济高速增长为目的，以城市为产业聚集中心，拉大了城乡差距；新型城镇化的根本动力来自新型工业化和信息化，具有可持续性，有利于城乡之间的协调、互补、互动和联合。

新型城镇化与"中国特色城镇化"是具有深刻内在联系的一个有机整体。过去的传统城镇化模式，也可能具有中国特色，但并不符合时代潮流和科学发展观要求；而欧美发达国家以及一些发展中国家所采取的新型城镇化做法，未必都符合中国的国情和各地的实际。因此，在推进城镇化的过程中，必须把"新型城镇化"与"中国特色城镇化"有机结合起来，坚定不移地走具有中国特色的新型城镇化道路。这就要求必须从中国国情和各地实际出发，坚持以人为本的全面、协调、可持续的科学发展理念，走渐进式、生态型、集约型、融合型、和谐型、多样型城镇化之路。

二、新型城镇化的途径

探讨途径，先要找目标。探讨中原经济区新型城镇化的途径，必须先要明确新型城镇化的目标。

未来十年左右，中原经济区新型城镇化的总目标为：①城镇化发展努力达到或超过全国平均水平，基本建立结构合理、功能强大的现代城镇体系。②形成具有中原特色，以中原城市群为核心增长板块，大中小城市和小城镇、农村社区协调发展的城乡统筹新格局。③成为全国尤其是中西部地区最具活力的引领三化协调科学发展的示范区。

新型城镇化的目标，当然要追求城镇化水平的提升。城镇化水平与城镇化率不同：后者为城镇人口占总人口的比值，是一个简单的衡量城镇化规模的指标；前者使用综合的指标体系衡量城镇化的综合发展水平，是一个兼顾到规模、结构、质量等的综合评价指标；后者有统计价值，前者有研究意义；后者存在于前者，前者包容后者。尽管城镇化率因其局限性而时常遭到诟病，但由于其直观、易得以及具有大众性、连续性，特别是抓住了城镇化进程的最关键因素——人，其实用价值不可否定。

我国城镇化率过半的年份是 2011 年，达到 51.3%，比世界城镇化率过半的年份只晚了两年——这足以令国人气壮。同样是 2011 年，河南省的城镇化率仅 40.6%，与全国平均水平相差 10.7 个百分点——这足以让河南人气虚。也就是说，河南省要有 1000 万农村人口转化为城镇人口，城镇化率才能提升 10%，才能赶上全国 2011 年的平均水平——这足以使中原经济区的城镇化压力重重！瞄准规模目标，作者曾这样设计：到 2020 年，中原经济区城镇化率力争达到 50% 以上，其中河南省达到 55%

以上，中原城市群紧密层达到 65% 以上；核心城市郑州成为全国区域性中心城市，城市人口规模争取达到 500 万左右；由郑州市区、开封市区和中牟县组成的郑汴都市区真正成为中原经济区的核心增长极，城镇化率达到 90% 左右；洛阳市真正成为中原经济区的副核心城市，人口规模达到 200 万以上；优化城镇体系的规模结构，建设一批 100 万人口以上的大城市……

但"在纸上拨拉小算盘"容易，做起来难哪！可以"先行先试"的中原经济区再也不能循着单纯规模扩张的老路走下去了！

新型城镇化的路怎么走？循着狭义内涵优化、广义内涵优化和泛义内涵优化的思路，开辟中原经济区新型城镇化的途径：坚持多元城镇化道路，培育城镇化的动力机制，为城镇化搭建多层次承载平台，注重城镇化的推进策略。

1. 坚持多元化的城镇化道路。新型城镇化的多元化，包括城镇规模、区域差异、动力机制、城镇特色等方面的多元化。①大中小城市与小城镇协调共进，共同肩负起承载城镇化人口转移的重任，形成合理有序的城镇体系规模序列结构；②允许不同区域的城镇化模式存在差异，充分发挥各地优势，有条件的地区可以推行本土城镇化；③强调市场机制与宏观调控相结合，促进多种经济成分与多种产业、多种事业共同拉动城镇化；④突出不同城镇的产业发展、空间布局、文化内蕴、建筑风格等方面的优势，形成各具特色、合理分工的城镇化格局。中原经济区各地要因地制宜，积极引导农村剩余劳动力向城镇地区合理有序流动或就地转化，科学把握城镇化的速度和节奏，与城镇吸纳人口的能力、本土转化人口的能力相适应，防止出现超越承载能力的"过速、过度城镇化"。

2. 培育城镇化的动力机制。中原经济区新型城镇化的动力机制由一主一辅两方面构成。

第一，核心机制，即发展动力机制，包括：①经济发展机制。提高农业产业化水平是新型城镇化的基础，可以为城镇化提供充足的剩余农产品、剩余劳动力，并为构建城镇化的本土承载平台创造条件；提高现代工业水平是新型城镇化的主要动力，可以为城镇形成核心产业链，并提供建设资源、先进技术，为城镇居民与转移人口提供就业岗位，从而提升城镇的综合实力；提高现代服务业水平是新型城镇化的保障，可以为城镇其他产业提供配套服务，为城镇居民和转移人口提供就业机会与生活服务；提高信息产业水平也是新型城镇化的主要动力，可以为工业、农业、服务业提供高新技术支撑，为城镇居民和转移人口提供崭新的生活服务，从而提升城镇的信息化水平。②社会发展机制。发展科学教育事业，为新型城镇化培育可持续的内生动力；发展先进文化事业，为新型城镇化培育鲜明的文化内核；发展社会保障事业，为新型城镇化培育有效的社会保障体系。③基础设施发展机制。建设综合交通运输体系，保证新型城镇化的"血脉流畅"；建设信息、通讯网络，保证新型城镇化的"神经健全"；建设水源、能源供给、保护系统，保证新型城镇化的"养料供应"；建设环境保护与防灾减灾系统，保证新型城镇化的"健康免疫"。第二，辅助机制，即行政动力机制，包括：①行政促进机制，发挥牵引和推动作用。例如构建三化一体的社会系统工程，构建城镇化的承载平台，推动城乡统筹发展，提供优良的社会保障等。②行政控制机制，发挥调节与制动作用。例如宏观调控各项事业的发展，控制城镇化的发展速度，调节城镇的各种准入门槛，解决、克服城镇化进程中的客观问题与人为弊病等。

3. 为城镇化搭建多层次承载平台。如何使每年数以百万计的农村剩余劳动力及其家属和谐地融入城镇，并切实提高城镇化质量，是关系到中原经济区能否达到建设目标的重大战略问题。城镇化必须落实到每一个具体城镇，必须以区域内所有城镇的有机整合为依托，必须充分挖掘乡村地区就地城镇化的潜力，形成城乡和谐发展的格局——只有这样，新型城镇化才能进入全面、统一、完美的状态。构建城镇化的承载平台是带有方向性的重大举措，承载平台宽厚，城镇的综合承载力才能承担得起，新型城镇化才能绵延不断，城镇化的转化人口才能真正找到归宿。中原经济区新型城镇化的承载平台包含三个层次：①单个城镇承载平台，满足城镇化的个性发展，完成城镇化的狭义内涵优化；②城镇体系承载平台，满足城镇化的区域发展，完成城镇化的广义内涵优化；③本土承载平台，满足城镇化的全面发展，完成城镇化的泛义内涵优化。

4. 注重城镇化的推进策略。

第一，在城镇化进程中实施集约经营。城镇化通过人口的集聚带动其他要素的集聚，产生一种结构性优化和功能性提高的综合效应。新型城镇化不但要集聚人口、资源等发展要素，还要集聚人才、科技等创新要素；不但要集聚各类要素，还要节约、高效使用各种资源；不但要加快城镇自身的发展方式转型，还要为全社会转变发展方式积极创造条件。在当前我国城镇发展面临人口、资源、经济、环境等多头矛盾的状况下，建设资源节约型城镇、实施集约经营是新型城镇化的必然选择。中原经济区实施集约经营，必须做到：①保护基本农田，谨慎扩张并高效使用城镇建设用地，发展紧凑型城镇，切实保护和节约利用能源、水资源等，提高资源的综合利用效率；②发展循环经济，重点发展高新技术产业和高附加值的先进制造业，加快发展现代服务业，使城镇化主要依靠工业带动转向工业、信息产业和服务业协同带动；③集聚创新要素，激活创新资源，转化创新成果，提高自主创新能力；④发挥城镇之间的规模集聚与功能协同效应，进一步推动中原城市群和郑汴都市区建设。

第二，在城镇化进程中营造优良环境。新型城镇化要求"友好"对待环境，保持"发展"的城镇系统与"稳定"的环境系统之间的动态平衡，建设环境友好型城镇，实现人与环境的和谐共处。一方面，在城镇规划与设计中，要充分考虑城镇生态环境的承载能力，协调城镇与区域之间的环境依存关系，确保城镇发展的生态屏障安全；另一方面，在城镇建设与管理中，要树立环境优先的理念，创造良好的发展环境，提升城镇生产、生活品质。中原经济区营造优良城镇环境，必须做到：①加强区域环境基础设施建设，综合整治流域生态环境，增强自然生态系统的环境承载力；②建立健全城镇生态平衡体系，理顺城镇生态系统物质流与能量流，建设生态城市；③优化城镇开放空间系统，充分发挥绿地系统、水体系统以及道路、广场系统在营造优良环境中的巨大作用；④坚持对建设项目的环境影响评价，监控城镇污染源，控制污染排放，综合治理各类污染，改善城市的环境质量；⑤推广生态园区、生态工程、生态企业和生态建筑，提倡绿色低碳生产、生活和消费方式，建设一个生产发展、生活富裕、生态优美的良好人居环境。

第三，在城镇化进程中追求功能优化。完善的城镇功能是提升城镇综合竞争力的重要基础，也是城镇现代化的重要标志。新型城镇化要求，既要不断完善城镇的基本功能，又要进一步强化城镇特色、突出城镇的主导功能。同时，通过规范、高效的管理，确保城镇功能在运行中实现全面提升。中原经济区的城镇功能优化，必须做到：①强化规划手段，明确城镇发展方向和空间扩展方式，设计城镇空间布局结构，优化土地利用配置；②建设完善的城镇交通通信、供水供能、排污减污等市政基础设施以及城镇防洪、防震等防灾减灾设施，保持较高的城镇基础设施综合配套水平；③重视历史文化名城（镇）保护，延续城镇历史文脉，挖掘城镇文化内涵，提炼城镇现代精神，彰显城镇鲜明个性；④创新管理体制和手段，运用现代信息技术，促进城镇管理的精细化、科学化、智能化，提高城镇的日常管理和应急管理水平。

第四，在城镇化进程中促进城乡统筹。传统城镇化是"乡村"一极到"城镇"一极的社会变迁过程，城镇和乡村作为不同的空间地域实体，二者相互依存、密不可分。新型城镇化是以城乡统筹、城乡一体、产城互动、节约集约、生态宜居、和谐发展为基本特征的城镇化，是大中小城市、小城镇、新型农村社区协调发展、互促共进的城镇化。新型城镇化要求从城乡分割的现实出发，从统筹城乡发展的高度着眼，通过转变发展方式，构建城乡统筹、城乡一体的协调发展的机制，促进城镇化和新型农村社区建设的有机联动。尤其要充分发挥城镇的带动作用，城镇支持乡村，工业反哺农业，促进农业增效、农民增收，缩小城乡差别。中原经济区促进城乡统筹，要求做到：①充分发挥各级城镇的中心带动作用，促进城镇传统产业、基础设施、公共服务、现代文明向乡村扩散；②新型农村社区规划与城镇体系规划密切结合，构建城乡一体化网络；③加强乡村水利、交通、环保等基础设施建设，推动乡村文化、教育、科技推广等事业的蓬勃发展；④培育县城、建制镇的农产品深加工与其他非农产业，适当扩大其人口规模，增强新型城镇化的本土转化能力；⑤推进新型农村社区建设，从改变农民的生活方式切入改变农业生产方式，鼓励农业剩余劳动力就地创业、就地转化。

第五，在城镇化进程中促进社会和谐。新型城镇化首先是人的城镇化。在构建社会主义和谐社会的时代背景下，新型城镇化要求人口在实现从乡村到城镇空间转移的同时，真正实现从农民到市民的全面转化。生活在城镇的每一个人的基本生存条件都应该得到满足，基本发展条件都应该得到保证，大家共同创造共同分享新型城镇化的发展成果，最终实现人在城镇的全面发展。在新型城镇化进程中促进社会和谐，必须在以下几个方面下功夫：①改革城乡管理体制，尤其是改革户籍制度，有序推进农村人口的转移转化，稳步提高城镇化率；②坚持以人为本，倡导和谐理念，切实保护城镇化进程中失地农民的合法利益，维护进城农民工的各种正当权益；③实施积极的就业政策，改善城镇的创业和就业环境，努力提高全社会的就业水平；④大力发展文化教育、医疗卫生、社会保障等社会事业，建立惠及全民的基本公共服务体系，优化公共资源配置，促进基本公共服务均等化；⑤综合治理社会治安，依法打击各种违法犯罪活动，维护社会公共安全，营造和谐的社会环境；⑥加快城中村、危旧房改造，合理开发、建设城镇边缘区，提高城镇的宜居水平。

如此走下去的新型城镇化，必然成为三化协调科学发展的"引擎"。

三、新型城镇化引领之必然

2012年7月23日胡锦涛总书记在省部级主要领导干部专题研讨班上的重要讲话的核心，可以概括为"四个坚定不移地坚持"：坚定不移地坚持中国特色社会主义理论体系的指导，坚定不移地坚持中国特色社会主义道路，坚定不移地坚持中国特色社会主义制度，坚定不移地坚持在中国特色社会主义建设的实践中全面贯彻落实科学发展观。"坚定不移地坚持"是决心和态度，共同的精神与内核是"中国特色社会主义道路"。

也就是说，在今后相当长的历史时期，中国舰队的"旗舰"、中华巨人的"名片"仍然是"中国特色社会主义道路"。中原经济区的"两不三新"三化协调科学发展之路，以新型城镇化为引领、以新型工业化为主导、以新型农业现代化为基础，既充分体现了河南省情，更体现了中国特色，是中国特色社会主义道路在河南的生动实践。

"主导"和"基础"，延续了经典定义，毋庸置疑。"引领"一词，拆开了讲，"引"做动词，"牵、拉、导、引起、使出现"之意；"领"做名词，指"脖子、衣领、大纲"等，做动词，"带、引、率、导"之意。"引领"

自然是"牵引、拉动、带动、引导、率领、领导"之意。这使我们联想到一句成语"提纲挈领"。一件事,抓住纲,纲举目张;一件衣服,提起领,领立衣展。

以新型城镇化为引领,令人心头一震,耳目一新:本来位列第二的城镇化排在了首位,本来受工业化驱动的城镇化成了引领工业化、农业现代化的"引擎",颇有点"龙头"的味道!此说一出,立即引起学界的热议,赞成、反对、困惑、犹疑,不一而足。中原学界反应尤为强烈,例如本书作者,足足有半年的时间,从困惑到犹疑到赞成,学者的学术心路历程表现得淋漓尽致。

为"新型城镇化引领"立言,不是易事,因为"前无古人";让"新型城镇化引领"立功,充满信心,因为"后有来者"。

河南省委要求:面对三化协调科学发展这条路子,为了践行"两不牺牲"的庄严承诺,需要领导干部真正学明白、想明白、说明白、做明白。本书作者在学明白、想明白的基础上,争取把这本书写明白。新型城镇化如何引领三化协调科学发展,是本章下一节乃至全书的任务,本小节的任务是,回答——三化协调科学发展为什么必须以新型城镇化为引领?新型城镇化引领为什么是中原经济区建设的主线?

我们的回答是:价值取向、倒逼机制与发展观念决定了新型城镇化的引领地位,新型城镇化引领的理论意义、实践意义、创新意义与时代意义决定了其必然是中原经济区建设的主线。

价值取向将新型城镇化"推"到引领三化协调科学发展的位置。

当前的中国,最大的内需动力在于城镇化,最雄厚的投资潜力在于城镇化。据研究,城镇化率每提高1个百分点,直接消费可拉动GDP增长1.5个百分点;每增加一个城镇人口,可带动10万元的建设投资。[1]河南省推进新型城镇化,城镇化率要从2011年的40%左右提升到2020年的50%以上,其直接消费可拉动GDP增长15个百分点,所增加的1000万城镇人口将带来1万亿元建设投资,对新型工业化、新型农业化的拉动

---

① 赵永平、冯华:《专家解读十二五城镇化:保障农民土地权益是关键》,2010年10月24日,见 http://news.sina.com.cn/c/2010-10-24/061421339924.shtml。

效应不言而喻。对于占 GDP 不足三成、比全国平均水平低近一半的落后的服务业来说，随着人口与产业的集聚、基础设施的完善、公共服务的健全，新型城镇化的拉动效应不可估量。据测算，新型城镇化启动的新型农村社区建设，将从农村建设用地中腾出数百万亩土地，用于保障耕地面积不减少，并有力支持城镇与工业化建设用地所需，农民在改善居住环境的同时，还可分享土地宅基地使用权的增值收益与社区新住宅的增值收益。

在中原经济区推进新型城镇化，生产生活方式的根本转变与社会形态的深刻变革，必然产生多方面的巨额正面效益与效应，传统城镇化的负面效应必然减至最低。新型城镇化的价值，除了前述的显性拉动效益外，还有利于提高人民群众的生活质量，有利于坚持以人为本、建设为民，有利于正确处理改革发展与人民群众的利益关系。在新型城镇化进程中，只要遵循规律、科学决策、依法办事、健康推进，就能使人民群众成为中原经济区建设的拥护者、参与者、推动者、受益者，就有利于加强与巩固共产党执政为民的经济与社会基础。在价值取向的杠杆上，新型城镇化的显性、隐性价值必然将其推向引领三化协调科学发展的位置。

倒逼机制将新型城镇化"逼"到引领三化协调科学发展的位置。

"倒逼"一词，《现代汉语词典（2002 年增补本）》上没有，自然更不会有"倒逼机制"。在"百度百科"上搜素，倒是有一大堆解释，知道"倒逼机制"是一个专门用于中国的金融学词汇。大意是国有银行秉承政府旨意给国有企业以诸多金融支持，国有企业从自身需要出发反过来逼迫国有银行继续扩大金融支持，久而久之，形成恶性循环。为了克服上述消极效应，必须强化国有企业投融资功能，并且转换政府投融资行为。显然，这里的"倒逼机制"是个借喻，取其"反过来逼迫"的意思，用来刻画中原经济区的状况，再恰当不过。

中原经济区的城镇化水平低，短板是城乡二元矛盾突出，农业大县往往是工业小县、财政穷县。城镇化水平低，制约着经济结构优化，粮食增产不增收，工业反哺农业不力，现代服务业支撑不力，城市带动农村不力；城镇化水平低，挤压了发展空间，削弱了发展动力，大招商招来了"金凤凰"，却"无枝可栖"，大量工业项目因土地指标缺乏难以落地；城镇化水平低，造成城乡矛盾加剧，"三农"问题严峻，贫富差距拉大，城乡发展失衡，农民占有的基础设施和公共服务设施，仅为城镇居民的 1/8 左右……诸多矛盾的焦点是：三化不协调。仅以发展的卡脖子要素——土地资源的配置为例，河南省 4.7 万个行政村、18 万个自然村占地面积比城市建设用地和工矿企业用地之和还要多出近一倍；全省每年城镇化、工业化建设用地需求近 80 万亩，而国家下达的指标却不到 30 万亩。河南省要下决心解决"三农"问题，要破除城乡二元结构，要推动城乡统筹和城乡一体，要破解"四大难题"，要践行"两不牺牲"的承诺等，而现实状况却形成了一系列倒逼机制，逼着我们必须走好三化协调科学发展之路。

发展观念将新型城镇化"请"到引领三化协调科学发展的位置。

科学发展观是建设中国特色社会主义的发展观，其第一要义是发展，核心是以人为本，基本要求是全面、协调、可持续，根本方法是统筹兼顾，目标是促进经济、社会、环境和人的全面发展——这几句话可说是科学发展观的精髓。用这几句话与新型城镇化的精神内核逐一对照，其科学发展的禀赋与特质得到完美体现。因此，作者在对新型城镇化进行定义性描述时，才会这样写："新型城镇化，是以科学发展观为统领的健康城镇化。"拿新型城镇化的推进途径与中原经济区的建设方略全面对照，二者的有机契合与密切互动得到完美体现。因此，以科学发展观为统领的新型城镇化，必然在中原经济区三化协调科学发展中发挥至关重要的作用。

建设中原经济区是开拓创新之举，表明中原崛起在创新思维的指导下深化并扩展了空间，正在实施的中原城市群战略获得了新的施展与支撑平台，中心城市带动战略被推上了新的高度，城镇化进程获得了新的巨大动力。中原经济区建设持续探索一条"两不三新"三化协调科学发展的新路子，是带有深远和现实意义的宏伟战略，全力推进新型城镇化，是对走好这条路子的最有力、最有效的引领。按照科学发展观的要求，三化协调科学发展命题的"题眼"是"协调"，三个"新型"的相互作用关系必须在协调的过程中准确定位。新型工业化为"主导"，充分肯定了工业化的中心地位，但如果缺了引领，中心只能"原地踏步"；新型农业现代化为"基础"，充分肯定了农业现代化的支撑作用，但如果缺了引领，支撑就会"迷失方向"。只有符合科学发展观、契合中原经济区的新型城镇化发挥强有力的引领作用，新型工业化才能动力十足、主导强劲、稳步前行，新型农业现代化才能基础牢固、支撑有力、方向明确，三化协调科学发展才能进入完美境界。

新型城镇化引领的理论意义、实践意义、创新意义与时代意义决定了其在中原经济区建设中的主线地位。第一，新型城镇化引领要求建立城镇化、工业化、农业现代化三位一体、三化协调、三者融合以及表明各自地位与作用的完整的理论框架，具有深厚的理论价值。第二，新型城镇化引领凸显中原特色，力求破解"三农"难题，坚决做到"两不牺牲"，充分彰显本土城镇化，具有现实的实践价值。第三，新型城镇化引领首次将城镇化置于排头位置，将新型农村社区建设作为切入点，将河南省传统的四级城镇体系提为五级，具有显著的创新价值。第四，新型城镇化引领深入改革，拉动发展，关注民生，厉行节约集约，维护生态环境，营造社会和谐，具有鲜明的时代价值。

中原经济区建设选择新型城镇化引领三化协调科学发展作为主线，实在是明睿之举、英明之举。

第三节　新型城镇化引领三化协调科学发展

"引领"的行为主体如何作用于行为客体，即新型城镇化如何引领三化协调科学发展，是本书主题、主线逻辑链条上最重要的一环。统筹新型城镇化的引领，构建新型城镇化引领的基本框架并找准切入点，是本书铺展开来、深入下去的顶层设计。

一、新型城镇化引领的统筹

中原经济区建设选择走"两不三新"三化协调科学发展之路，成效初显：近40个国家部委与河南省签订战略合作协议，建设助力更强；2012年上半年47个重大项目顺利通过国家审批落户河南，建设潜力更大；2300多个新型农村社区相继开工，建设活力更足。河南省财政总收入、规模以上工业实现利润、高成长性产业投资占比、新开工亿元及以上项目占比、省财政用于民生支出占比、农民人均收入、农村劳动力转移就业等经济社会指标的变化令人振奋。

但是，人民群众日益增长的物质文化需求同落后的社会生产之间的矛盾并没有从根本上改变，人口多、底子薄、基础弱、人均水平低、发展不平衡的基本省情没有从根本上改变，"钱从哪里来、人往哪里去、粮食怎么保、民生怎么办"四道难题需要破解的局面没有从根本上改变。"三个没有根本改变"，折射出三化不协调是制约中原地区发展的最大难题。

问题的症结在哪里？新型城镇化的引领作用还没有完全到位，三化协调科学发展还没有充分施展。新型城镇化的引领不到位，则新型工业化动力不足、步伐不稳、主导作用难以彰显，新型农业现代化根基不牢、支撑无力、基础作用难以发挥。引擎疲弱，三化协调科学发展的主心骨不硬，根基不牢。

新型城镇化是三化协调科学发展的"引擎"，其引领作用要在带动、支撑和推进等三个方向上发力。带动力在前面，支撑力在下面，推进力在后面。上面也有力，是什么？是压力，是党中央、国务院和全国人民的厚望，是亿万中原儿女的期盼，是中原地区干部群众的责任。四面八方都给力并形成合力，才能完成三化协调科学发展这个核心任务，中原崛起才有保证。有责任，才有压力，勇于迎压而上，才能成大业。

以新型城镇化引领三化协调科学发展，真实反映了中原经济区的客观现实，全面满足了建设中原经济区的迫切需要，完全顺应了中原儿女的发展要求。新型城镇化引领，体现的是先进思想观念的引领，先进科学技术的引领，先进管理方式的引领，先进生产方式的引领，先进生活方式的引领。新型城镇化的引领之路是发展中地区的赶超之路，是充满希望的阳光之路。想明白，才能敬业，全身心投入，才能成大业。

把新型城镇化请到三化之首并赋予引领大任，将新型农村社区建设作为引领的切入点，以农民生活方式的转变促进农业生产方式的转变，承诺不牺牲农业和粮食、生态和环境的前提下三化协调发展，这些思路举措有胆量、有见识，敢于"吃螃蟹"，才能成大业！

除了上述责任、敬业、胆识等意识形态要素外，新型城镇化引领，关键在做。怎么做？"四个重在"依然是实践的纲领。引领重持续、重提升、重为民发生在引领的进程之中，而重统筹，则既发生在进程之中，更发生在启动之初。因此，做好引领的顶层设计、框架构建、总体谋划，亦即做好引领的"统筹"，是新型城镇化引领能够逐步到位的首要保证。

本书作者试图在学明白、想明白的基础上，争取把这个问题写明白。怎样才算"明白"？科学与学术的最高境界是"理论上站得住，实践上行得通"，攀上了最高境界才算真正明白。

新型城镇化的引领按如下框架统筹（见图2）：

新型城镇化引领从新型农村社区建设与现代城镇体系建设切入；为新型城镇化引领培育一种动力机制；新型城镇化引领新型工业化、新型农业现代化等其他两化；新型城镇化引领产业集群发展、产城互动发展、城乡

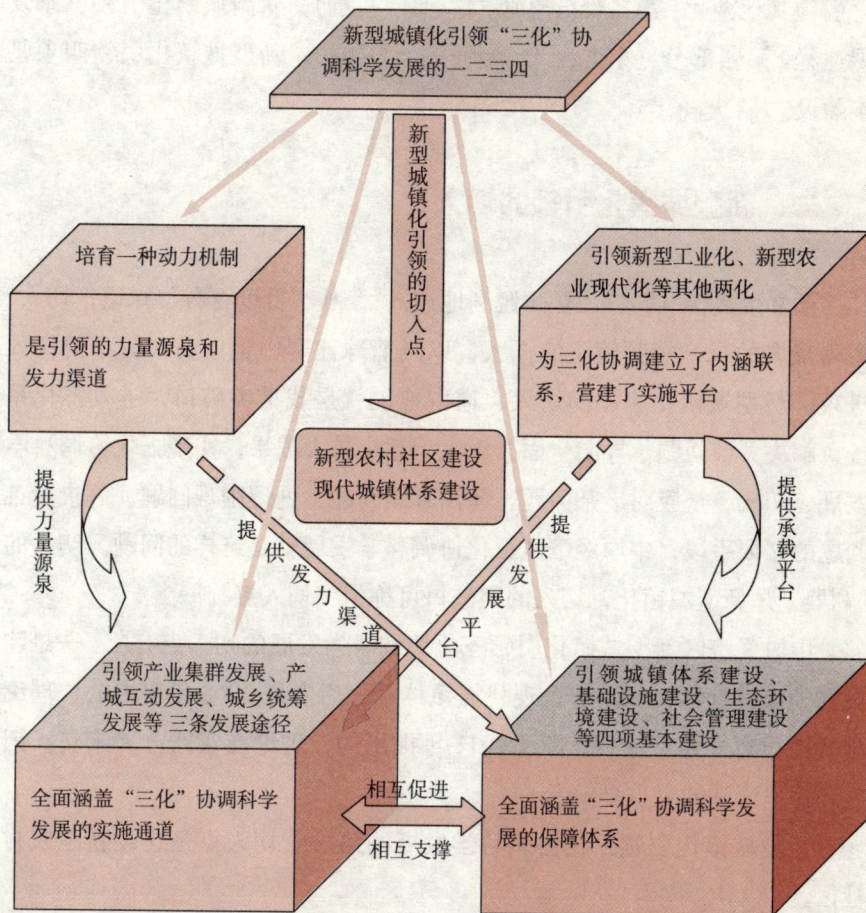

图 2　新型城镇化引领的统筹框架

统筹发展等三条发展途径；新型城镇化引领城镇体系建设、基础设施建设、生态环境建设、社会管理建设等四项建设。

两个切入点是引领的突破口和具体抓手。一种动力机制是引领的力量源泉与发力渠道。引领其他两化为三化协调建立了内涵联系，营建了实施平台。引领三条发展途径全面涵盖了三化协调科学发展的实施通道。引领四项基本建设，全面涵盖了三化协调科学发展的保障体系。一种动力机制、引领其他两化、引领三条发展途径、引领四项基本建设，构成了新型城镇化引领的一二三四。

本书的组织结构也按此展开：第一部分（第一、二、三章），新型城镇化引领的导论、统筹与动力机制；第二部分（第四、五章），新型城镇化引领其他两化；第三部分（第六、七、八章），新型城镇化引领三条发展途径；第四部分（第九、十、十一、十二章），新型城镇化引领四项基本建设。

二、新型城镇化引领的切入

望文生义，"切入"，是"锐利地进入"。从"百度百科"知道，切入，用得最多的是音视频镜头的插入，以及篮球比赛中运动员向篮下的插入进攻。新型城镇化引领的切入，通俗地说就是找准突破口，进入三化系统，解决关键问题，导向全面、深入，逐步扩大战果，实现三化协调科学发展。切入，是应对庞杂问题、厘清麻烦问题、处理困难问题、解决疑难问题的必要手段，中原经济区三化协调科学发展就是这样的问题。切入的"利器"是新型城镇化，切入的突破口可称为"切入点"。

中原经济区新型城镇化引领三化协调科学发展的切入点有二：一是建设新型农村社区，二是建设现代城镇体系。后者是 2008 年提出的，理论与实践已有一定积累；前者是 2011 年提出的，理论与实践方兴未艾。因此，这里论证的重点是前者。

新型城镇化引领三化协调科学发展的第一个切入点是建设新型农村社区。

为什么？有六个方面的原因。

第一，新型农村社区建设顺应了时代潮流。马克思曾指出："现代的历史是乡村城市化。"建设新型农村社区，使城镇化从乡村起步，遵从了马克思主义的指导。国务院的《指导意见》对中原经济区的五点战略定位，第一点就说"农"，第二点先说"乡"，再说"城与乡"。建设新型农村社区，首先关注了农、乡、城与乡，符合中央文件对中原经济区建设的要求。胡锦涛同志在省部级主要领导干部专题研讨班上的讲话指出：扎扎实实抓好推动城乡发展一体化等战略任务的贯彻落实，推动工业化、信息化、城镇化、农业现代化同步发展。建设新型农村社区，抓住了"城乡发展一体化"这个牛鼻子，符合中央领导对全国的普适要求。今天，全球城市居民已达36亿左右，发达国家百分之七八十的人口生活在城市，新兴经济体和发展中国家每月新增数百万城市居民。建设新型农村社区，中国特色的城镇化汇入了世界潮流。城市让今天的生活更美好，数千万农民梦想像城里人一样生活。新型农村社区建设有了今天中原农民"家门口的城镇化"。新型农村社区建设是改革开放以来，与"家庭联产承包责任制"具有同等战略意义的时代创举。

第二，新型农村社区建设是农业大省、人口大省本土城镇化的主要途径。河南省是全国农业大省、人口大省，农民"离土不离乡"的本土城镇化（或曰就地城镇化），是新型城镇化在河南的重要实践方式，而新型农村社区建设是这种方式的主要途径。"三农"问题、城乡二元结构问题带来的发展不协调，是制约中原崛起河南振兴的主要瓶颈。建设新型农村社区，使本土城镇化引领新型农业现代化，有利于挣脱瓶颈桎梏，顺利走上三化协调科学发展之路。河南省人口60%是农民，农业剩余劳动力丰富，而城镇承载力有限，如果人口单纯、大量向城镇转移，既会促生各种城市病，也会加剧"三农"难题，既使得农民工难以"市民化"，也使得农村出现"空壳化"，不仅三化难以协调，还可能造成"三损"。建设新型农村社区，引领城镇生活生产方式以及先进文化、优质服务、优美景观不断向乡村地区渗透、延伸与扩展，三化协调科学发展将实现内涵式跨越，抚平城乡落差甚至消灭城乡差别不再是遥远的梦想。河南省为了践行"两不牺牲"，必须集中力量建设粮食生产核心区，大力发展特色高效农业，营建粮食和农业稳定增产长效机制，而充足的、素质高的农业劳动力是关键。

建设新型农村社区，引领广大新时代农民回乡创业，有利于强化新型农业现代化与本土的新型工业化，为"两不三新"三化协调科学发展夯实基础。河南省城镇化率滞后全国 10 个百分点，是中原经济区最短的短板。快速提高城镇化水平，不能走国外激化矛盾的老路，不能照搬东部沿海地区的经验，不能以牺牲农民利益为代价，不能撕裂城乡关系。建设新型农村社区，引领了本土城镇化的施展平台建设，在提高城镇化水平的同时，推动三化协调科学发展进入又快又好的理想状态。

第三，新型农村社区建设改变了土地资源配置格局。中原地区人口稠密，人多地少，人均土地资源原本就很紧张。建设中原经济区要求确保粮食生产，2020 年粮食产量稳产 1300 亿斤的底线不可逾越。显然，保证耕地面积是不言而喻的首要任务。与此同时，工业、基础设施与城镇建设用地需求量巨大而急迫，农用地与非农用地的供需矛盾空前尖锐，吃饭与发展的冲突空前激烈，三化协调科学发展可能会因土地问题而"卡壳"！这不是危言耸听，而是一个无法回避、近在眼前的"紧箍咒"。人多地少的现实谁也无法改变，但土地利用结构与土地资源配置的"空隙"却让我们看到了解决这一难题的光明。在城镇规划与土地利用规划的制约下，非农建设用地指标处于国家严格控制之中，例如，城镇居民人均城镇建设用地控制在 100 平方米／人上下。而农村建设用地（即农村宅基地）却难以限制，据国土部门粗略调查估计，河南农村居民人均宅基地面积不低于 230平方米／人。在辽阔的、充满希望的田野上，一个个绿色板块上的"明珠"——村庄，成了吞吃土地资源的怪兽。建设新型农村社区，小村并大村，引领平面农舍变为立体住宅楼群，建设用地容积率大幅度提高，腾出的巨量农村宅基地经整理后进入土地资源库。这样，盘活了土地资源总量，增加了后备土地资源，推动了土地节约集约利用。当乡村土地流转进入良性循环后，既可弥补耕地面积不足，更可为新型工业化、基础设施建设、城镇空间扩展等，提供用地保障。新型城镇化引领从新型农村社区切入，带来土地资源配置格局的巨大变化，正中三化协调科学发展的要害。

第四，新型农村社区建设改变了农民生活方式。中原地区的村庄，具有典型的"一家一户"式中国特色，农民的生活方式与小农经济的生产方式高度吻合。农舍布局无规划，农户建房各顾各，道路不成系统，通讯不联网络，没有统一供能渠道，没有公共照明设施，生态环境无维护，公共安全无保障。吃菜自己种，吃水靠打井，屋里农具粮食，院里鸡鸭猪牛，日出而作，日落而息，"三十亩地一头牛，老婆孩子热炕头"……新中国成立初期就已饱受诟病的小农生活状态，今亦如故，田园生活的悠然自得距离现代文明太远太远。建设新型农村社区，引领人口和资源的集聚，规划先行、精细设计，新村空间布局结构明晰、功能分区合理，引来了基础设施的延伸、公共服务的覆盖、建筑景观的优化、现代文明的渗透，农民的生活环境得以显著改善。建设新型农村社区，引领学校、医院、超市、娱乐场所超前建设或跟进建设，教育、医疗、购物、文化等现代服务面面俱到，农民的生活条件得以显著改善。建设新型农村社区，引领平房改楼房，足够的面积、适宜的套型、开敞的空间，水、电、气、暖、通讯一应俱全，农民的生活质量得以显著改善。新型农村社区建设彻底改变了农民的生活方式，住进社区的村民成为"不进城的市民"，三化协调科学发展的主力军——新时期中原农民才会安居、乐业。

第五，新型农村社区建设改变了农业生产方式。新型城镇化从新型农村社区建设切入，农民生活方式彻底改变，紧接着直接引领了农业生产方式的改变。河南虽然是农业大省，但是农业规模化、产业化水平依然很低，约80%的农业经济成分是一家一户的小农经济；2011年，农民人均纯收入比全国少477元，比本省城镇居民少近12000元；现代农业机械、大型水利设施、先进农药化肥、信息化经营等当代已常态化的先进技术、手段，在零散切割的家庭责任田面前，英雄无用武之地；出了村头就是地头，日出而作、日落而息，延续了数千年的劳作方式依然如故，农民依然是土地的奴隶……同时，另一种情景也触目惊心：在快速城镇化、工业化的裹挟下，出现了世界独有的"农民工"大军，面对"种一年地不如外出打一个月工"的价值判断，农业和农村已很难留住有知识的青壮年农民，农业劳动力短缺以及农村老龄化已成为一个严峻的现实问题。建设新型农村社区，居住与劳作分离，农民告别个体经营，引领新型生产方式的出现；农民将承包土地使用权有偿转让给种粮大户、农业大户，引领农用土地流转机制的变更；职业农业、生产大户大面积经营农用地，提高了劳动生产率，引领农业生产的规模化、产业化；部分腾出的土地用于非农建设与经营，摆脱了土地束缚的农民就地打工，引领多种产业的良性扩张与集聚；外出打工农民看到了新社区的优越，愿意回乡创业，引领人力资源与累积资本理性回归；新社区居住环境的现代化有利于新一代有文化、有理想的农民健康成长，也必将引领农业生产方式的变革向更高层次延展。

第六，新型农村社区建设搭建了三化融合平台。中原经济区走三化协调科学发展之路，必得使工与农、产与城、城与乡之间高度统一、灵敏互动、全面统筹，做到这一切，三化融合是关键。新型城镇化引领三化协调科学发展，必得给三化融合找到承载的平台，三化协调才有运作的空间。新型城镇化从"农"字切入，不是"就农论农"，而是把新型农村社区建设作为统筹城乡发展的结合点、推进城乡一体化的切入点、促进农村经济发展的增长点、加强农村社会管理的创新点、解放和发展农村生产力的关键点。新型城镇化从"农"字切入，不是"就农论农"，而是以城镇化理念来改造农村，以公共服务均等化来覆盖农村，以现代产业体系来支撑农村，结果必然是新型农村社区建设。新型农村社区建设，最初的成果是乡村居民点的改造与重建，紧接着的成果是农民生活方式与农业生产方式的巨变，农村社区化、农民职业化、农业产业化，"三农"问题在新社区找到了实施全面改造与提升的平台。新型农村社区建设，对象是乡村，基础是乡村，但城镇化理念渗透全过程，现代城镇要素进入各领域，建成之后不再是原来的乡村，而是城镇化的社区，城乡二元在新社区找到了抚平落差、互为支撑的平台。新型农村社区建设，是新型城镇化的本土主要实践方式，直接的成效是引领新型农业现代化健康发展，同时以提供人力资源、土地资源、产业发展空间与产品消费市场的方式，引领新型工业化向纵深发展，新型三化在新社区找到了密切互动、深度融合的平台。"三农"问题的解决，城乡二元结构的消除，三化的深度融合，必然将中原经济区建设引领到最高境界——三化协调科学发展。

"城乡统筹、城乡一体、产城互动、节约集约、生态宜居、和谐发展"是新型城镇化的理想状态，新型农村社区是实现理想状态的重要平台。从新型农村社区切入，以点带面、以表促里，以形式触动实质，必然带来中原经济区建设全局性的重大突破；新型工业化空间广阔，新型农业现代化动力充足，三化协调科学发展之路的路基无比坚实。中原实现崛起、河南实现振兴，新型农村社区建设折射出一束希望的光芒。

一份早期的调研颇能说明问题。2011 年 4 月 6 日至 10 日，河南省联合调研组对 12 个县（市、区）的 30 多个新型农村社区开展了专题调研。以下是新乡市的具体做法：将所辖 8 个县（市）122 个乡镇 3571 个行政村规划为 1050 个新型农村社区；市、县财政投入加上国家专项投入，每年可筹措资金 7 个亿，有望 10 年左右完成；按照每个新社区 1500 户左右的规模，基础设施及公共服务配套设施约需公共财政投入 1000 万元，可拉动农民投入约 2.4 亿元，投资拉动效应约为 1∶24；为农户免费提供住宅户型图样，每户补贴 5000 元建房资金，给困难户提供 3 万元左右的政府贴息建房贷款；首批 369 个新社区全部建成后，可节约土地约 26 万亩。

一年多以后的今天，情况会有变化，但进展更迅速。

新型城镇化从建设新型农村社区切入引领三化协调科学发展，蕴含了许多理论创新点与理论难点，是当前最吸引学术界研究的论题之一，最吸引社会各界关注的焦点之一。本书作者在为这个切入点从正面构筑支撑体系的同时，也试图指出在局部存在的或可能存在的问题。①农民不情愿。让农民从祖祖辈辈扎根的"老土"中"连根拔"，是件相当痛苦的事，农民不积极，只会事倍功半。②政府硬执行。政府重视，必然规划、计划先行，为了落实规划、计划，一级促一级，到了基层遇到困难可能会硬干，酿成群体事件。③土地流向乱。村民搬迁后，土地流转机制没有正常运行，或者老宅子不拆，或者长期撂荒，或者被不良开发商低代价侵占，节约土地的目的没有完全实现。④服务不到位。新社区住宅楼群建好后就实施搬迁，配套设施不健全，服务功能不到位，基础设施欠着账，从而招致诸多责难。⑤时机不成熟。要么是财力不够，要么是布局不当，要么是无处就业，要么是责任田流转不畅，仓促上马，全面铺开，埋下诸多隐患。

这些问题尽管是"成长中的烦恼"、"快乐中的痛苦"、"洪流中的回旋"，但绝不可掉以轻心。河南省提出的"政策引领、规划先行、突出主体、保障权益、规范有序、拓展创新、互动联动、一体运作"，是建设新型农村社区的指导原则。建设新型农村社区要特别注意处理好三个问题：①有利于推行农业产业化和粮食生产高效作业，条件成熟的先行、先试，不搞大呼隆、一刀切和"遍地开花"。②始终坚持以人为本，充分尊重农民意愿，充分考虑农民的承受能力，不搞盲目攀比、强迫命令、包办代替、形式主义。③不搞政绩工程、短视工程、伤农工程，要搞德政工程、长远工程、惠农工程，要想农民之所想、急农民之所急，让农民得实惠、得幸福，政府得大局、得民心。

新型城镇化引领三化协调科学发展的第二个切入点是建设现代城镇体系。这不是个新问题，但却有新含义，新就新在新型城镇化引领的"切入"。

中原经济区新型城镇化的目标之一是构建结构合理、功能强大的现代城镇体系，这是城镇化的本源性目标。河南现代城镇体系的"五个等级"是中原经济区三化协调科学发展的各级中心和承载平台。这五级是：全国区域性中心城市（郑州）、地区性中心城市（其他省辖市）、地方性中心城市（县级市和县城）、中心镇、新型农村社区。

"城乡统筹、城乡一体、产城互动、节约集约、生态宜居、和谐发展"是新型城镇化的理想状态，现代城镇体系是实现理想状态的又一重要平台。新型城镇化的引领从建设现代城镇体系切入，主要表现在：①为接受巨量的转移人口与发展要素开辟新的容纳空间，引领新型城镇化潮流有序、合理运动；②为工业项目所需的人才、资源、服务、信息等搭建承载平台，引领新型工业化发挥主导作用；③为建立农业集约化、规模化、产业化生产体系提供技术、管理、市场支撑，引领新型农业现代化发挥基础作用；④将新型农村社区纳入现代城镇体系序列，有利于向城镇社区过渡，引领城镇化水平的持续提升；⑤将中心带动战略推向更高层次，五级城镇协力联动，引领三化协调科学发展持续前行。

新型城镇化的引领从现代城镇体系切入，须做好几项关键性的工程。①围绕完成中原经济区建设的核心任务，合理调控河南省现代城镇体系的结构，科学组织其功能。②围绕提高郑州的核心竞争力，加快推进郑汴一体化和郑洛三工业走廊建设，打造以郑汴都市区为骨干的中原经济区核心增长极。③围绕强化中原城市群的核心带动力，通过城市群的内聚、外联与提升，打造中原经济区的核心增长板块，并为可能成为我国中部地区崛起的核心增长极——大郑州都市区的营建打下基础。④围绕中心带动效应的持续扩大，积极推动现代城镇体系辐射层以及省域周边具有"桥头堡"

意义的城市的快步发展，打造全省域的中心带动系统。⑤围绕三化协调科学发展，国家区域性中心城市复合式发展，地区性中心城市组团式发展，地方性中心城市内涵式发展，中心镇集聚式发展，新型农村社区积极稳妥发展，打造城镇发展方针的"中原模式"。

三、新型城镇化引领的基本框架

一种动力机制，引领其他两化，引领三条发展途径，引领四项基本建设，构成了新型城镇化引领三化协调科学发展的一二三四。

1. 一种动力机制，是新型城镇化引领的力量源泉与发力渠道。

为新型城镇化引领培育动力机制，可从三方面入手。其一，培育经济发展机制，包括社会生产方式的变革，经济发展要素的集聚，经济结构的优化升级。其二，社会发展机制，包括人口素质的提升，城乡体系的重构，城乡一体的统筹，社会管理的创新，科技教育的进步。其三，城乡环境优化机制，包括城乡生态环境的优化，居民生活环境的优化，城乡投资环境的优化，信息化环境的优化。

2. 引领其他两化，为三化协调科学发展建立内涵联系，营建实施平台。

第一，新型城镇化引领新型工业化。新型工业化是新兴工业大省——河南省的战略选择，在三化协调科学发展中发挥主导作用。时代的迫切需求必然选择新型城镇化作为新型工业化的引领。引领的践行途径为：搭建承载新型工业化人力、资源、服务、管理的多级承载平台。通过加强规划统筹、产城统筹、区域统筹、管理统筹等途径，推进新型城镇化和新型工业化的互动发展，是新型城镇化引领新型工业化的关键。

第二，新型城镇化引领新型农业现代化。新型农业现代化的影响因素多样，内容十分丰富，在三化协调科学发展中发挥重要的基础作用。新型城镇化与新型农业现代化协调互动，其引领作用有多种现实表征，例如：新型城镇化提高了新型农业现代化的产业化水平，推动了新型农村社区建设，促进了农业产业结构的优化和调整，为新型农业现代化的发展提供了技术与资金支持等。新型城镇化引领新型农业现代化的践行途径包括：完善现代城镇体系，引导人口集聚分布和资源规模整合；完善现代产业体系，引导农业产业结构调整和集聚发展；延伸城镇基础设施建设体系，加快城乡经济一体化；完善农业现代服务体系，实现农业可持续发展。

3. 引领三条发展途径，全面涵盖三化协调科学发展的实施通道。

第一，新型城镇化引领产业集群发展。产业集群发展分为若干种类，有独特的形成条件与动力机制。新型城镇化引领产业集群发展的作用机理为：新型城镇化加快了新型工业化进程，催生了产业集群载体，集聚了产业发展要素，扩大了内需市场空间。全国区域性中心城市、地区性中心城市、地方性中心城市产业集群的选择和发展方向各有不同。加快新型城镇化引领产业集群发展的对策有：构建现代城镇体系，搭建产业集群平台；完善城镇服务功能，提升综合承载能力；发挥市场机制作用，促进要素合理流动；加强政府规划引导，细化产业扶持政策；节约集约利用土地，保障产业用地需要；积极承接产业转移，实施链式集群招商。

第二，新型城镇化引领产城互动发展。产城互动概念新颖，特征鲜明，新型城镇化引领产城互动发展具有重大的战略意义。新型城镇化与产城互动发展有复杂的战略关系，主要体现在：新型城镇化的"三集中"与产城互动，新型城镇化的"四难题"与产城互动，新型城镇化的"广集聚"与产城互动，新型城镇化的"强辐射"与产城互动。新型城镇化引领产城互动发展的主要途径为：承接产业转移创新城镇产业结构，节约集约用地建设城镇产业集聚区，推动信息化构建城镇产业创新体系，改革金融体制创建城镇产业投融资平台。

第三，新型城镇化引领城乡统筹发展。城乡统筹、城乡一体的理论基础深厚，概念有鲜明的时代特征与地方特色。新型城镇化引领城乡统筹发展的作用机理比较复杂，引领的主要内容有：其一，引领现代城镇体系建设，包括搭建城市—区域系统层次平台、搭建中心城市层次平台、搭建县域层次平台、搭建建制镇层次的承载平台，搭建新型农村社区层次的承载平台。其二，引领新型农村社区建设，在明了其时代意义的基础上，抓住新型农村社区建设的关键问题，分类推行不同的建设模式，时刻注意总结经验教训。其三，引领支撑体系建设，包括构建资源共享平台，促进资源的合理流动；深化户籍制度改革，加快农民市民化进程；探索土地制度改革，促进土地的合理流转；加强人力资源开发，引导劳动力就地转移；重视乡村文化保护，延续乡村文脉的传承；加强生态工程建设，增强生态系统承载力。

4. 引领四项基本建设，全面涵盖三化协调科学发展的保障体系。

第一，新型城镇化引领城镇体系建设。特色城镇化之路的时代需求，新型城镇化战略的体系支撑，中原经济区建设以及中原崛起河南振兴的战略选择等，都要求新型城镇化引领城镇体系建设。新型城镇化引领的作用机理、推进策略与战略重点决定了引领的主要方式为：其一，引领城镇体系的结构调整，包括城镇体系等级层次结构调整，规模序列结构调整，职能类型结构调整，以及空间布局结构调整。其二，引领城镇体系的功能组织，包括城镇体系建设的核心组织，内聚组织，城市群组织，外联组织，以及区域支撑组织。

第二，新型城镇化引领基础设施建设。基础设施种类繁多，其建设在三化协调科学发展中占据十分重要的地位，新型城镇化引领基础设施建设非常必要。在新型城镇化引领的作用下，基础设施建设的主要内容包括综合交通运输体系建设、能源保障体系建设、水利基础设施体系建设、信息服务体系建设、公共服务体系建设等。完善组织保障、强化要素投入、坚持绿色发展、注重科技创新、创新投融资机制、构建人才高地等，是新型城镇化引领下基础设施建设的保障措施。

第三，新型城镇化引领生态环境建设。城乡生态环境建设牵涉其广，是"不以牺牲生态与环境为代价"的主要保障。在新型城镇化引领作用下，生态环境建设的任务是：其一，城区生态环境建设，包括综合治理城区环境污染，优化城区开放空间系统，实施城区绿化工程，推动城区水系营造等。其二，区域生态环境建设，包括城区周边生态环境建设，村庄农田生态环境建设，江河湖泊生态环境建设，山地丘陵生态环境建设等。

第四，新型城镇化引领社会管理建设。社会管理内涵丰富，类型繁多，具有鲜明的时代特征，强化与创新社会管理是三化协调科学发展的重要支撑。当前，城镇化进程中的社会管理存在理念模糊、方式单薄、载体狭窄、法规缺失、人才匮乏等诸多问题。在新型城镇化引领的作用下，社会管理的主要途径包括：健全社会管理宏观机制，完善城乡社会保障体系，改革城乡户籍管理制度，建立新型农村社区的管理体制，完善经济、社会组织的管理，强化社会和谐与安定等。

宜居的生态城市

便捷的高速公路　经济发展的引擎

第三章
新型城镇化的引领机制

"动力机制"是关键点，一在动力，二在机制。"动力"泛指推动事物运动和发展的力量，"机制"可以解释为"事物之间相互作用的原因和方式"。新型城镇化引领的"动力机制"研究，通俗地讲，就是要探究能够推动"新型城镇化引领"的各种力量是如何发挥作用的。在中原经济区三化协调科学发展的进程中，新型城镇化发挥重要的引领作用。引领三化协调科学发展的动力机制是本书重要的基础理论，是本书研究内容渐次展开的理论前提，是本书研究框架"一二三四"的"一"，即"一种动力机制"。推动新型城镇化引领的三种主要力量，经济发展、社会进步与环境优化，从不同的侧面对新型城镇化引领施加影响，其"经济、社会、环境"的综合效应推动新型城镇化在引领三化协调科学发展的道路上健康前行。

第一节　经济发展机制

经济发展是新型城镇化必然的伴生物，二者相辅相成。生产方式的变革、生产要素的集聚和经济结构的升级等这些经济发展的主要结果，反过来对新型城镇化提出了新的要求，并以经济发展方式的转变推动新型工业化和新型农业现代化进程。经济发展是中原经济区引领三化协调科学发展重要的动力机制。

一、生产方式的变革

生产方式的变革导致了区域生产要素配置方式的变革，又进一步引起生产技术变革和产品创新，就这样通过多环节的连锁响应引领新型工业化和新型农业现代化的发展。

生产方式是指社会生活所必需的物质资料的谋得方式，是在生产过程中形成的人与自然界之间和人与人之间的相互关系的体系。一般认为，生产方式是生产力与生产关系的统一，两者相互影响、相互促进，共同促进社会的发展。1949年新中国成立以来我国生产关系的变化表现在几个方面：①所有制结构多元化，使得国有企业发展的同时，城镇集体企业和农村乡镇企业快速发展，形成了以公有制为主体的多种经济成分并存的局面；②分配方式变革极大地调动了人们的生产积极性，解放了生产力；③社会主义市场经济体制的建立实现了资源配置方式的变革，资源配置的市场化大大提高了资源利用的效益。我国农村生产关系经历了几个阶段：土地改革、农业合作化、农村人民公社化、家庭承包制等。生产关系的变革，促进了生产力的快速发展。在全国变革的大背景下，河南生产方式经历了同样的嬗变。

生产关系的变革促进了工业生产力的快速发展，形成了工业生产领域多种经济成分并存的局面。民营工业行业具有生产规模较小、经营灵活的特点，使得其生产规模不断扩大、组织结构不断完善，在区域经济中所占的地位也越来越重要。而随着占国民经济重要地位的国有企业组织机制和经营机制不断完善，生产效率得以持续提高，企业效益快速、持续改善。企业效益的快速提高，加之科技教育文化事业的发展，为企业进行员工技能培训和员工的自我提高提供了经济的可能性、可行性和技术平台，通过企业员工的集体或自我技术培训，促进了工业生产技术的快速发展，提高了产品的技术含量和附加值。社会生产力的发展使得大企业有进一步进行技术革新和产品创新的冲动和实力，加之它们有成熟的组织载体和研究体系，于是在技术进步的支撑下，企业产品创新不断进行，产品创新和技术进步形成良性互动，两者相互作用，共同提升企业生产效率，促进社会生产力的发展。

生产关系变革导致的生产要素市场化配置变革，要求实现资源的高效利用和优化配置，同时，在技术进步的支持下，可以大幅度提高资源的利用效率，并强化资源的集约利用，有利于减少资源的消耗和废水、废气、废渣等工业三废的排放。同时，生产要素的市场化配置在引导人们关注资源利用效率的同时，引致公众更为关注资源的可持续利用，并以区域经济实力、技术进步、创新平台、生产平台为支撑，引导企业注重资源的循环利用，发展循环经济；注重资源特别是可再生资源所处的生态环境，致力于企业或生态环境的治理、保护与修复，以不断改善区域生态环境。

河南全面推进的新型城镇化以新型农村社区为切入点，促进了农用土地的集约利用，既有利于增加农村土地存量，更有利于促使人们考虑如何推进农村土地的规模化经营。广大农村开始积极探索多种形式的土地规模化经营的形式，"股田制"、"农村土地流转"等，正是在家庭联产承包责任制中融入新的元素。土地流转是农村经济以及城镇化、工业化发展到一定阶段的必然要求，并已在包括河南省在内的很多地方展开。土地流转可以将农户分散的土地集中，有利于适度规模经营，优化农地资源配置以提高农地利用效率，也利于释放更多的农村剩余劳动力，加速农村剩余劳动力向非农产业转移。

农地适度规模化经营，有利于增强农业的机械装备程度，促进农业的机械化经营；规模化经营和土地长时间承包经营相结合，促使人们兴修基本农田水利设施乃至大型水利设施，从而增加土地集约利用的程度。农业的规模化、集约化经营，大大提高了农业生产的效率，提高了农作物产量，增加了种粮农民的收入，促进了农业生产力水平的大幅度提升。农地规模化经营带来的"利好"催生了职业化农业生产者，产生了他们改良农作物品种的冲动和经济实力，科技教育的发展为种粮农民改良农作物品种、提高农业种植水平提供了可能，两者的结合加速了农作物品种改良的步伐。

农业的规模化经营、农业机械化经营、农作物品种的改良、农业生产力水平提升之间形成良性循环，可使得河南省在保障国家粮食安全的同时，加速粮食的商品化进程。粮食产量的大幅度提高有利于将更多的剩余粮食进行初加工或深加工，在粮食加工区由此产生了大量的从事农产品营销的人员，从而促进了第三产业的发展，这种农工贸、种养加模式即为农业产业化经营。农业的适度规模化经营、集约化经营和产业化经营产生的更多农村剩余劳动力，在科技教育发展的支撑下，通过基本的或更为高级的生产技能和基本文化素养培训为农业产业化经营提供了丰富的具有较高素养的劳动力，从而促进了农产品加工业及相关生产行业的发展，并进一步促进了商品贸易的发展以及为农业生产提供支撑的相关服务业的发展。农业产业化带动了农村三次产业的快速发展，促进了农村经济的发展，反过来又为农村的新型城镇化进程提供了经济支持，相互之间形成了良性互动。

二、生产要素的集聚

生产要素天生具有追逐利益的倾向，市场化的配置手段，导致了土地、人口、资本等生产要素在具有发展优势的地域集聚，这种集聚引起了工农业生产中新技术、信息的增加，资源的节约和环境的优化。可见，生产要素集聚是新型城镇化发挥引领作用的基础性因素。

农村生产要素集聚主要表现在土地和人口以及由此引致的其他因素的集聚。农村居民向区位优越的地点集中，建设新型农村社区，而原有的农村居民点则可以通过土地整理或者复垦以有效增加耕地的面积，从而实现了农村居民的集聚、居民点的集中和耕地的集中。通过农村土地的流转，实现了耕地的规模化经营，提高农业的机械装备程度，实现农业的机械化经营，促进了农业的专业化经营，有利于农业生产技术的提高和农业生产效率的提高，提高了粮食产量，为粮食加工业的发展提供了前提和基础。农村居民的集聚和由此导致的新型农村社区建设有利于居民点交通运输、通信、给排水、垃圾处理设施、供电、供气、供热等基础设施的建设和科技文化教育、养老院等公共服务设施的建设，从而为农村居民提供一个良好的科技教育环境和生活环境，缩小了城乡生活差距。基础设施和公共服务设施的建设是第三产业发展的主要内容。

大量的农村居民集中形成了一个个庞大的消费市场，这有利于食品、餐饮等各种为人们提供日常生活服务的第三产业的发展，这些人群同时也是农业产业化经营中第三产业链条上的生产经营者和消费者；农业发展产生的大量剩余劳动力亦集中于此，它为粮食加工业的发展提供了大量的劳动力资源，亦即为农业产业化的发展提供大量的人员储备。由于使用相同或类似的农业原材料，也会引起大量农业加工业的集聚，这种集聚具有规模经济的典型特征，也带来了同样的"利好"：规模效益增长、技术共享、技术水平提高、技术研发合作等。围绕大型农村居民点建设形成的科技和教育设施，有利于发展教育文化事业，既可以提高居民的基本文化素养，又可以为相应地域的农业产业化发展提供技术工人、产品研发和制造技术。这样，农村生产要素的集中，通过人口和土地集中，以及由此导致的技术升级、产业化经营等引领了新型农业现代化进程。

市场化配置手段引起的工业生产要素集聚，产生了诸多有利的结果，引领新型工业化的发展趋势：

首先，促进了产业的集聚发展。某一类或几类生产要素集聚会引致某一类产业的集聚，形成产业集群。产业集群内部形成了相对完整的产业链条，有利于形成完善的区域产业结构；集群内部足够多的企业之间存在激烈的竞争和纵向联系，竞争有利于企业生产经营和技术水平的不断提高；产业集群建设有利于政府进行公共设施建设、科研机构、大学建设和人才培训，大大改善了企业的整体生产环境。

其次，促进了人口集聚和相应科技教育的发展。人口集聚特别是技术工人的集聚为工业的发展提供了人力基础，形成"人力资源池"，积累了丰厚的人力资本。城乡人口的大量集中促进了教育设施的优化布局，促进了基础教育和职业教育的快速发展，有助于提高居民的基本素养和职业技能。

第三，促进了生产技术的创新发展。产业集聚促使企业建立产品研发中心、科技创新平台，或者通过第三方建立相应的研发中心为企业生产工艺的改进、产品的研发提供服务。这有助于提高企业生产效率，提高资源利用效率，促使生产要素的集约、节约利用。

第四，促进了生态环境的改善与优化。在科技教育、人才、生产工艺、产品研发的基础之上，企业利用资源的效率大幅度提升，减少了对资源的开发和利用，有利于保护区域生态环境，缓解人地矛盾。另一方面，企业效益提高和企业集聚为企业进行环境污染物的治理、生态环境污染的治理提供了经济可能和技术平台，有利于生态污染的治理，有助于形成技术开发、环境治理、资源节约、效益提高等良性循环，促进资源节约和环境友好区域的形成。

第五，为企业发展提供了资本支持。资本集聚是工业生产要素集聚内容之一，通过资本集聚为企业发展提供了坚实的资金支持，有利于企业生产的顺利展开，可以为企业投入大量的研发经费、为企业乃至区域环境恢复与治理提供资金支持。

三、经济结构的升级

经济结构包括生产结构和消费结构。新型城镇化引领的生产方式变革和经济发展要素的集聚，导致生产结构和消费结构发生变化。经济结构优化通过技术结构的优化作为基础性的支撑、消费结构调整作为导向，引领新型工业化和新型农业现代化。

在工业领域，新型城镇化引致的生产结构变化是由于科技教育事业的发展、人才的集聚、企业研发平台的建设等引发的高新技术产业创新发展，通过高新技术改造传统产业或发展高新技术产业，通过发展战略性新兴产业，实现区域产业结构的升级。高新技术产业的发展提高了产品的技术含量和产品的附加值，不仅提高了要素资源的集约利用程度，减少资源的消耗，而且会增加企业乃至区域的经济效益。战略性新兴产业是建立在区域资源基础和产业发展基础之上的，完全符合区域未来的发展战略，它是区域的主导产业或者先导产业，能够对区域现在或者未来的产业发展起组织和带动作用。战略性新兴产业的发展是依据国家乃至世界经济发展的特点和趋势做出的，其技术含量高且在国家乃至世界居于领先地位。

主导产业的发展不仅可以促进区域产业结构的升级，更可以形成优化的区域产业结构演化路径，原来的先导产业演化为主导产业，在原来先导产业的引导下出现新的具有竞争优势的、符合区域发展趋势的先导产业，这样可以持续为企业乃至区域带来良好的经济效益。企业和区域经济效益提升的根本基础是区域产业结构升级和生产工艺改进，而不是资源和能源的大量消耗。这样不仅减少了对环境的污染，而且技术进步和经济效益的提高，也可为治理已有的污染提供经济支撑和技术可能，有利于区域生态环境的改善。

在河南省，新型城镇化引领的农业产业结构变化建立在农业生产技术进步和农作物品种改良的基础之上。技术进步和产品改良导致产品产量的不断增加，并使得种植结构改变、升级成为可能。随着农产品产量的不断增加，在满足区域乃至国家粮食安全的同时，可以进行粮食加工和深加工，农产品品种的增加又促进了加工产品品种的多样化。进一步地，伴随农产品加工业的发展，产品销售和贸易迅速发展，这样，形成了农业、加工业和商品贸易组成的产业链条，由原来单纯的种植业，演化为农工贸三次产业结构，亦即农业的产业化经营。在农业产业化发展过程之中，为种植业、农产品加工业和农产品贸易业提供支撑的第三产业进一步发展，进一步促进了农村地区产业结构的升级，提升了农村经济效益。

这样，通过生产结构升级，由单一品种的生产变为多品种的生产，由单纯的粮食生产演变为农林牧副渔同时并举，甚至转变了原来农林牧副渔业的结构比重，即改变了传统的农业结构。由单纯的农业生产转变为农工商并举，农村经济由单纯的农业经济变为农、工、商业三产并存的经济。通过农业产业化经营，实现区域生产结构升级，提高了区域经济效益。

新型城镇化引起人们消费结构的升级。消费结构升级的内涵是：第一，人们的生存资料在消费支出中的比重逐步下降，发展资料和享受资料的比重逐步上升；第二，在各种消费形式的支出中，食品比重逐步下降，衣着、用品的比重逐步上升；第三，食品的支出比重中，主食品的比重下降，副食品的比重上升；第四，在穿用的消费支出中，购买中档、高档消费品和耐用消费品的支出比重上升，低档品比重下降；第五，在消费总量中，服务性支出比重上升，商品性支出比重下降，用于精神消费比重上升，用于物质消费比重下降等等。

消费结构升级通过消费市场引导生产结构的演变，并进一步引领工农业的发展。

第一，高投入、高消耗、高污染、低效益"三高一低"产品生产的比重逐渐下降，逐渐代之以低投入、低消耗、低污染、高效益"三低一高"产品的生产。消费结构升级引导的区域产品生产趋势转换的背后是生产工艺或生产技术的持续改进，从而促进了工农业生产水平的提高、产品技术含量和附加值的增加，资源消耗的降低、环境状况的改善。

第二，物质性生产占的比重在逐渐下降，而非物质性生产所占的比重则逐渐加大，这种生产趋势导致对区域资源消耗的比重不断下降，对环境保护与优化是巨大的进步。

第三，产品生产中消耗的物质性东西不断减少，知识、技术、信息的比重不断上升，产品的附加值不断增加。

第四，农业生产中，简单的粮食加工品在不断减少，而深加工产品的比重不断增加。由此，对农业生产的基本要求是粮食的产量不断增加以满足深加工的要求，不断增加产品的品种以满足人们不断增加的对中、高档食品的要求、对多样化产品的需求、对绿色环保食品的需求。

第五，加大农产品及其加工产品的营销力度和营销手段，以满足人们的需求不断增加的要求。这些正是新型农业现代化和新型工业化的特色，它也同环境保护、自然资源的合理开发、能源的合理利用以及保持生态系统平衡相适应。

第二节　社会进步机制

新型城镇化的重要目标之一是推动社会进步，二者互为因果。人口素质提升、城乡结构重构、城乡一体统筹、社会管理创新和科技教育进步等这些社会进步的结果，对新型城镇化提出了新的要求，并从不同的渠道将知识、信息、技术、管理等融入新型工业化和新型农业现代化。社会进步是中原经济区引领三化协调科学发展的又一重要动力机制。

一、人口素质的提升

新型城镇化带来了科技教育和科研创新平台的发展，通过这些平台带来了人口素质的全面提升，人口素质引起区域工农业发展态势、区域发展意识或理念的变化。因此，人口素质的全面提升对河南省新型工业化和新型农业现代化的引领作用具有潜在的积极影响。

人口素质的提高给农业发展带来了较大的影响。

第一，农作物产量的提高是粮食商品化的基础和前提，它使粮食初加工和深加工成为可能。从业人员素质的提升，有利于消化、吸收和创新食品开发和加工技术，以进行粮食的初步加工和深加工，延长农业产业链条，以获取更多的经济效益。

第二，从业人员较好的专业素养可以提供更多、更科学的营销手段，有利于农产品的展示和销售，从而大幅度提高商品的销售值。这样，区域农业由单纯的种植业，延伸为粮食加工业和商品贸易业，形成农工商一体的三次产业链条，走农业产业化的道路，大幅度增加了区域农业经济发展效益。

第三，基于高素养就业人员的农业生产是基于不断提高的生产技艺的生产，是对农业生产资料集约利用的生产，更为注重环境的保护、治理和改善。即基于人口素质不断提高的农业生产实现了集约化、产业化、环保化，是不同于传统农业现代化的新型农业现代化。

人口素质提高给工业生产带来的影响是显著的。

第一，区域技术创新平台的建设和高素质工人的加入，有利于企业生产工艺水平的不断提高，有利于引进、消化、吸收和创新区域的生产工艺和技术，有利于企业不断进行技术创新，进行产品创新，从而可以保证区域工业产品的持续创新，保持了区域技术创新的持续性，同时保持区域技术和产品的领先地位。

第二，工人素质提升导致的产品创新和技术创新，在提高产品技术含量的同时，可以不断增加产品的附加值，并将导致产品生产由对资源、能源的依赖转变为对知识和技术的依赖。工业行业从业人员的生产、经营理念逐渐发生改变，企业开始注重矿产资源、能源的集约利用，以不断提高资源的利用效率，降低能源的消耗。工业生产将走资源集约利用之路，区域经济的增长也将由依赖资源转变为依赖知识和技术。

第三，和一般的企业工人相比，高素质工人更加注重信息系统的建设和使用，更善于利用区域内外的各种信息，能将这些信息资源及时转换为技术、产品、市场、价值，并能够及时把握市场需求，通过信息网络建立多渠道的产品营销网络，不断开拓区域内外市场，扩大产品的销售渠道。显然，受工业从业人员高素质化特征的影响，这一时期生产的信息化趋势逐渐明显。

第四，区域工业生产技艺的不断提高，使得区域占领技术高地的同时，形成了合理的技术结构，形成了优化的区域产业结构，并在技术发展趋势的引导下使区域产业结构向着良性循环的方向发展。

第五，工业企业从业人员经营理念的转变，工业对资源的集约利用，企业工人对技术信息的准确把握，对生态环境的深刻、正确理解，使得企业工人能够很好地理解和正确处理环境保护和治理与工业生产的关系。人们更加注重生产环境的保护与改善，注重区域生态环境的保护、治理与改善，从而有利于生态环境向着良性循环的方向发展。

第六，随着产业工人素养的不断提升，他们能够深刻理解、正确处理工业生产和农业生产的关系，工业为农业发展提供装备乃至资金支持，工业吸纳农业剩余劳动力；农业为工业发展提供劳动力和生产资料，农业产业化的发展是向工业、第三产业的延伸和扩展。同样，他们也能够正确处理新型工业化和新型农业现代化的关系，使工业生产与农业生产、新型工业化和新型农业现代化相互支撑、相互促进，协调发展。

二、城乡体系的重构

新型城镇化背景下，国家关于城镇发展的思路逐渐发生改变，将乡村纳入城市规划与发展的范畴，打破了原来城乡分割的思路，引致我国城乡体系的重构。在此背景下，河南省正在逐步形成包括全国区域性中心城市、地区性中心城市、地方性中心城市、中心镇和新型农村社区协调发展的五级城镇体系。随着新型城镇化的持续推进，河南省城乡体系结构逐渐优化，即通过新型农村社区建设、合理的增长极体系和合理的空间组织引领新型农业现代化和新型工业化进程。

新型农村社区建设是河南省新型城镇化进程的切入点。新型农村社区建设有利于打破城乡二元结构，实现城镇生产要素和产业链条向农村延伸、基础设施和公共服务向农村覆盖，实现农村劳动就业、基础设施、社会保障、公共服务的城市化。[①] 新型农村社区是人口众多、特别是农村人口众多的省份推进新型城镇化，搭建新型城镇化推进平台，探索新型城镇化模式的切入点。新型农村社区建设的前提是大量居民的集中，并修建了基本完备的交通、给排水、垃圾处理、供电等基础设施和科教、社会保障等社会公共服务设施，这就为发展第三产业提供了必要的前提和基础。第三产业的就业门槛相对较低，通过发展第三产业可以吸纳更多的人员就业，而最容易、最应该被吸纳的人员应该是农村剩余劳动力。现实中面对更多的回报，更多的农业劳动力乐意脱离"农门"，这种价值回报也是加速农地流转的巨大诱惑力。

新型农村社区通过迁村并点、拆旧建新，腾出大量的村庄占地复耕，确保耕地面积只增不减。新型农村社区建设将分散的村庄集中于一处新建或改建，有利用土地的集约利用，然而却降低了人们远距离耕作的意愿，这就促使社区居民改变小规模生产经营的模式，通过承包、转让、股份制合作等手段进行土地管理，从而增加了农村土地流转的可能性。通过农地流转实现了耕地的集中，可以实现规模化经营，并可激励农业专业户通过增加农业现代化机械装备程度，兴修水利设施，进行农业的机械化、集约化经营，从而大大提高农业生产力水平。粮食产量的增加，使得种植品种增加，粮食的商品化程度不断提高，粮食初步加工和深加工进一步展开，粮食及其各种产品的销售也逐步展开。这样，通过新型农村社区的建设，可在一定程度上引导农业产化的进行，加速新型农业现代化进程。

城镇化承载平台包括本土承载平台（乡村地区）、城镇体系承载平台、城市承载平台。在新型城镇化背景下，城镇化的乡村平台主要是新型农村社区；城镇体系承载平台将乡村融入进去实现重构；城市承载平台扩展为城镇承载平台。随着城乡体系重构，逐步形成优化的城镇空间结构、职能结构和规模结构。优化的城镇体系承载平台对经济发展而言就是逐步形成

---

① 周琳：《新型农村社区让农民生活更美好》，2012 年 8 月 24 日，见 http://www.farmer.com.cn/xwpd/jjsn/201208/t20120824_742518_1.htm。

结构合理的经济增长极体系和优化的空间组织。

合理的增长极体系和优化的空间组织意味着区域内部形成合理的产业体系，不同地域单元之间产业组织合理，按行业计算的和按区域计算的产业同构系数处于合理的范畴，既克服了产业同构带来的恶性竞争，又有利于建立良好的竞争环境促进企业的良性发展。合理的产业体系意味着合理的生产技术体系，包含着先进技术的主导产业，包含未来先进技术的潜导产业，包含适用技术的支柱产业，此外，还有关联性产业和基础性产业。具有包含先进技术的主导产业意味着在区域内部人才和信息的支持下，区域内部基本处在相应生产技术水平的前列，产业的技术含量较高，产品的附加值高，经济效益好。

受合理的产业技术结构的影响，区域产业技术具有科学、合理的演化路线，除非发生重大变故，一般会沿着合理的技术路线发展，这样能保证区域技术、产业的先进、科学、合理性。技术的先进、科学、合理性可以提高产业的工艺水平，减少资源消耗；合理的产业技术结构、良好的经济效益，为区域环境保护与治理提供了技术和经济支撑，能够保持良好的生态环境。

三、城乡一体的统筹

新型城镇化新在城乡统筹发展、城乡一体化发展，城乡统筹是手段，城乡一体是目标。城乡统筹发展是指城乡之间通过生产要素合理分配、优化组合，资源的自由流动、优势互补，以城带乡、以乡促城，最终实现城乡同发展、共繁荣，并促进城乡经济、社会、文化、生态持续协调发展。即改变原来分割的城乡二元结构，将城镇和乡村的生产和生活资源统筹考虑，统一支配。打破地域分割与限制、打破户籍制约，区域的人力、土地、矿产、能源等资源统筹规划、管理与开发，区域的社会保障、养老保险、基础设施和社会公共服务设施统筹建设。打破户籍坚冰、自然资源统筹、社会资源统筹，引导城乡居民自由流动自主择业、生产要素自由流动，从源头理顺了新型城镇化引领作用发挥中各个因素的关系，这种影响是基础性的、根本性的。

随着农业生产力水平的发展，其经济效益和发展前景产生了较大的诱惑力，户籍坚冰的打破及附着利益的分离解除了人们更多的后顾之忧，更多的城乡居民而非单单是农民乐于进入农业生产领域。农业生产领域的人才可能包括有一技之长的农民，农业及农产品加工等相关专业、企业组织管理方面相关专业、生态及环境方面的大学毕业生、研究生，农学方面的专家等。这些人才为粮食品种的改良与增加、农产品产量的增加、农业生产工艺水平的提高、粮食加工工艺水平、粮食初加工及深加工的品种、相关产品的销售都会产生较大促进作用，从而对农业产业化的发展具有巨大的推动作用。

受进入农业生产领域的人才的影响，农业从业人员及和农业相关的第二、三产业从业人员的发展理念正在悄悄地发生改变。由原来的粗放经营转变为集约经营，注重资源的集约、高效利用；更注重农业产业发展的标准化，以增加相关产业推广的可行性；更注重农业经营发展的组织与管理，通过农业产业的企业化、集团化经营与管理，解决农户单独面对市场带来的巨大风险。受高素质人才的影响，农业及其相关产业从业人员开始关注环境问题，注重居住环境的保护与改善，注重农业生产环境的保护与改善，注重农业相关产业生产环境的保护与改善，注重更广泛的区域环境保护与治理。

城乡一体空间统筹的范围持续扩大对工业发展产生了较大的影响，户籍藩篱的打破和社会保障制度的不断改进，更多的人从不同的区域进入不同的企业，进入不同的产业，避免了单一或限制地域来源对企业用工的不利影响，使得更多的相关专业的技术人才进入工业企业。企业工人地域来源的多元化，使得企业的技术结构多元化、合理化，有利于技术创新；来源结构的分散化有利于相互之间理念、思想和文化的交流与融合，有利于企业的组织与管理。企业工人素质的提高引导企业生产技术水平不断提高，产品技术含量不断增加；大大提高了资源的利用效率，促进了区域生态环境的保护、治理与改善；促进了企业信息化建设，提高了信息资源的开发与利用水平；企业生产正朝着资源节约和环境友好的方向迈进。

将新型农村社区建设后村庄复垦获得的土地统筹安排，一部分并入农业用地，一部分可以通过城乡土地置换的形式，调入城镇各种类型的用地。这种城乡土地统筹安排方式，加上土地资源的市场化配置，必然要求实现土地资源的集约利用。对于农业生产而言，这种城乡土地统筹利用方式必然引向农业土地的规模化、集约化、产业化经营。多余土地进入城镇各类用地之后，从未来发展趋势来看，很多是通过工业园区建设的形式进入工业生产行业，在土地资源市场化配置的条件下，城乡统筹的土地利用方式将引领工业生产进入集约化、信息化、知识化、生态化的新型工业化进程。

城乡产业的空间布局的统筹安排避免了区域之间的"企业争夺战"，也就避免了资金、土地资源的浪费。这种统筹安排，进一步避免了不同区域之间产业结构同构产生的负面影响，区域产业同构达到了既能鼓励区域企业竞争，又能避免相互之间恶性竞争程度，从而使得区域走一条集约化、和谐发展、良性互动、生态优化、信息支撑的新型工业化和新型农业现代化之路。

通过合理的制度安排和设施建设，通过城乡之间、区域之间统筹安排基础设施和公共服务设施建设，既可以避免公共资源的浪费，更可以为工农业的协调发展和合理布局提供基础性的支撑作用，可为生产要素的市场化配置提供支撑，从而促进工农业资源的集约、高效利用。通过信息基础平台的统筹建设，实现城乡信息资源的共享，引领工农业发展的信息化趋势。

四、社会管理的创新

社会管理创新是指在现有社会管理条件下，运用现有的资源和经验，依据政治、经济和社会的发展态势，尤其是依据社会自身运行规律乃至社会管理的相关理念和规范，研究并运用新的社会管理理念、知识、技术、方法和机制等，对传统管理模式及相应的管理方式和方法进行改造、改进和改革，建构新的社会管理机制和制度，以实现社会管理新目标的活动或者这些活动的过程。社会管理创新既是活动，也是活动的过程，是以社会管理存在为前提的，其目的在于使社会能够形成更为良好的秩序，产生更为理想的政治、经济和社会效益。传统的社会管理方式在人口管理、社会治安重点地区综合治理、虚拟社会建设管理、社会组织管理等方面存在诸多问题，不利于工农业生产的顺利展开，不利于社会、经济生活的顺利进行，不利于经济、社会的全面进步。为此，有必要通过社会管理方式的变革，创新社会管理的组织与模式，引领并创新河南省新型农业现代化和新型工业化的发展方向和发展模式。

通过社会管理组织与模式的创新，改变河南省人口流动的管理模式、土地流通的管理模式、社会治安的管理模式等，从而增加了河南省新型农业现代化动力。

第一，通过人口流动方式的变革，由原来的城乡分割的户籍管理，变革为城乡统筹流动、区域自由流动，无论是农村人口还是城市人口，第一产业从业人员可以自由地进入自己喜好的某地某个农业行业工作，这样保证了进入相应行业的人员是喜欢这个行业的，并保证这些从业人员能有所建树。因此，人口的自由流动为农业产业提供了高素养的员工，提供了富含兴趣的工作人员，提供了充满工作激情、创新激情的工作人员，从而使得这些行业的生产工艺、工作效率、工作效益都会不断提高，这大大提高了农业资源的集约利用程度，提高了其利用效率。

第二，通过土地流转方式的变革，由原来包田到户的家庭联产承包责任制到现在多方式的不变革权属前提下的农地流转。通过多种方式的农地流转，实现了耕地由一般农民向种粮大户、粮食种植企业的集中。高兴趣、高素养的从业人员加上大规模的耕地，为农业的规模化、集约化、标准化、组织化经营提供了很好的条件。

第三，通过社会治安的综合治理，还原农村良好的社会治安环境。我国农村社会曾是"夜不闭户，路不拾遗"的安全世界，但是，当前农村的社会管理环境却有待于进一步提升，为此可以通过农村社会管理环境的综合治理使得河南省农村重归曾经的安全与宁静。优越的社会发展环境既利于具有较好素养的从业人员安心工作，也将成为吸引众多人才来这里创业的"梧桐树"。这对农作物品种、粮食加工业品种的不断增加，对农业生产技艺的不断提高，对农业加工工业产业链条的拓展，对农业产业化的发展均具有重要意义。

第四，通过农村社会组织管理的创新，形成科学、适宜的新型农村社区管理模式。这种管理模式创新了传统的农村管理模式,变革为高标准生态型新型农村社区,并使之进入城镇体系范围。优越的居住环境有利于加快缩小城乡差距,分散城镇人口压力。这样既可以节约土地,提高土地生产效率,实现集约化经营;又以农民自愿为原则,切实提高了农民生活的水平。同时,在新型农村社区居住的大量具有较高素养的从业人员既可为农业种植业、农业产业化服务,又引领了农业种植业、农业产业化发展模式的创新,切实提高了社会、经济效益等。

社会管理方式的创新引领新型工业化进程。

第一,人口流动方式的改变可以吸引更多的劳动者来此就业。通过户籍制度及相应配套制度的变革、社会保障制度的变革,能够吸引不分城乡、不分区域的专业人才进入相关工业行业工作。他们能够在信息技术的支撑下对工业生产工艺水平提高、高新技术产业发展、战略性新兴产业发展等方面产生重要影响,同时,也能够进行大量的产品创新、技术创新,有助于区域生态环境的治理与优化。由此,信息、技术、创新、环保等优势的叠加,能够实现工业的信息化、组织化、标准化生产,能够实现资源的集约高效利用,既能实现区域经济效益的提高,又不会对生态环境造成危害。人口流动方式变革对于河南省建设中原经济区,特别是建设能源原材料基地,能够充分发挥人才优势,实现资源的集约开发、深度加工,大幅度提高保护生态环境前提下的区域经济效益。

第二,社会治安综合治理的创新大大提高了人们生活环境的安全系数,这为人们提供了一个安全、宜居的生活环境。它既有利于现有居民安居乐业,又有利于吸引众多具有较高专业素养的人才来此就业,从而在工业产品更新、技术创新、产业结构转型与升级等很多方面产生了巨大的推动力,并将产生良好的经济效益。这些人才的思维方式、生活习惯、技术水平引导了工业发展的方向、技术水平更新的速度、资源利用的模式等。

第三,社会管理方式创新体现在城市—区域社会组织管理方式的变革,社会管理方式变革可以影响到生产企业乃至其所在区域组织管理方式的创新,使得企业和区域管理更为科学、合理,更为高效。与此相对应的是合理的区域产业政策、企业发展政策和区域其他相关政策支撑,产业技术更新的要求和建设环境友好型、资源节约型社会的要求,将使得相应的产业政策中必然包含有对资源、环境、信息技术方面的要求不断增高的表述，从而有利于工业产业向信息化、技术化，资源消耗低，环境效益优的趋势进化。

五、科技教育的进步

新型城镇化通过科技教育的进步实现了人的全面发展，社会的全面发展。科技教育可以为工业农业的发展，为全社会的发展提供人才培养技术平台、科技创新平台，以此培育不同层次的、不断创新的人才队伍。因此，借助科技教育进步，新型城镇化对新型农业现代化和新型工业化可作技术发展方向上的引领。

科技教育进步可以为新型农业现代化和新型工业化培养创新型人才，创建科技创新平台。具体表现在以下四个方面：

第一，创新型人才具有农业、工业生产的创新理念和基本素养，他们进入生产领域之后，更加关心产品品种的开发，关注生产技术的引进、消化、吸收与创新。在创新理念的引导下，农业、工业生产更加注重向技术含量高的方向发展，以提高产品的技术含量和产品的附加值，获得更多的经济效益回报。

第二，创新型农业人才在注重引进技术的同时，更为关注农业加工品种研发、开发与推广，更注重绿色食品、粮食安全、食品安全等全新理念的推介与应用。创新性工业人才在加强技术创新的同时，更为关注矿产资源、能源的高效集约利用，降低工业生产对矿产资源、能源利用的品位、伴生有害成分的含量等的"门槛"要求。积极寻求增加可替代品的品种，积极探索各种潜在能源的种类、开发利用的方式，注重水、太阳能、生物能等清洁能源、可再生能源的可持续开发利用，开发核能等新能源，以降低矿产资源和能源的消耗，减少对环境的污染，从而更为注重工业生产环境的保护、治理与改善。

第三，创新型人才关注农业、工业产品的深层次开发，关注高新技术在传统产业中的应用，注重高新技术的开发与应用。同时，他们更为关注产品开发中的标准化程度，以提高产品的推广与应用。注重产品研发生产过程之中企业的生产组织，创新生产组织方式，以不断提高企业的运行效率。

第四，科技教育进步注重农业、工业创新平台的建设。通过区域创新平台为工业产品的开发与再开发提供大量的创新型技术人才，同时，区域创新平台也为这些人才的技术开发、产品研发提供了良好的科研技术条件，通过创新平台的专家库、研发库、在研的各层次人才为产品的创新提供了研发团队。创新平台具有省部级乃至国家级重点实验室、博士后流动站等技术研发平台，可以为产品研发、技术应用、产品"小试"与"中试"、科技成果的转化等方面提供各方面的支撑。

第三节　环境优化机制

环境优化是新型城镇化的精神内核之一,二者息息相通。城乡生态环境、居民生活环境、城乡投资环境和信息化环境等的优化是环境优化的结果，反过来也对新型城镇化提出了新的要求，并从多种途径促使新型工业化、新型农业现代化健康发展。环境优化也是中原经济区引领三化协调科学发展重要的动力机制。

一、城乡生态环境优化

城乡生态环境优化意味着在工农业生产过程中，人们更为关注生态环境的状况，关心现状生态环境的污染状况、关心现状区域生态系统组成状况，关心生产过程之中产生的生态污染的可能性，关心区域生态系统在现有及未来可能的生态环境下演化的可能性。在这样的理念之下，人们关注城乡统筹下的生态环境保护、治理与优化，致力于建设一个优化的城乡生态环境。城乡生态环境优化的理念和结果，使得河南省未来城乡工农业的发展更为注重城乡生态环境问题，从而引领河南省走一条不以牺牲农业和粮食、生态和环境为代价的新型农业现代化和新型工业化之路。

城乡生态环境优化理念及其结果对农业发展具有重要的影响。在这些理念的影响下，农业生产重视生产环境、生态环境的优化，比如在农业生产中注重节约用水，改革农业灌溉技术中的漫灌为喷灌、滴灌或者微灌；在粮食生产中，减少化肥的使用，大力发展包括绿色动植物农业、白色农业、蓝色农业、黑色农业、菌类农业、设施农业、园艺农业、观光农业、环保农业、信息农业等在内的大绿色农业，生产无公害农产品、绿色食品和有机食品，按照国际市场对农产品的高品位、高质量、优品种和无毒无害无污染农产品的要求，走绿色农业发展之路，此外，还会形成与延伸农业生产链条，发展有机农业。在农业产业化中，要注重粮食品种的开发、粮食加工工艺的改进，要注重加工环节中边角料的使用，要注意农业生产链条的延伸，生产环节注意环境保护的阈值，要注意环境的保护与治理。

城乡生态环境的优化理念及其结果对工业发展具有重要的影响。在这些理念的影响下，工业生产中灌输绿色生产、低碳经济的理念，不断改进生产工艺，减少工业生产中能源的消耗、原材料的消耗，减少生产中污染物的排放。在工业生产中，用生态学的理念指导工业生产，从矿产资源的开发、工业品的初步加工、深加工等诸多环节入手，每个生产环节都将灌输生态生产的理念，同时，这些环节形成一个优化的生产链条，而作为每个环节上的生产资料，都具有多样化的替代品——这些替代品由原来的不可再生物质转变为可再生的物质，并注意可再生物质使用中的可持续性问题。在工业生产中，注重每个生产环节产生的边角废料的使用，多个企业形成网络状的生产链条，通过网络化生产形成稳定的产品供应促生不同供应源头的竞争，以此发挥市场配置机制，强化资源、原材料开发利用的集约化。

二、居民生活环境优化

居民生活环境的优化提供了一个良好的、宜居的居住环境，借此，通过人才的吸引为新型城镇化引领新型农业现代化和新型工业化提供人才支撑。

良好的生活环境可以吸纳更多的优秀人才来这里就业，这些人不但具有良好的专业技能，而且具有良好的环境保护的专业素养和环境保护的意识。工农业生产环境与居民生活环境存在空间分布的邻近性或空间一致性，为了塑造和保护良好的生活环境，在这里工作的人们会竭尽所能，而在这里工作的高素质人才也可融入其中，为环境建设队伍提供人才支撑。基于居民生活环境保护和优化意识，人们的动作不仅仅止于生活环境的层面上，更会在产业发展的层面上下功夫。

对于农业发展而言，人们不仅仅关注农作物品种的改良，更为关心粮食的加工，关心粮食加工品种的创新、粮食加工工艺的改进，关心原材料利用的效率，关心粮食加工产业链条的延伸。同时，人们关心粮食生产加工过程之中产业的标准化生产，以为粮食加工生产规模的扩大提供基本的条件；关心粮食生产加工过程之中企业的组织与管理以及组织与管理的创新，以不断提高企业的生产效率。

对于工业发展而言，人们不再仅仅关注工业产值的多少，而是更多地关注工业产业结构中高新技术产业占据的比重，关注区域主导产业的技术含量，关注区域产业的技术结构组成，关注污染物的排放比例，关注矿产资源、能源的投入产出比，关注产业生产中信息技术平台的建设与应用。

三、城乡投资环境优化

投资环境的改善有利于促进新型城镇化发挥引领作用。区域投资环境包括自然地理环境、基础设施环境、政府服务环境、政策法律环境、经济文化环境、市场经营环境、产业发展环境、技术创新环境。自然地理环境变化不大，因此，城乡投资环境优化关注的主要还是可以塑造的方面。对于河南而言，新型城镇化实施带来的城乡投资环境优化，主要体现在日渐完备的基础设施，政府服务环境、政策法律环境、经济文化环境、市场经营环境、产业发展环境和技术创新环境等方面的优化。优化的区域投资环境给工业发展和农业发展带来了良好的机遇。

城乡投资环境的优化对农业的影响主要体现在几个方面：

第一，基础设施主要为基本农田水利设施建设。完备的基本农田水利设施彻底改变了农业靠天吃饭的历史，日渐更新的灌溉设施既有利于农业用水的节约，又利于精耕细作，这对于大幅度提高粮食产量具有重要意义。

第二，优化的政府服务环境、政策法律环境、市场经营环境和产业发展环境为农业发展提供了更多的法律支撑和良好的行政服务环境，使得农业生产及相关加工业能够在持续安全的法律环境下进行。优化的市场经营环境为粮食产品和加工产品的营销提供了有序的环境，有利于产品流通的顺利进行，它联通了生产和消费环节，是生产得以进行的保证。优化的产业发展环境引领产业发展的方向和趋势，比如新型城镇化背景下对农业加工业关于高技术含量、高附加值、延长产业链条等等的要求，以及由此形成的行业准入和空间准入政策都会对农业产业化的发展产生决定性的影响。

第三，优化的经济文化环境和技术创新环境引领粮食生产及粮食加工业的发展趋势与方向。经济文化环境对区域的企业文化意涵影响巨大，优化的经济文化环境能引导区域企业和工作人员积极进取，勇于创新，乐于接受新鲜事物，不断开拓创新。技术创新环境决定了生产中技术创新的可能性和可行性，优化的技术创新环境引导人们不断探索新的育种技术、产品加工技术、产品销售技术，从而促进农业生产技术水平的不断提高。

投资环境对工业发展的影响主要体现在几个方面：

第一，优化的工业生产基础设施主要体现在完备的供水、供电、交通通讯、污水处理设施等方面，这是维持正常的工业生产，减少污染物排放的基本保证。不断更新的污染物处理设施不仅可以减少废水、废气、废渣的排放，还可以通过废物处理，发展循环经济，减缓不可再生自然资源的耗竭速度。

第二，优化的政府服务环境、政策法律环境形成了良好的工业发展的行政法律环境，优化的市场经营环境和产业发展环境营造了良好的工业生产资料和产品经营的环境，引领产业行业的发展方向和趋势。公正、有序的市场经营环境引导在产品生产中不断创新技术、提高产品附加值——只有这样才能获得等多的利润。科学、合理的产业发展环境确立了正确的产业发展引导和空间准入政策，有利于形成包含大量高新技术的、技术结构合理的区域产业结构。

第三，优化经济文化环境引领了新型工业化进程中工业发展的领先意识，包容创新意识，勇于接受新鲜事物、勇于探索的意识，这些意识不仅表现在区域层面上，更会深入到经济发展的基本细胞——企业层面。优化的技术创新环境在于其技术创新的意识，关键是其创新的技术平台，这一技术创新平台在技术创新层面、技术创新团队方面都具有上佳的表现，从而有利于不断提高技术创新的程度。

四、信息化环境优化

信息环境优化通过为工农业发展提供信息技术和相关平台支持，引领新型农业现代化和新型工业化进程。优化的信息化环境表现在信息资源种类的多样化，来源多元化，获取手段多样化，信息技术平台不断成熟。信息化环境对新型农业现代化和新型工业化进程中技术创新、产品的更新、产品的销售以及与此关联的生产等方面均具有重要影响。

第一，优化的信息化环境为粮食品种改良、粮食产品加工，工业产品的更新等提供了充分的信息支撑。以此为支撑，人们可以尽快、更多地获取丰富的多元化信息，从而加速产品的更新换代。

第二，信息化环境优化有利于工农业生产中生产的标准化组织。人们借助丰富、快速的网络化通道，进行更为快捷的交流，分享其不断更新的技术成果，实现生产和研发的区域化、乃至全球化的分工与组织。

第三，信息化环境优化有利于形成或者优化某些产品的区域乃至全球化的营销网络，并及时获取相应的市场信息，形成相互之间的快速反馈与响应。借此，人们可以通过营销手段对产品市场信息及早分析与把握，以尽早应对，合理安排工农业生产。

第四，信息化环境能够借助高速的互联网络进行生产员工技术培训的网络化，在区域内部甚至在全球范围之内调配生产工人的学习安排以充分发挥区域的人力资源优势。这样，借助优化的信息化环境及早把握技术发展趋势、生产趋势和市场需求，优化区域技术结构和产业结构，合理引导工农业发展。

第四章
新型城镇化引领新型工业化

新型城镇化引领新型工业化，是"引领其他两化"的第一化，为三化协调科学发展建立了内涵联系，并营建了第一个实施平台。在中原经济区三化协调科学发展的过程中，工业的主导地位决不会改变。中原经济区的潜力在工业，实力更在工业。在新型城镇化的引领下，强化工业主导，推进产业集聚，为新型城镇化与新型农业现代化提供充足、可靠的动力源泉，三化协调科学发展之路才会越走越宽广。目前，河南省已经进入深化改革开放、推动转型发展、加快崛起振兴的新阶段。新型城镇化通过搭建区域承载平台、城镇承载平台、本土承载平台来引领新型工业化，在承载农业转移人口的同时，承载人才、资金、信息与服务等，为开发创业项目、吸引转移项目提供必要条件，牵引工业化水平不断提升。

第一节　新型工业化的理论解析

2002 年，党中央根据世界经济科技发展的新趋势，针对我国经济建设中的突出问题，在中国共产党第十六次全国代表大会报告中提出了走"新型工业化道路"的战略部署。所谓新型工业化，就是坚持以信息化带动工业化，以工业化促进信息化，就是科技含量高、经济效益好、资源消耗低、环境污染少、人力资源优势得到充分发挥的工业化。

一、工业化与新型工业化

（一）工业化

工业化是现代化的核心内容，是指在一个国家和地区国民经济中，工业生产（特别是其中的制造业）或第二产业产值（或收入）在国民生产总值（或国民收入）中的比重不断提高以至最终取代农业，逐步成为经济主体、占据经济主导地位的发展过程，是传统农业社会向现代工业社会转变的过程。这一过程中，主要特征是农业劳动力大量转向工业，农村人口大量向城镇转移，城镇人口超过农村人口。工业化是现代化的基础和前提，高度发达的工业社会是现代化的重要标志。

工业化最初始于19世纪60年代的英国。这种以大规模机器生产为特征的工业生产活动向原有的生产方式和狭小的地方市场提出挑战，传统的生产方式已无法满足日益增长的市场容量的需求。同时，资本积累和科学技术的发展又为工业化的产生奠定了基础。工业化是一个相当长的发展过程。20世纪以来，特别是在第二次世界大战后，工业化成为世界各国经济发展的目标。从根本上说，工业化过程就是科技进步、经济发展、产业结构优化升级的过程。

（二）新型工业化

现在世界上比较主要的工业化国家，他们的工业化大都是在19世纪完成的。这是一条大量消耗能源和原材料、严重破坏环境的工业化路子，对自然界和社会造成的负面影响长期难以医治，给后人留下了极为深刻的教训。中国自然不能也不应该再走这条路子。中国共产党第十六次全国代表大会提出："以信息化带动工业化，以工业化促进信息化，走一条科技含量高、经济效益好、资源消耗低、环境污染少、人力资源优势得到充分发挥的新型工业化路子。"这也明确指出，我国将要实现的工业化必须符合五个标准：

第一，科技含量高，就是要加快科技进步以及先进科技成果的推广运用，充分发挥科技作为第一生产力的作用，促进科技成果更好地转化为现实生产力，把经济发展建立在科技进步的基础上，提高产品的质量和竞争力。

第二，经济效益好，就是要实现经济增长方式从粗放型向集约型转变，即从主要依靠增加投入、铺新摊子、追求数量，转到以经济效益为中心的轨道上来，通过技术进步、科学管理、降低成本来提高劳动生产率。

第三，资源消耗低，就是要充分考虑中国人均资源相对短缺的实际，实施可持续发展战略，坚持资源开发和节约并举，把节约放在首位，努力提高资源利用效率，积极推进资源利用方式由粗放向节约转变，转变生产方式和消费方式。

第四，环境污染少，就是要高度重视生态环境问题，从宏观管理入手，注重从源头上防止环境污染和生态破坏，避免走传统工业化过程中"先污染、后治理"的老路。

第五，人力资源优势得到充分发挥，就是要从我国人口多、劳动力资源丰富的实际出发，制定推进工业化的具体政策，处理好发展资金技术密集型产业与劳动密集型产业的关系，坚持走中国特色的城镇化道路，通过教育和培训提升劳动力资源的存量和水平。

新型工业化道路也是一条对传统工业化予以扬弃的道路，即对传统工业化批判与继承相统一的道路。走新型工业化的道路就是采取跨越式发展的思路，实现工业化目标。这不仅是我们实现工业化的捷径，也是必由之路。

二、新型工业化是新兴工业大省的战略选择

（一）河南已经成为新兴工业大省

河南作为传统农业大省，始终坚持工农业互动协调发展，着力探索"以农兴工、以工促农"的有效途径。近年来，河南省坚持走新型工业化道路，着力调整优化结构，推动发展方式转变，实现了传统农业大省向新兴工业大省的历史性转变。2005 年 12 月，河南省委经济工作会议做出基本判断："河南已基本确立了新兴工业大省的地位"；2008 年，河南工业增加值 9546.1 亿元，对 GDP 贡献率首次过半，达到 51%，位居中西部省份首位；2011 年，河南工业增加值达 14401.70 亿元，突破 1.4 万亿元大关，位居全国前列。全年规模以上工业企业主营业务收入 47759.83 亿元，比上年增长 35.9%，同比提高 6.6 个百分点；利润总额 4066.13 亿元，增长

32.8%。全部工业产值对全省 GDP 的增长贡献率将近 70%，工业比重超过了第一、第三产业比重之和。今日之河南，已成为走在中西部前列的重要经济大省和新兴工业大省，中原工业文明的复兴和崛起已经成为现实，大工业正在挺起中原崛起的脊梁！

（二）新型工业化是河南省的战略选择

今日河南，中原经济区成为国之方略，务实发展赢得新机遇、站上新起点。但是，人民日益增长的物质文化需求同落后的社会生产之间的矛盾并没有从根本上改变，人口多、底子薄、基础弱、人均水平低、发展不平衡的河南基本省情没有从根本上改变。

河南经济社会发展中还存在不少困难和问题，转变经济发展方式的任务艰巨。一是经济结构不合理，竞争力不强的问题比较突出。产业结构不合理：第一产业比重较高，第二产业竞争力不强，第三产业发展滞后的局面没有根本改观。2011 年，河南省第一产业增加值 3512.06 亿元，占 GDP 比重的 12.9%，比全国高出 3 个百分点。农业大而不优，种植业占农业的比重和粮食占种植业的比重偏高，传统农业生产模式并未从根本上改变。工业全而不强，河南省工业门类齐全，几乎涵盖 39 个行业大类，但从竞争力上看，还远远不是工业强省。河南省能源、原材料工业比重大，占到全部工业的 60% 左右，是支撑工业经济增长的主要力量，高科技含量、高附加值行业发展滞后，突出表现是"一高一低、两多两少"。即资源性工业占比高，高新技术产业、装备制造业占比低；企业数量多，优势企业少；技术含量低的产品多，具有自主知识产权的产品少。第三产业占 GDP 的比重长期徘徊在 30% 左右，比全国低 10 个百分点，服务业仍是产业体系中的"短板"。二是资源环境约束加剧。河南经济发展中的高投入、高消耗的粗放型增长方式仍未根本改变，资源、环境对经济发展的硬约束日益呈现。自 2005 年以来，河南省单位 GDP 能耗均高出全国平均水平 10% 以上，单位 GDP 二氧化硫的排放量是全国平均水平的 1.1 倍；同时矿产资源、水资源等不到全国平均水平的 1/4；已探明的石油、天然气储量已经消耗超过大半，甚至已经成为煤炭净调入省；生态环境脆弱，部分地区污染严重，已经影响和干扰到人民群众的生产生活。

同时，河南是全国农业大省和粮食生产大省，粮食总产占全国的

1/10，特别是作为"国人口粮"的小麦占全国的 1/4，夏粮实现"十连增"，总产连续 6 年超千亿斤。在全国 13 个粮食主产省中，河南的贡献和地位举足轻重。但是河南省农业粗放的增长方式没有根本改变，资源利用率、劳动生产力、土地产出率还不够高，保持粮食增产、农业发展、农民增收的难度不断加大。与此同时还要不断提升河南经济发展中工业增加值和占 GDP 的比重，这将是一项巨大的挑战。因此，根据河南经济的发展现状，必须走新型工业化道路。

综上所述，已经成为新兴工业大省，有一定综合经济实力的河南省，未来的工业化发展有且只有一条道路——那就是新型工业化道路。有人计算过，传统工业的效益是传统农业的 10 倍，而新型工业又是传统工业的 10 倍。新型工业化将成为实现河南经济增长方式转变、建设中原经济区的重要推力。走一条不以牺牲农业和粮食、生态和环境为代价的三化协调科学发展的路子，这是建设中原经济区、加快中原崛起河南振兴的必然选择。

三、新型工业化在三化协调科学发展中的主导作用

河南省第九次党代会明确提出，建设中原经济区，持续探索不以牺牲农业和粮食、生态和环境为代价的三化协调科学发展的路子，新型工业化是主导。"主"就是当主力、行主动、唱主角；"导"就是领导、先导、引导。"主导"就是解决发展的主要矛盾，具有全局性、方向性、带动性、决定性、战略性。工业主导大计既定，三化协调科学发展之路越走越宽。河南省委书记卢展工指出："在中原经济区建设实践中，工业的发展首当其冲，工业化上不去，其他两化都很难上去。"

强化新型工业化主导，就是以新型工业化支撑新型城镇化、带动新型农业现代化，走好三化协调科学发展的道路。

新型工业化是新型城镇化的重要支撑，统计数据表明，城镇化与工业化之间具有密切的正相关关系，两者是共同促进的，相容共生的。新型工业化推进产业集聚、人口集中，新型工业化也是破解"钱从哪里来、人往哪里去、粮食怎么保、民生怎么办"四道难题的必由之路，为破解"四难"提供充分的资金、技术、装备等保障和支持，对建设中原经济区具有决定

性意义。

新型工业化是新型农业现代化的基本前提。通过新型工业化主导，让工业反哺农业，"化"传统农业为现代农业，"化"农民为市民，"化"乡村为城镇，从根本上破解"三农"难题。当前河南省人均耕地面积 1.1 亩左右，相当于全国平均水平的 79%；人均水资源占有量不足全国水平的 1/5，全省约有近 40% 的土地"望天收"；中低产田面积近 6000 万亩，占全省总耕地面积的 55%，常年受灾面积 2212 万亩，占农作物播种面积的 1/10，高标准基本农田不足 30%。农业投入缺口比较大，农业生产成本持续增加。要持续提升粮食生产能力，促进新型农业现代化，就必须按照粮食生产核心区建设规划的要求，加大政策投入、资金投入和科技投入，加速推进水利设施、基本农田、防灾减灾、农业科技创新、农业技术推广、农业生态、粮食物流、农业机械化八大工程。这八大工程的实施，都离不开新型工业化的经济产出和反哺。

河南省省长郭庚茂强调："通过强化新型工业化主导，来提高综合经济实力和竞争力。"发挥新型工业化主导作用，要围绕"五个主导"。①科学运作求主导。顶层设计，科学操作，下大力气推进"龙头带动、错位竞争、技改提升、集聚集约"。②积极调整求主导。做大高成长性产业，做优传统优势产业，做强先导产业。③开拓创新求主导。加快信息化与工业化深度融合，推动生产过程智能化、生产装备数字化和经营管理网络化，建设智能工业。科技创新是引擎，质量品牌是方向。④克难攻坚求主导。解民营经济发展之难。坚持多予、少取、放活，扶持和培育一批骨干民营企业，形成百花齐放、万木争春的生动局面。⑤优化服务求主导。以"真情"服务企业，以"真做"服务企业，以"真效"服务企业，营造"安商、亲商、尊商、富商"的良好氛围。

第二节　新型城镇化引领新型工业化的必要性

我国人口多、底子薄，人均资源有限，各地区发展很不平衡。在推进城镇化的过程中，面临着实现经济增长、扩大就业、维护社会稳定以及解决人多地少、资源紧缺、环境脆弱、地区差异等诸多问题和矛盾。河南省是我国人口大省，经济欠发达，城镇发展的产业基础薄弱，就业和乡村人口向城镇转移的压力很大。河南省在某种程度上是中国的缩影，其独特省情以及经济社会发展现状与全国相比有着诸多相似，河南在中国的地位很像中国在世界上的地位。河南省如何在全国城镇化发展的背景下，加快新型城镇化建设，并引领带动新型工业化和新型农业现代化，是一个无法回避的问题。在中原崛起的历史进程中，新型城镇化注定要充当重要角色。

一、新型城镇化引领新型工业化的时代背景

我国自改革开放以来，为了缩小与发达国家城镇化的差距，走了一条重在扩大城镇规模、追求城镇化率的传统城镇化之路，并取得巨大成就。但是，随着综合国力的持续提升，深层次的矛盾和问题不断浮现，人们开始不断反思城镇化进程中的问题，对走何种城镇化道路不断进行摸索创新。

近年来，科学发展观的践行与新型工业化道路的提出，为我国转变经济发展方式指明了方向，同时迫切要求对城镇化推进方式进行相应调整。中国共产党第十六次全国代表大会报告提出要"走中国特色的城镇化道路"，中国共产党第十七次全国代表大会报告进一步将"中国特色城镇化道路"作为"中国特色社会主义道路"的五个基本内容之一。2007 年 5 月，国务院总理温家宝在上海主持召开长江三角洲地区经济社会发展座谈会上明确提出："不仅要坚持走新型工业化道路，而且要走新型城镇化道路"。

2011 年 10 月 26 日，河南省委书记卢展工在中国共产党河南省第九次代表大会上的报告中，谈到今后五年的发展目标时明确指出："要努力实现以新型城镇化为引领的新型城镇化、新型工业化、新型农业现代化协调推进，以工促农、以城带乡、产城互动的长效机制基本建立，破解'三农'问题取得重大进展，'三化'协调发展格局初步形成。"

二、新型城镇化引领新型工业化是时代的选择

区域科学发展强调在区域发展过程中很好地遵循经济规律、自然规律

和社会规律，按照科学的理念谋划区域发展。中国共产党第十七次全国代表大会以来，河南积极探索不以牺牲农业和粮食、生态和环境为代价的新型城镇化、新型工业化、新型农业现代化"两不三新"三化协调科学发展之路，大胆进行以新型城镇化引领三化协调发展的实践与探索，创新河南持续探索发展之路。

2009年年底以来，河南省提出了建设中原经济区的战略构想，制定了《中原经济区建设纲要（试行）》；中原经济区先后列入全国主体功能区规划、国家"十二五"规划纲要。2011年9月28日，国务院颁布《指导意见》，标志着中原经济区正式上升为国家战略。中国共产党河南省第九次代表大会深入贯彻落实国务院《指导意见》精神，对推进中原经济区建设进行了全面部署，建设中原经济区的气势正在形成、效应逐步显现。2012年8月31日，国务院颁布《关于大力实施促进中部地区崛起战略的若干意见》中，更是把中原经济区作为重点区域支持发展，以形成带动中部地区崛起的核心地带和全国重要的经济增长极。当前，中原经济区正式上升为国家战略，明确了"两不三新"三化协调科学发展的道路，确立了我国重要的粮食生产和现代农业基地、全国三化协调科学发展示范区、全国重要的经济增长板块、全国区域协调发展的战略支点和重要的现代综合交通枢纽、华夏历史文明传承创新区等五大战略定位。

河南是我国具有十分重要战略地位的省份，近年来，河南的国民经济快速增长，主要指标增速均高于全国平均水平，2011年全省生产总值达27232.04亿元；经济结构不断优化，第二、三产业比重达到86%；经济效益明显提升，2011年地方财政总收入达2851.22亿元；人民生活继续改善。目前，河南综合经济实力跃上新台阶，改革开放取得重大进展，各项事业协调发展、社会和谐稳定的局面进一步巩固。

在肯定成绩的同时，我们也清醒地认识到：人民日益增长的物质文化需要同落后的社会生产之间的矛盾这一社会主要矛盾没有从根本上改变，人口多、底子薄、基础弱、人均水平低、发展不平衡的基本省情没有改变，"钱从哪里来、人往哪里去、粮食怎么保、民生怎么办"四道难题需要破解的局面没有从根本上改变。如何谋划中原经济区的科学发展，奋力走出一条速度、质量、效益、后劲相统一的科学发展之路，实现中原崛起、河南振兴，是近年来全省上下大力破解的一个重大课题。城镇化是工业化、农业现代化的重要载体，城镇化水平低，必将影响我们实现中原崛起、河南振兴的进程。从河南各地的实践来看，新型农村社区建设是实现新型城镇化的切入点和突破口。唯有新型城镇化，才能引领城乡统筹、城乡一体、产城互动、节约集约、生态宜居、和谐发展的城镇化，才能引领大中小城市、小城镇、新型农村社区协调发展和互促共进的城镇化，才能搭建新型城镇化承载平台，才能引领河南的新型工业化，实现中原崛起、河南振兴。机不可失，时不我待；箭在弦上，不得不发。

第三节　新型城镇化引领新型工业化的践行途径

新型城镇化如何引领新型工业化？新型城镇化如何促进人口、产业、土地、资金等要素在农业与非农产业之间、城市与乡村之间优化配置？城市如何以完善的功能和服务吸引项目落地？从河南省近年来的实践探索来看，推进农村新型社区、产业集聚区建设，提高土地利用效率，工业发展、城镇建设用地才能有保障；优化城乡产业布局，促进产业集约集聚，工业化发展才能提升水平。只有构建新型城镇化引领新型工业化的区域承载平台、城镇体系承载平台和本土承载平台，才能在承载农业人口转移的同时，提升城镇服务功能和发展环境，引领和推动新型工业化健康前行。

一、城镇化承载平台的理论基础

（一）区位论

中心地理论，也称为中心地方论，是由德国地理学家瓦尔特·克里斯塔勒（Christaller W）提出的。克里斯塔勒的中心地理论的最大目的就在于探索"决定城镇数量、规模以及分布的规律是否存在，如果存在，那又是怎样的规律"这一课题。他认为，中心地是为居住在它周围地域的居民提供商品和服务的地方，也就是指各种级别的城镇，中心地的空间分布形态受市场因素、交通因素、行政因素的制约，形成不同的中心地系统空间模型。中心地理论的核心是城市服务功能地域（空间）网络体系规律。

在克里斯塔勒的中心地理论发表7年后，德国经济学家奥古斯特·廖什（Losch A）于1939年出版了《经济空间秩序》一书，通过分析和比较农业区位论和工业区位论后，进一步分析城镇区位的产生和选择。廖什在继承克里斯塔勒思想的基础上，详细研究了市场规模与需求结构对区位选择和产业配置的影响，扩展了区位理论的范围，将贸易流量与运输网络中"中心地区"的服务区位问题也纳入研究。

区位理论认为，城镇是一种社会生产方式，它以社会生产的各种物质要素和物质过程在空间上的集聚为特征。社会经济系统由不同城镇个体及子系统构成，城镇之间以及子系统之间存在着相互作用，城镇的集聚性创造出大于分散系统的社会经济效益，这是城镇化的动力源泉。区位理论的贡献在于，它分析了城镇效益的根源，确定了城镇的分布状态和分布形式。

在研究河南省新型城镇化引领新型工业化的过程中，可以利用区位理论中相关内容对城郊农业进行布局、对其产业发展给予指导，这是关于新

焦作天阳车轮有限公司

型城镇化引领新型工业化本土承载平台的部分；按照区位论的市场原则和城镇的集聚、扩散效应，引领和指导形成以中心城市为核心的产业轴带以及传统工业部门向城镇扩散，这是关于新型城镇化引领新型工业化单体城镇承载平台的构建；而城镇的形成、布局、城镇体系的构建和发展必须紧密结合中心地理论，突出城镇体系中各级城镇的职能，这是新型城镇化引领新型工业化城镇体系承载平台的部分。

（二）城镇化空间发展理论

增长极理论（Growth Pole Theory）首先由法国经济学家弗朗索瓦·佩鲁（Perroux F）于 1955 年提出。增长极理论是对空间经济发展不平衡的概括和总结，强调了产业联系。他认为"增长极"是由主导部门和有创新能力的企业在某些地区或大城市的聚集发展而形成的经济活动中心，恰似一个"磁场极"，能够产生吸引或辐射作用，促进自身并推动其他部门和地区的经济增长。"增长极"的产生，使人口、资本、生产、技术、贸易等高度聚集，产生"城市化趋向"或形成"经济区域"。经济活动在空间上集中于少数几个城市，能比分散状态更快、更有效。区域经济的发展都是由增长极（城镇）来启动的。

核心—边缘模式理论（The Core-Periphery Paradigm）来源于约翰·弗里德曼（Friedmann J）1960 年代发表的论著《区域发展政策——委内瑞拉案例研究》（1961 年）和《极化发展的一般理论》（1967 年），由于现实资源、市场与环境的空间差异，某些地方或某一区位在经济、文化和政治上比其他地方（外缘地区）发展快而且具备竞争优势，从而构成了核心—边缘结构。该理论拓展了佩鲁的增长极理论视角，把增长极模式与各种空间系统发展相融合，认为经济活动的空间组织中，通常具有强烈的极化效应与扩散效应。

1958 年经济学家阿尔伯特·赫希曼（Hirschman A O）的《经济发展战略》一书着重从现有资源的稀缺性和企业家的缺乏等方面，论述了平衡增长战略的不可行性，提出了"非均衡增长"（Unbalanced Growth）理论。他强调不平衡增长，目的还是要实现更高层次和更高水平的增长，只不过平衡增长是目的，不平衡增长是手段。

在研究河南省新型城镇化引领新型工业化的过程中，可以应用城镇化空间发展理论，用于支持中心城市的优先发展，即区域非均衡发展的理论支持。同时可以看到，从增长极理论可以解释城镇发展引领带动区域经济的发展；从核心—边缘模式可以看到某地或某区位所具备的竞争优势，使得经济活动的空间布局的极化效应；从非均衡增长理论我们也可看到重点在于中心城市的建设提升。这些叙述，已然全部是新型城镇化引领新型工业化单体城镇承载平台和城镇体系承载平台的理论支持。而核心—边缘理论中扩散效应以及经济空间系统的部分，则是对新型城镇化引领新型工业化本土承载平台的释析。

二、新型城镇化承载平台的构建

众所周知，社会经济生活由乡村和城镇两大不同的生活方式、文化和景观形态构成。城镇化的最终目标就是要变传统农村社会为现代城镇社会。我们认为，城镇化进程的实质是"能够适应和推动社会进步的城镇生产、生活方式以及城镇性质、状态不断扩展与深化的发展进程"。城镇化是一个不断发展的动态过程，不仅是城镇数量与规模扩大的过程，也是城镇结构和功能转变的过程，既要外延扩张，更要内涵优化。

当前，世界城镇化也进入了一个崭新的阶段，呈现出集聚与扩散并存等发展特点。城镇化的集聚趋势是指大城市、大城市群（带）和巨型城市区域逐步成为经济全球化时代城镇化最具活力的区域。城镇化的扩散趋势是指逆城镇化和郊区化趋势。逆城镇化和郊区化的主要特点是人口由中心城市大量向郊区及更远的乡村地区迁移，很多的工业企业也纷纷离开城市，向中小城镇及乡村地区转移。20世纪60年代以后，在发达国家城镇化进程中，出现了郊区化和逆城镇化的现象。进入21世纪以后，我国的许多大城市也相继出现了城镇郊区化现象。河南是个人口大省，常住人口超过9400万（全国第6次人口普查数据），城镇化率每上升1%，就涉及近百万人口转换为城镇居民。如何使每年数以百万计的郊区和农村的剩余劳动力及其家属和谐地融入城镇，并切实提高城镇化质量，是个重大的战略问题。当下，在河南，我们选择了新型城镇化道路。河南的新型城镇化，"既要考虑到工业化、城镇化带动农村的问题，又要考虑到农村对工业化、城镇化的推进作用"，"如果离开了农村、离开了农民、离开了农业，这个城镇化很难是新型城镇化，充其量也就是我们传统意义上的城镇化"。新型城镇更强调在合理的外延扩张的同时，注重城镇化的内涵优化，外延扩张与内涵优化相辅相成，城镇与乡村统筹发展。这也在一定程度上，类似于全球城镇化的逆城镇化趋势和郊区化趋势。河南省新型城镇化必须落实到整个空间地域的所有对象，包括广大乡村地区、每一个单个城镇和区域内所有城镇的集合即城镇体系，有利于城乡统筹发展、城乡一体化，有利于兼顾各方利益，有利于城乡之间的协调、互补、互动和联合。

根据点—轴渐进式扩散理论和点—轴开发模式以及点—轴—集聚区的网络型空间结构形成，中原经济区在新型城镇化引领新型工业化和经济发展的过程中，必须构建三个承载平台：单个城镇承载平台——满足新型城镇化引领新型工业化的城市个性发展需求，完成狭义内涵优化，这也是新型城镇化的重中之重；城镇体系承载平台——满足新型城镇化引领新型工业化的区域发展需求，完成广义内涵优化；本土承载平台——满足新型城镇化的全面发展，完成城镇化的泛义内涵优化。

第一，实现新型工业化的新型城镇化承载平台空间框架。新型城镇化承载平台有城镇体系承载平台、单体城镇承载平台、本土承载平台，分为全国区域性中心城市（郑州）、地区性中心城市（省辖市）、地方性次中心城市（县级市、县城）、中心镇、新型农村社区五级城镇化空间布局与框架。

第二，在新型城镇化承载平台空间框架下必须发挥新型工业化主导作用。构建现代产业体系，加快产业结构优化升级。大力发展高成长性产业，以汽车、电子信息、装备制造、食品、轻工、建材等为重点，坚持龙头带动、基地支撑、高端突破，培育一批千亿产业集群，把食品、装备产业打造成万亿产业。改造和提升传统优势产业，以能源、化工、有色、钢铁、纺织服装为重点，加快技术改造，提升工艺水平，开发精品，拉长链条。培育壮大先导产业，以基础条件较好的新能源汽车、新能源、生物医药、新材料为突破口，加强平台建设和技术研发，抢占未来发展制高点。同时发展壮大服务业，建设现代物流中心，加快发展旅游业，促进房地产业平稳健康发展，建立消费需求的长效机制。

三、本土承载平台引领新型工业现代化

（一）本土承载平台的构建

长期以来，农业、农村、农民问题一直是我国全面建设小康社会进程和现代化进程的关键性问题，也是关系我国全局的根本性问题。没有农业的牢固基础和农业的积累与支持，就不可能有国家的自立和工业的发展；没有农村的稳定和全面进步，就不可能有整个社会的稳定和全面进步；没有农民的小康就不可能有全国人民的小康。农业丰，则基础牢；农村稳，则社会安；农民富，则国家昌。实际上，孤立看待农村问题不可能真正解决农村问题。要打破城乡分割的体制障碍，把农业发展放到整个国民经济的大格局中，把农村进步放到整个社会的进步中，把农民增收放到国民收入分配和再分配中，进而统筹规划政策、公共资源、基础设施以及产业布局。

新型城镇化，重在着眼农民利益，体系涵盖农村农民，变建设资源"向城里走"为"向农村流"。河南省新型城镇化以新型农村社区为切入点，必须政策引领、规划先行、突出主体、保障权益、规范有序、拓展创新、互动联动、一体运作；必须合理布局产业体系，促进城乡产业协调发展，形成以城带乡、城乡互动的发展格局；必须把新型农村社区作为推进城乡基础设施一体化和公共服务均等化的载体。依托区位优势、资源禀赋和产业基础，全力发展工业经济，实现传统产业升级和新兴产业发展并重、招商引资和草根工业并举。

第一，保障农业劳动力的数量与质量。①普遍培植农业生产专业户、大户。改革农村土地流转制度，破除小农经济的束缚，将土地集中交由有实力的农户专门进行多种经营的农业生产，积极推动农业的规模化、专业化程度。②培养高层次的职业农民。积极发展面向农业的中、高等职业教育，扩大招生规模，吸纳未能进入高一级学校的初、高中生，鼓励和推动毕业生到农村创业。教育有周期，不从现在做起必然贻误未来。

第二，加快农村社区基础设施建设。这主要包括以下几个方面：①交通网络构建，构建方便快捷的交通体系；②公用事业设施建设和信息产业

基础设施建设，包含基础教育、给排水、供电、管道天然气或煤气、绿化以及邮政、通讯、互联网等；③社会服务基础设施建设，包含公共卫生体系、社会福利、社会救助、公共安全等。

第三，环境保护与生态建设，包括污水处理、生态绿化、生态保育等方面。

（二）新型城镇化本土承载平台对新型工业化的引领

新型城镇化本土承载平台，可以站在实现新型城镇化、新型工业化、新型农业现代化的高度，把县域经济发展、小城镇开发建设、新型农村社区建设，一体规划、一并推进，把新型农村社区建设作为推进城乡统筹发展的切入点、促进农村发展的增长点，实现人口向新型农村社区和城镇集中，土地向农业企业家、农民专业合作社等大户集中，以新型城镇化引领三化协调发展，着力构建合理的城镇体系、合理的人口分布、合理的产业布局、合理的就业结构。在这样的模式下开发县域经济、建设小城镇、促进农村发展，合理布局人口和产业。

新型城镇化对新型工业化的引领体现在以下方面：第一，新型城镇化从城乡统筹的高度出发，以新型农村社区建设为切入点和突破口，不断扩宽了农村人口转移渠道，在一定程度上解决了农村劳动力亟待转移和城镇接纳大量转移劳动力承载能力不强的矛盾，为新型工业化提供了充沛的劳动力资源。第二，有利于城乡一体化发展，逐步改善农村生产生活条件，有利于扩大内需，推动经济社会持续较快地发展，为新型工业化提供广阔市场。第三，村庄合并或原村新型农村社区的建设，有利于节约集约利用土地，解决建设用地刚性需求与保护耕地硬性约束的矛盾，拓宽城镇建设空间，吸引新的工业企业投资与建设，为新型工业化发展提供建设用地。第四，通过推动农业规模化和组织化经营，提高农业劳动生产率和综合生产能力。

四、单体城镇承载平台引领新型工业现代化

（一）单体城镇承载平台的构建

构建河南省新型城镇化单体城镇承载平台，主要是要构建针对一座城

镇在一定时期内的经济、社会、科技协调发展带有根本性和全局性的发展方略，是城镇发展的目标和实现目标的方针、政策、途径、措施和步骤的高度概括。不同的城镇具有某些共同的发展规律，但不同的城镇之间，又在区位、资源、结构、历史传统等方面存在种种差别。因此，单体城镇承载平台构建与发展决策，既要体现共性，又要个性鲜明。事实证明，一个城镇能不能在政治、经济、社会、文化等方面取得新的发展，关键在于是否能够制定出适合这座城镇的科学合理的发展方略。

构建河南省新型城镇化单体城镇承载平台，推动新型城镇化发展，必须增强中心城市辐射带动作用。中心城市是相对于周边城市而言的，在经济上有着十分重要的地位，具有强大的吸引集聚能力、辐射带动能力和综合服务能力的城市。中心城市是实现依城促产、以城带乡的主导力量。中心城市将成为中原经济区重要的要素集聚区和经济辐射源泉，在促进经济增长和推动城镇化进程中发挥重要作用。一个必须承认的客观事实是：河南省大中城市数量少，中心城市规模优势不突出，辐射带动能力不够强。省会郑州的城市规模偏小，辐射带动作用不明显，承上启下的节点作用不

洛玻集团超薄浮法玻璃生产线

够突出。必须加快郑州和其他中心城市发展，着力增强中心城市的辐射带动作用。

第一，郑州作为省会城市，必须全力加快郑州都市区建设，率先走出一条以新型城镇化为引领的三化协调科学发展之路，努力打造中原经济区核心增长区、全国重要区域性中心城市，在中原经济区建设中发挥好龙头作用、重心作用和示范带动作用。提升交通枢纽、商务、物流、金融等服务功能，打造内陆开放高地，努力在中原经济区建设中挑大梁、走前头。

第二，推动其他中心城市加快发展，包括特大城市洛阳、开封、平顶山、安阳、新乡、焦作、南阳、商丘7个大城市，鹤壁、濮阳、许昌、漯河、三门峡、周口、驻马店、信阳、济源、巩义、项城、邓州、潢川县城和固始县城14个中等城市。支持中心城市充分利用自身优势，积极承接产业转移，加快城市产业特色化发展，建设一批特色产业基地，增强城市经济实力，增强在区域经济发展中的承接传导和辐射带动作用。发挥濮阳、周口、南阳等连接周边省市的重要作用，依托出省通道，拓展对外联系；提升商丘、周口等在淮海经济协作区中的地位；增强南阳在豫鄂陕交界地区、三门峡在黄河金三角地区、信阳在鄂豫皖交界地带的影响力；凸显安阳、濮阳等在晋冀鲁豫毗邻地区的作用，密切区域合作，实现优势互补、相互促进、联动发展。

第三，促进中心城市组团发展。搞好省辖市城市建设，优化空间布局，提升城市品位，强化中心市区的综合服务功能。同时促进中心城市各组团产业集聚发展，完善城市基本功能，形成相对独立的城市区。构筑各组团与中心城区的便捷交通联系，推动形成以中心城市为核心、周边小城市和中心镇为依托的城镇集群，使中心城市成为区域政治、经济、文化服务中心。

（二）新型城镇化单体城镇承载平台对新型工业化的引领

一个地区能否加快发展步伐，取决于各种经济要素的聚集程度，关键在于地方环境对经济要素的吸引力。一是交通区位环境，二是人居环境，三是政务环境。环境就是生产力、集聚力和吸引力。新型城镇化单体城镇承载平台从四个方面推动单体城镇的发展。一是经济系统。经济的运行和增长是城镇发展的中心内容，直接关系到城镇的进步与繁荣。必须不断地对产业结构、投资结构、就业结构、生产力布局等进行调整。只有产业结构的更新、优化，扶持战略主导产业、新兴产业，才能带动整个经济的发展。二是社会系统。坚持以人为本，突出城市特色，完善服务功能，改善人居环境，促进社会稳定，加强道德法制和社会保障体系建设，塑造开放多元的城市文化，建设健康文明、充满活力的宜居区域。三是生态系统。城镇生态系统发展主要指对人类生存、生活和社会交往的环境，一方面要防治污染、不让自然生态环境变坏，另一方面要通过绿化和美化，力求自然环境更好，创造一个健康、优美的高质量环境。四是建设系统。加快城市基础设施建设，特别要抓好交通、通讯、能源供应、给排水系统、生态环保系统和防灾减灾系统、城镇战备等城市公用设施建设，进一步提高基础设施对城镇发展的承载能力。城镇基础设施发展，不仅要加大投资建设，更要加强设施管理，提高城镇公共设施的综合效益。

总之，应大力加强城市建设，优化空间布局，提升城市品位，强化中心市区的综合服务功能，加强城镇基础设施和公共服务设施建设，强化生态环境建设，加强城镇管理，不断提升城镇承载力。提升交通枢纽、商务、物流、金融等服务功能，积极承接产业转移，加快城市产业特色化发展，建设一批特色产业基地，这必将推进产业的优化升级，推动产业链式发展，全面提升产业发展层次和水平，加速新型工业化进程。

五、城镇体系承载平台引领新型工业现代化

（一）城镇体系承载平台的构建

构建现代城镇体系是河南省基于全省加快经济发展方式转变、建设中原经济区而做出的重要战略部署，是推动人口、产业、生产要素向城镇集聚，加速河南新型城镇化进程的重要选择，是破解河南二元结构问题、实现城乡区域一体化发展的有效途径，是加快中原崛起河南振兴的重要载体。

近年来，河南省城镇体系日趋完善，大中小城市协调发展的现代城镇空间格局已经成型，初步形成了等级序列完整、层级结构分明、职能定位清晰、空间结构合理的全国区域性中心城市、地区性中心城市、地方性

中心城市、中心镇、新型农村社区共五级、各具特色、竞相发展的城镇体系。

但是，河南作为一个上亿人口的区域，城市规模结构还明显不合理，结构体系还不够完善。一是省会城市规模不够大，对全省城镇辐射带动作用不明显；二是全省中等城市数量偏少，承上启下节点作用不突出；三是小城镇数量多、规模小、功能不全、服务带动乡村地区发展的功能较弱。

为此，构建河南省新型城镇化城镇体系承载平台，亟须统筹推进大中小城市、小城镇和新型农村社区建设，加快构建符合河南实际、具有河南特色的现代城镇体系。一是促进国家区域中心城市复合式发展，建设郑汴新区，做大做强郑州都市区；二是中心城市组团式发展，吸纳带动周边基础较好的县城、县级市和特定功能区一体发展，培育整体竞争优势，发挥辐射带动主导作用；三是提升中小城市内涵，提高资源利用率、提高基础设施水平、提升环境质量和城市人文素质，不断增强城市吸引力、凝聚力和综合承载力；四是小城镇集聚式发展，着力推动土地集约利用、人口集中居住，发挥小城镇统筹城乡的重要节点作用，提高承接中心城市辐射能力和带动农村发展能力；五是稳妥发展新型农村社区，科学规划、因地制宜、整合资源、规模经营、多元就业，改善生活环境和生产条件。

从国内外城镇化演进模式来看，城市群是城镇化进入一定阶段后的产物。城市群逐渐成为城镇化进程中后期的主体形态，是带动区域经济发展的重要增长极。

中原城市群是国家促进中部崛起重点培育的六大城市群之一，是河南省全省城镇化发展的主要载体，对全省发展起着龙头带动作用。但是，现阶段中原城市群"群"的内涵略显不足，城市之间相互呼应以及协同融合缺乏引导和动力，重大基础设施规划建设协调不够，资源未能共享，生态环境保护未能协同、关联度不高、互补性不强，产业结构趋同现象比较明显。加快中原城市群发展，必须完善中原城市群联动发展机制，努力实现交通一体、产业链接、资源共享、生态共建，加快形成具有较强竞争力的开放性城市群。①实施中心城市带动战略，提升省会郑州作为我国中部地区重要中心城市的地位，发挥洛阳区域副中心城市的作用，构建郑州都市圈、洛阳都市圈，形成"双核""双环"并立互动战略格局。②促进郑汴一体化，是指郑州市、开封市地域对接、结构整合、功能互补、实质融合的相互促进、共同发展的过程。建设郑汴都市区，郑州和开封市区最终对接成为一个东西向的城市连绵带，形成拥有800万—1000万人口的复合型大都市——郑汴都市区。

实现中原经济区建设的发展目标，必须遵循科学发展规律包括区域经济发展规律，优化区域经济发展布局，按照核心带动、轴带发展、节点提升、对接周边的原则，努力构建放射状、网络状、板块状发展格局。一是增强郑州龙头作用和重心作用，推进郑汴一体化发展，建设郑洛三工业走廊，促进郑州、开封、洛阳、平顶山、新乡、焦作、许昌、漯河、济源融合发展，努力打造中原经济区核心增长板块，提高区域发展的整体带动能力。二是推进交通一体化，建设中原城市群以客运专线为骨架、城际轨道交通为支撑、多种运输方式高效衔接的现代综合交通网络，巩固和提升中原城市群在我国的交通枢纽地位，促进城际功能对接。三是积极推进区域生态共建、污染同治，探索节约集约发展新模式，提升城市群资源环境承载能力。最后加强各城市之间分工合作，促进各种要素自由流动，塑造城市群整体发展优势。

（二）新型城镇化城镇体系承载平台对新型工业化的引领

新型城镇化城镇体系承载平台应注重优化城镇化空间布局，完善中原城市群联动发展机制，加快全国区域性中心城市（郑州、郑汴都市区）复合式发展，地区性中心城市组团式发展，地方性中心城市内涵式发展，中心镇集聚式发展，新型农村社区积极稳妥发展，构建全国区域性中心城市、地区性中心城市、地方性中心城市、中心镇、新型农村社区五级城镇体系。通过五级城镇体系建设对新型工业化的引领，因地制宜、分类指导城乡统筹发展，为河南省新型工业化的深度发展提供承载平台，形成以城带乡、城乡统筹的城镇化新格局。

因此，要建设郑汴新区，做大做强郑州都市区，增强全省核心增长极的区域影响力和核心竞争力；发挥中心城市的辐射带动主导作用，培育整体竞争优势；提升中小城市吸引力、凝聚力、承载力；着力推动小城镇土地和人口的集约，承上启下，带动农村；整合新型农村社区的土地、人口、产业等资源要素，促进农业规模经营、农民多元就业。优化中原城市群空间布局，培育产业发展轴带，构建交通区位新优势，加强能源、生态环境、城市基础设施和科教文化建设，提高城市群资源环境承载能力，塑造城市群整体发展优势，促进设施同城化、市场一体化、功能一体化与利益协同化。

第四节　统筹推进新型城镇化和新型工业化的互动发展

建设中原经济区，走好三化协调科学发展之路，关键在统筹。如果新型城镇化的引领功能不能充分发挥，则新型工业化动力不足、空间不大。所以要充分发挥好新型城镇化的引领作用，节约集约利用土地，破解用地刚性需求与保护耕地硬性约束，拓宽工业发展与城镇建设空间，解放和发展农村生产力，为新型工业化破除制约。如果新型工业化主导作用不强，则新型城镇化聚合不力、支撑不够，所以要充分发挥好新型工业化的主导作用，推动集聚发展，争创工业新优势，发展壮大服务业，为新型城镇化强化支撑。

一、加强规划统筹

新理念打造好规划，好规划助推大发展。河南省委书记卢展工指示：规划是张"全景图"，规划要符合规律，新型农村社区建设必须规划先行；规划是幅"地形图"，规划要因地制宜，新型城镇化的形式应该各具千秋，新型工业化的模式可以千差万别。规划是个"路线图"，规划要眼光长远，规划决定了行动的方向和前进步骤，既要着眼当前，又要兼顾长远，统一规划、通盘考虑。

只有坚持科学规划引领，才能促进新型城镇化健康发展和新型工业化持续推进。应当加强城乡规划与国民经济社会发展规划、土地利用规划之间的衔接协调，统筹城乡建设、土地利用和产业发展；科学有序开展城镇总体规划特别是做好区域中心城市总体规划修编，提高城镇控制性详细规划编制覆盖率。坚持城市总体规划、产业发展规划、交通建设规划、土地利用规划"四规衔接",特别注重工业布局和城镇发展统一规划。

对城乡发展统筹安排,使广大城市、乡村,市民、农民都能尽快分享到新型城镇化、新型工业化带来的成果。

二、加强产城统筹

产城互动和产城融合,是产业和城镇相互融合、一体化发展的一种模式,是通过产业集聚区建设拉动城市建设,通过城市规模扩大带动产业集聚区发展,最终实现产业和城镇联合互动发展。产城统筹,要求以产兴城、以城促产实现相互依托、相互促进,促进产业与城市互动协调发展。

河南省的产城融合正在大步前行,正在实现人口向城镇集中、产业向园区集中、土地向种田大户集中的"三集中"。人口向城镇集中,解决转移农村人口就业问题,使城镇吸纳和承载大量人口,真正促使农民市民化;产业向园区集中,工业化和城镇化形成合力,强化了城镇的辐射力和带动力,有利于生态集中建设和环境综合治理,有利于形成以工哺农、以城带乡的新机制;土地向种田大户集中,促进土地流转、农业规模经营,为农业现代化提供条件,提高粮食生产效率。

统筹产城,加快产城互动融合发展,一方面要优化产业结构,要在保持总量增长的前提下提升工业层次,以新型工业化带动产城发展;要在确保粮食稳定增产的前提下推进农业结构调整,提高农业效益;大力发展服务业,使之成为产城互动的重要支撑。另一方面做大城镇载体,创新融资体制机制、行政管理体制机制、社会管理体制机制;坚持集约集聚发展方式,提高土地利用强度,大力发展紧凑复合型城市;加强公共服务体系建设,加大投入,实现公共服务均等化。最终实现新型工业化和新型城镇化互动、融合,快速发展。

三、加强区域统筹

统筹城乡区域发展是大势所趋。城乡区域统筹是要在新型城镇化和新型工业化互动发展的时代背景下,协调城市与农村、工业与农业之间的发展，通过工业反哺农业、城市支持农村，解决"三农"问题，实现三化协调发展，实现城乡社会一体化发展新格局。统筹城乡区域协调发展，缩小城乡差距，对推进经济社会的共同发展，进而实现中原崛起、河南振兴，具有十分重要的现实意义和战略意义。

河南统筹城乡发展、推进城乡一体，要把现代城镇体系建设、新型农村社区建设结合。①统筹城乡规划，科学引领城乡发展，优化空间布局，合理划定功能分区。②合理布局产业体系，促进城乡产业协调发展，提升产业核心竞争力，切实增强工业反哺农业的能力，形成城乡互动发展格局。③统筹城乡基础设施建设，增强城乡发展能力，村庄适度合并集中，农民适度向新型农村社区集聚，土地适度规模经营。④统筹城乡社会事业，提高公共服务水平，解决交通、水电、通信等基础设施建设问题，切实解决进城农民的就业、户籍、社会保障、子女教育、医疗等问题，大力发展促进城乡均衡共享的公共服务和社会事业。

四、加强管理统筹

在新型城镇化进程不断推进的今天，在特殊的河南省省情和历史传承下，各级政府在城镇化进程中的作用也更加重要和明显，应发挥宏观调控作用影响城镇化进程的发展，把强化与创新社会管理作为三化协调科学发展的重要支撑。社会管理主要涉及的社会公共事物包括广泛的经济、文化、教育、基础设施、社会福利、公共安全、交通、环境与卫生、房地产、公共事业、旅游设施等，其内容极其丰富。

政府的一个主要职能就应该是把现代城镇规划好、建设好、管理好，实现城镇的快速、健康、可持续发展，推进新型城镇化进程。管理的科学化、法制化、高效化，利于城镇化的制度框架的构筑，遵循城市发展、城镇化与经济发展水平相适应、与工业化进程相协调的基本规律，将促进城镇化的健康、快速、可持续发展。各级政府的科学管理，将促进新型城镇化有序推进；针对河南省具体情况制定的各项政策措施也必然直接或间接促进河南省的新型城镇化进程。

要加强管理统筹，一是要完善社会管理服务格局，创新管理体制，理清管理职责，集中主要精力抓住全局性、战略性、前瞻性的重大问题，统筹协调好不同职能部门间的关系，相互配合，形成合力，促使城市管理协调有力。二是要树立先进的管理理念，树立以人为本的理念、提高服务意识、增强法制观念，综合考量各方面利益诉求，切实维护人民群众利益。三是要建立健全社会管理服务运行机制，强化政府主导作用，保证社会管理服务工作的稳定运行，让老百姓生活得更舒适、更健康、更方便。

第五章
新型城镇化引领新型农业现代化

新型城镇化引领新型农业现代化,是"引领其他两化"的第二化,为三化协调科学发展建立了内涵联系,并营建了第二个实施平台。新型农业现代化与农业现代化是既有联系又有区别的两个概念,其时代特征十分鲜明。新型农业现代化的影响因素多样,内容十分丰富,且在中原经济区实现三化协调科学发展过程中发挥着重要的基础作用。新型城镇化与新型农业现代化协调互动,其引领作用有多种现实表征,体现着特殊重要性。

第一节 新型农业现代化的理论解析

农业现代化既是农业发展所追求的目标,同时也是一个具有时代特性和地方特性的演化过程。新型农业现代化正是体现了农业发展的阶段性和区域性特征。根据农业现代化的传统特性,并结合中原经济区建设所面临的现实问题,河南省提出了具有地方特性的新型农业现代化。这既是对传统农业现代化的传承,也是符合河南实际的创新。

一、新型农业现代化的概念

从 20 世纪中期以来,现代化理论开始与专门的领域相结合,进而产生了许多现代化理论,农业现代化理论就是其中之一。从历史的角度来看,农业现代化经历着三个演进阶段:

第一阶段，以机械化和商品化为特征的农业现代化。在这一阶段，可以看到明显的工业革命烙印，可视为工业革命在农业领域的渗透。从时间上来看，在20世纪40年代，美国首先实现了农业的现代化；到了20世纪60年代，大多数的工业化国家先后都完成了由传统农业向现代农业的转变。具体的转变内容以技术化和商品化为主。在技术领域，工业革命的技术成果开始逐步应用到农业领域，这一时期的农业现代化技术以机械化、电气化、水利化、化学化和良种化为特征；在社会发展领域，工业革命后的商品化浪潮不可避免地影响到了农业领域，传统的以自给自足为目的的农业生产逐步被以商品交换为目的的农业生产所替代，农民的商品意识进一步强化，农产品市场逐步扩大，传统的小规模的无序的农产品交易市场被更大规模的有序的交易市场所取代。第一阶段的农业现代化发展大幅提高了农产品产出总量，同时也带来了对环境的负面影响。一是大量使用化肥，破坏了土壤，污染了区域环境。二是机械化的运用和农业产出的提高，使得世界上很多地方的草地和森林被开垦为农田，由此而带来的全球环境灾难逐年增多，沙漠化、温室效应等环境问题成为全世界所面对的重要挑战。

第二阶段，倡导生态农业和可持续发展的农业现代化。这是当今社会仍在经历的发展阶段，是对第一阶段的农业现代化所带来弊端反思的结果。倡导人与自然和谐发展的理念迅速发展，并且很快渗透到农业领域，有机农业、生态农业、可持续发展农业等新的理念被提出。与第一阶段的农业现代化内容不同，它有着不同的特征，它要求不能单纯地追求产出效率，而应该综合考虑经济效益、生态效益和社会效益。

第三阶段，以知识经济为特点的农业现代化。21世纪是知识经济的世纪，知识正在成为影响世界经济的最重要因素，这个趋势也必然影响到农业领域。知识经济是建立在知识和信息生产、传播和应用基础上的经济，是以人的智力资源和技术为动力的新型经济形态。在知识经济的影响下，农业现代化的更高阶段，必将具有以下特征：农业生产力的发展更多地取决于知识和技术的运用，而不是单纯地依赖土地、劳力和工具等生产条件；农民将具有较高的科学文化素质，以使高科技广泛应用于农业生产各个环节；信息网络普及运用，气候、土壤、物种等环境资源信息将成为人类共享的资源，人们从网上获取供求信息，进行网上交易等等；由于知识作用于自然资源和物质资本的能力大大提高，农产品的价值不再单纯地由物质资本的稀缺性所决定，而是在很大程度上取决于所包含的知识资本的价值。

纵观整个历史，农业现代化是一个动态发展的过程，其内涵也随着时代的发展、科技的进步与知识的积累而不断更新和丰富。在我国，农村改革之前，农业现代化被概括为农业的机械化、水利化、化学化和电气化。农村改革之后，农业现代化被概括为农业的科学化、集约化、社会化和商品化。近年来，农业现代化又被概括为标准化、专业化、规模化和企业化。而按照《中国农业百科全书：水利卷》的注释，农业现代化是"用现代科学技术、现代工业装备和现代管理方法改造农业的过程"。因此，现代农业是农业现代化的奋斗目标，农业现代化是实现现代农业的具体过程。农业发展是一个动态的过程，现代农业是一个动态的概念。不同的时代对农业发展有不同的要求，今天的现代农业是未来的传统农业，今天的传统农业也是过去的现代农业。农业现代化又是一个复杂的社会系统工程，因此不能简单地谈论农业自身的现代化，而应从农村和农业以及其他相关社会经济方面的相互关系中研究农业发展问题。只有认识到现代农业是一个动态的概念，才能与时俱进地发展现代农业，不断推进农业现代化在理论和实践上的创新。

河南在中原经济区建设过程中，全面总结河南经济社会发展经验，从地区发展实情出发，提出了具有区域特性的"新型农业现代化"——以粮食优质高产为前提，以绿色生态安全、集约化标准化组织化产业化程度高为主要标志，基础设施、机械装备、服务体系、科学技术和农民素质支撑有力的农业现代化。其内涵体现在"四新"：①新在不简单就现代农业谈现代农业，而是与新型工业化、新型城镇化相融合，与新型城镇化、新型工业化是有机整体，不可分割，不争资源，互促共进，协调发展。②新在有力推动农业社会化大生产，从根本上提高农业劳动生产率、资源利用率和土地产出率，为新型工业化提供原料和劳动力，拓展新型城镇化的发展空间，加快现代化进程，改变全社会发展的面貌。③新在通过新型城镇化发展有效减少农村人口，推进适度规模经营、集约化标准化生产，提高农业效益。充分利用新型工业化强大的技术和物质生产能力、信息化优势，为新型农业现代化提供有力支撑。④新在为转变农业发展方式指明了方向。更加凸显粮食安全、突出农产品质量、重视综合生产能力提升，走的是数量质量效益并重之路，建设的是可持续农业，实现的是社会化大生产，目标是盈仓富农、强基固本。

二、影响新型农业现代化进程的主要因素

（一）农业生产基础设施

设施装备是农业系统的基石，是现代农业的主要支撑。农业发展即是传统农业向现代农业转变的过程，又是利用现代农业科学技术进行农业生产的过程。从发达国家的实践看，投资兴建农业基础设施，对于改造传统农业，实现农村产业的转型升级，把现代文明引入农村，改变农民的生存状态，都具有极其重大的现实意义和长远的战略意义。国内外研究表明，改善乡村运输、道路、灌溉、农村电力、供水、市场等基础设施，在农业基础设施形成了可以使用的资本存量后，这些基础设施资本存量可以被该地区的广大农民无成本或低成本地共同使用，可以减少农业生产要素的投入成本，改善农业耕作结构，减少农业活动对劳动力的需求，提高非农业活动对劳动力的需求，改变农业生产结构，从而推动农村的经济增长。发达的农业基础设施对于改善农业生产条件，降低农业生产成本，提高农业生产率和农民收入以及促进城乡一体化等方面具有十分重要的作用。

总体来说，一个发达的、高效的农业基础设施体系是保证农业生产持续、高效、稳定增长和农业劳动生产率不断提高的基本条件，是建立统一和完善的市场经济体制、实现农业现代化和可持续发展的物质与社会基础。

（二）农业生产机械装备

农业机械是农业生产的重要工具，是农业生产力的重要要素，发展农业机械化实质上是一场生产手段的技术革命。农业机械装备突破了人畜力所不能承担的农业生产规模的限制，机械作业实施了人工所不能达到的现代科学农艺要求，改善了农业生产条件，提高了农业劳动生产率和生产力水平，推动了农业生产的标准化、规模化、产业化，是推动传统农业向现

代农业转变的关键要素。

农业机械的广泛应用，将有助于改变农业的自然属性和弱质特征，极大地提高农业资源的开发利用水平和农业综合生产力。农业机械的投入又将加快技术进步的进程，技术进步又可以提高农业机械化投资的效益，使农业经济系统出现增长的良性循环，从而推进现代农业建设和农业现代化进程，促进长期经济增长，提高竞争能力。

（三）农业社会化服务体系

农业社会化服务体系是发展现代农业的必然要求，其对于夯实农业基础地位、促进农民增收、扩大农村消费，进而实现农业和农村经济又好又快发展具有重要意义。分散的小规模的家庭经营如何实现与大市场的对接，是农民自身无法很好解决的大难题。社会化的农业服务体系能够提高农民的组织化程度，可为农户种什么、种多少和卖给谁提供有效的指导。河南省已有不少农业服务机构，特别是一些专门化的服务组织，应对新形势的呼唤，因时因地为农民提供生产、购销和信息等方面的服务，推动了农业产业化进程。

农业服务体系不仅是服务机构，而且更多地承担和实施了一些政府的职能。因此，它可以将贯彻国家的产业政策和全方位的科技服务结合起来，既服务于国家的宏观调控，规范农民的经济行为，又能够及时掌握和反馈农民的要求，保护农民的利益，架起政府与农民沟通和联系的桥梁。

近十多年来，我国工厂化、企业化农业有了长足发展，农业企业特别是一些龙头企业在各地不断涌现。这些企业在产品加工、市场开拓和产业链延伸等方面发挥着越来越重要的作用，即通过定向投入、定向服务、定向收购等办法，既吸引农民生产了企业需要的产品，又带动了产业的发展，增强了一方财力，富足了一方百姓，推动农村社会生产发生了前所未有的转变。

（四）农业科技与教育

生产技术科学化是农业现代化的根本动力。农业生产技术科学化，其含义是指把先进的科学技术广泛应用于农业，从而提高产品产量、提升产品质量、降低生产成本、保证食品安全。实现农业现代化的过程，其实就是不断将先进的农业科学技术应用于农业生产过程，不断提高科技对增产贡献率的过程。新技术、新材料、新能源的出现，将使农业现状发生巨大的变化，加速农业增长方式从粗放经营转变为集约经营。

一些发达国家在实现农业现代化过程中，十分重视农业科研和教育。特别是建立以地方农业院校为主，实行教学、科研和推广三结合的制度，在农业现代化的过程中，作用十分明显。美国农业单位面积产量和劳动生产率为世界之最。其成功的最基本因素之一是，有一个完整的农业教育、科研和科技成果推广体系。

（五）劳动者素质

农业劳动者素质的提高是实现农业现代化的决定因素。劳动者素质是指从事农业生产经营活动的农民具有的科学文化素质水平，主要包括农民的文化素质、科技素质和道德素质三个方面的文明程度。文化素质主要包括他们的教育水平、教育支出比重、受高等教育人口的比重等方面；技术素质是用农业技术人员的比重、农业从业人员的培训等标准来表述；而道德素质则主要是通过当地的刑事案件率和各类妨碍社会稳定的事件发生的频率来衡量。

农业现代化与劳动者素质之间是互相联系、密不可分的。没有劳动者自身素质的提高，就不可能实现农业现代化。农业现代化要用现代工业装备农业、用现代科学技术改造农业，用现代经营手段推进农业，用现代发展理念引领农业，而这些都要由农业生产的主力军——劳动者来实现，所以劳动者素质高低直接关系到农业现代化的进程与现代化的水平。反之，农业现代化的进程，也必然要求劳动者素质的提高来适应农业现代化的要求。因此，在农村办义务教育，兴办农业职业教育及各种农业科技和经营管理培训班，以提高农业劳动者文化科技素质及生产经营管理水平，是实现农业现代化的基本环节。世界各国的经验说明，要实现农业现代化，必须培养造就一大批农业技术人才和一支庞大的农业技术知识队伍。

三、新型农业现代化的主要内容

（一）生产过程机械化和标准化

生产过程机械化就是运用先进设备代替人力的手工劳动，在产前、产中、产后各环节中大面积采用机械化作业，从而降低劳动的体力强度，提高劳动效率。而全过程的机械化，应包括选种、育秧、耕地、播种、施肥、除草、灌溉、收割、脱粒、烘干、仓储、加工、包装、运输等从种植到餐桌所有环节的机械操作。机械化不等于现代化，但它在现代化的构成中确实占有重要的地位，是实现现代化的基础，或者说是充分且必要的条件。没有机械化的支持，也就不可能有农业现代化。

生产过程标准化是新型农业现代化的重要内容和基础。标准化最重要的作用是过程控制，即准确识别过程、制订优化的程序和方法，实现新型农业现代化发展的最佳秩序。农业生产过程中准确地识别农产品的生产和加工过程，建立起系统化的标准，形成覆盖农业生产和加工全过程的标准体系网。标准体系网的实施将强化对农产品生产过程的控制，使农产品的质量更加符合市场的需求。无论是大规模农场化经营还是设施农业的发展，都离不开标准化的支持。大规模农场化经营所必需的机械化、农艺与农机相适应的生产方式，都是标准化的成果。设施农业更是以市场为导向的高科技、高标准精确农业生产。新型农业现代化要求在农产品生产及加工、流通等过程中，严格执行相关标准，带动农业生产专业化和区域化，进而推动农业的战略性结构调整。推进农业标准化是保障农产品质量和消费安全的重要手段。推进农业标准化是建设现代农业的现实选择，是现代农业的重要标志。新型农业现代化不仅要求农产品品种标准化、农业生产技术标准化，农业生产管理也要标准化，还要求农业市场规范、农村经济信息建设也要标准化。建设现代农业的过程在某种程度上也是农业标准化的过程、农业信息化的过程和农业市场化的过程。

（二）增长方式集约化

现代农业与传统农业相比，传统农业是落后的；集约经营与粗放经营相比，粗放经营是落后的。粗放经营与传统农业有一定的对应关系；集约经营与现代农业有一定的对应关系。由传统农业向现代农业的方向进化，一个基本的同步条件是农业增长方式要从粗放经营向集约经营转变，摒弃传统的粗耕简作，推广现代的精耕细作。在化肥、农药、灌溉等方面的投入边际效益递减，外延扩大生产余地变小的情况下，把增产的基点转到挖掘内部潜力、降低生产成本、提升产品档次、提高综合效益、提高劳动者素质的轨道上来。

（三）生产经营市场化、产业化和组织化

生产经营市场化和组织化是新型农业现代化的必然选择，是产业化发展的导向与途径。

市场成为农业经济运行的载体是现代农业的一个显著标志。面向市场来组织生产，"投入—产出—消费"的经营循环都要在市场上得以实现。这是农村经济由传统的自给自足自然经济形态走上现代的、商品的市场形态的必由之路。在资源的配置上，行政手段的退出与市场功能的发挥，是现代农业的一个基本特征。在生产的目的上，产品自给自足的消亡与纯粹用于商品交换的转换，是现代农业的又一基本特征。这个"发挥"和"转换"的量变过程，是传统农业向现代农业趋近的一个重要组成部分。产品的商品率如果达不到一个较高的程度，农业的现代化就难以"化"起来。

农业产业化是以市场为导向，以经济效益为中心，以主导产业、产品为重点，优化组合各种生产要素，实行区域化布局、专业化生产、规模化建设、系列化加工、社会化服务、企业化管理，形成种养加、产供销、贸工农、农工商、农科教一体化经营体系，使农业走上自我发展，自我积累、自我约束、自我调节的良性发展轨道的现代化经营方式和产业组织形式。它实质上是指对传统农业进行技术改造，推动农业科技进步的过程。这种经营模式从整体上推进传统农业向现代农业的转变，是加速农业现代化的有效途径。在农业经营产业化过程中，通过实行产加销一体化，使农民不仅获得生产环节的效益，而且能分享加工、流通环节的利润，从而使农民富裕起来。实行农业产业化还会使土地产出率和农产品转化为商品率得到最大限度的提高，农业科技贡献率得到较大幅度的提高，农产品的生产与市场流通有效地结合起来，以龙头企业来内联千家万户，外联两个市场，从而引导、带动、辐射农业产业化的发展，带动建设一批主导产品、龙头企业、服务组织和商品基地。

提高农业生产经营组织化程度，大力发展农民专业合作社和农业产业化经营，有利于促进农业生产规模化和专业化水平，稳步提高农业产量和增加农民收入，是转变农业发展方式的有力抓手，也是农业发展的必然方向。提高农业生产经营组织化程度包含两个层面的内涵，一是推进家庭经

营向采用先进科技和生产手段方向转变，增加技术、资本等生产要素的投入，努力提高集约化水平；二是推动统一经营向发展农户联合与合作，形成多元化、多层次、多形式经营服务体系的方向转变。为此，要采取培育产业龙头、延伸产业链、培训新型农民等手段，在农业生产经营机制上实行新突破，通过农业龙头企业带动、专业合作社联动和农民的积极参与，把产业链紧密联结起来，把农民真正组织起来，实现生产、加工、销售、服务一条龙，分工合作，风险共担。

（四）生产技术科学化和劳动者智能化

科技，是农业向现代化进化的动力源泉。把先进的科学技术广泛应用于农业，从而收到提高产品产量、提升产品质量、降低生产成本、保证食用安全的效果。实现农业现代化的过程，其实就是先进科技不断注入农业的过程，不断完善农业的基础科研、应用科研及推广体系，不断提高科技对增产贡献率的过程。21世纪是科技的世纪。新技术、新材料、新能源的不断出现，将使农业现状继续发生巨大的变化，科技将在对传统农业的改造过程中，发挥至关重要的作用。如果离开科技的注入，农业的现代化就会停滞不前。

拥有一定数量且掌握一定科学生产技术的劳动者是实现新型农业现代化的关键，因此，劳动者智能化是实现新型农业现代化的重要保证。劳动者智能化是指从事农业生产或经营的人，一定要具备现代化水平的文化知识和技能水平。劳动者是生产力构成中最具基础作用、最有活力的因素。他对农业增产增效的贡献，占有相当的比重。在农业生产经营过程中，先进的生产工具靠人去创造，先进的科学技术靠人去摸索，先进的管理经验靠人去总结，先进的经营体制和运行机制靠人去应用。无论是增长方式的转变，还是生产绩效的提高，都是在人的主观能动作用下得以实现的。离开人，现代化是不复存在的。从这个意义上说，我们要实现的农业现代化，是以人为本的现代化。提高劳动者的文化知识和技能水平，既是农业现代化的目标，同时也是实现目标的可靠保证。

（五）生产组织社会化和生产过程生态化

生产组织社会化和生产过程生态化，是新型农业现代化的重要内容，也是新型农业现代化的两大主要发展方向。

所谓生产组织，就是对微观经济单元的组合布局进行引导、对社会分工进行协调，对专业化生产进行管理的实施过程。立足于整个社会来设计这种过程、实施这种过程，就是生产组织的社会化。它意味着农业生产与流通活动的各个部门、各个环节，必须和社会上的有关部门、市场主体有机地联系起来，并要随着现代化的不断推进提高这种依赖程度，以达到扬长避短，优势互补，提高劳动生产率的目的。现代化的生产，应该是社会化大生产。它排斥生产的小而全和封闭型经营状态，青睐按专业化分工组织生产，要求走开放式经营的道路。生产的专业化、生产组织的合理化、流通范畴的国际化，构成了社会化大生产的"三要素"，这是实现农业现代化过程应刻意追求的发展方向。

新型农业现代化是一个过程，更是农业的发展目标，它强调自然、经济和社会的协调发展，强调人与自然和谐共生，因此它是一种可持续的农业生产过程。在其生产过程中强调发挥农业生态系统的整体功能，以大农业为出发点，按"整体、协调、循环、再生"的原则，全面规划，调整和优化农业结构，使农、林、牧、副、渔各业和农村第一、二、三产业综合发展，并使各业之间互相支持，相得益彰，提高综合生产能力；并通过物质循环和能量多层次综合利用和系列化深加工，实现废弃物资源化利用，降低农业成本，提高效益，为农村大量剩余劳动力创造农业内部就业机会，保护农民从事农业的积极性；通过适量施用化肥和低毒高效农药等，突破传统农业生产过程的局限性，但又保持其精耕细作、施用有机肥、间作套种等优良传统。它既是有机农业与无机农业相结合的综合体，又是一个庞大的综合系统工程和高效的、复杂的人工生态系统以及先进的农业生产体系；通过提高太阳能的固定率和利用率、生物能的转化率、废弃物的再循环利用率等，促进物质在农业生态系统内部的循环利用和多次重复利用，以尽可能少的投入，求得尽可能多的产出，并获得生产发展、能源再利用、生态环境保护、经济效益等相统一的综合性效果，使农业生产处于良性循环之中。

（六）生产绩效高优化

生产质优量高的粮食是新型农业现代化的主要目标。新型农业现代化是粮食优质高产的农业现代化。能否做到高产优质高效，是检验现代化成功与否的决定性因素。如果生产经营的最终成果是产品产量低、质量次、经济效益低，那么，就应该反思生产装备配置是否科学，生产工艺和技术是否落后，增长方式是否还停留在粗放的形态上，经营理念是否还停留在传统的农业经济上，生产的社会化程度是否理想。结论可能会不尽如人意。也就是说，生产的绩效如何，对是否真正实现了现代化，具有至关重要的作用。生产经营的绩效，应建立科学合理的指标考核体系，比如单位产量、优质品率、劳动生产率、企业利润等。要实现新型农业现代化，必须在提高绩效成果方面下工夫。

第二节　新型城镇化引领新型农业现代化的必要性

新型城镇化，是以统筹城乡发展为手段，以促进农村人口向城镇和新型农村社区集聚为着力点，以城乡一体化发展为目标的城镇化。推进新型城镇化，不仅有利于更好地为工业化推进提供土地、劳动力等要素支撑，而且能缓解农村人多地少的矛盾，为农业规模化经营提供契机，加速新型农业现代化的实现。在中原经济区三化协调科学发展的进程中，新型城镇化引领新型农业现代化健康发展是十分必要的。

一、新型农业现代化的基础作用

新型农业现代化在实现三化协调科学发展中发挥着重要的基础作用。这一基础作用主要通过农业的基础地位得以体现。农业是国民经济的基础，是由农业的产业功能决定的。农业的最大功能是解决人们的吃饭等基本生活问题，这是任何其他产业都无法替代的。现代化水平的提高必然导致人们生活质量的不断提高，进而导致对农业的多种需求越来越高，从而要求农业的基础地位不断得到巩固和加强。还要看到，农业现代化也是整个现代化建设的重要组成部分，客观上要求不断巩固和加强农业基础地位。而且，农业基础地位的巩固和加强，将为经济社会发展提供有力支撑，有利于整个现代化建设的稳步推进。

农业作为国民经济的基础产业，在科学发展中发挥着极为重要的作用。如果没有农业的稳定发展就很难实现科学发展的目标。当前河南正在致力发展新型农业现代化，力争经过若干年的多方面努力，使现代农业基本取代传统农业。现代农业与传统农业的一个重大区别，是传统农业的功能相对较少，现代农业则更多地展现其多功能性。现代农业包含着多种功能：①食品营养功能，这是传统农业同样具备的，主要表现为农产品的数量增长，而现代农业在确保农产品数量增长的同时，更加突出食品的安全、多样、营养和口感。②工业原料功能，这也是传统农业所具有的，主要表现农产品主产品的初级加工和低附加值，而现代农业追求的是农产品所有主副产品的多层次加工和高附加值。③观光休闲功能，这是传统农业没有大规模开发的，而现代农业把观光休闲作为现代旅游业的重要组成部分加以开发，为人们提供一种舒适恬静的休养生息去处。④文化传承功能，这也是传统农业比较忽略的，而现代农业则致力于农业的文明传播和科技普及。⑤生态维护功能，传统农业的发展思路比较狭窄，而现代农业则把生态建设和环境保护作为一项基本目标，为整个经济社会发展提供良好的外部条件。⑥就业增收功能，这是传统农业虽然具有但不能充分展现的，而现代农业比传统农业的功能明显增加，通过多种功能的充分开发，为人们提供更多的就业岗位和增收机会。由此，现代农业的不少功能是新发现、新开发的，即使对传统农业原先已经开发的功能也赋予了许多新的内涵。

在新型工业化、新型城镇化过程中，农业对经济社会发展最直接的贡献是提供农产品保障和土地、劳动力等各种要素支撑。随着新型工业化、新型城镇化进程的推进，农业占比会越来越低，但是农业的功能却不断扩展，农业集自然再生产与社会再生产为一体的产业特征，使得农业的生态保护功能、观光休闲功能和文化传承功能逐渐彰显出来，从而使得农业对工业化、城镇化的基础性支撑作用不仅不会减弱而且更加强化。

二、新型城镇化引领新型农业现代化的方式

（一）产业带动

产业带动是现实新型城镇化引领新型农业现代化的重要形式。在区域

发展过程中，通过统筹城乡产业，实现"以工补农"，进而推进城乡产业一体化。

城乡产业一体化是指一个地区在产业发展的思路上，打破农村只能搞农业，而城市则专门发展第二产业和第三产业的传统发展观念，要求加速城乡区域经济的协调发展、产业布局、产业分工与合作，使三大产业在城乡之间进行广泛的融合，构建城乡产业优势互补的一体化经济结构。根据三大产业在城乡的分布及区位优势、资源优势和市场导向，发展城乡关联产业，打造城与乡、工与农之间的产业链，并在双向的产业延伸过程中，促进城乡之间的分工与合作，实现城乡产业优势互补、一体化发展。从分工角度解决城乡之间产业同构和过度竞争，使城乡间形成一种相互支撑的经济服务体系，根据城市、农村不同特质要求和发展优势，合理分工、发挥区位优势和比较优势，促进要素流动，提高资源配置效率。产业一体化根本上实现的是生产力的发展，它要求相应的生产关系的变革。城乡产业一体化必然推动农村传统上以小农经济、家庭联产承包责任制为代表的生产关系的变革。农业专业化合作组织、农业产业化经营、农村乡镇企业和龙头企业的发展都是对现有生产、经营、分配方式的挑战。城乡产业一体化，可以使资源、劳动力等要素更合理地流动和配置，通过农业产业化发

高科技温室大棚

展、农村新型合作经济组织、龙头企业、乡镇企业等的辐射带动作用，能够激活农村经济，发展现代化农业，就地转移农村剩余劳动力，增加农民收入，提高农民生活水平，使城乡的面貌、特别是农村的面貌发生深刻的变化，逐步消除城乡差距，加快城乡产业发展。

（二）基础设施延伸

基础设施是为城乡居民生产生活提供公共服务的物质工程设施，是用于保证城乡社会经济活动正常进行的公共服务系统。它是城乡居民赖以生存发展的一般物质条件。基础设施不仅包括道路、通信、水电煤气等公共设施，即俗称的基础建设，而且包括教育、科技、医疗卫生、体育、文化等社会事业即社会性基础设施。基础设施完善与否是制约城乡经济一体化能否实现的瓶颈，加强城乡基础设施建设尤其是农村基础设施建设尤为必要。无论是部门经济（农业部门、工业部门等）还是区域经济的发展，都离不开基础设施和服务设施的支撑，它们独自地或综合地对农村经济和社会施加影响。当前，城乡一体的信息网络有助于提高农民对信息化的认识和信息技术的应用技能，有力地突破城乡差距，推动城乡一体化的发展。通过强化农村电子商务服务，充分发挥电子商务在快速传递农产品信息方面的优势，帮助农民开拓市场，扩大农产品销售通道，为农民增收打造良好平台。

（三）科技服务模式创新

科技是实现城乡统筹发展的关键环节和手段，是沟通城乡产业互动与关联发展的重要途径。城市是科技创新与科技传播的中心，发挥着引领科技传播与服务发动机的作用。传统的农业科技服务体系以公益性的服务为主，形成了典型的国家、省、市、县和乡镇的纵向的、自上而下的传播途径和管理制度，而科技受传主体的主动性体现较少，科技需求的反馈也不能充分体现，和受传主体的关系不密切，科技供给与需求的矛盾较为突出，存在着供给与需求的结构性矛盾。在科技供给方面，农业技术推广站等部门所掌握的技术，农户并不需要，而农户所需求的技术，农业技术推广站等部门却没有，如某些特色产品的生产技术等。另外，如何解决供需矛盾，传统的农业技术服务体系缺乏激励机制，如主动上门解决技术问题等，这就造成了农户和公益性传播体系之间的较为松散的合作模式。所以，应对城乡科技服务组织进行创新，使科技服务和利益共享成为主线，以科技传播和服务推动科技资源拥有者和农户的联结。例如，在城乡科技和传播与服务实践中形成的科研院所的科技特派员与农户结成的利益共同体模式，如"科技特派员＋中介组织（合作社等）＋农户"等模式。

基于集体建设用地流转政策，转变农村建设用地普遍存在的效率低下、农村建设用地总量与人口总量逆向发展趋势，把土地整理与小城镇、新型农村社区建设同步进行，将分布零乱、功能不全的自然村缩并，在非农业相对发达的中心村镇推进集中居住，构建一定区域农村经济的集聚地和农村公共产品的供给中心，让绝大多数农民走"就地城镇化"道路，这是我国城镇化发展最现实的选择，也是城乡统筹发展的基础与支撑。通过农村承包地流转，建立各种农村专业合作组织以及高效农业示范园，将整合农业资源优势实现规模集中经营，为引导具有地方特色的专业化、高效集约农业提供了生产基础。农地流转带来规模农业的发展，将为城镇资本向农村区域的转移以及延伸农业产业链、发展农产品加工业提供原料供给和商品化基础；当进出原料和产品达到了规模批量，企业集聚发展便具备外部规模效应，从而促进大批中小企业向专业化、社会化、集群化发展。

三、新型城镇化对新型农业现代化的作用

新型农业现代化是农业发展的高级阶段，包括生产活动生态化、生产经营组织化和增长方式集约化等。任何一个方面的现代化都需要雄厚的资金、技术、人才和市场支持，都需要与之相适应的新型城镇化为引领。新型城镇化的发展对于加快新型农业现代化进程具有重要作用。

第一，城镇规模的扩大，基础设施的改善，公共服务能力的增强，第二、三产业就业机会的增加等等，为吸纳和转移更多的农业劳动力提供了条件。城镇发展创造着越来越多的就业岗位，吸引大量农村人口向城镇地区转移，使耕地向少数人手里集中，为农业实现规模化、机械化、专业化生产创造必要的外部条件。据有关研究，当农村人口数量下降到总人口的25%以下时，农业土地的集约化生产、规模化生产和专业化生产才能达到一定水平，农业的科技含量和服务水平才能大幅度提高，农民的收入水平和整体素质才会有明显的进步。

第二，城镇非农产业的发展为农业现代化提供必要的硬件与软件支撑。其中第二产业的发展主要提供农用机械设备等硬件服务，不断提高农业发展的机械化水平；而城镇第三产业的发展则为农业实现现代化提供技术、信息、人才以及丰富多样的社会化服务，不断提高农业生产的科学化和信息化水平。

第三，随着城镇化进程的不断推进，农产品生产与消费群体之间的数量与规模差距越来越大，农产品消费需求的档次也在不断提高。为了保障市场对农产品质与量的需求，农业生产率必然得到提高，从而带动农业现代化的发展。

实践证明，推进新型城镇化，有利于拓宽农村人口转移渠道，有效解决农村劳动力亟待转移与城镇承载能力不强的矛盾；有利于促进城乡一体化发展，改善农村生产生活条件，逐步解决城乡差距大、二元结构矛盾突出的问题；有利于推动农业规模化和组织化经营，提高农业劳动生产率和综合生产能力；有利于节约集约利用土地，解决建设用地刚性需求与保护耕地硬性约束的矛盾；有利于扩大内需，推动经济社会持续较快发展。

第三节　新型城镇化引领新型农业现代化的现实表征

在中原经济区的发展与建设中，新型城镇化引领新型农业现代化有许多具体体现。新型城镇化不仅能够提高新型农业现代化的产业化水平，而且还能推进新型农村社区建设、促进农业产业结构的优化和调整以及加速农村剩余劳动力转移等。这些现实表征充分说明了新型城镇化能够引领新型农业现代化发展。

一、新型城镇化提高了新型农业现代化的产业化水平

"统筹城乡、城乡一体"的新型城镇化的实质是城乡间社会分工的细化，这种分化在农业生产各环节形成了专业化集聚和产业化发展，提高

了农业生产效率与产业化程度，同时，为农村剩余劳动力转移提供了强有力的保障。城镇化过程中所形成的"增长极"，增加了城镇空间的密集度和产业的集聚度，拉伸了产业链，丰富了产品种类，直接提高了农产品的需求量，有利于农业发展和农民增收。城镇作为农

滑县粮食大丰收

业产业化的孵化中心，加强城镇化有利于地区龙头企业的发展壮大和经济效益的提升。例如河南的焦作市，多年来积极支持和培育农业产业化龙头企业，涌现出一批以河南斯美特食品有限公司、河南天香面业有限公司、孟州市华兴有限责任公司、河南淼雨饮品有限公司等为代表的农业产业化龙头企业。这些企业已成为全市农产品加工升值的主要平台，并形成了以小麦、玉米、食品、乳品、怀药、果蔬、肉类加工、林木等为主要原料的八大主导产业。统计数据显示，2011 年，全市第一产业增加值达 114.22 亿元，同比增长 3.7%；农民人均纯收入 8902 元，同比增长 18.5%。

城镇化对农村剩余劳动力具有较强的吸引力和容纳能力，大量农村剩余劳动力的转移，可以有力提升农业生产效率，提高农业收益，扩大农业投资，加速农业现代化实现。同时，城镇化发展为现代农业发展提供了与农业生产有较高关联度的农产品加工业和第三产业，为农业产前、产中、产后提供规范化服务，也进一步推进了农业产业化，加速了农业现代化水平的提升。

二、新型城镇化推动了新型农村社区建设

以大中小城市、小城镇、新型农村社区协调发展、互促共进为目标的新型城镇化有力地推进了农民集中居住，促进了城乡空间结构合理布局、资源要素优化配置、三次产业转型升级、基础设施衔接配套、公共服务同等共享，进一步加快了城乡一体化发展进程。目前，河南新型农村社区建设已在全省推开，全省已经规划新型农村社区近万个，启动试点近 2000

个，初步建成 400 个左右①。本土城镇化不仅让土地集约利用迈上一个新台阶，也将政府的公共服务、基础设施延伸到了农村，大大改善了农村面貌，促进了农民增收，加快了群众致富步伐。通过新型农村社区建设整合和优化配置各类资源，加快了小城镇的城市化建设，实现农民生产生活和居住方式的转变。通过新型农村社区建设，形成了合理的五级现代城镇体系、合理的人口分布、合理的产业布局和合理的就业结构，实现农村居住环境城市化、公共服务城市化、就业结构城市化和消费方式城市化。

在推进新型城镇化的过程中，抓住新型农村社区建设这个切入点，与新型城镇化衔接，使城镇化向城乡统筹、城乡一体化发展衔接。可以说，城镇化不仅是指城镇发展的问题，还有一个推动农村发展城镇化的问题。要把城镇建设和农村发展结合起来，努力走出一条以新型城镇化引领三化协调科学发展的路子。建设新型农村社区，只有从农村的传统模式中跳出来，以城镇化为建设方向和标准，打破过去的村庄布局，才能把农村的人口和资源集聚起来，才能把城镇的公共服务体系延伸下去、完善起来，建立起服务中心、文化大院、标准卫生院、便民超市等配套设施，持续提升农村的生产生活及社会服务水平，使新型农村社区成为农业、工业、服务业发展的有效载体。

新型农村社区建设的成功推进，改变了旧的农村面貌，带来了农村人居环境、生态环境、人文环境的全面改善；完善了城镇体系，拓展了城市发展空间，增强了城市综合承载能力；节约了土地，缓解了土地瓶颈约束，为传统产业的升级转型和新兴产业发展扩展了空间，促进了农业适度规模经营，提高了农业组织化程度，推动了现代农业发展，加快了农业生产方式转变。

三、新型城镇化促进了农业产业结构的优化和调整

在推进新型城镇化过程中，坚持人口集中、产业集聚同步推进，通过改善农村生活生产条件，实现工业反哺带动；通过减少农民、增加市民，

---

① 王伟:《河南全面推进新型农村社区建设》,《经济日报》2012 年 7 月 5 日。

河南某轮胎股份有限公司轮胎生产线

农业现代化生产

让更多的人在大工业领域实现就业；通过土地流转，为农业拓展发展空间；通过产业再造，推进结构调整，加速新型工业化进程。例如河南舞钢市把新型农村社区与中心城区、中心镇区、产业集聚区一体规划建设，确立了"1个中心城区、4个中心镇、17个中心社区"的城镇化建设目标，着力推进"农民向城镇集中，农村土地向规模经营集中，公共服务向社区相对集中，企业向集聚区集中"，完善覆盖城乡的社会保障体系、政策激励机制，创新工作机制，形成了"地方性中心城市—中心镇—新型农村社区"联动发展的局面。通过新型农村社区建设，农村土地向经营大户集中，提高了农业规模化水平，发展多功能农业，加快了农业生产方式转变；通过产业集聚区建设，做大做强主导产业，优化了产业结构。

新型城镇化把大量的农村人口集聚到城镇和新型农村社区中发展，这一进程本身就存在着巨大的潜在消费需求，促进了对农业多样化发展的需求，促进了农业内部产业结构和产品结构的优化调整，有利于促进多品种、高质量、高附加值的农产品的发展，促进传统农业向现代农业的迈进。城镇化为农业产品提供了数量上和结构上的需求变化，为农业的发展和结构升级创造了市场条件。城镇地区第二、三产业的发展需要更多的农业初级产品的投入，化工、制药、餐饮服务等行业不仅为农业产品扩大了销路，也使农业产品的品种大大丰富。农业产品种类的丰富一方面提高了农业收入，另一方面还提高了农业的抗风险能力，从而推动了农业的现代化进程。

四、新型城镇化为新型农业现代化的发展提供了技术与资金支持

城镇化发展进程中，城镇规模不断扩大，城镇的社会服务功能、基础设施建设也不断完善，进而也促使乡镇企业逐步走上有序、科学的发展道路，而乡镇企业的发展壮大可以为农业现代化发展提供技术和资金支撑，带动农业机械化发展、促进农业技术的进步，促进农业科学技术在农村的应用，加快传统农业的改造速度。我国很多地区的发展实践也表明，乡镇企业越发达，"以工补农"的能力就越强，这些地方的农业现代化水平也越高。例如河南巩义市，采取"村企联建"形式，将村企两者的利益有机

连接在一起，大幅度提高了农业组织化程度和农民收入水平。康店镇焦湾村依托龙头企业恒星公司创办了民营经济创业园，辐射带动各类企业28家。同时，巩义市还积极扶持农业龙头企业和农民专业合作组织发展。2010年，巩义市有农业龙头企业76家、农民专业合作社118个、无公害农产品基地40个、无公害农产品58个，带动农户2万余户，有力地促进了农业的规模化、产业化经营[①]。

农业现代化需要农业机械、水利设施、化肥等工业产品的投入，而这些产品只有在城镇化发展到一定水平时才能以低成本获得。大城市又是技术创新的策源地。技术进步在空间上的扩散有"等级式"和"波浪式"两种形式，即创新技术首先在不同等级城市间以较快速度"等级式"扩散，然后从各区域性中心城市向其腹地（农业地区）"波浪式"扩散。可见，完整的城镇体系在技术创新与传播方面的优势对农业现代化具有重要意义。另外，城镇化的发展创造出大量储蓄资金，可以成为农业现代化的投资来源，但是向农业部门投资的利润空间往往较小，需要政府的参与和政策引导。

五、新型城镇化加速了农村剩余劳动力的转移

农业现代化发展的重要内容就是要逐步扩大农业产业经营规模，大力发展集约化经营，以提升农业生产效率。而面对农村劳动力过剩的现实，必须加快剩余劳动力合理、有序地转移，才能为农业现代化水平提升创造初步的发展条件。城镇化发展进程中，相应带动着城镇基础设施完善和第二、三产业的发展和壮大，因而吸引着大量农村剩余劳动力向城镇转移和集聚，从而推动农村土地的相对集中和规模经营，为农业的专业化和规模化经营奠定基础，降低了农业生产成本，提高了农业生产率。例如驻马店市平舆县，2005—2011年间，新修建16.5km的西环、南环、北环路，形成了完整的环城公路和19条城市干道，在城区形成了"八横九纵"的道路；

---

① 巩义市人民政府:《巩义市农业概况》，2010 年 12 月 9 日，见 http://www.gongyi.gov.cn/portal/zjgy/gyjj/ny/webinfo/2010/12/1291793366468335.htm。

投资 3 亿多元打造了以平舆历史名人为主题的奚仲公园等 8 个公园和 10 多个小游园；并稳妥有序推进旧城改造和城区企业搬迁，完善了城镇基础设施建设，为农村劳动力向县城的转移提供了产业发展基础。2005 年以来，共有 5 万多农民到县城落户，转移农民占县城新增居民的 60%；同时在产业集聚区内建设公租房和廉租房，分三期建成公租房和廉租房 8 万平方米，从而扩充了城市人口，扩大了社会消费，在加快城镇化建设步伐的同时，保证了产业集聚区的人力需求。[1]

城镇化通过把大量的农村人口转变为城镇人口，使巨大的潜在消费需求，转变成现实消费需求。同时，城镇规模的扩大，必然会带动投资需求；经济集中度和人口密度的提高，也会带动社会分工和职业细化，由此促进经济增长，扩大就业总量。另外，城镇化能优化产业结构，增强就业弹性，完善就业体系，提高劳动者素质，这些都会加速农村剩余劳动力转移，增加农民收入。这说明农民收入对城镇化率提高有着很强的依附性，并且主要是通过劳动力就业来传导的。只有加快城镇化进程，才能有效转移农村剩余劳动力，提高农业比较收益，增加农民的收入，扩大农业投资，加速农业现代化实现，缩小乃至消除城乡之间存在的严重的收入差距，实现城乡协调发展。另外，农业现代化的首要标志是农业劳动生产率的大幅度提高。而农业劳动生产率提高的基本条件是，大量的由于劳动生产率提高而形成的剩余劳动力，能找到非农业就业岗位。从发达国家的情况看，随着工业化水平的不断提高，就业岗位将主要向第三产业转移，而第三产业的发展必然以城市为主要依托，而城镇化正是转移、吸纳农村剩余劳动力的根本途径，同时也有利于提高农产品的多品种、高质量、高附加值的市场需求，促进传统农业到现代农业的转变。

---

[1]　刘仁忠：《平舆县：加快工业化城镇化进程　促进农村劳动力转移就业》，2011 年 12 月 31 日，见 http://www.haagri.gov.cn/html/2011/12/31/77853.html。

第四节　新型城镇化引领新型农业现代化的践行途径

统筹城乡、破解"三农"问题，新型城镇化引领是切入点。"三农"问题是制约三化协调科学发展的最大症结，人多地少是制约三化的最现实问题。只有大力推进新型城镇化，才能破解用地刚性需求与保护耕地硬性约束难题，拓宽工业发展与城镇建设空间；才能减少农村人口，推动农业规模化生产和组织化经营，提高农业劳动生产率和综合生产能力。

一、完善县域城镇体系，引导人口集聚分布和耕地资源规模整合

县域是我国最具代表性的行政单元，其经济发展的持续性和空间布局的合理性是实现城乡统筹发展的关键。2008 年开始实施的《中华人民共和国城乡规划法》，不但在法律层面进一步统筹了城与乡的规划编制和管理，而且强调了要打破城乡分割，将县域规划从原来只注重城镇的发展和城镇体系的构建，转变为更注重农村的发展和镇村体系的布局。新型农村社区建设是统筹城乡发展的具体实践，县域城镇体系的发展水平将从根本上影响城乡统筹发展的质量。

县域城镇体系是指在一定区域内，在推进新型城镇化的过程中，由不同层次的中心城区、建制镇、新型农村社区相互影响、相互作用、彼此联系而构成的相对完整的系统。区域内各种聚落之间既有明确的分工，又在生产和生活上保持了密切的内在联系，客观地构成相互联系、相互依存的有机整体。

县域城镇体系规划是实现城乡统筹目标的重要途径。通过对县域规划范围内现有城镇、新型农村社区的分布与规模情况、分布特点进行调查研究，分析其发展存在的主要问题，然后根据新的发展要求，分析确定城镇、新型农村社区的特色类型和发展方向、发展规模及位置，确定未来发展方向，引导农民居住向中心城区、建制镇和新型农村社区集中；同时带动耕地向适度规模经营集中、产业向集聚区和创业园区集中，加快农村劳

动力转移和村落功能升级，进而实现耕地规模整合、设施完善、用地集约、布局优化、要素集聚的目标，并有效整合、合理配置农村建设用地和住宅用地，从根本上改善村镇的居住条件、生活环境。

二、建设新型农村社区，加快农业现代化进程

建设新型农村社区是提高空间使用效率的有效途径，是新型城镇化引领三化协调科学发展的切入点。以新型农村社区建设为切入点，既可以把城市基础设施和公共服务体系延伸到农村，逐步形成大中城市为主导，县城、中小城镇与新型农村社区协调发展的新型城镇体系，提高城市的综合承载能力；又可以让更多的农村居民转化为城镇居民，促进土地的节约集约利用，为工业化提供更多发展空间；还可以减少农业从业人员，增加人均拥有资源量，促进农业适度规模经营，从而提高农业劳动生产率、土地利用率和资源产出率，加快农业现代化进程。

建设新型农村社区必须以生产方式的转变为前提。通过多种途径推进农村土地承包经营权流转（例如兴办农民合作社和家庭农场，将农民的承包权和经营权分离），使农民在不直接与土地结合的条件下仍然能够享受稳定的土地收益；同时可根据区域特点，引导民间资本进入农业生产领域进行投资兴业，引导农村劳动力就地进入到合作社或农场打工，提高农民收入。这样就不仅能够化解"发展与土地"之间的问题和冲突，而且还能够催生适应社会化大生产需要的现代生产方式。当经营方式的调整与农民居住方式、生活方式的转变联动起来时，就会产生一种对小农经济"连根拔"的综合效应，可以说此举意义深远。

三、延伸城镇基础设施建设体系，加快城乡一体化

农村基础设施建设，是农村现代化必不可少的前提条件。实现经济的可持续增长离不开城乡的协调发展，城市现代化发展到一定阶段必然要向农村扩张，良好的农村基础设施正是城市文明向农村延伸的桥梁。农村经济的发展可以扩大市场规模，为经济增长提供新的空间，进而提升经济发

展水平。基础设施及其配套设施的建设和完善，便于在广大农村形成交通流、通信流、资金流、信息流、人流、物流等。这对促进和推动农村和农业发展，加快城乡一体化，方便农民生产、生活具有不可估量的积极作用。

在统筹城乡发展的大背景下，将城市基础设施建设延及农村，加强农业、农村基础设施建设，促进城乡基础设施均衡配置就显得异常重要。这既是推进新型农业现代化的客观要求，也是保障新型城镇化持续推进的现实基础。因此，要按照城乡协调发展的根本要求，从空间结构上，对县域中心、城镇和乡村的基础设施体系进一步深入研究，在城镇规划以及城镇体系规划的基础上，重点对新型农村社区和小城镇的基础设施建设实施统筹安排。

逐步实现城乡基础设施均衡配置是加快城乡一体化的关键。其重点是扩大农村公共产品的有效供给，推动房屋建设、公路建设、供水、供电、供气、污水处理等基础设施向镇村延伸迈出实质性步伐，并与城市有关设施统筹考虑实现城乡共建、城乡联网、城乡共享。将乡村地区基础设施建设纳入城镇发展规划，优化现代化基础设施网络结构，为农业现代化和城镇化创造良好的基础环境。同时，加强农业、农村公共基础设施建设的支持力度，规范并探索农村公共产品转移支付制度，逐步把农村、农业公共服务领域作为政府实施宏观调控政策和投资的重点，确保农业基础设施与城镇基础设施的有效对接。

四、加强产城融合发展，引导劳动力向第二、三产业转移

产城融合、产城互动发展是实现劳动力有序转移的重要途径。只有产业发展和城市发展有机融合，才能促使农村富余劳动力转移，实现就业空间和就业部门的双重转变，从而持续推进新型工业化、新型城镇化和新型农业现代化。

农村剩余劳动力向第二、三产业转移是加快新型现代农业发展的重要举措，实现农业生产方式转变的重要抓手，因此，必须坚持产业为基础、产城互动的引领作用，实现产业发展与城镇发展的有机结合。在合适的空

间点规划产业集聚区，促使企业入园，实现基础设施共享，降低工业活动成本；同时依托产业集聚区规划建设居民区、商业区和相应的行政、文化教育、医疗及其他服务设施，逐步把产业集聚区打造成为宜业、宜商、宜居的产业新城区。通过大型企业有序向城镇产业集聚区聚集，中小型企业有序向城镇创业园聚集，商户有序向城镇专业市场聚集，增强城镇吸纳人财物的能力，促进产城有机融合，以产业发展促进和带动就业结构转变。

第六章
新型城镇化引领产业集群发展

产业集群发展涵盖第一、二、三产业并依附城镇，是三化协调科学发展的第一结合点，引领产业集群发展，是新型城镇化引领三条发展途径的第一通道。新型城镇化的重要标志是产城融合、产城互动。坚持城镇化建设与产业集聚同步进行，引领企业集中布局、产业集群发展，实现以城促产、以产兴城，是新型城镇化引领产业集群发展的重要路径。新型城镇化引领产业集群发展，就是要通过构建现代新型城镇体系，引领城市功能完善、生产要素集聚和农村劳动力加快转移，使现代城镇体系成为培育现代产业体系的土壤和高地。在此过程中，实现以新型城镇化引领企业集中、产业集群和人口集聚，为工业化和农业现代化注入内在活力，为制造业、特色农业、生产性服务业产业集群的形成和发展增添强劲动力。

第一节　产业集群发展的相关理论

培育和壮大产业集群，是促进地区经济增长，提升城市和区域竞争力的重要方式。很多地方政府都把经济政策重点转向促进地方产业集群的培育、发展和升级，从而推动地方经济的发展。近年来，河南产业集群也取得了较大发展，但总体来讲，产业集群的发展还相对滞后，认定标准也不统一，政策作用点还不够明确。对产业集群发展的相关理论进行综合分析，有助于为新型城镇化引领产业集群的作用方式、动力机制研究和政策支持体系构建奠定坚实的理论基础。

一、产业集群的概念与分类

（一）产业集群的概念

追根溯源，国外关于产业集群的研究最早可以追溯至亚当·斯密（A.Smith），他在《国富论》首次提到"集群"一词。虽然有众多的学者从规模经济和外部经济、产业组织、空间集群等角度对产业集群进行了定义，但是直到 1998 年，迈克尔·波特（M.E.Porter）才把产业集群纳入了竞争战略的研究范畴，提出产业集群是某一特定领域内相互联系、在地理位置上集中的公司和机构的集合，认为集群包括一系列相关的产业和其他竞争的产业，例如零件部门、机器设备和服务供货商，专业的基础设施供货商等。集群也往往向上游发展到营销部分和客户方面，横向发展到互补性产品的制造商以及与技术、技能上有关的企业。最后，许多集群也包括政府和其他机构，例如大学、专门机构、职业培训机构以及商会等。这些机构提供专门化的训练、教育、信息、研究和技术上的支持。

20 世纪 90 年代以来，我国许多学者从经济学史的角度对景德镇的陶瓷业、苏州的刺绣业、安徽泾县的宣纸制造业等地方特色产业集群进行研究，从改革开放后形成的专业村、专业镇甚至专业县的角度对浙江温州的打火机、福建晋江的制鞋等特色产业进行研究，并根据我国已有特色产业集群的发展情况，吸收国外学者关于产业集群的定义，开始逐步对产业集群的概念提出自己的看法。一类是从产业经济学的角度，侧重于分工、合作、竞争、创新与学习，如仇保兴提出，产业集群是由众多自主独立又相互关联的小企业依据专业化分工和协作的关系在某一地理空间高度聚集而建立起来的专业组织。王冰、顾远飞则认为，产业集群是一种适应知识经济要求的面向未来的组织形态，其所具有知识共享和信任机制超越了市场和价格、科层和权威。沈玉芳、张超认为产业集群是一种区域群落，它强调相关产业中相互依赖、相互合作、相互竞争的企业在地理上的集中，这种集中是在竞争环境中产生和形成的，它不仅仅是一种生产组织形式，更是一种经营组织形式。另一类是从经济地理学的角度，侧重于地理空间的聚集，认为学习、合作、竞争都是基于空间临近性所获得的。徐康宁认为，产业集群是相同的产业高度集中于某个特定地区的一种产业成长现象。王缉慈认为产业集群是指在某一特定的产业及其相关领域中，大量密切联系的企业以及相关支撑机构，如行业协会、金融机构、职业培训和科研机构等，在空间上集聚，并形成强劲的、持续的竞争优势的现象。魏江提出，产业集群为某一特定领域内相互联系的企业及机构在地理上的聚集体，该集聚体内部存在产业链上企业的纵向联系和竞争企业与互补企业之间的横向联系。同时，也有学者借助于生态学、社会学等研究方法和概念，对产业集群、产业群以及产业集聚等进行辨析，逐步形成了相关完善的产业集群的理解方式。

综合诸多专家学者的研究成果，本节采用产业集群的概念为：集中于某一特定空间区域内，众多具有分工合作关系的不同规模等级的企业以及与其发展有关的各种机构、组织等行为主体，通过纵横交错的生产学习网络关系紧密联系在一起的一种新的空间经济组织形式。

产业集群一般具有四个方面的特征：①该空间区域内大部分企业都围绕特点产业、或紧密相关产业、或有限的几个产业从事产品开发、生产和销售等经营活动。②企业之间具有某个或某几个显著的产业或产品特征作为连接，企业之间实行专业分工。③通过集群内企业之间供需关系的联结，实现采购本地化，构建起整个产业集群的成本优势；或者产业内部的单个企业虽然绝大部分属于中小企业，规模不大，但是整个集群却具有显著的规模优势和很高的市场占有率。④发展过程往往由自发起步，在外部力量和内部创新，特别是知识溢出效应作用下，共同推动效率不断提高，规模不断发展壮大。

（二）产业集群的分类

不同学者根据学科的不同，基于观察角度的不同，研究服务目的的不同，分别给出了不同的分类方式。产业集群分类不能仅仅根据研究的需要、目的划分，还要尊重集群的内涵和外延，以及由于研究问题的社会经济环境和视角差异造成的理解不同。同时，必须坚持分类的一般原则，即明确而互相排斥，不能同类交叉，便于实现研究的目的性，符合实际的现实性等。例如：

迈克尔·波特按照产业集群内部的产业间联系，把产业集群水平划分为横向联系的产业集群和垂直划分为纵向联系的产业集群。水平划分是指集群由生产类似产品并相互竞争的企业组成。这种划分在集群形成和专业化早期阶段扮演了重要角色。垂直划分是指集群由附属的企业和供应商、服务和客户关系通过网络交互联系在一起的企业组成。

仇保兴按照企业性质，将产业集群分为制造业集群、销售业集群和混合型集群三种类型。

王缉慈在广义产业集群概念的基础上，又将产业集群分为两类：基于创新的产业集群和基于低成本的产业集群。

金碚按照产业的性质，将产业集群分为传统产业集群、高技术产业集群和资本技术相结合的产业集群三类。

冯德显按照集群作用力的不同，把产业集群分为内生型产业集群和外生型产业集群。

二、产业集群的形成条件

（一）外部环境的胁迫

产业集群是一种新型的产业组织形态，是由经济社会环境的变化所催生的。在经济社会发展环境比较稳定和技术进步相对缓慢的时期，市场需求缺乏多样性的变化，企业通常所需要的是进行大批量的标准化产品的生产，因此垂直一体化的大企业的生产组织方式能够发挥独特的优势，从内部整合产品生产的各个环节，减少了与其他企业协调分工的交易成本，从而便于控制产品质量，降低产品的单位成本，获得了内部规模经济和内部范围经济。随着市场经济的不断发展，信息技术的传播非常迅速，信息的获得壁垒越来越低，组织的发展更多依赖于信息资源以及知识资本，顾客需求偏好也越来越多样化、个性化且多变，产品生命周期普遍缩短。在这种环境下，企业只能通过重构组织形态寻求组织上的柔性以实现柔性制造。同时，当企业无法通过市场和企业内部资源的优化配置突破自身能力约束时，不得不选择建立在资源依赖基础上的合作行为，跨越自身边界实现企业间资源共享、优势互补，获得 1+1>2 的效果。

（二）区位指向的资源禀赋

在集群形成之前，任何区域通常都已经具备特定的资源禀赋。这种资源禀赋不但包括物质性资源禀赋，还包括非物质性资源禀赋，如市场特征、社会文化、政策环境、群众意识、创业精神、资本存量等。其中，对产业集群形成和发展起着重要基础性的资源禀赋包括：①交通区位。由于交通运输及其他相关交易成本的存在，企业在选址时首先考虑的就是资源的供应是否便利。资源的稀缺性会使企业向生产资料以及劳动力资源丰富的地区集聚，要素禀赋成为区位最初吸引企业进入的显性要素。②市场需求。市场需求直接决定了对集群初创企业产出的吸纳能力，也缩短了企业和客户的市场距离，节省了大量的流通费用。企业在选择区域时，也将依据市场指向性规律选择最有利的销售半径。如水泥产业集群，往往根据自身300km的最佳运输半径来安排生产基地。③政策和制度导向。当地政府如果能提供优良的公共产品、有利的制度保障，安全公正的法制、公平有信的创业环境、就业环境和市场竞争环境，区域内就会存在更多的获利机会，对初创企业将更有吸引力，更多的企业将聚集该区域进行创业。④企业家队伍。企业家资源也是诱导集群形成的一个重要方面。很多集群的形成始于企业家的某一成功决策，并且区域内初始创业者成功的"财富示范"效应也推动了创业行为在区域内的扩散，使区域内企业的数量得到迅速增加。

（三）产业和产品属性

大量中心企业的集聚最终能否形成精细的分工协作网络，成长为真正意义上的产业集群，还要取决于产业及产品本身的特性。实践表明，日用消费品、配套产品、电子产品生产和商贸领域等产业容易形成集群。因为这些产业对企业的规模、技术、资本的要求都不高，进入壁垒较低，容易形成中小企业集聚。同时，产品存在更多的差异化机会，也能够避免集群发展过程中众多同类企业陷入恶性竞争。

三、产业集群发展的动力机制

由于产业集群分类种类较多，各类型的产业集群形成的动力机制也不尽一致，因此结合河南省产业集群的发展特色，主要从特色农业集群、工业产业集群、生产性服务业产业集群进行机制阐释。

（一）特色农业产业集群发展的动力机制

农业产业集群是工业产业集群发展进入新阶段的进一步延伸，是组织形态运用与农业生产结合的新模式。特色农业产业集群形成的关键在于农业资源禀赋差异、特色农业集聚种植、特色农产品加工企业集聚以及政府大力支持和推动，并且这四个因素相互作用，构成了"四力"机制，促进了特色农业产业集群发展。

第一，农业资源禀赋差异是特色农业产业集群形成的内在诱因。相对于其他产业，农业生产不同于工业化的过程，尤其是资源依赖性较强，对自然资源要求高，并且受天气的影响程度大，农业自然条件和农业资源是农业产业集群形成的必要条件和物质基础，也是其可持续发展的支撑。现代科技不断进步，在一定程度上减弱了对自然条件的依赖。但是，研究国内外成功的案例，依然得出，农业产业集群的发展依然取决于资源禀赋丰富与否，自然资源条件仍是发展农业产业集群的首要考虑因素。

第二，特色农业集聚种植是特色农业产业集群形成的基本条件。在农业产业集群价值链中，农业集聚种植带动了上游农业生产资料的支持产业，同时促使下游农业加工企业和各种支持机构以及服务产业的集聚。特色农业集聚种植和农业加工企业向种植区域集聚是特色农业产业集群形成的两个必不可少的基本条件，并且后者是建立在前者基础之上的，特色农业集聚种植是特色农业产业集群形成的第一个基本条件，也是最为重要的基本条件。

第三，农业加工企业集聚是特色农业产业集群形成的关键因素。当内在诱因和基本条件得到满足时，作为农业价值链中最重要主体的农产品加工企业集聚是农业产业集群形成的关键因素。在整个农业价值链中，农作物种植者与农产品加工企业是最重要的两个群体，两者的相互作用共同促使了农业产业集群的形成。在农业种植集聚之后，农产品加工企业集聚就显得非常关键。首先，农产品加工企业向农业基地聚集提供了农产品的需求市场，利用农产品加工企业及关联产业提供的服务、信息、技术等，减少了种植的盲目性，降低了农业的市场风险和农产品市场的交易成本。其次，农产品加工企业向农业基地的聚集必然使得其相关机构和辅助性企业的大量涌入，大量企业集聚为种植集聚区增强动力，引起一系列的需求。再次，农产品加工企业及相关和支撑企业集聚必然引起政府对特色农业的进一步重视，增加对相应公共性机构和基础设施的投入，给予更优惠的支持政策，直接有利于集群内的企业发展，比集群外企业更具有竞争优势。在特色农业产业集群发展各种模式中，大型农产品加工企业始终是集群最为重要的主体。例如，河南新郑大枣产业集群包括了280多家枣产品加工企业以及为加工企业提供原料的农户、种植基地、农业示范园。

第四，政府引导与扶持是特色农业产业集群最终形成的外在推力。政府的积极引导和扶持是农业产业集群发展演进中必不可少的保障，在促进农业产业集群形成方面具有不可替代的作用。政府对农业生产活动的介入有助于形成稳定的农业生产格局，而规模化的、稳定的农产品供应则是农业产业集群形成的基本条件，满足农产品供应的需要，同时降低农业生产风险。在产业集群形成中，政府可以通过多种形式发挥其作用，其中最主要的是通过提供良好的基础设施、在某些领域的直接投资和制定产业集群扶持政策。

（二）工业产业集群发展的动力机制

工业产业集群是为国民经济各行业各部门提供发展动力和各项社会建设支持的主导型行业，其发展水平是一个国家、一个地区综合竞争力的集中体现。决定工业产业集群发展的关键因素有三方面：核心企业的状况、产业组织条件和地理分布与规划，由此，核心企业主导、空间显著聚集等构成了工业产业集群发展的动力机制。

第一，核心企业的主导作用是工业产业集群发展的关键。与其他产业类型相比，工业产业集群技术构成复杂，加工工艺要求高，投资密度大，知识含量高，单纯依靠中小企业，难以为工业的持续创新提供有效平台，需要有较强技术能力的大型企业对技术进行集成和创新。依托大型企业集团通过技术外溢和分工协作带动周边企业发展，形成大企业与中小企业的"拉—推作用"，进而实现产业集群的竞争互动和深入发展，将为推动工业的产业聚集和集群发展提供一条现实的、有效的途径。

第二，本地化网络联系是工业产业集群发展的基础。工业属于资金、技术以及劳动密集型产业，行业体系庞大、产业链长、品种类型多、专业化协作要求高。大中小企业之间形成一种竞争中有合作的企业共生网络，从而可以提高市场组织化程度，降低外部交易成本和内部组织成本，企业之间的竞争转化为企业网络之间的竞争，产业链条更加紧密。

第三，空间上的显著集聚是工业产业集群发展的条件。工业类型的产业集群中企业发展以及产品的设计、生产不但依赖以技术图纸、工艺文件等为载体的显性知识，还需要技术诀窍、管理经验等隐性知识的支持，这类知识有明显的地域根植性，与个人、社会及地域背景紧密相连，其传播在很大程度上依赖于人与人之间面对面的交流。以河南省安阳县钢铁及有色金属冶炼业为例，安阳县产业集群的乡镇企业主要是利用安钢集团的技术外溢发展起来的，乡镇企业的技术骨干通常是来自核心企业的技术人员，甚至一个家庭的不同成员同时在安钢集团和乡镇企业就业，在乡镇企业发展的初期，要通过亲属关系、同事关系或人员兼职等渠道获取安钢集团的技术和订单进行产品生产。

第四，政府的大力支持是工业产业集群发展的外力。在发展工业产业集群的时候，需要将政府和市场的作用结合起来。一方面，强化政府的导向和扶持作用。通过制度创新，因地制宜制定当地产业发展政策，规划总体布局，促进工业产业集群合理化。另一方面，在实施过程中采用市场化的运作机制，发挥市场机制的资源配置作用，引导生产要素向优势行业、优势企业集中，以利益驱动企业的进入，实现对整个经济区工业产业结构的调整。

（三）生产性服务业集群发展的动力机制

生产性服务业既不同于特色农业等第一产业，也不同于工业行业部门，其发展的动力机制，是自组织动力机制和他组织动力机制的耦合，即针对生产性服务企业产品特性和生产流程建立起以需求为导向的柔性化生产模式，促进企业间通过对价值链的分工合作以需求为导向从服务协作、信息甄别、知识共享等方面实现了有效聚集的企业互动要素、区域网络要素、创新系统要素、文化环境要素、设施条件要素和政务环境要素等方面。

第一，与特色农业集群和制造业集群产业链耦合是内在诱因。生产性服务业集群发展的主要动力来自特色农业集群和制造业集群发展带来的需求。在现代物流与制造业、高新技术业合作的过程中，为了避免单一物流供应商提供服务所带来的风险，制造企业和高科技企业需要有选择物流供应商的空间，促进了物流业集群发展；为了更好地满足制造业和高科技企业个性化的物流需求，具有各种核心竞争力的物流企业需要密切合作，提供一体化、一站式物流服务，这从主观上促进了现代物流业集群。在特色农业集群的发展过程中，建立特色农业技术创新体系，加快技术改革与创新，重点进行品种培育、种植技术、深加工技术的开发，以及特色农产品的贮藏、保鲜、包装技术等生产性服务业集群的发展，也成为特色农业产业集群发展的重要支撑。

第二，区域根植性较强是重要条件。集群丰富的社会资本使集群的经济关系具有较强的社会根植性。在高水平的集群网络内，企业靠近知识资源，集群网络内技术人员的流动和新知识的传播以及科研机构的创新成果在本地企业的应用，将产生更多的新知识和新技能，知识溢出优势和协同效应优势非常明显。即大量的相关产业相互集中在特定的地域，对特定区域环境关系（如社会历史文化、价值观念、关系网络等）的依赖性。

第三，与知识传播应用中心的联动是生产性服务业集群发展的根源动力。知识对生产性服务业来说是最为重要的知识资源。产业集群这种区域企业结构方式为知识的传播提供了良好的平台。而且，由于服务产品生产和消费的同时性使知识的学习不仅在生产性服务业集群内企业间发生，而且也发生在企业员工与客户之间。由于集聚效应会吸引大量的消费者，与这些顾客的紧密接触中所进行的知识交流又成为企业创新的重要来源。反过来，隐性知识的交流又可以成为集群创新机制形成的推动力，集群内企业通过集群的知识溢出效应，改进服务质量，创新服务种类，从而带来生产性服务业集群从成长期向成熟期过渡。

第四，政府的扶持推动是重要外力。由于生产性服务业集群具有技术密集、知识密集、资金密集以及附加值高、加工度高等特点，其培育和发展成为地方政府政策支持的重点领域。

四、产业集群的发展模式

产业集群有机生长主要有五种模式，即轮轴式、多核式、网状式、混合式和无形大工厂式。其中，轮轴式产业集群是众多中小企业围绕一个特大型成品商形成的产业集群，集群内在一个处于中心地位的大企业的带动下，各中小企业一方面按照它的要求，为它加工、制造某种产品的零部件或配件，或者提供某种服务，另一方面又完成相对独立的生产运作，取得自身的发展。

多核式产业集群式是众多小企业围绕三五个大型成品商形成的产业集群。这种模式在形成初期，往往只有一个核心企业和一些相关配套企业。随着产业的发展，出现多个核心企业，形成同一集群内多个主体并存的局面。

网状式产业集群是众多相对独立的中小企业交叉联系，聚集在一起形成的产业集群。这个集群各企业间相互合作的主要方式是统一销售，它们根据联合销售机构统一的技术质量要求独立制造某一种产品，然后使用同一种商标，由联合销售机构统一进行销售。

混合式产业集群是由多核式与网状式混合而成的产业集群，集群内既存在几个核心企业及其相关企业，又存在着大量没有合作关系的中小企业。

无形大工厂式产业集群是由诸多生产流程上相连接的小企业所构成的产业集群，在这种集群内部既存在着产品设计、营销策划、销售渠道构建、产品销售的最终企业，又存在着大量向最终企业提供中间制品和服务的专业化的中间企业，还存在着供应原材料和生产设备的供货商企业，形成了实际上的"无形大工厂"。

第二节　新型城镇化引领产业集群发展的作用机理

产业集群发展和城镇化两者之间存在着互相促进、互相推动的逻辑关系。产业集群发展可以推动城镇化进程，城镇化反过来通过载体建设、要素集聚、人口集中等引领产业集群的形成和发展。发挥新型城镇化的引领作用，关键是要充分发挥新型城镇化引领产业集聚和集群发展的作用。通过农业特色产业集群和制造业集群、服务业集群的发展，为新型工业化、新型城镇化和新型农业现代化提供强有力的产业支撑。

一、新型城镇化加快了新型工业化进程

工业化是城镇化的基础和支撑，城镇化是工业化的载体与依托。新型城镇化是以城乡统筹、城乡一体、产城互动、节约集约、生态宜居、和谐发展为基本特征的城镇化，在此过程中，伴随农业活动的比重逐渐下降、非农业活动的比重逐步上升，以及人口从农村向城市逐渐转移，城市经济社会发展将进一步社会化、现代化和集约化。

从新型工业化的角度看，新型工业化是科技含量高、经济效益好、资源消耗低、环境污染少、人力资源优势得到充分发挥的工业化。从两者之间的联系上看，尽管新型工业化是新型城镇化的动力，但是在经济社会发展进入后工业化时期，新型城镇化通过人力资源的集聚、生产性服务业特别是知识密集型生产性服务业的集聚、生态环境保护设施作用的充分发挥，能够有效地将知识溢出效应发挥至最大，能够形成完善技术模仿和学习网络系统以及对良好生态环境倒逼机制作用的发挥，都将有效地推动工业生产向清洁生产、高效生产转化，从而推进新型工业化的进程。

二、新型城镇化催生了产业集聚载体

非农产业有着强烈的城市区位指向，需要大量的劳动力、良好的基础设施和便利的通达条件以及生活服务配套设施和金融服务、会展服务等生产性服务业的支撑。新型城镇化的发展，带来了多方面的集聚效应，包括：销售市场、运输网络、劳动力供给、技术创新、投融资服务、休闲娱乐等。在新型城镇化过程中，随着新型城镇体系的建设和完善，将为产业的集聚与发展提供基础和平台。

首先，城镇化水平的提高意味着基础设施的改善，通过加强水、交通、通信网络等基础设施建设，促进生产要素、人口、企业向城镇集聚，增强了城镇的凝聚力和承载力。特别是技术性基础设施的提高和完善，可以吸引和集聚更多高技术、高附加值的产业。例如，对于生产性服务业而言，由于城市新区进行了科学超前的规划设计，产业发展、财政拨款、土地审批等方面拥有其他区域所没有的优惠条件。同时，城市新区通常通过政府集中力量建设相对完善的基础设施，地理上的接近性或易达性更强，所以吸引了生产性服务业集群加快向城市新区布局。

其次，城镇化水平的提高，能促进资本市场、生产资料市场、商品市场以及城市其他行业的兴起和繁荣，降低市场交易成本，提供更多的就业机会，使劳动力向第二、三产业大批转移，增强城镇的承载力，吸引更多的产业向城镇集聚。而要素向城镇的集中，加速了城镇规模的扩大和城镇功能的完善，反过来又增强了城镇的集聚和辐射带动作用，进一步强化了城镇对生产要素和人才、信息的集聚功能。

最后，城镇化水平的提高可以促进产业集群扩张。大城市产业集群形成后，集群的产业可能因土地价格上升、劳动力成本的提高等原因，会向周边地区扩散，带动周边地区产业集群发展。周边地区的产业集群发展后，其城市化也会快速上升，进而向周边地区的县域中心扩散，提高县域企业的竞争力，构建各具特色的产业集群。①

三、新型城镇化集聚了产业发展要素

城镇化的过程是产业结构优化升级的过程，是先进生产要素和优秀人才向城镇聚集的过程，任何一个城市如果不能聚集先进生产要素，就无法完成由传统城市向现代城市的转变。

首先，新型城镇化的核心要义之一就是要吸纳人口有序向城镇聚集。人口迁移以经济动机为主，决定人口迁移的因素主要有原住地的推力、迁

---

① 鲍升华、赵玮：《产业集聚与城镇化的双向互动》，2005年11月24日，见 http://www.csh.gov.cn。

入地的拉力和中间阻碍因素。城镇到底能不能成为人口的蓄水库而大量聚集人口，在农业和农村的外推力一定的情况下，关键取决于城镇的拉力因素和中间阻碍因素。拉力因素是指那些能改善移民生活条件的因素，包括就业机会、发展机会和工资收入，以及生活环境与子女的教育条件等；中间阻碍因素则是影响人口流动规模和流向的因素，包括出行距离、迁移成本和制度环境等等。人气要靠人的密集来形成，一个城镇的居住人口越密集，产业气氛越浓厚，经济就越发展；相应地，在城市和社会转型过程中如果没有相应产业支撑，就业创业机会自然就少，人口聚集功能就差，推进城镇化的初衷也就没法实现。因此，新型城镇化过程中，以扩大城市空间、完善城市功能为重点，高起点、高水平推进城市建设，能够有效增强城市对生产要素的集聚力，完善城镇生产功能、消费功能、就业功能、服务功能，实现人居环境的大提升，吸引更多的技术人才、企业家投资创业，增强城市对农村人口进城的拉力，减少中间阻碍因素，使城镇可以成为聚集生产要素、聚集人气、聚集财富的重要载体。

其次，以城镇为载体，可以加大对外交流合作力度，创新区域之间的经济发展合作模式，通过开发区共建、发展经济等吸引生产要素。新型城镇的建设，强调产城融合，特别是生产环境的便利化，能够打造长运距、大容量、低成本、高速度的国际国内物流链条，加上已有的综合保税区和口岸服务体系等基础设施建设，对外贸易和资金的综合运转效率都会有较大程度的提高。同时，新型城镇的建设，将推进生活环境的便利化，特别是高端社区的形成和发展，为吸引世界顶级企业落户提前完善配套服务。此外，城镇自己建设的过程，将允许和鼓励外商以直接投资方式建设和管理城市供水、道路交通和环境治理设施等公共事业和公共设施，在城市建设上外商直接投资的比重逐步提高，这已经成为城镇自身扩大对外开放的重要方面。

最后，城镇化的过程也包含了制度的进步和改良，能够营造良好的发展环境，打造"优商、惠商、亲商、安商、扶商"的氛围，吸引外来投资。总之，新型城镇化促进了产业的兴起和繁荣，不但降低了交易成本，提供了就业机会，而且使劳动力向城镇和第二、三产业大批转移，吸引更多要素和产业向城镇集聚。

四、新型城镇化扩大了内需市场空间

第一，新型城镇化为扩大内需提供了广阔的增长空间。城镇化是农村人口不断向城镇集聚并转化为城镇人口的过程。如此多的农民转为市民，必然会带来消费方式的转变和消费规模的提升。同时，新型城镇化能引领投资需求。推进新型城镇化，必然要加快城镇建设，促进冶金、建材、机械和批发零售、教育、医疗、住宿餐饮等一系列行业加大投入，同时还可以有效地吸纳民间资本，拓宽投资渠道。随着新型城镇化的深入推进，文化、旅游、休闲、家政、美容等服务业水平将不断提升，这为消费提供了更加便利的外部条件，享受型消费所占比重必然会不断提高，进而逐步实现消费结构的升级。

第二，新型城镇化为扩大内需提供了有力支撑。城镇化可为地区产业的发展打造更好的环境和平台，有利于地区发挥资源优势，加快产业聚集，形成富有竞争力的块状经济，进而创造更多的就业岗位。新型城镇化更加注重建设涵盖全国区域性中心城市、地区性中心城市、地方性中心城市、中心镇和新型农村社区组成的网络体系，这既有利于整体上提高城镇的治理水平，也有利于各中小城镇通过这一体系，加强与中心城市的合作，形成经济协作和产业联动。

第三，新型城镇化为扩大内需提供了长期动力。从全球看，发达国家的城镇化率一般都超过了70%，与我国工业化水平相当的国家城镇化率基本都达到了60%。而河南目前的城镇化率水平还低于全国10个百分点，提高城镇化水平还有一个长期、持续推进的过程，在当今世界经济增长动力不足、经济波动较大的背景下，每增加1个城镇人口，将带动至少10万元的城镇固定资产投资，由此，按照河南城镇化率每年提高1.5个百分点测算，每年转移进城镇的人口达到150万人，将拉动投资增加1500亿。由此，有望长达20年的新型城镇化进程，所带来的投资需求和消费需求，将为河南经济平稳发展提供长久持续的动力。

第三节　新型城镇化引领下的产业集群的发展方向

随着经济社会的发展，河南创造性地将新型农村社区纳入新型城镇体系的范畴，形成了包括全国区域性中心城市、地区性中心城市、地方性中心城市、中心镇和新型农村社区在内的五级新型城镇体系。级别不同，规模大小、职能分工不同，产业集群选择、发展方向也需要根据差别科学选择，准确定位。其中，地区性中心城市与地方性中心城市情况相近，可一并论及，中心镇与新型农村社区情况类似，也一并论及。产业集聚区是产业集群发展的载体，其发展方向的选择具有重要的现实意义。

一、国家区域性中心城市产业集群的选择和发展方向

随着城区经济的快速发展和各类要素的加快聚集，城市经济功能日益增强的同时，城市的管理、创新、文化作用更加凸显。国家区域性中心城市作为中原经济区参与国际竞争的主体，当前中原经济区符合条件的唯一城市是郑州，因此，郑州要更加突出综合服务、高端要素集聚、科技创新、文化引领的功能，产业发展重点也相应地转向科技、教育、管理、证券、咨询、金融等现代服务业。

郑州市生产性服务业的选择面临着新的形势和新的机遇。城市在政治、经济、文化等各领域的活动由基本活动和非基本活动两部分组成。其中，基本活动是指为本城市以外发展需要的活动，是城市发展的主导力量，而非基本活动则是满足城市自身发展需要的活动，是城市发展的必要支撑。城市的功能和定位主要体现在城市基本活动部分。国务院《指导意见》明确指出"实施中心城市带动战略，提升郑州作为我国中部地区重要的中心城市地位"。从国家对郑州的定位可以看出，郑州市生产性服务业的选择，不仅局限于一般的为城区本身提供资本服务、会计服务、信息服务、法律服务等行业，而且应该着眼于中原经济区和中部地区的空间范围，充分体现中心城市所必须具备的以总部经济、会展业为主的管理服务

厦工集团焦作生产基地

业，以科学研究、教育文化为主的社会服务业，以信息、技术服务为主的知识服务业，以银行、担保为主的金融服务业和以会计、法律为主的中介服务业。同时，近年来，郑州市高度重视现代服务业的发展，相继出台了一系列加快现代服务业发展的政策措施。以物流、信息、文化、旅游、房地产、金融、保险等为重点的现代服务业得到快速发展，已成为郑州经济社会新的增长点，初步形成了四大优势：一是强大的智力资源和人才支撑体系，二是集群效应开始显现，三是金融保险、科技创新、文化发展等产业优势突出，四是存在巨大而多元的市场需求。综上考虑，郑州市生产性服务业集群的发展重点可以放在商贸会展、金融保险、现代物流、文化创意四个方面。

加快郑州市金融保险业的集群发展，可以有效改善中原经济区的金融生态，促进区域经济的繁荣。郑州市金融保险业集群的定位是中原经济区和中部地区重要的资本聚集地、配置地、发散地。在空间上，郑州中央商务区、郑东新区CBD商圈、曼哈顿商圈已经初步形成了三个微型金融业产业集聚区，具有金融保险业集群发展的良好基础，可以采取更为宽松优惠的政策吸引、集聚金融企业、金融中介组织，建立以产业集群为基础的金融科技创新平台，形成具有较强创新能力的金融创新网络体系，并努力整合区域金融资源，推进郑州市中心城区的金融保险业产业集群融入全国产业价值链体系。

按照枢纽型、功能性、网络化的要求，加快郑州市现代综合交通运输体系的建设，将为现代物流的集群发展提供较好的基础设施条件。郑州市现代物流业集群发展可以依托郑州新郑综合保税区、郑州新郑国际机场以及郑州铁路集装箱中心站、郑州国家一类铁路口岸等陆海空物流港口和枢纽，在空间上集中于郑州新客运东站、小李庄仓储物流区等区域。同时，功能定位为物流业产业集群发展的管理中心、信息中心和创新中心，加快物流产业集群高端要素的聚集，通过物流服务的多样化实施差别化战略，创造差别优势；通过加快人才的流动，推动企业之间在技术和产品上的互相模仿；通过产业的总量扩大，推进相关会计、法律、信息等中介服务业的聚集。

郑州市在中原经济区中的核心带动作用还体现在文化创意、文化旅游、新闻出版、影视演艺、动漫游戏、休闲娱乐等文化产业和文化事业发展上，将成为全省优秀传统文化传承教育示范中心、文艺创作和演艺中心、动漫和网络文化开发中心。当前，文化创意产业主要集中在郑东新区 CBD 商圈附近，以艺术中心、中原文化艺术学院为中心的区域范围内。在文化创意产业规模相对较小、层次相对较低、品牌相对较少的情况下，郑州市在文化创意集群发展中承担的功能作用主要是为文化创意产业发展提供一个有效的公共服务平台，不仅包括物质与信息保障系统，而且包括相关的以共享机制为核心的制度体系，为全社会的创意产业提供有效、高质、公平的服务。同时，扶持文化创意龙头企业的发展，吸引文化创意企业聚集，推动产业链的整合，以现代文化创意产业为核心，不断地向传统产业延伸，形成多层级的产业群落。

郑州市商贸会展业具备了较好的基础，已经形成了二七广场商圈、郑州中央商务区、紫荆商圈、关虎屯商圈、碧沙岗商圈、曼哈顿商圈、郑东新区 CBD 商圈和新郑州东站商圈等商业中心和会展中心，特别是郑州国际会展中心的建成，为商贸会展业的发展提供了良好的硬件条件。中国中部投资贸易博览会、黄帝故里拜祖大典等大型商贸会展活动的举行，也为郑州市中心城区商贸会展业集群的发展积累了经验，打出了品牌。为了更好地发挥郑州中心城市的经济辐射带动作用，加快商贸会展业的集群发展，需要从战略高度强化会展和旅游、文化、商贸、体育等产业的互动，推动会展业、商贸业和旅游业、信息服务业等其他生产性服务业的融合发展，形成互相促进、相辅相成的集群协同发展有机体系。

二、地区性和地方性中心城市产业集群的选择和发展方向

就中原经济区的现状看，地区性中心城市通常为省辖市。作为连接省会城市和县城的纽带，不仅承担着带动下一级城镇发展的职能，而且作为市域范围内的中心城市，承担着市域城市—区域系统发展核心带动作用的功能。省辖市的功能发挥，依赖于自身已有的商贸流通、工业设计、旅游休闲等服务业基础，加快发展能够发挥区域优势、服务区域发展，体现区域特色的服务业。因此，地区性中心城市产业集群的选择以商贸流通、研发设计、文化创意、金融保险、旅游休闲等产业为主，但是不要求将所有可供选择的产业集群都作为发展重点。

按照中原经济区对河南地区性和地方性中心城市的发展定位，近年来

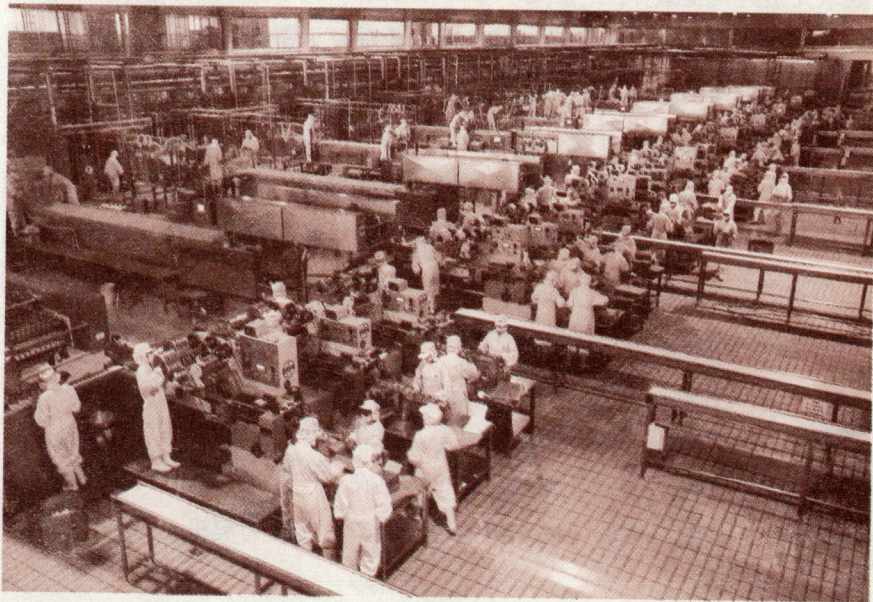

蒙牛集团焦作基地冰淇淋生产线

地区性和地方性中心城市的产业集群培育，不仅要强化餐饮住宿、批发零售等传统生活服务业，而且更要注重能够在推进工业结构优化升级上发挥重要作用的生产性服务业集群的发展。由此，对生产性服务业的需求必然会大量增加，地区性中心城市产业集群的培育，要把服务业作为发展重点，把生产性服务业摆上优先位置。洛阳、许昌、漯河、新乡、平顶山、焦作以及巩义、永城等地区性中心城市和地方性中心城市或是河南制造业基地，或是能源生产基地，要在这些企业聚集地，通过完善城镇功能，搭建要素集聚平台，优化城市空间布局，依托各类型中心商务功能区、产业集聚区、城市新区以及各类型经济技术开发区、高新技术开发区等，建设与制造业有机对接的服务业基地，加快制造业与生产性服务业的融合发展。同时，要在加速发展和引进现代物流业上求突破，打造一批重点物流企业和区域性物流中心，推进企业物流向社会化的"第三方物流"转变；大力引进培育信息服务、金融保险、综合运输、研发设计、商务服务等现代生产性服务企业和机构，引导制造业内部服务社会化、专业化，促进资源集聚、产业集群、服务集成，提升产业集群的综合实力和竞争力。

结合当前中心城市的中心商务功能区和特色商业区的建设，则不一定要求完全具备金融保险、信息交换、创意研发、仓储物流、会议会展等功能，特别是与省会城市空间距离较近、联系较为密切，处于省会城市辐射范围，由于通信技术水平的提高和交通运输方式的改进，交往功能和信息功能甚至集散功能都可以在一定程度上弱化，突出市域范围内的管理功能和服务功能。目前条件下，县城建设中央商务区的条件还不成熟，但是随着城区经济的发展、产业结构的优化和人民生活水平的提高，特色商业街区作为中央商务区的一种简化形态或初始状态可以作为县城服务业发展的重点区域。特色商业街区的作用主要体现为商贸流通服务、文化休闲服务等，以服务功能为主，这也要求产业集群的培育和发展，必须符合这些服务业集群发展优势地区的功能定位，成为产业集群发展的首选目标。在产城融合发展的背景下，县域制造业和特色农业产业集群的培育和发展，将主要以中小城镇为载体，以承接中心城市产业转移为契机。

三、中心镇和新型农村社区产业集群的选择和发展方向

小城镇产业发展的核心问题是培育具有各自特色的主导产业，逐步构建比较完整的特色产业集群。为此，新型城镇化引领下的小城镇产城融合发展，要将产业特色与城镇特色融为一体，即小城镇的职能定位要突出产业发展的方向和目标，产业要有效支撑体现城镇的职能定位。

第一，培育都市型农业及农产品加工业集群。城市近郊的小城镇功能定位，既可以作为城市的重要组成部分，参与城市产业分工，为城市高端制造业提供物流以及产业配套服务，也可以为城市提供农副产品，成为城市的"菜篮子"。这类小城镇的产业主要是以蔬菜为主体的标准化种植业、以奶业为补充的现代畜牧业、以现代设施为支撑的设施园艺业以及品牌化的现代果业和各类农副产品精深加工业。此外，通过发展特色种植养殖业、生态农业、设施农业进而加快观光休闲农业和体验农业的发展来促进小城镇农家乐、田园游来振兴小城镇经济。如安阳市近郊的几个乡镇围绕打造以现代农业高新技术研发、农业科技成果示范推广、农业标准化与农业观光旅游为重点的多功能、综合性高效农业标准化试验示范基地，着力在小城镇构建包括休闲、娱乐、采摘、餐饮于一体的生态旅游园区，既加快了特色农业集群的形成和发展，又促进了小城镇人口、产业的集聚和基础设施、公共服务设施的完善，实现了三化的协调发展。

第二，培育为城市配套的物流及制造业集群。在大中城市"退二进三"战略实施过程中，交通区位优越、人力资源丰富、工业基础良好的小城镇将成为承接产业转移的重要载体，特别是产业集聚区往往依靠县城以及小城镇，承接产业转移的优势更加明显，有力促进了小城镇建立更加稳固的工业基础，占有更加充裕的劳动力资源，凸显工业生产型小城镇的特色。除了工业兴镇之外，物流等生产性服务业在小城镇的发展也较为迅速。制造业在小城镇的聚集，决定了与制造业相关联的生产性服务业以加工制造产业园区为中心进行空间聚集，不仅有利于制造业集群的形成和发展，也促进仓储、技术、物流配送等生产性服务业在小城镇形成一定规模的专业化集聚区。

第三，培育生态旅游和休闲农业集群。中原经济区诸多小城镇都有自身的文化名片。其中，以自然资源为依托形成的生态旅游型小城镇的发展需要依托各类自然保护区、风景名胜区、生态示范区等风景秀丽并融合特定文化的景区，以乡村旅游为主体，生态旅游为基础，旅游园区为载体，相辅相成，相得益彰，构成了小城镇旅游发展的有机整体。依托特色种植养殖业、生态农业、设施农业的小城镇发展，要将高科技引入现代农业并与休闲观光相结合，提升休闲农业的品牌附加值，将文化、人文、民俗等创意元素运用到休闲农业中，加快了休闲农业集群的发展。依托民俗文化发展的小城镇，深入挖掘和保护当地民俗文化资源和历史文化资源，加快发展民俗文化展示、民俗餐饮、民俗娱乐、民俗工艺品加工、民贸民品加工、民间艺术等民俗文化产业集群，通过民俗文化品牌和民俗文化产品的锻造，将推动文化资源向多元化产业转移。

四、产业集聚区产业集群的选择和发展方向

自从河南提出"一个载体，三个体系"的发展战略以来，产业集聚区成为河南经济发展的重要增长点和结构调整的重要推动力。当前，河南产业集聚区的最大特征是产城融合发展，就是以产业集聚区发展推动工业化的同时，带动城镇化的发展。在产业集聚区的建设上，与城市建设相呼应，产业集聚区拉动就业，城市强化宜居功能，形成经营者和产业工人在产业集聚区创业、在附近城镇安家相得益彰的协调发展格局。产业集聚区规划同城镇的交通、水利、能源、通信、生态环保等规划进行衔接配套，与土地、城镇规划统筹对接，产业功能与城市功能互相补充，新型城镇化引领产业集聚的形成和发展，主要取决于通过产城互动、产城融合发展，使产业集聚区能够成为核心企业主导作用发挥的平台，成为技术扩散网络的载体，成为产业要素空间集聚的区域。由此，河南当前的产业集聚区产业集群培育中，还存在诸多与产业集群发展不相适应的环节，不仅影响了产业集聚区的发展，而且影响了新型城镇化引领要素集聚、人口集中、载体作用发挥等功能。因此，产业集聚区产业集群的培育，一是要发挥核心企业的主导作用，二是要注重网络化联系，三是要强化空间上的集聚。同

时，产业集聚区以工业集群培育为主，必须按照产业集聚区规划的功能定位，合理选择产业集聚予以培育，现将河南180个产业集聚区按照培育1—3个产业集群进行梳理。

郑州市产业集聚区（共14家）：郑州高新技术产业集聚区，含郑州高新技术产业开发区（电子信息、生物医药、新能源）；郑州经济产业集聚区，含郑州经济技术开发区（装备制造及汽车零部件、电子信息、以铝加工为主的有色金属）；郑州航空港区（食品饮料、仓储物流、生物医药）；郑州市白沙产业集聚区（电子信息、新材料、生物医药）；郑州市官渡产业集聚区（现代制造、农副产品加工、现代农业）；郑州市金岱工业园区（装备制造）；郑州国际物流中心园区（金融服务、物流仓储、中介咨询）；郑州上街装备制造产业集聚区（装备制造业）；巩义市豫联产业集聚区（铝精深加工业）；河南省新港产业集聚区（电子信息、粮食仓储物流与加工）；新密市产业集聚区，曲梁服装工业园（服装设计与加工）；登封市产业集聚区，汽车零部件工业园（铝精深加工业、装备制造业）；荥阳市产业集聚区，豫龙工业园区（现代装备制造）；郑州马寨工业园区（食品加工、食品机械制造）。

开封市产业集聚区（共8家）：开封新区（食品、机械、汽车零部件）；开封精细化工产业集聚区（精细化工）；开封经济技术产业集聚区（食品）；兰考县产业集聚区（机械、食品）；杞县产业集聚（农副产品加工、棉纺织服装业）；通许县产业集聚区（机电设备制造、纺织服装业）；尉氏县产业集聚区（纺织服装业、农副产品加工）；开封市边村产业集聚区（重化工业）。

洛阳市产业集聚区（共17家）：洛阳高新技术产业集聚区，含洛阳国家高新技术产业开发区（硅电子材料产业、新材料）；洛阳工业产业集聚区（先进装备制造业、有色金属加工、新材料）；洛阳经济技术产业集聚区，含洛阳经济开发区（商贸流通）；洛阳市伊洛产业集聚区（装备制造业和新材料产业）；洛阳市洛龙科技园区（先进装备制造、新材料）；洛阳市洛新产业集聚区（机械加工、重型装备制造、新材料）；洛阳市石化产业集聚区（石油化工、新能源、新材料）；洛阳市先进制造业集聚区（专用设备制造业、电器机械及器材制造业、重型机械及装配加工、技术研发和中介服务业）；洛宁县产业集聚区（轻工制造，农副产品深加工）；宜阳县产业集聚区（重型装备配套产业、硅材料生产产业、精细化工）；新安县产业集聚区（铝精深加工、以镁钛合金等为主的新材料）；栾川县产业集聚区（钼钨深加工产业）；孟津县华阳产业集聚区（能源电力、化工、机械制造）；汝阳县产业集聚区（新型建材、特种钢材、煤化工）；嵩县产业集聚区（黄金等矿产品精深加工、矿山机械设备制造、农产品加工设备制造）；伊川县产业集聚区（铝精深加工）；偃师市产业集聚区（三轮摩托车及零部件）。

平顶山市产业集聚区(共10家)：舞钢市产业集聚区(钢铁、机械制造、纺织服装)；汝州市工业集聚区（冶金、铸造、煤化工）；宝丰县产业集聚区（轻纺、现代制造、物流）；鲁山县产业集聚区（冶金、建材、轻工）；郏县产业集聚区（机械制造、医药、物流）；平顶山市石龙产业集聚区（煤炭精细化工）；平顶山高新技术产业集聚区（机电装备、新材料）；叶县产业集聚区（盐化工、农产品加工、摩托车装备制造业）；平顶山化工产业集聚区（煤化工、盐化工）；平顶山新城区产业集聚区（节能环保新材料）。

安阳市产业集聚区（共9家）：安阳高新技术产业集聚区，含安阳高新技术产业园区（先进装备制造业、电子信息及新材料）；林州市产业集聚区（装备制造及汽车零部件加工）；安阳县产业集聚区（钢铁和焦化产业）；滑县产业集聚区（农副食品加工、服装加工）；汤阴县产业集聚区（现代食品、现代医药）；内黄县产业集聚区（农副产品加工、机械制造）；安阳市产业集聚区（钢铁加工、机械制造、现代物流业）；安阳市新东区产业集聚区（现代服务业、现代商贸）；安阳市纺织产业集聚区（纺织、服装及纺织轻型装备制造业）。

鹤壁市产业集聚区（共4家）：浚县产业集聚区（食品、生物医药）；金山产业集聚区（镁加工产业、汽车零部件）；鹤壁市鹤淇产业集聚区（光伏产业、先进制造业、食品）；鹤壁市宝山循环经济产业集聚区（煤盐化工、金属镁等有色金属加工、建材）。

新乡市产业集聚区（共13家）：新乡市高新技术产业集聚区，含新乡市高新技术开发区（电子电器、生物新医药）；新乡工业产业集聚区，含新乡工业园区（汽车及装备制造、食品加工、环保产业）；新乡经济技术产业集聚区，含新乡经济开发区（振动机械工业园以振动机械为先导，龙泉工业园以精细化工、医药、电子电器为主，小冀工业园以环保产业为主）；长垣县产业集聚区，含长垣起重工业园区（起重机械及配件业、防腐、汽车及零部件业）；新乡桥北新区（研发中试、现代物流、现代农业）；国家（新乡）化学与物理电源产业集聚区（电源及其延伸产品制造业）；新乡市新东产业集聚区（现代物流服务业、特色装备制造业）；原阳县产业集聚区（发展汽车零部件加工、农副产品深加工）；获嘉县产业集聚区（煤化工、农机及汽车配件制造）；封丘县产业集聚区（食品加工业、纺织服装业和生物医药制造业）；卫辉市产业集聚区（交通运输设备制造业、饮料及酒类制造）；延津县产业集聚区（食品加工）；辉县市产业集聚区（机械装备、汽车及零部件）。

焦作市产业集聚区（共 9 家）：焦作经济技术产业集聚区，含焦作经济开发区（装备制造、生物科技、新能源）；武陟县产业集聚区（食品、造纸）；沁阳市沁北产业集聚区（能源化工、有色金属加工）；孟州市产业集聚区（汽车零配件、服装皮革加工、医药化工）；修武县产业集聚区（食品加工、装备制造业、纺织业）；博爱县产业集聚区（装备制造及汽车零部件、食品加工）；焦作循环经济产业集聚区（新能源、新材料、生物科技）；温县产业集聚区（汽车零配件、医药、食品）；焦作工业产业集聚区，包括焦作西部工业区（化工、机械制造、汽车零部件）和万方工业区（铝工业、医药化工）。

濮阳市产业集聚区（共 8 家）：濮阳经济技术产业集聚区（化工、装备制造和高新技术产业）；濮阳市产业集聚区，含濮阳工业园区（化工业，包括石油天然气化工、煤化工、盐化工、精细化工、装备制造业）；濮阳市濮东产业集聚区（机械装备制造、现代物流业）；南乐县产业集聚区（食品加工业）；清丰县产业集聚区（食品加工、家具制造）；台前县产业集聚区（羽绒及其制品加工）；濮阳县产业集聚区（电光源、医用新材料）；范县产业集聚区濮王产业园（精细化工、玻璃制品、电光源）；新区产业园（金属加工制造）。

许昌市产业集聚区（共 8 家）：中原电气谷核心区（电力装备制造）；长葛市产业集聚区（食品加工、商贸物流、机械制造）；鄢陵县产业集聚区（纺织、食品加工）；河南省（魏都）民营科技园区（轻纺、汽贸物流、机械加工）；许昌尚集产业集聚区（发制品、汽车零部件制造、轻纺）；许昌经济技术产业集聚区，含许昌经济开发区（发制品、机电装备、烟草机械制造）；禹州市经济技术开发区（装备制造、食品加工、医药加工）；襄城县产业集聚区（服装制鞋业、一次性卫生用品制造、机电设备制造）。

漯河市产业集聚区（共6家）：漯河经济技术产业集聚区（食品加工）；漯河沙澧产业集聚区（现代商贸物流、冶金阀门和精品纺织）；漯河东城产业集聚区（机械制造、包装材料、生物医药）；临颍县产业集聚区（食品加工、服装纺织）；舞阳县产业集聚区（盐化工）；漯河淞江产业集聚区（食品工业、新型特种包装材料）。

三门峡市产业集聚区（共7家）：义马市煤化工产业集聚区（煤化工及其下游产品）；灵宝市产业集聚区，含豫灵镇（有色金属采掘冶炼、硫铁化工）；陕县产业集聚区（煤化工、盐化工）；卢氏县产业集聚区（金属加工、农副产品加工）；渑池县产业集聚区（煤化工、铝冶炼及深加工）；三门峡经济技术产业集聚区，含三门峡经济开发区（装备制造、医药）；三门峡产业集聚区（铝精深加工、照明、装备）。

商丘市产业集聚区（共11家）：夏邑县产业集聚区（纺织服装、装备制造、农副产品加工）；宁陵县产业集聚区（农副产品加工业、家居产品制造业和金属制品加工）；睢县产业集聚区（纸制品加工、农副产品加工、特钢产品加工）；商丘市睢阳产业集聚区（纺织服装、化工）；永城市产业集聚区（煤化工、铝精深加工和装备制造业）；豫东综合物流集聚区（物流仓储）；商丘经济技术产业集聚区，含商丘市经济开发区（机电装备制造业、新能源产业、新材料产业）；梁园产业集聚区（铝材循环加工、农副产品精深加工）；柘城县工业集聚区（轻工业、机械制造高新技术产业、农副产品加工）；民权县产业集聚区（械电器制造产业、食品加工产业）；虞城县工业集聚区（食品加工业、纺织服装业和五金电子业）。

周口市产业集聚区（共11家）：郸城县产业集聚区（食品加工、医药制造）；西华县产业集聚区（食品加工）；周口市川汇产业集聚区（机械制造业、高技术产业）；商水县产业集聚区（纺织工业）；周口经济技术产业集聚区，含周口经济开发区（农副产品深加工、医药化工、机械制造）；

鹿邑产业集聚区（尾毛深加工、仓储物流）；项城市产业集聚区（农副产品精深加工和纺织服装）；沈丘县产业集聚区（化工、农副产品加工、机械制造）；扶沟县产业集聚区（纺织、机械和食品）；淮阳县产业集聚区（食品加工、塑料加工）；太康县产业集聚区（通用制造业、生物医药）。

驻马店市产业集聚区（共12家）：驻马店市产业集聚区（煤化工、生物医药）；驻马店市装备产业集聚区（机械装备制造、农副产品加工）；驻马店经济技术产业集聚区，含经济开发区（农副产品加工和机械制造）；上蔡县产业集聚区（轻工、化工、粮食加工）；正阳县产业集聚区（食品加工、轻纺服装、铸造）；新蔡县产业集聚区（农副产品深加工、机械电子制造）；汝南县产业集聚区（食品加工、装备制造业、纺织业）；遂平县产业集聚区（食品加工、农副产品）；西平县产业集聚区（机械制造业、电力设备制造）；平舆县产业集聚区（食品、医药化工）；泌阳县产业集聚区（农副食品加工业、石材加工业）；确山县产业集聚区（建筑材料业、机械电子业）。

南阳市产业集聚区（共14家）：西峡县产业集聚区（中药制药、汽车配件、钢铁及冶金辅助材料）；社旗县产业集聚区（食品、纺织服装）；南召县产业集聚区（柞蚕加工产业、辛夷加工产业）；邓州市生态产业集聚区（棉纺、食品加工、林板纸一体化）；南阳新能源产业集聚区（生物能源、光电光伏）；新野县产业集聚区（棉纺织）；唐河县产业集聚区（机电电子、农副产品加工、新能源）；镇平县产业集聚区（针纺织产业、机械电子制造业）；内乡县产业集聚区（汽车零部件加工、机械加工、食品加工）；方城县产业集聚区（新能源、农副产品加工）；南阳高新技术产业集聚区，含南阳高新技术产业园区（机电装备、超硬材料）；桐柏县产业集聚区（新型化学材料制造业、机械加工、农副产品加工业）；淅川县产业集聚区（新材料、化学工业、新能源）；南阳光电产业集聚区（光电信息、仓储物流）。

信阳市产业集聚区（共15家）：信阳金牛物流产业集聚区（仓储物流、食品加工）；信阳市平桥产业集聚区（机械装备、新型建材）；息县产业集聚区（农副产品加工业和相关制造业、商贸物流）；潢川县产业集聚区（食品加工）；潢川经济技术产业集聚区，含潢川经济开发区（仓储物流、食品加工、建材）；淮滨县产业集聚区（轻工纺织为主，副食品加工为特色）；

商城县产业集聚区（农副产品加工）；新县产业集聚区（医药制造业、农副产品加工）；固始县史河湾产业集聚区（竹木加工、食品加工）；固始县产业集聚区（特色食品加工、轻纺）；信阳市产业集聚区，信阳工业城（机电类产品加工为主的装备制造业）；罗山县产业集聚区（化工、轻工机械制造）；信阳明港产业集聚区（冶金下游产品、建材、机械产业）；上天梯非金属矿精深加工产业集聚区（非金属矿产品深加工、以保温砂浆为主的保温建材产业）；光山县官渡河产业集聚区（羽绒服装加工、以茶业为主的农副产品深加工）。

济源市产业集聚区（共3家）：济源市高新技术产业集聚区（电子电器、新材料）；济源市玉川产业集聚区（新能源、有色金属深加工）；济源市虎岭产业集聚区（煤化工、装备制造业）。

第四节　加快新型城镇化引领产业集群发展的对策

加快新型城镇化引领产业集群发展，就要充分发挥新型城镇化引领生产要素集聚、空间载体培育、提供内需市场的功能，按照新型城镇体系中各级城镇的功能和定位，选择不同产业集群的发展方向，加强规划引导，完善政策支持，搭建集聚平台，加快产业集群的培育和发展。

一、构建现代城镇体系，搭建产业集聚平台

按照核心带动、轴带发展、节点提升、对接周边的原则，推进全国区域性中心城市、地区性中心城市、地方性中心城市、中心镇、新型农村社区联动发展，加快构建以中原城市群为主体形态、符合河南实际、具有中原特色的五级城镇体系。增强郑州龙头作用和重心作用。按照全域城镇化理念，全面推进郑州都市区建设，提升郑州全国区域性中心城市地位。加快中心城区改造提升，推进中心商圈、城市商业综合体、特色商业街区建设，打造以现代业态为主的商业高地和商业核心区。以发展航空货运为突破口，积极承接国内外产业转移，打造内陆改革开放新高地和全球重要的

航空货运集散中心。

推进郑汴新区建设，推动许昌、新乡南北两翼对接融入，打造三化协调发展先导区。增强省域中心城市辐射带动作用。推动中心城市组团式发展，统筹推进老城区改造和城市复合型新区建设，增强中心城市以大带小、以城带乡的主导作用。增强县城承载承接作用。按照现代城市的理念和标准，提高县城规划建设水平，强化产业支撑，完善服务功能，形成产业集聚区、县城新城区和旧城区"三位一体"发展格局，增强承载承接中心城市辐射和带动农村发展的能力。增强小城镇重要节点作用。坚持分类指导、合理布局、适度发展原则，因地制宜发展特色产业，积极探索交通导向开发模式，实施扩权强镇试点，提升服务农业农村发展的能力。增强新型农村社区战略基点作用。新型农村社区建设是统筹城乡发展的结合点、推进城乡一体化的切入点、促进农村发展的增长点。坚持分类指导、科学规划、群众自愿、就业为本、量力而行、尽力而为，按照城市社区建设理念，推动土地集约利用、农业规模经营、农民多元就业、生活环境改善、公共服务健全，加快农民生活方式和农村生产方式转变。

二、完善城镇服务功能，提升综合承载能力

提高城镇承载能力，正确处理速度与质量的关系，切实改变重速度、轻质量，重当前、轻长远，重面子、轻里子，重地上、轻地下，重大（大马路、大广场等）轻小（细节），重经济、轻民生，重管制、轻服务的现象，提高城市规划、建设、管理、运营和服务的精细化水平。

首先，强化现代综合交通体系建设，加快构建与城镇空间布局紧密契合的综合交通运输体系，全面推进铁路网、公路网和综合交通枢纽建设，提高中心城市通达能力。其次，强化城镇基础设施建设，全面改善电力、电信、给排水、供热、防灾减灾、污水垃圾处理和其他生产生活设施，重点推动教育、医疗、文化等公共服务设施建设，重点完善县城基础设施建设，重点提升大中城市信息基础设施水平，增强城镇综合承载能力。再次，强化环境保护和生态建设，大力推进节能减排，加强污染治理，以创建生态园林城市、森林城市、生态乡镇为载体，统筹推进生态体系建设，

倡导资源节约、环境友好的生产方式和消费模式，加快建设绿色环保、生态宜居型城镇。还有，提升城乡文化品位，坚持把传承创新华夏历史文明作为推进新型城镇化的重要内容，加强历史文化名城、名镇、名村和乡土建筑的保护，挖掘历史文化资源，丰富文化内涵，培育一批特色文化街区和文化村镇，彰显中原城镇特色和魅力。最后，强化住房保障能力，结合中心城市新区、县城新城区、商务中心区、特色商业区建设，推进连片综合开发，培育房地产新的增长点，加强以公共租赁住房为重点的保障性住房建设，扩大中低价位、中小套型普通商品住房开发，建立健全面向不同收入阶层的住房供给体系。

三、发挥市场机制作用，促进要素合理流动

第一，创新农村人口有序转移机制。加快户籍制度改革，按照宽严有度、积极稳妥的原则，适度放宽郑州市、全面放开其他省辖市、县城（县级市）和小城镇入户条件，逐步推行城乡一体的户籍管理制度。建立健全与户籍制度改革相关的住房、教育、就业、社保、计划生育等专项配套政策，使转户农民与城镇居民享受同等待遇。结合产业集聚区和现代农业发展，构建农民转移培训就业长效机制，提高农民转移就业能力。

第二，创新建设用地保障机制。建立集体建设用地基准地价制度，在法律法规规定的范围内赋予集体土地与国有土地在处置、收益、抵押等方面相同的权利。探索建立全省统一的交易平台，将集体建设用地使用权、土地综合整治结余的集体建设用地复垦指标、耕地占补平衡指标纳入平台交易。严格执行土地利用总体规划和土地整治规划，健全农村土地整治机制，在城乡建设用地增减挂钩的基础上，开展人地挂钩试点。探索建立经济发达但土地资源稀缺地区向经济落后但土地资源丰富地区的经济补偿机制。

第三，创新建设资金多元筹措机制。建立财政对公益性设施建设投入稳定增长机制。支持中心城市壮大城市建设投融资平台，推进中小城市整合现有投融资平台。改进财政资金支持方式，通过以奖代补、先建后补、贷款贴息、财政补贴等方式，引导社会资本参与新型农村社区、城市

新区、产业集聚区、中心城市商务中心区、特色商业区建设。综合运用
BT、BOT、TOT 等多种方式，吸引境外和社会资本参与城市基础设施建设。
扩大金融机构对城镇基础设施和公共服务设施建设的信贷规模，积极开展
保险资金投资交通、水利等大型基础设施建设试点。

第四，创新城际开放协作机制。完善中原经济区城市联动发展机制，
推进交通一体、产业链接、服务共享、生态共建，加快形成以特大城市和
大城市为主体，带动中小城市、中心镇和新型农村社区发展的网络化格
局。推进全方位、多层次、宽领域的城际合作，实现资源共享、产业互
补、政策对接。

四、加强政府规划引导，细化产业扶持政策

产业集群的形成与发展不仅依赖于市场机制，而且还有赖于政府这只
"看得见的手"的调节。在产业集群形成和发展过程中，政府加强引导、
扶持、促进企业推进技术创新，增强企业自主创新能力，提高经营管理水
平，降低生产成本，开拓市场走多元化道路，发挥行业协会的协调保护作
用等。同时，政府应明确一个综合部门主管，负责对其进行目标定位、规
划引导、政策扶持、项目建设、矛盾协调等组织管理工作。政府还应明确
分管领导主抓产业集群的发展，做到加强领导、精心策划，使产业更加有
序地扎堆、集聚、升级、扩散、辐射，更好地发挥倍数效应甚至裂变效
应，推动区域经济持续发展。

加强对河南产业集群的研究，根据不同产业集群产业链的缺失情况，
定期制定河南产业集群的发展指导目录并向社会公布，吸引完善集群产业
链的项目入园。在各类产业集聚区内设立配套中心，配套中心年配套产值
达到一定规模的，政府可给予一次性奖励。鼓励产业集群核心企业将核心
业务以外的业务剥离，衍生一批配套企业。产业集群中配套企业（由核心
企业业务剥离形成的配套企业）连续 3 年在国内同行业中综合实力进入
前 10 位或单个产品国内市场占有率进入前 3 位的，政府可给予一次性奖
励。组织集群品牌的评选、推介和保护，指导和帮助企业结合集群发展规
划实施企业品牌战略，形成品牌与规模互动、企业品牌和区域品牌互动的

态势。制定与实施品牌绩效考核奖励办法，对集群内的企业进行评估与奖励。

五、节约集约利用土地，保障产业用地需要

全面落实土地利用总体规划，统筹安排中心城区以内产业集聚区用地规模和布局，结合建设需求制订切实可行的阶段性建设用地计划，有利于土地的及时报批、及时征收，提供土地保障。多渠道争取用地指标，重点保障发展用地，用好城乡建设用地增减挂钩政策，通过拆旧区的方式置换用地计划指标，对通过城乡建设用地增减挂钩政策报批土地的，不受批次数量和年终结报限制，即时受理报批申请。

创新服务方式，加大保障力度，落实联审联批、"绿色通道"等机制，实行产业集群项目手续全程代办，使客商"零接触、零距离、零等待"，管理服务实现无缝对接。强化约束机制，原则上除安排直接为生产服务的配套设施外，严禁进行商品住宅房地产开发。鼓励将生活服务设施安排在老城区，完善激励政策，引导节约集约利用土地。依托土地储备机构，完成征地工作后，统一纳入储备，通过"招、拍、挂"方式确定用地单位后，足额收取土地出让金并全额上缴财政，土地出让收入清算后净收益全部返还用于各种类型产业集聚区。加大宣传力度，营造浓厚氛围，在全社会营造节约集约的舆论氛围，从而使节约集约成为全社会共同倡导、共同推崇的价值理念，成为社会公众的自觉行动。

六、积极承接产业转移，实施链式集群招商

科学规划，在全国大产业链环中找准自己的定位，充分利用产业的集聚优势，搞好产业规划和产业功能布局，加强项目对接、产品对接和产业链对接，培育壮大产业集群。认真研究国家产业政策，准确把握市场动向，抓紧研究和提报一批符合产业政策、市场前景好、可行性强的项目，建立重点项目数据库，通过召开投资洽谈会、新闻发布会和借助网络平台等方式进行重点推介。

　　突出企业招商主体地位，尤其要发挥骨干企业在品牌、信贷、资产、资金等方面的综合优势，积极引进资金入股参股，开发和延伸产业链产品，膨胀企业规模，加快企业发展；积极引进先进技术，改造传统产业，发展新兴产业；积极引进先进管理经验，提升企业综合素质，促进企业优化升级。强化产业链配套招商。依托目前已初步形成的产业链，按照完整的产业链条要求，深入挖掘和包装一批上、下游产品，充分利用各种渠道，积极寻求合资合作，把相关配套企业引进来，补齐产业链条中的弱势部分，形成上下游相协调、横向互补发展的产业体系。按照"大项目——产业链——产业群——产业基地"的路子，注重引进关联大、带动性强的产业龙头项目、大项目和外资项目，以带动配套产业发展，形成有竞争力的产业集群，提升区域生产能力和产业集聚度。

第七章
新型城镇化引领产城互动发展

产城互动发展建立产业与城镇整合发展的链接点，是三化协调科学发展的第二结合点。产城互动发展，是新型城镇化"引领三条发展途径"的第二通道。中原经济区三化协调科学发展之路会有许多障碍与难题，新型城镇化引领产城互动发展，为克服这些障碍、解决这些难题找到了一把钥匙。

第一节　新型城镇化引领产城互动发展的相关理论

有产才能立城，立城方能兴产。兴产提升城市竞争力，强城促进产业转型，兴产强城促进城市—区域系统综合发展。在新型城镇化引领下促进产城互动发展，更利于实现三化协调科学发展。

一、产城互动发展的概念与特征

产主要是指与以各种产业园区为载体，以企业密切协作为方式，与城市经济发展密切相关的工业、生产性服务业集聚区。从概念内涵上讲，产城互动中的"产"的概念是在城市工业区加载新的时代因素而拓展形成的，涵盖的类别和内容都较以往有较大的拓展，如高新农业示范区、高效农业园区、科技创新园区、现代服务业园区、经济技术产业集聚区、高新技术产业开发区、加工贸易园区等产业集聚区。

城主要是指产业发展的城市载体，是拥有发展要素的城镇或正在建设中的不同级别的城市—区域系统。河南省的五级城镇体系，即国家区域性中心城市、地区性中心城市、地方性中心城市、中心镇、新型农村社区等，均属此概念的范畴。

产城互动发展是新型城镇化为引领三化协调科学发展的长效机制之一。产业与城镇的互动作用，突出体现在以产兴城、以城促产，两者互为支撑、相互促进，共同促使着城市—区域系统的良性运转。产城互动的内涵强调产业与城市的互动发展，产业发展要有目的地、针对性地招商引资，引进的项目要能带动城市产业转型升级。

产城互动发展的相关研究在我国的文献较少，主要侧重于东部沿海地区的产城互动发展。例如：有学者认为上海市产城融合发展是上海郊区新城发展的必由之路；有学者以济南高新区东区为例，探讨了产城融合型高新区发展的内涵、特点及规划要求。立足河南省情，有学者提出产城融合是三化协调科学发展的基本战略，小城镇发展中要做到产业规划与总体发展规划相结合，产业集聚与人口集中相结合，产业培育与内生发展动力培育相结合，产业园区建设与提升综合承载能力相结合。以上这些研究所使用的都是产城融合的概念，产城互动发展的概念没有确切的表述，也没有将新型城镇化引领产城互动发展纳入研究框架体系。

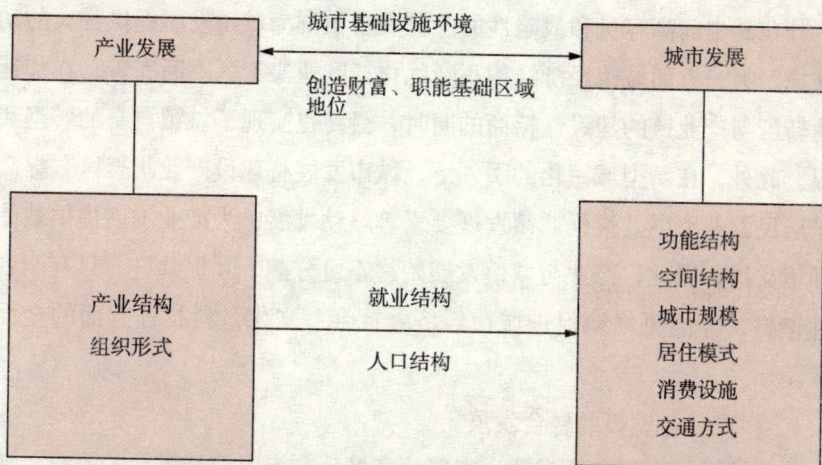

图3 产城互动发展关系图

159

　　产城互动发展，一方面，为提升城市核心功能、优化城市空间布局、促进产城一体发展提供各种要素和载体；另一方面，产业集聚区依托新型工业化、信息化提供的各种要素，为周边地区提供就业、创造财富，加快城市化的发展步伐（见图3）。

　　如图3所示，产城互动发展的核心问题是研究产业发展是否符合城市发展的定位，城市是否为产业发展提供良好的要素环境，能否最终实现产业和城市的融合发展。

　　产城互动发展的实质是以产兴城、以城促产，紧紧抓住产业集聚区建设不放松，培育壮大优势产业和特色产业集群，做大做强中心城市和县城，创造更多的就业岗位，让更多的农民变为市民。产城互动发展，要把中小城镇和农村新型社区作为工业、农业、服务业发展的有效载体，促进更多的农村产业融入现代化大生产的链条，更多的农民实现就近就业，享受现代城市文明的成果。

二、新型城镇化引领产城互动发展的特征

（一）产业与城镇发展的不可分割

　　产业和城镇是城市—区域系统发展不可分割的主体，两者互促共进推动城市—区域系统的良性循环。一方面产业集聚区是城镇建设的主战场，分布其中的高容量和战略性的产业项目集群为城镇发展提供强大的动力支撑。另一方面城镇经济结构不断优化，产业集聚区不断完善，在加速产业转型与产业链的建设性招商的同时，最终也实现了城镇自身的转型和升级。此外，在新型城镇化的引领下，城市发展将建设产业集聚区、提高城镇居民就业率以及聚拢城镇发展要素等联动发展，为产业发展提供载体和环境支撑。因此，产业与城镇发展始终不可分割，互促共进。只有两者良性谐振，才能更好地促进城市经济、社会、文化、科技等方面的全面发展。

（二）产业与城镇的融合发展

　　新型城镇化引领产城互动，实现从产城分割走向产城融合的跨越，城市形态也逐渐进化到现代城市，城市管理由传统的管制走向智慧的管理，

城市空间则从分散走向集约。产业是城市兴旺的动力，城市发展需要不同产业集聚区提供发展支持。一方面，产业集聚区的发展为所在城市提供了强大的产业经济增长点，增加了就业机会，促进了当地以经济增长为主的各类要素的变化。另一方面，产业集聚区发展反过来也推动了区域城镇化进程，为城乡统筹发展提供了载体平台。新型城镇化引领产城互动发展，有利于产城统筹、产城一体、产城协调，有助于形成产业依托城镇，产业提升城镇的良性互动局面。

（三）产业与城镇的可持续发展

区域产业结构的升级，需要高品质的城镇为载体，两者有机结合才能实现产业与城镇的可持续发展。美国学者理查德·佛罗里达（R.Florida）在《创意阶级的崛起》一书中提出：一个地方必须建造舒适的生活风格和环境（lifestyle amenities），才能够吸引到足够多的创意人才来推动城市发展（R.Florida，2007）。那么，一个能吸引人才和产业的城市必须具备优良的品质，才能不断提升城市形象、推动城市产业升级。从城市系统功能的提升来讲，就是将城市打造成宜产宜商宜居的"三位一体"综合系统。从现实实践的角度讲，提升城市品质涵盖老城改造、新城建设、景观绿化、交通规划、集聚区建设、新型农村社区规划建设等方面。也就是说，没有新型城镇化的引领，就失去了产城互动的发展平台，也就失去了新型工业化可持续发展的载体。

三、新型城镇化引领产城互动发展的意义

（一）理论意义

目前，面对城镇化明显滞后于工业化的现状，面对产业发展无法形成积累规模效应和集聚效应的问题，面对城镇发展中出现的众多困境，中原经济区建设呼唤能够解决产城互动问题的理论支撑。新型城镇化引领，为中原经济区产城互动发展提供了一条路子。在新型城镇化引领产城互动发展过程中，突破了原有产城发展模式的限制和束缚，关注了更多层次城镇的产城互动发展模式，体现了城镇体系和产业结构等各自的发展优势，并以城市—区域综合发展为最终目标。因此，探究新型城镇化引领产城互动

发展的路子，总结新型城镇化引领产城互动发展的客观规律，有利于提出城镇发展规划的新理念，为中原经济区城市建设与产业科学发展提供有益的理论探索。

（二）实践意义

中国共产党河南省第九次代表大会明确提出，走好"两不三新"三化协调科学发展的路子，必须充分发挥新型城镇化的引领作用、新型工业化的主导作用、新型农业现代化的基础作用。经过不断的努力与探索，河南省初步形成了以产业集群发展、产城互动发展、城乡统筹发展为途径的三化协调科学发展的路子。2012年8月31日颁发的《国务院关于大力实施促进中部地区崛起战略的若干意见》（国发〔2012〕43号）指出：实施中心城市带动战略，支持省会等中心城市完善功能、增强实力，培育壮大辐射带动作用强的城市群，促进城镇化健康发展。科学规划城市群内各城市功能定位和产业布局，推动大中小城市与周边小城镇进一步加强要素流动和功能联系，实现协调发展。

在上述意见的指导下，发挥新型城镇化的引领作用对于促进中原经济区的产城互动发展有着重大的实践意义。第一，为促进中小城市与周边小城镇的要素流通提供发展渠道。通过产业集聚建设，促进了大中小城市、小城镇及新型农村社区间土地、资源、环境等要素的流通，引领城市之间、城镇之间、城乡之间产城互动强度加大，为城乡一体发展提供联通纽带。第二，为充实城镇各项功能提供发展基础。新型城镇化引领产城互动发展，使得城市、城镇的基础设施延伸至产业集聚区，并与之共建共享。一体化的基础设施、公共设施为产城互动发展提供了硬件基础，为各项公共服务营造了软环境基础，为城乡统筹、城乡一体发展提供了链接基础，并有力地促进了产城的互动互强。第三，为提升城市产业竞争力提供新的增长点。产城互动发展中，城镇聚集人才、资金、信息、物质等各生产要素，各种要素相互作用、相互碰撞，形成区域经济的增长中心、创新中心。此外，产业集聚区的持续发展，需要不断加强企业间的协作联系、技术改造和智力创新。这也就要求城市发展必须为产业竞争力提升提供创新支持，促进、带动经济发展增长点的出现。第四，促进三化统筹发展。新型城镇化引领产城互动发展，把城镇建设、产业集聚、工业发展、农业现代化与农村发展衔接起来，为实现"两不三新"三化协调科学发展开辟了通道。

第二节　新型城镇化引领产城互动发展的作用机理

产城互动发展以产业为前提和支撑，城市为载体和条件，以产兴城、以城促产，二者相互依存，协调共进。新型城镇化引领产城互动发展，通过调整产业结构、构建现代产业体系为新型工业化积累了实力，奠定了基础；通过人口向城镇集中、土地向种粮大户集中及产业向园区集中，促进了新型农业现代化发展；通过以产兴城、以城促产的互动发展，带动三化协调科学发展。

一、产城互动发展奠定新型工业化的主导地位

（一）产城互动发展优化产业结构

新型城镇化引领产城互动发展，促进了产业结构的调整和产业发展的升级转型，为新型工业化的发展奠定了基础。一个没有产业的城市，是一个"空心城市"。产业是经济社会发展的重要基石，是城镇发展的重要支撑。唯有做强产业，才能增强新型城镇化引领产城互动发展的内在动力。新型城镇化引领产城互动发展，促使产业发展与城市建设良性互动，促进产业结构的调整和升级，有效地提升产业竞争力。

新型工业化坚持产量提升和结构优化并重，而产城互动发展则为其奠定了基础。目前，河南省现代服务业发展较为滞后，而工业和制造业等第二产业呈现区域发展的不均衡的差异特征，造成了河南省的经济增长过于依赖加工制造业和技术型产业。这种产业发展方式，一方面制约着经济增长质量和效益的提高，另一方面制约着经济发展方式的转变和居民生活水平的提高。因此，产业结构调整必须合理调控第一、二、三产业之间的比例结构，即"提升一产、壮大二产、做强三产"。具体地讲，要改变传统农业落后的生产经营模式，提高农业的产出效益，增加农民收入；优化加

工制造业和技术型产业结构，大力发展战略性新兴产业，推动产城良性互动发展；加快和提升金融服务、信息、科技等第三产业的发展，促进三化协调科学发展。

在加快中原经济区建设的战略中，积极调整与优化产业结构，带动产业转型升级。一方面，河南省要大力提升化工、有色、钢铁、纺织等支柱产业，优化其产业结构向高端化延伸。另一方面，河南省要以东部沿海地区产业转移为契机，通过产业、人才、技术的多重转移，改进工艺技术、延伸产业链条，以一种新的产业升级思路，加大河南产品在全球商品链中的价值分量。此外，还要加快地区产业链的发展和整合，积极培育本土企业和培育内需市场，完成产业的链条升级和城镇功能的升级。

（二）产城互动发展促进特色产业集聚区建设

一个城市区域的核心竞争力取决于其产业集群的发展实力，有序推进产业集聚区建设，打造城市—区域系统最具潜力的增长极，为城镇建设发展提供经济支撑。新型城镇化引领产城互动发展，重视产业和城市区域的融合发展，引导产业向园区集中，积极发展特色产业集聚区，完善产业集聚区的功能，为对外开放、招商引资提供平台和载体。产业集聚区是河南省构建"三大体系"（现代产业体系、现代城镇体系和自主创新体系）的有效载体和重要依托。经过近三年的发展，产业集聚区效益日益明显，综合带动作用不断增强，已成为承接产业转移的主要平台，有力地支撑了全省经济的快速发展。但是，产业集聚区发展还存在特色主导产业不突出、宏观经济效益不明显、体制机制不顺畅等问题。亟须进一步加大产业集聚区建设力度，促进企业集中布局、产业集群发展、资源集约利用、功能集合构建、人口有序转移，充分发挥产业集聚区的承载作用。

产城互动发展，能够把产业集聚区建设与城乡建设有机结合起来，共建共享基础设施和公共服务设施。这种统一的建设方式，有利于统筹推进城市功能区与产业集聚区建设，改善群众生产生活条件，促进人口向城镇转移，提升产城互动发展水平。产城互动发展，要充分发挥各级城镇的自身优势，建设特色产业的集聚园区，避免产业集群的相似性和雷同性，以最大限度地提高每个产业集聚区的社会贡献率。目前，河南省在18个省辖市、108个县建设了180个产业集聚区，产业集聚区的发展基础和体系框架初见雏形。

2011 年，河南省产业集聚区、开发区和城市新区建设加快，郑州新郑综合保税区封关运行，"区港联动"工程稳步实施，保税物流中心、出口加工区等开放平台建设取得重大成效。产业集聚区按照"四集一转"和"提升速度、提高水平、扩大效果"的基本要求，强化政策引导，突破薄弱环节，开展观摩指导，产业集聚综合效应日益显现，已成为转型升级的突破口、招商引资的主平台、农民转移就业的主渠道、改革创新的示范区和县域经济的重要增长极，产城互动格局初步形成。统计数据显示，2011 年，河南省产业集聚区固定资产投资突破 7000 亿元，占全省比重 40% 左右；规模以上工业企业从业人员 240 多万人，占全省比重 40% 以上。全省产业集聚区工业增加值增长 28.4%，对全省工业增长的贡献率达 53.1%。① 地方性中心城市在产城互动发展中积极建设产业集聚区，也取得了较为丰硕的成绩。例如汝南县按照"产城一体、产城相融"的发展要求，不断加大产业集聚区建设力度，使之成为城市和产业融合发展、吸纳就业、工业化与城镇化的主要载体，成为经济新的增长点。目前，汝南产业集聚区投资 2 亿元的联合正兴板业正紧张地安装调试生产设备；即将试生产、总投资 20 亿元的立马新能源产业园已正式建成投产；绿佳、台州王野等 10 家电动车生产及配套企业与该县签订了 124.9 亿元投资协议。汝南县将集聚区建设与土地利用总体规划和城市总体规划相结合，在道路、给排水、供电、供热、供气、垃圾处理、污水处理、通信网络等基础设施方面，紧密地与城市现有的设施实现共享与衔接。启动了产业集聚区生产性服务中心、商贸物流园区建设，全面提升综合配套能力。目前，产业集聚区建成面积已扩大到 5.44 平方公里，入驻项目 80 个，其中亿元以上项目 15 个。②

（三）产城互动发展培育支柱产业

产业集聚区培育支柱产业增加了城镇的竞争力，城镇为产业发展提供完备的产业基础设施配套，这些都为新型工业化发展提供了基础条件。产

---

① 郭庚茂：《河南财政多举措力促产业集聚区发展》，2012 年 7 月 19 日，见 http://www.cfen.com.cn/web/cjb/2012-07/19/content_885221.htm。

② 高留安、李勤玲：《汝南：产城互动谋发展　处处涌动着发展的热潮》，2012 年 9 月 6 日，见 http://www.ha.xinhuanet.com/zfwq/2012-09/06/c_112978769.htm。

业在集聚区内汇集，需要有选择地培植支柱产业。根据产业集聚理论，集中的劳务市场和协同创新的环境是产业集聚区发展的重要条件。便利的交通、丰富的生产要素、企业之间的协作等因素促使企业集中在某一区域。企业聚集能降低生产成本，随着产业集聚规模的形成，有利于建设和共享区域范围内的工业服务设施，提高生产效率，改善产业集聚区域的投资环境，更多的企业被吸引，产业集群效应更强。

产城互动发展需要产业集聚区培育自己的主导产业，只有主导产业才能带动特色产业集群。在发展主导产业中要扶优扶强，发展具有自主品牌、科技含量较高、核心竞争力、带动作用强的特色优势产业龙头企业，向具有成熟的产业链的优势产业和优势企业倾斜，提升产业影响力和企业市场竞争力，扩大产业规模。河南省引进了富士康等一批重大项目，引起了外经外贸的井喷效应，这批项目的集聚发展对经济增长作用十分明显。而且，随着这些主导产业的扩张，还会吸引更多新兴产业集群，进一步增加产业集聚区的规模效应。

产城互动发展，对于产业的成长性提出较高要求。高成长性产业具有市场前景广、发展潜力大、增长速度快、移动趋势明显等特点，对新型工业化发展有着较强的带动辐射作用。河南省依托产业集聚区培植汽车、电子信息、装备制造、食品、轻工等高成长性产业，培育了新的经济增长点。例如，依托郑汴新区建设汽车工业基地，围绕其产业链条建设汽车零部件产业园区和汽车服务贸易中心；依托许昌、平顶山现有的电气产业，建设中原电气谷；依托洛阳老工业基地，建设洛阳工业动力基地；围绕郑汴洛工业走廊，建设高新技术产业和金融服务业，建设一批新兴战略性产业园区。

产城互动发展，城镇作为产业发展的承载者，为产业集聚区提供了水、电、气、暖、通信、交通等基础性服务，城镇服务行业还为企业提供咨询、培训、策划、法律等各种社会服务。通过优化环境，完善综合功能，吸引和壮大了一批能够带动产业升级的龙头项目和骨干企业。通过发挥城镇的集聚集约效应，吸引和集聚大批制造业和科技产业，结合城镇丰富的信息、物流、金融等现代服务业，为产业集聚提供必要的知识创新与人才支撑。

二、产城互动发展助力新型城镇化引领作用

（一）产城互动发展助力城镇化空间布局的优化

新型城镇化是三化协调发展的"引擎"，其引领作用要在带动、支撑和推进等三个方向上发力，带动力在前面，支撑力在下面，推进力在后面（王发曾，2011）。城镇是新型城镇化着力发展的主体，城镇与产业共同发展有利于优化城镇发展的空间布局，助力新型城镇化发挥引领作用。根据空间相互作用理论，区域各产业之间要素存在着空间相互作用，每个区域都有自己的经济场、能量场，众多场在空间相互叠加，资源与劳动力的配置、水平和垂直分工的格局，以及产品的升级和市场的拓展等均相互影响。根据该理论，产城互动发展能够促进产业集聚区域的生长发育，带动城市—区域系统更快地发展，实现产城的共赢发展。目前，河南省城镇体系日趋完善，大中小城镇协调发展的现代城镇空间格局已经初步成型，全国区域性中心城市、地区性中心城市、地方性中心城市、中心镇、新型农村社区逐步协同发展。但是，城镇化率低始终是限制河南发展的短板，2011 年城镇化率仅为 40.6%，低于全国平均水平 10.7 个百分点。面对建设中原经济区的重大使命，省会城市郑州市弱核牵引，中等节点城市数量偏少，小城镇数量多而弱，城镇之间联动性较差，亟待构建一个符合河南实际、具有中原特色的现代城镇体系。以产业集聚发展优化城镇经济增长的空间，合理规划城镇产业空间布局以促进产业节约集聚发展，产城互动发展共同助力新型城镇化引领作用。围绕中原经济区建设的框架，积极开展产业与城镇互动发展，河南省创造性地提出了构建以中原城市群为主体形态、符合河南实际、具有中原特色的五级城镇体系，为实现新型城镇化引领奠定了基础。

产城互动发展重视产业集聚与城镇的协调发展，优化产业结构、发展支柱产业可以优化和提升城镇的空间格局，助推新型城镇化的引领作用。产业集聚区培育主导型产业，重视引进能够形成产业关联性的高效集聚型企业，形成一批具有特色的产业集群，由产业集聚区转型升级而优化整个城镇的空间结构。城镇因地制宜地建设城市新区、城市组团、产业集聚

区、特色专业园区、商务中心区和特色商业街区等载体，引导城镇工业和服务业的空间集聚和布局优化，促进产业的集聚集群发展。例如，通过增强郑州市极核发展的作用，优化郑州都市区的空间格局，推动中心城市组团式发展，合理布局老城区改造和城市新区建设。通过提高县城产业集聚区发展，推进县城新城和旧城的空间发展格局，以优化空间格局实现增强县城承接节点城市辐射、带动社区和农村发展的能力。发挥特色产业集群在县域经济发展的支撑作用，提升小城镇的空间格局以更好地服务农业农村的发展。根据产城互动发展的理念，优化新型农村社区的空间结构，为推动土地集约利用、农业规模经营、农民多元就业、公共服务健全等城镇化发展奠定基础，为新型城镇化的发展和实现提供了助推力。

（二）产城互动发展提升城镇综合承载能力

产城互动发展推动城镇与产业的共同发展，在产城融合发展中提升了城镇的综合承载能力，助推新型城镇化发挥其引领的作用。新型城镇化引领产城互动发展中，产业发展推动和集聚了所在城镇的劳动力、资金储备、技术支撑、厂房设备等物质条件，也为产业发展提供了所必需的道路交通、通信设备、培训中介等各种公共设施和社会公共服务设施，以最大限度满足产业发展的城镇建设需要。产业集聚发展以城镇为空间载体，通过充分利用现有城镇中的基础设施和社会服务，降低产业投资的成本，提速产业发展和工业化发展的规模和速度，为城镇集聚大量的人才、资金和物流并推动新型城镇化的引领作用。城镇功能与品质对于产业集聚发展具有重要的影响力，城镇努力提升城市区域经济竞争力，吸引高新企业主动集聚在配置优良的产业集聚区内。为此，产城互动发展，城镇必须更加注重城市服务功能的完善，积极提升城镇品质品格、基础设施、社会服务、开放程度等综合承载能力，吸引更多更好的高技术、高科技含量的企业入驻产业园区，为城镇质的飞跃注入创新活力。

建设现代综合交通体系是产城互动发展的重要保证。产业集聚区发展需要借助于发达的交通运输网络与外界市场保持紧密联络，城镇发展需要完备的交通体系提升城市的开放度和通达性，以吸引更多高品质的第二、三产业集聚。因此，完善的铁路、公路、水运、航空、城际轨道等交通网络，以及与之匹配的港口、火车站、客运站、货运站等功能齐全的综合交通枢纽成为产城互动发展的必备条件。现代综合交通网络体系的逐渐完善，有利于提高中心城市和不同级别节点城市的通达能力，发挥不同层级节点城镇的枢纽功能；有利于快速形成产业集群发展，提高城镇产业集聚区域的成熟度和吸引力。近十年来，河南省的交通基础设施建设速度快，已基本形成了通达全省各层级城市的公路道路网络。21世纪以来，河南省由2000年的公路总长62191千米，增长到2010年的182560千米，高速公路和一级公路的路长分别增长近10倍和15倍（见表1）。

表1　2000—2010年中原城市群紧密层公路交通数据

年份	公路总长（km）	高速公路（km）	一级公路（km）	二级公路（km）	三级公路（km）	四级公路（km）
2000	62191	505	38	9027	12321	40300
2001	63437	1077	39	12265	11530	38525
2002	66523	1231	39	15808	10381	39064
2003	68738	1418	44	17851	10080	39344
2004	70901	1759	84	19859	11128	38071
2005	75003	2678	106	21684	11840	38695
2006	150028	3439	83	22946	13314	110247
2007	164909	4556	541	22931	14636	122245
2008	170223	4841	547	23352	17200	124284
2009	177235	4861	565	23671	17632	130506
2010	182560	5016	564	24040	18049	134890

资料来源：2001—2011年的《河南省统计年鉴》。

河南省自2006年开通了全国第一条城际公交以来，至今已开通10条省内城际公交线路，分别是郑开（郑州至开封）、郑新（郑州至新乡）、郑许（郑州至许昌）、郑焦（郑州至焦作）、焦新（焦作至新乡）、新开（新乡至开封）、新鹤（新乡至鹤壁）、许平（许昌至平顶山）、许漯（许昌至漯河）、安鹤（安阳至鹤壁）等，涉及9个地级城市，线路里程约1700千米，10条城际公交线路为河南中部地区基本勾勒出了一个城际公交客运网络。该网络覆盖了河南省中部地区主要的城镇密集区，其中以郑州市为中心通连了开封市、新乡市、许昌市、焦作市、平顶山市、漯河市等6个节点城市。这种网路化的公交城际线路打破城镇各自中心腹地的结构，带动了河南省内尤其是中心地区的城市—区域联动发展。

城镇的承载力还表现在城市形态上，城市的功能不易过于集中，应适当分散，关键之处在于以城市带动产业发展，做好城市的生态发展和可持续发展，避免发达城市已经出现的因过度拥挤而导致的城市病。因此，应注重环境保护和生态建设，多创建一些生态园林城市、生态乡镇，加快建设绿色环保、生态宜居型城镇，提升文化品位，促进对历史文化名城、名镇、名村和乡土建筑的保护，完善城镇文化服务功能，丰富文化内涵，彰显文化软实力带给河南省中原城镇的特色魅力，以城镇承载的传统文化提升城镇形态和风格。

（三）产城互动发展促进城乡一体化发展

产城互动发展促进城镇与乡村融合发展，促进统筹城乡一体化发展。根据系统共生理论，该理论认为物质世界是一种系统存在，系统是由若干要素以一定结构形式联结构成的具有某种功能的有机整体。共生是一种自然现象，生物体之间出于生存的需要必然按照某种方式相互依存、相互作用，形成共同生存、协同进化的共生关系。产城互动发展有助于实现乡村支持城镇，城镇反哺乡村，统筹兼顾城乡之间的系统共生利益。

如前面所述，产城互动发展促进城镇交通设施的建设，也有利于建立起城镇与乡村之间的产业、资源、市场、商品、科技、文化、公共服务、基础设施等要素的关联通道。在产城互动发展的背景下，小城镇的通勤、教育、医疗、文化等公共服务设施也会随之完善，城镇社区也会从水电路气网、教科文卫体等领域入手，推动各类城镇才拥有的公共基础设施向农村区域延伸，公共社会服务向农村区域覆盖。如果能够尊重农民意愿，因地制宜、分类指导，推动城中村的改造工作，有序推进产业集聚区内农村居民向市民的转变，也将有利于促进农村新型社区建设。

产城互动发展通过培植产业集聚区解决农民当地就业，鼓励农民自主创业等多维转移的路径，实现了大多数农民就地城镇化，打破了原有城乡二元分割、要素单向流动的局面，推动了城乡统筹、城乡一体，体现了科学发展、和谐发展、可持续发展的要求。河南省现代城镇发展体系创造性地将新型农村社区纳入城镇体系，建立了由国家区域性中心城市、地区性中心城市、地方性中心城市、中心镇、新型农村社区构成的五级城镇体系，将城镇化建设延及整个农村。产城互动发展推动了城镇的生产要素与产业链条入住农村空间，基础设施和公共服务向农村延伸发展，现代的科技文明逐渐向农村广泛传播，产城互动发展减小了城乡之间的差距，促进了城乡之间的公平、均等发展，逐渐走向了城乡一体化的统筹发展。河南省的城乡统筹发展已经初见成效，例如，早在 2007 年，河南省城乡公路网络建设已经实现了所有乡镇的县道达到三级及以上公路标准；河南省所有乡镇均有客运车站，实现了 90% 以上的行政村通公共汽车。河南省基本形成了以统筹城乡产业发展、统筹社会事业发展、统筹基础设施建设、统筹劳动就业和社会保障为重点的城乡一体化新格局。

三、产城互动发展保障新型现代农业化基础作用

河南省作为一个粮食主产区，以农业为主的城镇工业落后、财政贫穷。随着我国进入工业化发展的中期阶段，农业的低收入性和农民的弱势性越发突出，粮食生产的投入产出比较低，农民种粮的积极性不高，纷纷走出家门打工挣钱。农村人口逐渐向城镇集中，农村宅基地空置，耕地撂荒或者转租承包给他人代种，造成农村土地的浪费与流失。新型城镇化引领产城互动发展促进城镇的土地综合治理，推动高效农业产业集聚发展，促进土地节约集约利用，加快城乡统筹发展等，这些保障了新型农业现代化的建设和发展。新型城镇化引领产城互动发展，一方面通过产业集聚解决农村劳动力就业，促进农村人口向城镇集中，带动城镇社区建设，将农民就地市民化。另一方面合理规划城镇结构，节约集约利用农村土地资源，调整农业产业结构，对城中村和空心村以及闲置的宅基地等进行整理、复垦，以科学合理的方式进行城镇土地流转，积极实施土地的节约集约发展，节约更多的土地用于大规模现代农业化发展，以及产业集聚区建设。例如，长葛市针对产业集聚区土地指标有限的问题，明确提出入驻企业的投资强度每亩不低于 400 万元，容积率必须达到 1.2 以上，建筑密度不低于 30%，1 亿元以下项目不单独供地，新上项目必须建设标准化厂房等约束性指标。而对那些投资强度偏低的项目，则予以紧急叫停。通过这些措施，产业集聚区共节约用地近 500 亩。长葛市通过竹园董村土地综合

整治、拆旧区整治项目综合整治后，除新增耕地 27.62 平方公里外，整个项目区将建设为一个"田成方、林成行、渠成网、路成框"且基础设施完备、生态环境优越、田园景观美好、整体功能较强的现代化高效农业示范区和观光区，收到了良好的经济效益、社会效益和生态效益。[①]

新型工业化引领产城互动发展促进发展高效农业产业区，以产业集聚形式带动特色农业城镇，因地制宜地发展颇具特色的农产品加工食品业，规模发展当地的农业种植基地。比如近年来，河南省有近百个地级名茶，32 个省级名茶，其中信阳毛尖知名度较高。经过几年的发展，茶产业已成为河南省南部山区致富的支柱产业，2010 年河南省茶叶总产量 4.2 万吨，居全国第 11 位，茶叶总产值为 81 亿元。[②] 2011 年，河南省以农业科技创新和经营方式创新为核心，农村经济向农产品加工业调整，逐渐形成优质肉类、乳品、花卉园艺、林产品、蔬菜、棉花、茶叶、油料、中药材和水产十大高效农业产业链。产城互动发展促进了农业产业集聚发展，进而加速推进了现代农业产业体系建设，形成现代农业产业集聚区，培植出农业产业化龙头企业。如河南新野县创建国家牛肉产业现代农业示范区，漯河市发展农产品加工产业集聚区，建设食品名城。在产业竞争作用下，为求产业发展，这些农产品企业自然会主动与城市科研单位积极联合，吸取专业科技人才也自主融合到产城互动发展中去。

第三节　新型城镇化引领产城互动发展的主要途径

产城互动发展是三化协调科学发展的重要途径。要发挥新型城镇化对产城互动的引领，必须做好以下四方面的工作：

---

① 张红伟、张晓杰、燕英杰：《河南长葛市强化管理节约集约用地破解"三化"瓶颈》，《人民日报》2012 年 8 月 21 日。
② 秦亚洲：《河南计划重点打造十大高效农业产业链》，中国产业经济网，2011 年 9 月 23 日，见 http://www.cinic.org.cn/site951/hnpd/hncjxw/2011-09-23/502262.shtml。

一、承接产业转移，优化产业结构

（一）统筹全局规划，有序承接产业

新型城镇化引领产城互动发展从一定程度上体现了城镇功能布局与产业分工布局的一体化，确保产业集聚区域的选择与城镇发展定位、产业与社会的功能、产业与人口集聚等方面进行有机衔接。产城互动发展只有在一体化的城市—区域系统规划为支撑，才能更好地促进"产"与"城"的互动发展。这些一体化规划涉及全面的城市—区域空间规划，包括总体规划、一般建设规划、土地利用规划、基础设施规划等。在整个城镇区域和产业功能区总体空间布局的框架下，统筹考虑现有和未来的产业发展格局，合理分布产业区域、科学配套基础设施，构建空间形态科学合理、高效利用资源要素的产业发展空间格局，实现产城互动的"无缝对接"，确保产业发展与城镇整体经济社会发展的协调性和一体化。在引进项目过程中严格按照规划的产业导向和空间布局，提前把好设计关、功能关，保证项目按规划要求实施，实现产城互动发展的双赢。最为重要的是城镇建设

郑东新区新貌

的交通及基础设施要与产业集聚区配套，在保证城镇发展的同时进一步延伸至产业集聚区，使产业集聚区也能共享城镇基础设施带来的生产生活便利，保证有产城互动长期的良性运转。

承接产业转移要顺应国家产业政策发展变化的要求，根据国家主体功能区规划的重点发展区域，结合不同区域承接产业发展的趋势，及时调整产业转移规划。河南省要制定一个总的规划，各地市应编制符合本地区实际的发展规划，规划要明确定位主导产业、特色产业，避免地市之间的产业趋同。在规划中要充分发挥产业与城镇的互动性，通过产业品牌营造城市形象，城市建设服务于产业发展。在统一规划下，各地市按照规划定位，实施承接产业转移的规划，实现产业有序承接。在产业承接过程中，应引入集群承接、链式引入的发展理念，在条件许可的情况下，尽可能引进创新型产业，把关产业承接的质量和数量，实现产业集聚发展。在新型城镇化引领产城互动发展中，要注重城镇之间的互动协调发展，防止城市同质化发展，避免产业结构"同构"现象的产生。

（二）发挥地方优势，承接产业转移

要实现新型城镇化引领产城互动，就要发挥河南省不同级别城镇的区位优势，承接与自身资源与实际相符合相协调的产业。实施产城互动发展，要把握产业发展的比较优势与后发优势，在引进战略性新兴产业和培育特色产业的同时，抓好传统产业的优化升级。既要培育高成长性产业发展和战略新兴产业，积极引进新材料、新能源、信息产业、节能环保和高端装备等新兴的高新技术产业；还应注重改造提升传统产业，如开展食品、服装等传统优势产业链的招商活动，促进分类产业集群发展。在新型城镇化引领产城互动的基础上，大力扶持本土民营经济和企业的发展。

在承接中东部产业的转移时，要避免只承接单个企业，而应该以承接具有较为完备产业链接的产业族群。在迎接承接产业转移的过程中，发挥本地特色产业优势，延伸新的产业链条，创建新的产业品牌。河南省在迎接产业专业的过程中，要发挥各方面的比较优势。①丰富的人力资源优势，河南省作为全国第一人口大省，拥有劳动年龄人口数6700万。巨大的劳动力人口为迎接产业转移提供了充沛的人力资源。②优良的区位优势，河南省会郑州市是全国重要的综合交通枢纽，河南省区域内拥有四通

八达的交通网络，丰富的人流、物流和信息流构建出一个巨大的消费市场，为产业发展和城市建设提供了优良的区位优势。③河南省多种矿产资源储量居全国前列。河南是全国重要的能源原材料基地，已发现矿产资源127种，探明储量89种，居全国首位的有8种。其中煤炭资源储量丰富，全省2000米以上已探明的煤炭资源储量为1130亿吨，保有储量245亿吨。丰富的矿产资源为中原经济区发展承接产业转移提供了良好的资源基础。上述优势条件为新型城镇化引领产城互动发展，承接产业转移奠定了良好的基础支撑。

河南省在承接产业转移方面，以产业集聚区为载体，以转型升级为主线，制定了多项措施应对挑战。①制订计划。制订承接产业转移行动计划，发布河南承接产业年度转移目录，筛选重点项目对外发布。②搭建平台。会同有关国家部委，继续举办承接产业转移系列对接活动，努力打造中部地区承接产业转移平台。按照"大项目—产业链—产业集群—产业基地"的思路，依托180个省级产业集聚区，开展国家和省级承接产业转移示范区创建活动。③建立机制。逐步探索建立承接产业转移长效机制和工作机制，做好签约项目的跟踪落实，促进产业转移向规模化、集群化发展。这些政策措施为河南省产城互动发展提供了重要的产业发展保证。

（三）优化产业结构，推动产业转型升级

河南省在我国国民经济发展中占有重要的地位，是全国农业生产和能源原材料加工基地。但由于历史积累、自然条件、地理位置、政策因素等多种原因，与东部沿海地区相比，经济的发展水平仍然不够高。虽然河南省经济总量较大，但人均经济发展水平、民生福利水平和产业结构层次明显偏低。2011年，河南省全年生产总值达27232.04亿元，但人均GDP仅相当于全国平均水平的80%；第一产业占12.9%，比全国平均水平低2.8个百分点，第三产业比重为28.8%，比全国平均水平低14.3个百分点；城镇居民可支配收入18195元，比全国平均水平低3615元；农民人均纯收入为6604元，比全国平均水平低373元。

目前，河南省的产业发展结构不够合理，相似度也颇高，产业发展出现重复。据计算，郑州市与开封市、洛阳市和新乡市的产业相似度在92%以上；与平顶山市、焦作市、济源市的产业相似度达81%之多；与漯

河市的相似度较低也达到了 77%。河南省第三产业发展落后（见图 4），如图 4 所示，2010 年河南省 126 个城镇（18 个省辖市市区及 108 个县（市）城区）第三产业比值超过 30% 的区域有 30 个，仅占总数的 23.8%；达到全国平均水平的仅有 6 个地区，分别是郑州市区、洛阳市区、开封市区、新乡市区、焦作市区和周口市区。总体观之，第三产业产值比重大于 45% 的城镇主要分布在 18 个省辖市的市区及豫南部分县市，这表明河南省的绝大多数城镇的第三产业发展还处于落后状态，亟须调整三次产业的比重，增强新型工业化的和新型农业现代化的生产后劲，优化区域的产业结构，进而促进中原经济区整个经济持续、快速健康发展。

当前，产业转型升级已经成为我国经济面临的紧迫课题，河南也不例

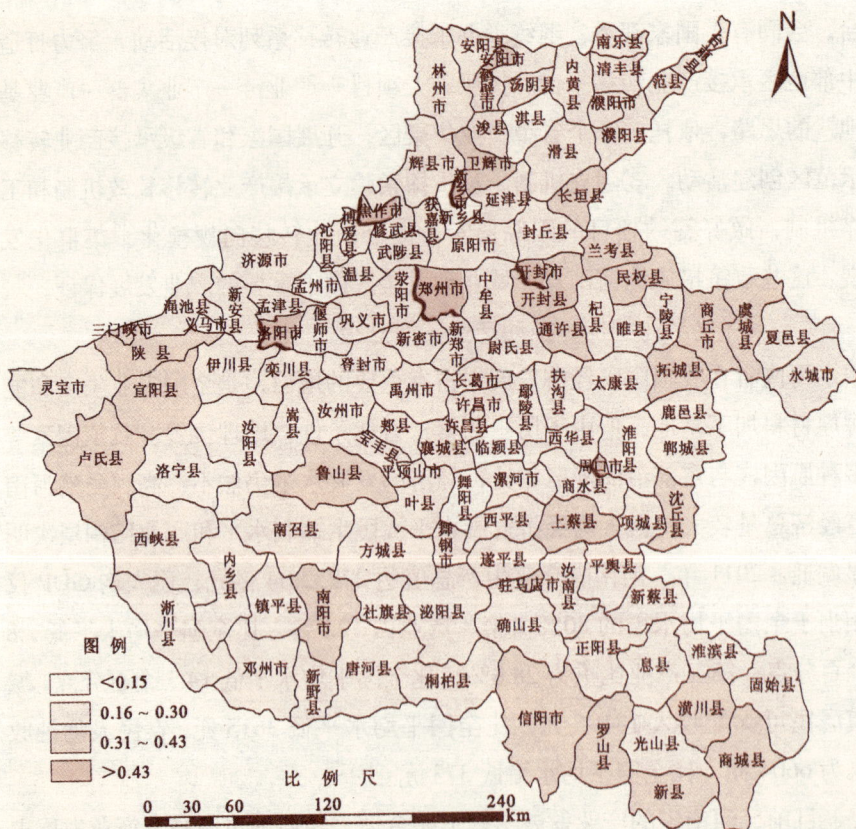

图 4　2010 年河南省 126 个城镇第三产业比重分布图

资料来源：《中国区域经济统计年鉴（2011）》、《河南省统计年鉴（2011）》。

外。中原经济区战略给河南省经济发展提出了更高的要求，产业转型升级以及结构调整成为实现发展的重要途径。产业、人才、技术的多重转移，可以促进产业升级与价值链的结合，通过产业转型升级达到培育本土企业的目的。在我国东部发达沿海城市产业转移的过程中，河南省应着力推动产业结构升级，优化三次产业的比重，努力实现由传统农业大省向全国重要的经济大省、新兴工业大省的转变；河南省应积极承接高新技术产业，以核心技术、关键技术研发为着力点，推动传统制造业的优化升级，建成全国重要的现代装备制造及高技术产业基地。

因此，河南省在承接产业转移时，应着力做好产业结构优化、产业转型升级，增强城镇承载承接作用，把国家区域中心城市、地区性中心城市、地方性中心城市、中心镇、新型农村社区等各级城镇作为不同层次的节点，依托产业集聚区和专业园区，培育主导产业，发展特色产业集群，促进产城互动。

二、节约集约用地，建设城镇产业集聚区

（一）节约集约用地

实现新型城镇化引领产城互动发展，必须在节约集约用地的基础上注重提升土地资源利用的效率。只有完善节约集约用地的政策和措施，优化土地资源的空间布局，加快推进旧城区改造、新区建设、城镇产业集聚区建设，综合整治农村建设用地，规范推进城乡建设用地增减挂钩，才能提高存量建设用地利用效率，才能实现产城互动发展。

2010 年全国土地出让总收入 2.7 万亿元，其中河南 652.2 亿元，仅占全国的四十分之一，低于全国平均水平。河南省政府特别提出，在今后的发展中要注重土地集约集聚，适时调整规划布局，完善支持政策，健全管理体制，推进产城互动，持续提升产业集聚区发展水平。本着节约集约利用土地的原则，要支持小型微型企业发展，鼓励以创业带动就业，多渠道增加就业岗位。大力发展县域经济，依托产业集聚区和专业园区，加大招商引资力度，培育主导产业，壮大产业规模，发展特色的产业集群。因地制宜规划建设一批中小企业产业园区，妥善解决园区用地和基础设施建设问题。

　　为确保产业集聚区国土空间开发利用，珍惜国土资源，本着人口、资源、环境与经济、社会的协调发展，重点要优化国土开发空间布局，落实资源节约优先战略，加快资源利用方式转变，有效保护国土资源进行有序开发。推进国土资源管理改革创新，强化国土科学管理，促进土地资源的多维一体开发，优化城乡建设用地结构和布局，进一步提高土地配置市场水平和集约节约利用程度，着力构建保障和促进科学发展新机制，提高国土资源保障能力和保护水平，努力走出一条不以牺牲农业和粮食、生态和环境为代价、以城带乡、以工促农、促进三化协调和城乡统筹发展的用地保障新途径。

　　为实现产城互动发展的要求，针对现有农村的闲置土地进行综合整治。结合新型农村社区建设，对农民的宅基地进行整合，整合出来的土地仍然是农民的，属于集体使用的土地。一部分土地复耕作为农田耕地，一部分土地可以调剂为建设用地，保障城镇化、工业化的用地需求，但必须保障农民的土地权益不受损害。同时，要加快推进农村集体土地所有权、集体建设用地使用权、宅基地使用权的确权登记发证工作，保护居民的农村集体财产分红收益、土地流转以及集体土地转让收益，使农民真正成为新型城镇化的最大受益者。为确保有效整合农村闲置土地，确保创新农村人口有序转移机制，按照宽严有度、积极稳妥的原则，适度放宽郑州市、全面放开其他省辖市、县城（县级市）和小城镇入户条件，逐步推行城乡一体的户籍管理制度。

（二）大力建设节约集约型城镇产业集聚区

　　建设节约集约利用土地示范产业集聚区，优化全省区域经济结构、节约集约利用土地资源、促进发展方式转变，促使产业集聚区做到项目集中布局、产业集群发展、土地节约集约利用，突显土地产出效益，努力提升产业集聚区节约集约利用国土资源水平。"十二五"时期，河南省要实现单位GDP建设用地消耗下降30%以上。产业集聚区的发展并非在于土地，而在于经济和科技创新的集聚。例如美国旧金山是硅谷所在地，仅有60万人口的非城市中心，经济发达、科技创新资源集聚。因此，只要那些能够实现社会经济进步、充分利用优化资源，就是好的产业集聚区域，一个发展中的城市形态。

强化城市新区、城市组团、产业集聚区、特色专业园区、商务中心区和特色商业街区等载体建设，由此引导产业集聚区布局优化，促进产业集聚集群发展。加强产业集聚区建设，突出抓好主导产业培育，重点引进龙头型、基地型企业，带动同类企业、关联企业和配套企业高效集聚，加快形成一批特色产业集群。采取积极有效措施，大力发展循环经济，降低资源消耗，最大限度地提高资源利用效率，推动产业集聚区转型升级。

目前河南省有 180 个产业集聚区，各主管政府部门应严格按照《中共河南省委河南省人民政府关于推进产业集聚区科学规划科学发展的指导意见》（豫发〔2009〕14 号）、《河南省人民政府印发关于加快产业集聚区科学发展若干政策的通知》（豫政〔2009〕62 号）、《河南省人民政府关于进一步促进产业集聚区发展的指导意见》（豫政〔2010〕34 号）精神和《河南省人民政府办公厅关于转发河南省专业示范产业集聚区创建办法的通知》（豫政办〔2011〕10 号）要求，推动产业集聚区可持续发展，对于产业园区的违法行为或不按照节约集约利用土地的行为给予监管和处罚。

（三）创新产业集聚区的管理体制

新型城镇化引领产城互动发展必须要完善产业集聚区的管理体制。要完善管理体制，促进产业发展功能与行政区划套合，形成条块结合、精干高效、动态管理的工作机制，实现有效统一管理；要完善运行机制，加快建立完善决策咨询机制、联审联批机制、项目建设服务机制；要完善政策机制，落实完善财政扶持、土地使用、人才引进和劳动力落户、创业创新等政策；要完善考评机制，完善发展考核指标体系，增加"四集一转"权重，完善表彰激励机制，推动产业集聚区又好又快发展。在国际国内产业加速转移的大背景下，尤其要抢抓机遇加快发展，不断总结经验，扩大效果，为产业集聚区建设提供示范样板；要抢抓机遇，捕捉商机，密切跟踪研究产业转移新动态，努力化不利为有利，在逆境中捕捉商机，在竞争中赢得主动；要合力推进，打总体战，形成河南省上下围绕产业集聚区各司其职、密切配合、齐抓共管、推动发展的强大合力。

总之，在新型城镇化引领产生互动发展中，河南省应高度重视提升土地资源开发的效益，充分发挥市场配置的基础性作用，切实运用好资产管理的杠杆，使有限资源的价值得到最大限度的发挥。

三、推动信息化，构建城镇产业创新体系

（一）深化产城互动发展中的信息化进程

信息化是当今世界发展的趋势，是衡量一个国家或地区经济发展和社会进步的重要标志。加快信息化建设是我省调整产业结构、促进发展方式转变的重要举措，是推进中原经济区建设、加快中原崛起河南振兴的重大战略选择。

探索走出一条不以牺牲农业和粮食、生态和环境为代价的三化协调科学发展的道路，离不开信息化的支撑和支持，同时也赋予信息化新的任务、新的要求和新的内涵。河南省要推动中原经济区建设，实现中原崛起河南振兴战略目标，就必须把推进信息化放在优先发展的位置，用信息化引领"一个载体、三个体系"即以产业集聚区为载体，现代产业体系、现代城镇体系、自主创新体系等三个体系的建设，以实现工业化、城镇化和农业现代化的发展目标。目前河南省高标准完成了国家"三电合一"（即电话、电视、电脑有机结合）项目农业农村信息化试点工作，农业信息网、兴农网建设初具规模，网络与信息安全水平稳步提升，社会领域信息化应用逐步普及，"数字城市"和社区信息化建设取得阶段性成果，点状效应逐步显现。[1] 加快河南省数字城市建设进度，推进信息化在构建现代城镇体系、构建现代产业体系、打造服务型政府和建设新型农村社区等方面的应用，促进现代信息技术在国民经济和社会发展各个领域的广泛应用，推进城市信息化和信息产业化为转变经济增长方式和改善人民生活服务。

（二）合理构建产业布局增强产城互动辐射力

合理构建产业布局有利于实现产城互动的辐射力。在产业分布上，老城区、新城区、小城镇以及新型社区等不同城市区域需根据考虑历史背景、自身实际和资源禀赋要素发展不同类型的产业。老城区考虑其在土地

---

[1] 省政府办公厅：《河南省人民政府办公厅关于印发河南省国民经济和社会信息化发展"十二五"规划的通知》，2012 年 4 月 6 日，见 http://www.henan.gov.cn/zwgk/system/2012/04/19/010302590.shtml。

使用上的限制，更易于发展高端商业和服务业等第三产业。新城区基础设施配套标准高，生态环境优良，能吸引更多的优秀人才在这里汇聚，更易于建设信息产业区、金融服务区和科教园区。中小型城镇在基础设施、人居环境上相比劣势一些，但是拥有大量的廉价劳动力，适宜传统的具有大就业包容量的传统制造业发展，一方面可以解决当地老百姓的就业问题，另一方面促进城镇化的发展，将节约集约下来的土地集中起来重新支持农业和工业的发展。

中心城市是产城互动发展的核心地区，优化中心城市布局和形态，促进中心城区与周边县城、功能区组团式发展，可增强区域核心增长区的产城互动强度。以郑州市为例，应加快郑州都市区建设，提升交通枢纽、商务、物流、金融等服务功能，建设全国重要的区域性中心城市。加强郑州新区建设，强化产业复合和经济、生态、人居功能复合，支持城市新区建设成为中原经济区最具活力的发展区域。发展城区经济，重点发展高端制造业、战略性新兴产业和现代服务业。提高城市建设和管理现代化水平，加强城市基础设施建设和公共服务，完善城市功能，建设宜居宜业城市。

（三）构建信息化产业发展创新体系

产城互动发展离不开科技创新培育的核心竞争力。科学技术是第一生产力。要深入实施科教兴豫战略，加快构建自主创新体系，不断提升科技研发能力、科研成果转化能力、科技创新运用能力和科技人才集聚能力。培育壮大创新主体，引导和支持创新要素向企业集聚，增强高等院校、科研机构创新动力，推动产学研用紧密结合，实施重大科技专项，努力在产业转型升级的核心关键技术和共性技术研发上取得突破，推出更多的"河南创造"。支持高等院校培养创新型人才、开展原始创新和集成创新。加快建设企业研发中心、重点实验室等创新平台，推进创新资源开放共享。营造鼓励创新的环境，完善支持创新的政策体系，加大科技投入，加强知识产权保护，使全社会的创新能量能够充分释放、创新源泉能够充分涌流。

目前，河南省形成了南阳光电产业、洛阳硅产业、安阳新型显示器件产业、濮阳电光源产业等一批特色产业，以及中部软件园、河南省软件园、河南科技市场软件园、洛阳软件园等多个软件产业园。物联网等一批新型产业稳步发展，成立了河南省物联网产业联盟，产业布局正在形成①。这些信息化产业为河南省产城的互动发展提供了重要的产业支撑，也为构建信息化产业发展创新体系打下了坚实的基础。

四、改革金融体制，创建城镇产业投融资平台

第一，积极创新体制机制。创新管理体制，把更多经济事务管理权限下放给产业集聚区，创新投融资和土地使用机制，充分利用各种投融资平台，积极探索 BT、BOT 等建设模式，带动信贷资金和社会资金投入呈几何级数增加。各级财政要持续加大城市公益性设施建设投入力度，城镇维护建设税等收入要专款专用，土地出让金扣除政策规定必须安排的支出后主要用于城镇基础设施建设。实施城乡建设用地增减挂钩项目，高效配置土地资源，确保重大工业项目和城建项目建设用地。创新政务服务机制，推进政府机构改革和行政审批制度改革，项目审批现场办结率、按时办结率力求达到100%。

第二，加强投融资平台建设。在投融资形式上，针对不同产业项目不同城镇的属性和特点，充分发挥各种投融资者的作用。加强股权类的投融资，对于产业中具有股权的企业股东通过企业增资引进新股东的融资方式，出让部分企业所有权，以获取资金。如河南省有豫光金铅、神火股份、安阳钢铁、焦作万方、许继电气等上市公司，可以通过股权融资。同时，积极为企业提供直接融资平台，推进中小企业上市。

第三，鼓励技术市场和技术融资。应探索建立服务产业集聚区高新技术企业的技术交易市场，使得各产业企业能够及时地获得各种项目信息和行情，减小行业信息的不对称性，降低道德风险，促进风险投资的进入。然后在风险投资支持的科技型企业成熟后，可以进入产权市场交易资产重组。

第四，吸引社会组织投资。大型企业集团参与风险投资，挖掘民间资本潜力，发展风险投资基金。也可以通过参与一级资本市场或国债回购交易，提高资金的使用效率，也可增加部分城建资金来源。

---

① 省政府办公厅：《河南省人民政府办公厅关于印发河南省国民经济和社会信息化发展"十二五"规划的通知》，2012 年 4 月 6 日，见 http://www.henan.gov.cn/zwgk/system/2012/04/19/010302590.shtml。

惠济区长兴路街道南阳寨村新近落成的农民社区

山阳新姿

第八章
新型城镇化引领城乡统筹发展

城乡统筹发展是三化协调科学发展的第三个结合点，也是最终的落脚点，城乡统筹发展，是新型城镇化"引领三条发展途径"的第三通道。在新型城镇化引领下，城乡统筹发展的主要内容可概括为：以区域性中心城市或增长极为支撑，城、镇、乡协调布局，构建现代城镇体系；以农业剩余劳动力转移为牵引，开辟县域中心城区、建制镇、新型农村社区转移渠道，搭建城镇化本土承载平台；以切实解决"三农"问题为目标，调动农民积极性，推进新型农村社区建设；以缩小城乡差距为目标，逐步实现城乡公共服务均等化，构建城乡资源共享平台和社会保障体系。

第一节　城乡统筹发展的相关理论

城乡统筹理论源远流长，而影响力最为深远的是马列主义的城乡融合理论。之后城乡协调、城乡一体、城乡统筹等为我国研究城乡关系的学者所青睐，其中城乡统筹、城乡一体最具争议，两者本质相同，却又有细微差别。城乡统筹重在城乡发展的路径、过程，城乡一体重在城乡发展的状态、结果。中原经济区城乡发展的当务之急为：探索城乡统筹发展路径，明确城乡统筹发展作用机理，把握好城乡统筹各项任务，逐步完成城乡各项统筹，最终实现城乡一体。

一、城乡统筹、城乡一体的理论来源

追根溯源，城乡统筹、城乡一体的理论来源可上溯至欧洲文艺复兴时期的《乌托邦》。"乌托邦"是空想社会主义者追逐的理想乐园，而影响较深刻的理论思想却是"城乡融合"、"乡村城市化"等思想。城乡融合、城乡协调、城乡一体化、城乡统筹等四者本质含义相同，即追求城乡均衡发展。本节综合不同的学术观点，认为城乡统筹、城乡一体的提出是为了解决不同时期的城乡发展问题，只不过因所处时代、所处发展阶段不同，其外在表现和"标签"不一致而已。

马克思列宁主义观点。马克思、恩格斯认为在人类发展历史的长河中，城市与乡村要经历三个辩证发展的阶段：城乡对立阶段、城乡结合阶段、城乡一体阶段（即通过应用新技术，逐步消灭城乡差别，达到城乡生活条件同等，最终实现城乡融合）。马克思共产主义理论的一条重要内容，就是消灭城乡差别，实现城乡融合发展。毛泽东也多次谈到，消除工农之间、城乡之间、脑力劳动和体力劳动之间的三大差别，为实现共产主义社会准备条件。

城市规划学观点。埃比尼泽·霍华德（E.Howard）于 1898 年提出的"田园城市"理论，是城市规划学界"城乡统筹、城乡一体"理念的先驱。霍华德设想：田园城市占地 6000 英亩，其中城市居中，占地 1000 英亩，永久绿地和农业用地占 5000 英亩，并认为城市与乡村各有优缺点，城市有优于乡村的工资待遇、科技信息、文化医疗条件、就业机会、发展机会等，但同时人口比较稠密，开放空间较小，空气、水体等污染严重，缺乏乡村的美丽与宽阔。田园城市将城市与乡村相结合，兼有城市与乡村的优点，避免其缺点，达到最优；"城市和乡村必须成婚，这种愉快的结合将迸发出新的希望、新的生活、新的文明"。霍华德倡导的是一种社会改革思想，即用城乡协调、城乡统筹的新社会结构代替传统城乡分离的社会结构形态，他的这种社会改革思想影响了英国、美国等西方发达国家，田园城市运动也曾因此成为世界性运动。

城市发展学观点。美国城市理论家刘易斯·芒福德（L.Mumford）指出："城与乡不能截然分开；城与乡，同等重要；城与乡，应当有机结合在一起，如果问城市与乡村哪一个更重要的话，应当说自然环境比人工环境更重要。"芒福德赞同亨利·赖特（H.Laite）的观点，他主张凭借分散权利来建造更多"新的城市中心"、创建更大的区域统一体，以现有城市为主体，把这种"区域统一体"的发展引入众多平衡社区里。这就促使区域整体发展，不仅可以重建城乡之间的平衡，还可以使城乡居民在所有地方都同等享受城市生活的优越，同时，可以避免特大城市的困扰。

二、城乡统筹、城乡一体的概念辨析

第一，城乡统筹的概念。城乡统筹发展涉及社会经济、生态环境、文化生活、空间景观等各个方面，因此其概念对于不同的学科在理解上也有不同程度的偏重。社会学和人类学界从城乡关系的角度出发，认为城乡统筹发展是指相对发达的城市和相对落后的农村，打破相互分割的壁垒，逐步实现生产要素的合理流动和优化组合，促使生产力在城市和乡村之间合理分布，城乡经济和社会生活紧密结合与协调发展，逐步缩小直至消灭城乡之间的基本差别，从而使城市和乡村相互融合、协调发展。经济学界则从经济发展规律和生产力合理布局角度出发，认为城乡统筹发展是现代经济中农业和工业联系日益增强的客观要求，是指统一布局城乡经济，加强城乡之间的经济交流与协作，使城乡生产力优化分工，合理布局、协调发展，以取得最佳的经济效益。有的学者仅讨论城乡工业的协调发展，可称为"城乡工业一体化"。规划学者是从空间的角度对城乡结合部作出统一规划，即对具有一定内在关联的城乡交融地域上各物质与精神要素进行系统安排。生态、环境学者从生态环境的角度，认为城乡统筹发展是对城乡生态环境的有机结合，保证自然生态过程畅通有序，促进城乡健康、协调发展。

综上所述，城乡统筹发展可以理解为城乡之间通过生产要素合理分配、优化组合，资源的自由流动、优势互补，以城带乡、以乡促城，最终实现城乡同发展、共繁荣，并促进城乡经济、社会、文化、生态持续协调发展的过程。

　　第二，城乡一体的概念。目前，关于城乡一体的理解在学术界还存在争议。有些学者反对我国现阶段推行城乡一体化发展模式，代表性学者为王圣学，他从两个方面论证了我国现阶段提倡城乡一体化发展不合适。一是按照马克思、恩格斯的城乡关系三阶段论，即城乡对立（资本主义社会）、城乡结合（社会主义社会）、城乡一体（共产主义社会），目前我国仍处于社会主义社会，因而城乡一体化发展的提法超越了我国目前城乡关系准则。其二，他还认为，城乡一体化与城镇化是两种完全不同的发展道路，因而城乡一体化发展理论不能作为我国调整城乡关系的指导思想。周加来则从城乡关系发展的历史演变道路为依据对城乡一体化发展提出质疑，认为城乡关系发展沿着"乡育城市——城乡分离——城乡对立——城乡融合——城乡一体"道路演变，城乡一体化发展是人类社会发展的最终目标，城镇化的最高阶段，我国现阶段没有达到这一境界。还有些学者甚至认为城乡一体化发展是"新乌托邦"。

　　显然这些争议源自于对城乡一体的两种理解及部分误解。两种理解差别在于：一种是将它作为实践中指导工作的方针，一种则将它视为发展的目标。严格地说，第一种含义应是"市郊一体化"，即一座城市与它所辖的郊区，在行政区划内对城乡经济进行统一社会发展规划，克服城乡分割对立的局面，促进城乡共同发展。第二种含义是指城市和乡村的对立消失，是城乡关系协调的标志和归宿，是社会生产力和商品经济发展到一定水平的产物。如此城乡一体的发展既是一种发展目标，也是一种发展过程，只有树立了城乡一体化发展的指导思想，才可能引导城乡走向协调、统一共同发展、共同繁荣的道路。城乡一体发展是把城市和乡村放在统一的大系统中，进行生产要素的重新配置，达到最优以提高经济运行效率，其间并不排除城镇化的进展，"实行城乡一体化发展并非否定人口城市化或乡村城市化。事实上它是以城乡融为一体的方式去改良、协调、发展这两种城市化的方式"，所以认为城乡一体发展与城市化道路相违背有失偏颇。

　　第三，城乡统筹、城乡一体的内在关联。综上所述，城乡统筹、城乡一体等提法在一定意义上比较接近，在研究内容上也相互交织，其核心是解决城乡居民的国民待遇问题。城乡联系研究内容涉及城乡关系的方方面面，是城乡统筹发展的前提，城乡统筹发展是其中的一个分支理论。区分城乡统筹、城乡一体细微差别：城乡统筹，注重的是发展，是一种途径、过程，具有动态性；而城乡一体，注重城乡关系所处状态，是城乡发展的结果或城乡发展的一种目标。

三、城乡统筹发展的主要内容

城乡统筹发展，即在新型城镇化引领下促使城市与乡村融合发展，形成三化协调科学发展的可持续发展格局。城乡统筹发展是新型城镇化引领三化协调科学发展的第三条途径，它不仅包含了经济范畴，还涉及城乡经济和社会发展中的物质文明、精神文明、政治文明等各个方面。因此，必须将城乡发展中涉及的各个方面内容纳入城乡统筹发展，综合考虑，不能顾此失彼。具体而言，必须做到：①统筹城乡经济发展。把农民致富与农民城镇化相结合，长富于民，藏富于民，增加农村居民经济收入，改善城乡居民在经济上的差距。这是城乡统筹发展的基础，是搞好其他一切城乡发展的根本。②统筹城乡文化发展。统筹城乡文化发展是城乡统筹的重要内容，把教育城乡居民、改善居民观念及提高居民素质结合起来，鼓励物质文明、精神文明共同发展，带动农村现代文明的繁荣，从而推动农村经济社会发展与进步，实现城与乡的协调。③统筹城乡民主发展。在政治上，切实做到全体公民尤其是农民平等享有"国民待遇"，尊重城乡居民政治权利，充分体现"人民当家作主"的政权性质。

综上所述，就中原经济区而言，城乡统筹发展的主要内容应包含以下几个方面：①以新型城镇化为引领，以新型农村社区建设为切入点，构建全国区域性中心城市、地区性中心城市、地方性中心城市、中心镇、新型农村社区一体的现代城镇体系。②以新型城镇化为引领，积极推进新型农村社区建设。调动农民积极性，推动新型农村社区建设，明确新型农村社区建设关键性问题，因地制宜选择最合适的模式有序推进。③以新型城镇化为引领，构建城乡统筹支撑体系。构建资源共享平台，深化户籍制度改革，加强人力资源开发，重视乡村文化的保护，加强生态工程技术建设等。

四、新型城镇化引领城乡统筹发展的作用机理

第一，新型城镇化引领城镇体系创新发展。统筹城乡发展是新型城镇化引领三化协调科学发展的内在要求，而城镇体系创新发展则是中原经济区城乡统筹的重要举措。完善城镇布局，加强城乡管理，统筹推进新型城镇化与新型农村社区建设，构建以城市群为主体形态，全国区域性中心城市、地区性中心城市、地方性中心城市、中心镇、新型农村社区协调发展的五级城镇体系，最终走出一条资源节约、环境友好、经济高效、文化繁荣、城乡统筹、社会和谐的新型城镇化道路。新型农村社区建设是新型城镇化的切入点和有效载体，它成为继全国区域性中心城市、地区性中心城市、地方性中心城市、中心镇之后的第五级城镇。新型农村社区建设，使城镇体系的结构更加完善，也使城镇体系布局更合理、管理更有效。实施城乡统筹发展，就是要注重新型农村社区建设这个结合点的衔接作用，即推动新型农村社区建设向城乡一体的城镇化过渡，再由城镇化向城乡统筹发展衔接。这样的城镇化就不是单单指向城镇发展的传统城镇化，而是同时推动农村发展的新型城镇化，是城镇发展与农村发展相结合、带动三化协调科学发展的新型城镇化。

第二，新型城镇化引领城乡空间融合发展。由于城乡之间要素（资金、资源、土地、人才等）的不平等流动，二元结构的存在，乡村的弱势地位成为制约城乡融合发展的因素，而中原经济区这种不利因素更为严重，城乡关系对立问题也较为突出。实施新型城镇化引领三化协调科学发展，就是提倡工业支持农业、反哺农业，城市辐射、带动乡村，建立以工促农、以城带乡的长效机制，从而促进城乡空间融合发展。新型城镇化引领三化协调科学发展重点强调大中小城市和小城镇协调发展，城乡统筹发展、总揽发展全局、兼顾各方利益，有助于缩小城乡差距、改变乡村弱化趋势；而其发展方式则要抛弃传统的注重城镇化率，转而注重城镇化质量，减少对资源、环境的压力。

第三，新型城镇化引领城乡公共服务均衡发展。新型城镇化改变传统城镇化理念，要求城镇与乡村之间经济、政治、文化及人才的相互渗透，

工业反哺农业，城镇带动乡村，建立以工促农、以城带乡的长效机制，促进城乡各个方面的协调发展。新型城镇化引领产业集群发展，从而促进专业分工的形成，使区域形成互动的物流体系成为可能。新型城镇化推动城镇规划建设，为城乡居民带来更多就业机会，提高居民生活水平，带动居民对公共服务发展需求。新型城镇化引领新型工业化，带动了城镇发展和人的城镇化，伴随城镇化实现，教育、医疗卫生、社会保障等逐渐达到城镇水平，公共文化快速发展，人们精神生活极大提高。新型城镇化引领城乡统筹发展，以新型农村社区建设为切入点和突破口，致力于乡村的发展，推动了农村生活环境改善、农村生活水平的提高，促使公共服务进一步完善；围绕城乡统筹大局，通过推进城乡一体化试点、新型农村社区建设等措施，促进农村合作医疗发展、农村校舍的新建与改造及农村服务设施的建立健全。

第四，新型城镇化引领城乡基础设施共建共享。新型城镇化的发展目标为资源节约、环境友好、经济高效、文化繁荣、城乡统筹、社会和谐，这也是现代城镇健康发展的一项重要标志。因此，城乡基础设施（如综合交通设施、电力电信设施、水利设施、环卫防灾设施等）共建共享则成为城乡发展的必然要求。由于新型农村社区的统一规划建设促使农村居民集中居住，所以在新型城镇化过程中，尤其是乡村城镇化过程中，基础设施可集中建设与完善，实现减少投资成本、提高运行效率。这不仅可以向居民集中供热、集中供水、污水集中排放与处理、集中供应燃气以及实施电力通信服务等，而且还使城乡居民的生产、生活联系更加密切，使城乡居民能够同等享有城市居民生活的便捷。新型城镇化引领城乡基础设施共建共享，也改变村镇虽较为接近，而因基础设施各建一套所造成资金浪费、运行低效的局面。

第五，新型城镇化引领城乡生态环境和谐发展。国务院《指导意见》明确提到：积极探索不以牺牲农业和粮食、生态和环境为代价三化协调科学发展的路子，是中原经济区的核心任务。新型城镇化目标要求资源节约、环境友好，发展方式注重城镇化水平提高，不同于传统城镇化大量消耗资源、牺牲环境谋求速率的方式，这与国务院《指导意见》指导思想相符合。在新型城镇化的引领下，不仅确保农业发展目标和粮食安全任务，而且更加重视城乡生态和环境的保护，两者兼顾。因此，新型城镇化引领城乡生态环境和谐发展，即在城市—区域发展进程中营造优良环境，考虑城镇生态环境的承载能力，协调城镇与区域之间的环境依存关系。新型城镇化引领城乡生态环境和谐发展，树立环境优先的理念，更加重视城乡一体的开放空间系统的营建，为城乡经济社会发展创造良好的区域支撑环境。

第二节　新型城镇化为现代城镇体系建设搭建承载平台

随着新型城镇化、新型工业化及新型农业现代化的推进，中原经济区加快了缩小城乡差距步伐，扭转"重城轻乡"政策偏向，着力推动破解"三农"问题工作，统筹城乡协调发展。实施新型城镇化引领下的城乡统筹发展，构建现代化城镇体系则是其具体实践，且现代城镇体系的建设水平，影响着城乡统筹发展的质量与进程。构建以县域中心城区为中心，以特色中心镇为副中心，以一般建制镇为节点支撑，以新型农村社区为切入点和突破口的现代化城镇体系，搭建县城层次的承载平台、建制镇层次的承载平台及乡村层次的承载平台，是新型城镇化引领下城乡统筹发展的重要举措，是建设和谐社会的必要途径。

一、搭建城市—区域层次的承载平台

随着城市区域化、区域城市化进程加快，中原经济区范围内密集分布的城镇及其影响的腹地将逐渐形成以现代城镇体系为支撑的城市—区域系统。新型城镇化引领中原经济区三化协调科学发展，就是要为城市与城市、城市与城镇、城镇与乡村的良性谐振提供承载平台。具体而言，在城市与城市的互动中，通过引领基础设施、公共服务设施等硬件要素的建设，为城市之间各种要素的合理流动和持续循环提供畅通的渠道；通过引领文化交流、科技创新等软要素的建设，为城市之间的共荣发展提供软环境支撑。在城市与城镇的互动中，通过引领快速交通廊道的联通、中心城

市的组团式发展、基础设施的共建共享，为城市、城镇之间的一体化对接提供的发展支撑；通过引领资源、信息等要素的统一管理，建立网络化支撑平台，达到城市与城镇的互促共进。在城镇与乡村的相互作用中，通过以新型农村社区为切入点和突破口的新型城镇化建设，使乡村地区逐步实现就地城镇化，达到城镇与乡村的一体化发展；通过城镇与乡村的经济、社会、文化、科技、信息等方面的统筹发展，形成新型的"城镇—新型农村社区"城乡模式。

随着新型城镇化的深入推进、新型农村社区的规划建设，中原经济区城市、城镇、乡村将形成高度互动的城市—区域系统，三者相互作用、相互制约。总之，新型城镇化引领为城市、城镇、乡村三者的一体化发展提供承载平台，通过城市—区域系统的体系建设、结构优化、功能组织、职能调整等措施，达到硬件要素（高速公路、电网、电信网络等）和软环境要素（公民素质、道德修养、社会舆论等）的共同发展。

二、搭建中心城市层次的承载平台

在城市—区域高度互动阶段，区域内点（市、镇）、线（作用通道）、网（通道交织）、腹地（城市综合影响区）有序组合，形成了以中心城市为核心，与其紧密相连的周围区域共同组成的，在政治、经济、社会、信息等方面密切联系、互相协作，在社会地域分工和空间相互作用中形成并协调发展的城市地域综合体。如上所述，中心城市是该类型地域综合体的核心、增长极和创新中心。新型城镇化引领中心城市建设，就是要不断增强中心城市的中心带动机能，为中心城市及其影响的产业部门组织区、城市边缘区以及区域支撑基质协调发展提供承载平台。

具体而言，中心城市通过与周边地区的空间关系而成为支配经济活动空间分布与组合的重心。中心城市通过乘数效应、涓滴效应不断地向外层影响并逐步推移，区域中的各种产业将以中心城市为增长极建起区域经济发展的产业部门组织区。该区域由经济、社会、文化等方面的企事业单位组成，是城市生产、生活和各项功能的组织区和协调区，是对中心城市的补充和向外围进一步扩散的地带。为满足城市发展的需要，城市必然要进一步向外扩展，城市边缘区就是其发展的必需之地。城市边缘区也就成为城市各种要素流的交汇地带，其中既有城市郊区化的溢出流，又存在郊区城市化的增长流。由于各种流的相互碰撞和各种流的等级不一，所以这一带往往形成混杂区、过渡区和边缘区。城市边缘区之外是广大的乡村基质，它既是满足中心城市、城市边缘区经济发展所需物质的基础平台，又是城市中各种要素流的延展平台。新型城镇化引领城乡统筹发展，就是通过充分发挥中心城市的集聚—扩散机制，为中心城市及其影响的广大区域提供良性互动、综合发展的承载平台。

三、搭建县城层次的承载平台

县城既是联系乡村和城市的纽带，又是县域经济的集聚和服务中心，既是城镇化进程的地方支点，又是部分人口流向城市前的一个缓冲区。在区域城镇化进程中，部分农业剩余劳动力及其连带人口流向县城将是一个重要的选择。因此，加强县城建设，为县城层次的城镇化打造承载平台，就显得十分重要。

提升经济实力是县城建设的出发点和归宿，经济上去了，才能为人口转移提供充足的就业岗位，才能加大财政对基础设施建设的投入，形成县城建设与县域经济发展的良性互动。县级政府既对县域实施管理，也是乡村经济发展的催化剂。县级政府要根据县城的区位条件、资源状况、经济基础等因素，因地制宜，发挥优势，搭建县城经济的产业框架等。具体完成如下任务：①努力壮大工业经济，推动资源型和科技型产业并举发展，加快发展产业集聚区和专业园区，引进资金和项目，形成特色产业集群。②搞活第三产业，围绕第二产业发展交通运输、信息咨询、饮食服务、中介服务、房地产等行业，活跃市场，扩大就业，繁荣经济。③依靠科技进步和完善的社会服务系统继续发展服务于农业的行业，建立专业农贸市场，开展多方位的技术培训、信息传播、运输服务、市场开拓等工作，发展农副产品加工业，培育公司和农户一体化的新型企业。

与此同时，以发展的眼光和创新的精神，科学编制高水平的县城规划，做到坚持规划的先行性、全面性、可行性、特色性和严肃性。必须改革落后的投入机制，用足用活政策，发挥市场机制作用，开辟多元化投资渠道以多方筹措建设资金，坚持谁投资谁受益的原则，调动企业、外商、个体等社会投资主体的积极性。消除土地、户籍和社会保障制度等方面的体制障碍，为农民进城创业、发展和定居创造良好环境。

四、搭建建制镇层次的承载平台

建制镇在乡镇这一地域尺度上有着与县城相同或类似的功能。应该说，在区域城镇化进程中，部分农业剩余劳动力及其连带人口流向建制镇将是一个重要选择。因此，在完善建制镇基础设施、提高管理和服务水平的基础上，合理确定第一、二、三产业的比例，并逐步向第二、三产业转移，把建制镇建设与发展乡镇企业和农村服务业有机结合，从而促进建制镇成为农产品加工、销售集散中心和技术、信息、人口集聚中心，进而实现既带动周边农村经济发展，又容纳部分脱农人口。而建制镇的具体培育与建设，还要从以下两方面落实：

第一，因地制宜，定位培育建制镇的类型。一般来说，突出地方特色和产业专门化是建制镇建设的第一原则，依此着重培育四种类型建制镇。①工业型建制镇。优选、培育一批以1—3种具有市场优势和潜力的产品为主导的工业型建制镇，企业要上规模，产品应有品牌，注重企业联合，避免分散经营、弱势竞争。②农业型建制镇。农业型建制镇要积极推广农业技术指导、提供生产信息、搞好产品销售服务，发展订单农业，并注意培育农产品加工业。③流通型建制镇。要提高运输、仓储、销售产业的经营水平，建立完善的市场体系，注意发展信息和中介服务，建立向生产经营者提供需求信息的先进的服务网络。④旅游型建制镇。应以旅游业激发经济活力，精心组织旅游资源的开发、保护与经营，建设交通、通讯、商业等配套设施，完善餐饮、住宿、娱乐等服务设施，使旅游项目上档次、出品牌。

第二，多方位促进建制镇资金筹措与土地流转。建制镇建设资金可通过收取集镇建设费、控制性经营土地市场、基础设施建设引入市场经营机制、推动建制镇管理产业化和放宽私人投资各项事业的准入限制等，多方位予以筹措。由于建制镇离农用地最近，解决好进镇农民的土地问题至关重要。可以让农民带着权益进城并保留其承包地，可以有偿转让；允许农民将其拥有的已经量化的集体财产变相流动，或者保留其迁移户口后的分红权利；允许进镇农民使用原有宅基地，或按合理的折算标准置换城镇住宅用地。

五、搭建新型农村社区建设的承载平台

中国共产党第十六次全国代表大会报告指出，要逐步提高城镇化水平，坚持大中小城市和小城镇协调发展，走中国特色的城镇化道路。农业人口和乡村地区的就地城镇化便是"中国特色城镇化"的重要体现之一。然而，在推进城镇化进程中，城市、镇、乡村各有优势与局限，相互之间不可替代、不可排斥。就城市而言，较好的基础设施、较大的经济规模、较好的教育条件和较多的就业机会等，对农民具有极强的吸引力。但限于城市对劳动力素质和经济承受能力等要求，以及城市本身的容纳人口能力，吸纳不了所有需要转移的农村人口。与城市相比，镇的数量比较多，开发成本较低，临近乡村，农民进入门槛较低，农民感觉亲近、安全、可进可退。乡村是聚集着大多数人口的区域，生产、生活方式整体较为落后。少数乡镇企业较发达的乡村，农民富裕程度可与城市媲美，已出现一批"新型农民"，初步展现乡村就地城镇化的美好前景。乡村企业兴办初期，农民办企业主要资本是自然村依附的土地，资金和技术靠引进，大多只能从事于布局分散、建设无序、规模不大、效益低下、不能产生集聚效应的传统工业，无法吸纳众多的剩余劳动力。这种状况为行政推进机制提供了很大的作为空间，也为新型农村社区建设作为新型城镇化的切入点提供了载体支撑。新型农村社区建设，为城乡统筹发展提供了承载平台，将现代城市文明和传统农业文明相结合，集约整合资金、土地，促进了农业规模经营和农民多元化就业。

新型农村社区建设是城乡一体化的切入点、城乡统筹发展的结合点、加快新型城镇化的着力点、助推经济发展的增长点。也就是说，在新型城镇化的引领下，新型农村社区建设成为现代城镇体系的第五级，也成为城

乡统筹、城乡一体发展过程中起过渡作用的基点性小城镇。在以新型农村社区建设为切入点和突破口的新型城镇化建设中，中原经济区县域城镇体系建设要努力形成以县域中心城区为中心，以特色中心镇为副中心，以一般建制镇为节点支撑，以新型农村社区为基点型小城镇的城、镇、乡村协调发展的现代化体系。

第三节　新型城镇化引领新型农村社区建设

　　新型农村社区建设是运用城镇化的理念来改造农村，以公共服务社会化措施优化农村，以农业现代化和现代化基础设施支撑农村，将自然村与行政村进行整合设计，形成集镇性的农民生产共同体，是新型城镇化的有效载体。新型农村社区建设，是中原经济区新型城镇化引领三化协调科学发展的切入点，是城乡统筹、城乡一体的结合点，是破解"三农"问题的重要环节，也是农民就地城镇化的关键举措。以新型城镇化为引领建设新型农村社区，要抓好建设的推进模式，明确建设中的关键性问题，更要及

落成的新社区

195

时发现和预测社区建设的潜在误区，确保新型农村社区建设顺利进行。

一、新型农村社区建设的时代意义

在中部地区崛起战略中，建设中原经济区面临着城镇发展速度加快、城乡问题凸显等问题，以及城市发展与乡村利益、土地开发与粮食产量、农业规模化或机械化经营与农村剩余劳动力等深层次矛盾。在这样的时代背景下，新型农村社区建设成为解决上述问题的突破口，成为新型城镇化引领三化协调科学发展的切入点，在中原大地如火如荼地展开。因此，在实施"两不三新"三化协调科学发展的进程中，以新型城镇化为引领建设新型农村社区，具有十分重要的时代意义。

新型农村社区建设是中原经济区探索三化协调科学发展新路子的客观要求，是中原崛起河南振兴乃至中部崛起的突破口和切入点，更是破解"三农"问题的重要环节。新型农村社区建设体现了城镇化的生活方式和传统农业文明的有机结合，在资源、土地集约整合的过程中更有效地保护农民利益，有效地推动土地的集约利用、农业的规模经营、农民的多元就业。

新型农村社区建设是统筹中原经济区城乡一体化发展的必然选择。实践证明，统筹城乡发展、推进城乡一体化，必须抓住新型农村社区建设这个结合点。只有从农村的传统发展模式中跳出来，以城镇化为建设方向和标准，打破过去的乡村布局，才能把农村的人口和资源集聚起来，城乡统筹才有坚实的基础，城乡建设才能真正一体 [①]。

新型农村社区建设是转变中原经济区农村生产方式、创新河南省农村社会管理的历史性变革。新型农村社区建设是空间结构、要素资源的大整合，有利于开展集约经营、推进新型农业现代化。通过村庄合并，组建规划科学、功能齐全、环境优美、管理完善的新型社区，改善农民居住环境，使农民享受到了和城市居民基本相同的居住条件和公共服务。这种发

---

① 马涛：《南阳：统筹城乡的有益探索》，2012 年 2 月 20 日，见 http://news.xinhuanet. com/travel/2012-02/20/c_122728227.htm。

展方式和体制、机制的大变革，打破了落后的体制、机制束缚，有效地提高了农民的组织化程度，初步建立和形成了符合生产要求和时代特征的新体制、新机制。

中原经济区是中国重要的粮食生产区，粮食生产关系到国家粮食安全问题。约1.7亿的总人口中超过60%人口居住在农村，农村人口比重较高，农业产出比重较高，农村建设和发展至关重要。

河南省委书记卢展工在中国共产党河南省第九次代表大会中明确指出："新型农村社区建设是统筹城乡发展的结合点、推进城乡一体化的切入点、促进农村发展的增长点；要坚持分类指导、科学规划、群众自愿、就业为本、量力而行、尽力而为，积极稳妥开展新型农村社区建设，推动土地集约利用、农业规模经营、农民多元就业、生活环境改善、公共服务健全，加快农村生产方式和农民生活方式转变；要把新型农村社区建设纳入城镇体系规划，统筹安排、合理布局；纳入重点项目，加大支持力度。"可见，把促进以新型农村社区建设为基点的新型城镇化战略作为推动中原经济区三化协调发展的具体实现方式，有利于在新型城镇化引领之下同步推进新型工业化和新型农业现代化，有利于探索并建立工农城乡利益协调机制、土地节约集约利用机制和农村人口有序转移机制。

二、新型农村社区建设的关键问题

2010年以来，河南省把建设新型农村社区作为新型城镇化引领三化协调科学发展的切入点，初步探索出一条规划建设新型农村社区促进新型城镇化发展、并由此促进三化协调科学发展之路，走在了中国农区新型城镇化建设的前列。结合时代发展需求，新型农村社区建设必须抓好以下四方面的工作：

第一，合理设置社区的数量，完善城镇体系结构。按照河南省五级城镇体系的架构，新型农村社区是处于末端的基点型小集镇。那么如何设置新型农村社区的数量与规模，形成与大中小城镇相适应的规模序列、等级层次和职能类型结构，也就成为新型农村社区建设必须解决的问题。在全面推进乡镇总体规划、新型农村社区规划的同时，一定要结合中原经济区的区情科学规划合理设置的数量，同时按照人口规模、土地容量等指标确定社区容纳户数，完善基础设施、公共设施的配套建设，形成职能定位明确、空间布局合理的基点性集镇，从而适应县域的城镇体系的结构形态。

第二，分类推进社区的建设，探索不同的整合方式。按照因地制宜、科学建设的原则，对不同时期不同地区的新型农村社区建设进行分类指导，积极探索新型农村社区建设的整合方式：①城郊结合型。充分利用中心城区、产业集聚区的基础设施与公共设施资源，把中心城区、集聚区周围的村庄，纳入中心城区、集聚区的规划中，进行现代化城郊结合型社区建设，将"村民"转化为"市民"。②迁村并点型。根据地形地貌、村情村俗、经济水平、职能定位等方面的相似性，选择适当的项目建设区进行多村联建，形成新的乡村集聚区，实行统一的建设和管理。③移民搬迁型。根据重大工程、重点项目的建设需求，集中建设移民搬迁住宅区，分批次统一安置，彻底改善移民区的生产生活条件。此外，对于景区特色村、历史文化名村等，在不改变村庄原貌和特色的前提下，进行综合整治。

第三，进行高标准的规划建设，建设高品质的居住小区。按照新型农村社区建设的内涵，从项目选址、规划设计、建设施工等方面着力打造适合中原特色的社区。中原经济区新型农村社区的规划建设和科学实施，应努力做到：①高标准规划。按照城市社区的建设要求，考虑当地发展特点，从项目区选址到局部的景观格局，从道路设计到管线配套，从基础设施到公共设施等，均进行高水平的规划设计，协调处理好当前与长远、单体与布局、生活与生产的关系，形成独具特色的规划建设模式。②高标准建设。按照几代人居住的质量要求，尊重居民意愿，强化精品意识，着力打造高标准新型农村社区。对社区建设质量进行严格检查、督察，接受政府部门、专家、居民等多方

现代别墅

的检测检查，坚决保障社区建设的安全质量。③高标准配置。按照水、电、路、网相配套，功能、景观、生态相统一的要求，加强社区道路、饮水工程、污水处理、文化广场、环境卫生、精品街区等基础设施和公共设施建设，充分体现建设的系统性，实现公共资源利用最大化。

第四，做好产业发展规划，探索农村土地流转新模式。新型农村社区建设的核心任务是要按照产城融合和产业支撑的理念实现农民就近就地就业，因此产业发展成为新型农村社区建设的重要一环。一定要制定符合当地实际的产业发展专项规划，确立社区的产业发展思路、三产发展方向和特色产业定位，在农村实现土地的节约集约利用。新型农村社区建设节约出来的宅基地用地，一部分可以用作建设产业集聚区，为产业发展拓展空间，促进农村的产业转型。进行新型农村社区的土地流转对于实现农业的机械化、产业化和农村的现代化意义重大。因此，以新型农村社区建设为契机，探索居住方式改变下集体土地流转的机制，尝试出台农村土地流转的新政策，设立专项资金奖励土地流转成功案例，逐步形成适合新型农村社区建设中土地流转新模式。

三、新型农村社区建设的推进模式

河南省新型农村社区建设推进至今，积累了不少宝贵经验，也探索出了不少新型农村社区建设的推进模式，按照资金来源可将其归纳为以下五种推进模式。

第一，市场运作型。市场运作模式主要运用市场机制，以市场化运作筹措大量资金，解决建设新型农村社区的资金保障问题。市场化运作是筹措资金的最有效方式，运用市场机制，综合利用土地、信贷、税费减免或降息等优惠政策，吸引房地产开发商、工程设计、土地施工等企事业单位积极参与新型农村社区建设。市场运作模式建设新型农村社区空间比较大，可以凭借区位优势、交通优势、生态优势或资源优势等多种方式、多渠道解决资金短缺问题。许昌市鄢陵县明义社区，利用生态优势，发展旅游业，解决部分建设资金短缺问题，而社区内幼儿园、商业街、超市等用作经营的配套设施建设，则采取企业运作办法来吸引资金。

第二，政府主导型。政府主导模式主要是对县、乡财政比较好或村级集体经济实力较强的地方，充分发挥政府的主导作用，通过 BT、BOT 等模式开发建设成为新型农村社区。BT 模式是指政府利用非政府资金来进行基础非经营性设施建设项目。项目的运作通过项目公司总承包，融资、建设验收合格后移交给业主，业主向投资方支付项目总投资加上合理回报。BOT 模式是指基础设施投资、建设和经营的一种方式，以政府和私人机构之间达成协议为前提，由政府向私人机构颁布特许，允许其在一定时期内筹集资金建设某一项基础设施并管理和经营该设施及其相应的产品与服务。

第三，企业参与型。企业参与模式建设新型农村社区，需要有实力、有辐射带动能力的龙头企业积极参与，将协调企业用地、社区产业发展及群众就业等需求紧密结合，实现企业与新型农村社区融合发展、互利双赢。长葛市古佛寺社区就是这方面的范例。古佛寺社区居民房建设面积约为 19 万平方米，需要筹措资金 1.6 亿元。古佛寺将社区建设节省土地交由河南众品食业股份有限公司使用，从中获取 1.035 亿补助资金，基本解决资金问题。

第四，政策引导型。对位置比较偏远或者深山区、地质灾害威胁区、煤矿塌陷区、矿区等不宜居住的地方以及扶贫搬迁的村庄，要重点借助相关政策和重大项目建设机遇，实施整体搬迁，就近进入新型农村社区。焦作市中站区的北朱村位于采煤塌陷区，该区借助南水北调拆迁、城际铁路拆迁等机遇，开展新型农村社区建设。

第五，自筹自建型。对位置相对偏远但地方政府有一定财力的地方，可以采取规划一步到位、群众自筹自建的模式，逐步予以推进。开封杞县葛岗镇楚寨新型农村社区采用群众自建和引入开发商两种形式，其社区综合服务楼建设有主管部门财政性资金资助建设。

四、新型农村社区建设的保障措施

为保证新型农村社区规划与建设的有序进行，必须做好以下几方面的保障措施：①社区选址工作严格化。广泛征求群众、领导及有关专家、学者意见，因地制宜、结合实际选择确定社区建设方位，社区建设中规划先行，设计不同规划方案，择优录用。②加强拆迁补偿管理工作。实行拆迁人性化，兼顾思想开导与物质补偿双重工作，补偿管理从搬出老房——暂住房屋安排或租房补偿——入驻新社区，一管到底，充分解决农民后顾之忧。实施优先搬迁优先选择，优先搬迁优先补偿等措施。③严格监管房屋分配工作，优化户籍管理。实施凭借本村户口入住社区，而村外人需先迁入户籍，入驻社区，防止变相搞房地产现象产生。合理调整社区楼房价格，适当考虑楼层差价，促使房屋售价合理化。④确保社区建设各项补助优惠到民众。将农村各项优惠政策进行整合，注重社区基础设施建设，降低建设成本，减轻农民负担。⑤完善土地制度，构建农村社区新经济模式。着手土地制度改革和产业结构优化等基本问题，以适应新型组织结构，促进农村社区集聚效应，推进农村城镇化。突破传统农村土地组织形式，构建新土地股份合作、农村专业合作经济组织等新经济模式，解决分散耕种和集聚居住矛盾。

第四节　新型城镇化引领城乡支撑体系建设

新型城镇化引领城乡支撑体系建设，为中原经济区城乡统筹发展提供必要的软硬条件，主要包括以下内容：引领构建资源共享平台，促进资源合理流动；深化户籍制度改革，促进就地城镇化；引领土地改革，促进土地合理流转；引领农村人力资源开发，促进劳动力就地转移；引领加强乡村文化保护，延续乡村文脉传承；引领生态工程建设，增强城乡生态承载力。

一、构建资源共享平台，促进资源的合理流动

城乡资源共享是中原经济区城乡统筹发展重要的基础平台。从发展的角度看，资源实际上是城乡统筹的"发展要素"，资源共享会产生一种结构性优化和功能性提高的综合效应。中原经济区构建土地、人力、产业、

文化、环境资源共享平台，是实施城乡统筹发展的必然选择。

具体而言，中原经济区城乡发展应做好以下五个方面的共享：①共享土地资源。在保护基本农田和保证粮食生产的前提下，通过土地整理和新型农村社区建设，扩大土地资源存量，谨慎扩张并高效使用城乡建设用地，发展紧凑型城镇。②共享人力资源。引导农民在农业产业化的框架下自主创业，引导农业剩余劳动力就地就近转移，引导城市科技人员到农村施展才学，引导智力创新成果向城乡广泛辐射。③共享产业资源。发展循环经济，重点发展高新技术产业和高附加值的先进制造业，加快发展现代服务业，加强乡村水利、交通、环保等基础设施建设，培育县城、建制镇的农产品深加工与其他非农产业。④共享文化资源。重视历史文化名城（镇）保护，延续城镇历史文脉，挖掘城镇文化内涵，提炼城镇现代精神，彰显城镇鲜明个性，并依此推动乡村文化、教育、科技等事业的蓬勃发展。④共享环境资源。加强环境基础设施建设，综合整治流域生态环境，协调城乡之间的环境依存关系，确保城镇发展的生态屏障安全，增强自然生态系统与城镇生态系统的环境承载能力。

二、深化户籍制度改革，加快农民市民化进程

长期的户籍分离管理，赋予了城市居民和农村居民不同身份，由于户籍制度本身与统购统销制度、城市劳动就业以及社会福利保障等制度紧密结合，城乡户籍分离，就把城乡人口分为经济利益完全不平等的社会阶层，城乡居民在多方面享有的权利和待遇具有巨大差别。城乡户籍分离制度是我国城乡政策差别的基础和前提，助推了城乡二元结构加剧，不利于农村剩余劳动力转移，阻碍城镇化水平的提高，也阻碍了以工促农、以城带乡的长效机制的实施。2009年底召开的2010年中央经济工作会曾提到要把解决符合条件的农业转移人口逐步在城镇就业和落户作为推进城镇化的重要任务，放宽中小城市和城镇户籍限制，表明了户籍制度改革的基本思路。当前，经济全球化趋势推动着社会主义市场体制的加强与完善，区域经济一体化趋势带动了城乡经济一体化，国家对城乡关系的调整已经由理论走向实践。城镇化已成为拉动内需、推动经济发展的主要动力，城镇

现代化的持续发展、农村现代化速度加快、公民权益进一步重视等，要求户籍制度改革要进一步深化。

就中原经济区而言，城乡户籍制度改革应深化以下手段：①法律手段。各级政府部门通过出台户籍制度改革政策等完善立法，各级地方政府严格法律程序加强执法，提高公民法律法规意识严格守法。②经济手段。合理分配市政、教育、社会保证等方面的财政转移支出，对户籍制度深化改革中利益受损群体实施经济补偿，通过调节土地价格、房屋价格最低工资水平等引导农村人口迁移。③行政手段。通过加强组织领导，强化教育、劳动保障、土地、城市建设等部门之间的联动机制，保障户籍制度深化改革的开展，严格管理程序，规范人口信息管理。通过适当调整户籍管理制度和劳动就业制度，建立城乡统筹的户籍管理和劳动就业体系，促使农民拥有自由迁徙、自由平等就业的权利。

三、探索土地制度改革，促进土地的合理流转

农民最重要的生产资料是土地。家庭联产承包责任制使农民真正获得土地经营权和使用权，农村生产力在很长一段时间内获得极大的发展和解放。随着工业化、城镇化速度加快，以及新时代三化协调科学发展的实施，目前这种土地制度存在的一些问题开始显现。一方面，由于土地细碎地分散在农户之间，影响了农业规模化经营和农产品质量提高，进而阻碍了农业竞争力的提升。如何加快土地合理流转，推动农业规模化经营，已成为当前农村面临的紧迫问题。另一方面，工业化和城镇化加速推进，土地供需关系失衡，客观上显现深化农村土地制度改革的内在需求。而以牺牲农业和粮食、生态和环境的传统城镇化、工业化显然是效率低下的粗放的城镇化和工业化道路，侵害了农民土地权益，加重了土地资源的浪费，违背了三化协调科学发展目标，不适合时代要求。因此，在当前以新型城镇化引领的城乡统筹发展背景下，亟须寻求农村土地制度的创新，探索土地制度流转的新方式，促使土地合理流转。

综合以上问题，中原经济区建设要解决好土地流转、农业规模化经营、高效利用土地等问题，需要注意以下几方面：①处理好土地保护与城

镇建设用地之间的矛盾，严格保护农地。保证耕地面积尤其是优质耕地面积不减少，保证城镇建设的合理土地需求，保证城镇的继续发展等。②保证农业人口的基本生活。首先，土地改革要保证农民生活水平不降低；其次，要保证失地农民有就业机会；再次，若不能保证前两条，土地改革应做到改变土地用途不改变土地所有权。③保证土地的可持续利用。提高土地经济效益，确保土地的可持续性，同时兼顾土地的协调性与发展性。④利用农业规模化经营和集约经营。实施农业规模化经营和集约经营方式，促进农村人口合理流动与转移。

四、加强人力资源开发，引导劳动力就地转移

人力资源开发是各级政府谋求发展的重要战略。中国共产党河南省第九次代表大会报告提到，积极推进人才大省建设，要加大人力资源开发力度，把人口压力转化为人力资源优势。要统筹推进各类人才队伍建设，突出培养创新科技人才，抓紧开发重点领域急需紧缺专门人才，着力造就高层次文化领军人物和高素质文化人才，培养青年英才，积极引进高层次人才。要完善人才发展体制机制，创新人才政策，形成尊重劳动、尊重人才、尊重创造的良好氛围，让更多人才增辉河南。

人力资源开发在区域经济发展，尤其是人口众多、资源相对不足地区的经济发展中起着非常重要的作用。通过教育、培训等人力资源开发活动，可以直接提高生产者的自身素质和劳动技能，促进经济发展。通过扎实、持久地建设"人才工程"，可以激发农村智力型、科技型人才等的创造性，创造出新技术、新方法，促进区域的创新。变人口压力为人才优势，促进区域经济由外延式粗放型向内涵式集约型经济增长方式转变，缓解区域发展对环境与生态的压力。此外，通过农村人力资源开发，可以提高农民劳动文化素质及劳动技能，拓展农村劳动力的就业空间，有利于农村实施农民"离土不离乡"本土城镇化模式的实现，促进农村劳动力就地转移。

针对中原经济区"三农"问题严重、农村人口众多的实际情况，加强人力资源开发尤其是加强农村人力资源开发尤为重要，以此引导农村劳动

力转移，改善农村面貌，推进社会全面发展。可以从以下几个方面努力：①围绕县域产业集聚区建设，在其附近进行新型农村社区建设，或在新型农村社区周边创办乡镇企业，提高村域经济的发展活力。通过加强农村教育与培训，提高农村劳动力的素质，鼓励农民外出打工就业不离乡。②通过建设新型农村社区，促进农民工就地转移与就近小城镇转移。通过提高农民工工资，增加农民工的数量，促进乡村集镇化和就地城镇化进程，而提高工资主要靠工业发展与带动作用。③引导"外出转移——回流创业"新型转移模式，即外出转移者通过自身素质技能提高和经济实力增强，运用掌握技术和积累资金回乡自主创业为农村剩余劳动力开创就业新路。

五、重视乡村文化保护，延续乡村文脉的传承

在城镇与乡村并存的历史时期，城市文明与乡村文明并存是人类文明和社会文化发展的要求。随着城镇化、工业化进程加快，乡村文化的保护及建设亟待加强。所谓乡村文化，可以理解为是以农民为主体的文化，是乡村居民长期以来在生产生活中创造出来的文化，其内容包括乡村社会的知识结构、居民价值观念、乡风乡俗、社会心理及行为方式等，形式主要以农民的群众性文化娱乐活动为主。生产发展、生态宜居、文化繁荣、政治民主是实施新型农村社区建设的战略要求，社区文化则是新型农村社区建设的目标之一，是新型农村社区现代化的灵魂。中原经济区在新型农村社区建设过程中，要着重协调文化建设与社区社会管理建设，加强保护社区文化，注重开发和利用社区文化资源，培训出高文化素养的新型社区居民，最终促进中原特色社区文化的繁荣。

新型城镇化引领下的新型农村社区建设，以不涉及长距离、大规模的流动和搬迁，不破坏现有本土文化特色，不割裂现有农村社会关系纽带为特征，有利于乡村文化尤其是传统社会中普遍珍惜的乡村文化基因得以传承。文化传承不是简单传播或传递，而是文化的继承和发展，是文化在继承基础上发展，在发展过程中继承。中原经济区是华夏文明的传承区和中原文化的发祥地，乡村文化传承是中原乡村文化保护最有效方式，因此，要做好中原经济区乡村文化的保护，必须做好以下工作：①加强乡村

教育，丰富和发展乡村文化，强化乡村文化传承机制。②借助旅游发展机遇，充分发挥乡村文化的价值，显示其"有用性"，使乡村传统文化得以恢复和振兴。③正确处理农村发展与文化传承之间关系，端正观念，变文化迷信为文化自信，变文化批判为文化传承、文化延展，构建具有地方特色的乡村文化等。④加强新型农村社区建设的同时，将社区文化建设纳入农业现代化建设的整体规划之中，立法保护与统筹建设相结合。⑤丰富保护手段和方式，加大农村传统文化保护力度，着重保护和培养乡村文化的传承者，保护与创新乡村文化的传承方式。

六、加强生态工程技术建设，增强区域生态系统承载力

随着城镇化和工业化进程的加快，在高强度人类活动的影响下，中原经济区生态环境问题严重，主要表现在：区域生态环境变化剧烈，自然生态系统向人工、半人工生态系统转化的过程加快，地表水位下降；生物多样性受到挑战，生态环境破坏严重、珍稀物种急剧减少，土地资源压力大。庞大人口基数造成土地资源压力较大；环境污染加剧，工业废水、生活废水流入水系，农业化肥、农药等滥用加剧土壤污染等；水土流失等问题依然严重，生态安全不容乐观。尤其在中原经济区大部分农村区域，生态环境保护管理工作仍不到位，且缺乏污染集中处理设施。农村生态环境的恶化具有或正酝酿潜在危险，严重影响着农村面貌改善、农村整体的可持续发展，制约着城乡统筹的进程。因此，中原经济区农村生态环境的保护措施，是新型农村社区建设必要的实施措施，也是新型城镇化引领城乡统筹发展的重要途径之一。

生态工程建设维护并提高着区域生态环境质量，支撑着区域的可持续发展。针对中原经济区生态环境问题，可通过生态工程建设，有目的的生态恢复，保护和恢复生物多样性，维持生态系统结构与过程等，增强区域生态承载能力，促进区域可持续发展及三化协调科学发展的顺利进行。加强生态工程建设，增强中原经济区生态系统的承载力，需要注重以下几方面：①注重乡村污染集中处理设施建设，完善农村污染治理政策，减少污染物直接排放。②加强抗虫作物培育，减少农业农药用量，提高农业生产

的科技含量。③借助新型农村社区建设，节省居民住房占地面积，统一进行土地整理，保护土地资源。

此外，还必须做好以下关键性技术整合：①生态防护林技术的整合。因地制宜地营造城市本身的林业圈，营造城市生态林业圈。在中原经济区内部，以中原城市群和黄河两岸为依托，以防风固沙、保持水土、涵养水源为目的，借助原有天然防护林，建立中原经济区的防护林体系。②水源地保护技术的整合。对黄河流域、淮河流域、海河流域等流域主要水源区加强保护，对水源周围企业、工厂等实施严格监管，加强水源地环境保护。优化区域产业结构和空间布局，加强区域污水治理，提高水源地的检测水平。预防水污染事件发生，建立应急处理系统。③自然保护区技术的整合。通过开展生态旅游，增强人们环保意识。协调旅游开发与环境保护关系，建立高效运行环境管理体系，保护生态环境，节约资源，调高环境管理水平。④文物古迹技术整合。合理处理城市发展与文物古迹保护之间的关系，完善相关法律，严格执法，保护文物古迹周围环境。⑤生态城市建设技术整合。发挥区位、生态等优势，加快经济发展方式转变，推进经济的转型升级，促进城乡统筹，推动区域协调发展。培育扶持低碳经济、特色产业，推进产业结构高端化、市场结构多元化，打造生态城市。

第九章
新型城镇化引领城镇体系建设

现代城镇体系建设，是新型城镇化引领三化协调科学发展的切入点，是新型城镇化"引领四项基本建设"的第一项建设。中原经济区现代城镇体系建设，要按照整体发展、紧凑布局和理性增长理念，构建全国区域性中心城市、地区性中心城市、地方性中心城市、中心镇和新型农村社区五级现代城镇体系，发挥现代城镇体系在"引领"中的规模聚合效应、功能聚合效应和交通聚合效应。新型城镇化必然要带动现代城镇体系的结构调整与功能组织，尤其在内聚与外联的同时提升城市群的整体实力，打造中原经济区三化协调科学发展的核心增长板块。

第一节　新型城镇化引领城镇体系建设的必要性

现代城镇体系建设是中原特色城镇化之路的时代需求，是中原经济区新型城镇化战略的体系支撑，是中原崛起河南振兴的战略选择，是中原经济区经济社会发展的必然选择和现代化建设的必由之路。

一、新型城镇化之路的时代需求

1978 年改革开放后，为了迅速提高城镇化水平，我国曾经走了一条重在扩大城市规模、提高城镇化率的城镇化道路，并取得巨大成效。21世纪初，我国提出全面建设小康社会的三大方略——工业化、城镇化和农业现代化，全国的城镇化进程进入一个快速推进的阶段。经过努力，我国城镇化取得了巨大成绩，到 2011 年，全国 31 个省、自治区、直辖市共有城市 653 个（地级市 284 个、县级市 369 个），城镇人口按统计口径计算，已达 6.91 亿人，占总人口比重首次超过 50%，达到 51.3%。与同期国际社会比较，我国城镇化发展水平与发达国家之间的差距正在逐步缩小。但是，城镇化发展战略在取得巨大成绩的同时，在某些地区和某些领域也出现了一些偏差。例如，一些地方政府为了追求功绩，盲目扩大城区规模、大搞城市新区建设，而城市的功能却未得到有效提升，城市第二、三产业的发展也未能相应跟进。城镇化发展不仅未能完全有效地助推产业结构的优化升级，反而在城镇建设方面出现了资源消耗大、环境污染严重、城乡差距拉大等种种问题。城镇化发展没有充分考虑资源与环境的承载能力，也没有注重城镇社会、经济与自然三个系统的相互协调，引发了自然与社会的一系列问题。

随着城镇化进程的加快推进，人们开始不断反思城镇化进程中的问题，对走何种城镇化道路不断进行摸索与创新。科学发展观与新型工业化道路的提出，为我国转变经济发展方式指明了方向，同时迫切要求对城镇化发展方式进行相应调整。中国共产党第十六次全国代表大会报告把"逐步提高城镇化水平，坚持大中小城市和小城镇协调发展"作为中国特色城镇化道路，即通过大中小城市和小城镇"四城"并举合理推进中国的城镇化进程。中国共产党第十七次全国代表大会报告进一步将"中国特色城镇化道路"作为"中国特色社会主义道路"的五个基本内容之一，同时指出要坚持走中国特色的新型工业化、城镇化、农业现代化道路，要统筹新型工业化、新型城镇化、农业现代化建设。由此可知，中国特色城镇化道路与新型城镇化道路相辅相成，紧密相连。走中国特色的城镇化之路就是走符合中国国情和各地实际情况的新型城镇化道路；走中国特色的城镇化之路就是改变传统注重城镇规模扩大、城镇化率提高向注重城镇内涵培育、城镇化质量提升的新型城镇化之路；走中国特色城镇化道路就是要统筹城市与区域、城市与城镇、城镇与乡村协调发展的新型城镇化之路。因此，在新型城镇化引领的城镇体系建设中，必须把城市、乡村、区域看作是有机联系的统一体，科学审视城镇体系中三者的互动关系，构建符合中原特色的现代城镇体系。

二、新型城镇化战略的体系支撑

一个相对完整的区域或国家内，由不同职能分工、不同级别规模的城镇所组成，通过促进城镇功能的发育和完善，形成结构清晰、功能互补、协调发展的城镇集合体，就形成了城镇体系。城镇体系不仅是加深城市之间联系的骨架和支撑，更是保证城市—区域系统获取最大经济、社会效益的重要组织形式。区域城镇体系规划与建设，有助于合理地进行城市布局，完善区域基础设施配置，改善区域发展环境，确定不同级别城镇的地位、性质和作用，协调城镇之间的关系，从而促进城镇与区域的合理发展。发挥新型城镇化的引领作用，就是要通过现代城镇体系的建设促进区域各种资源、要素的合理流动，就是要通过城镇体系的合理组织以促进系统整体功能的发挥和各项效益的最大化。

在传统的城镇化模式下，城镇体系的建设由全国区域性中心城市、地区性中心城市、县域中心城市、县域建制镇四层体系组成。而河南省委、省政府倡导的新型城镇化是城乡统筹、城乡一体、产城互动、节约集约、生态宜居、和谐发展的城镇化，是大中小城市、城镇、新型农村社区协调发展、互促共进的城镇化。在城镇体系上，新型城镇化突破了传统城镇梯次的划分，按照新型城镇化引领区域发展的战略思想，把新型农村社区纳入城镇体系建设与管理，从而形成全国区域性中心城市、地区性中心城市、地方性中心城市、中心镇、新型农村社区协调发展的五级城镇体系。新型农村社区建设，属于城镇体系的末端、延伸，它不仅可为新型农业现代化提供技术服务、承接劳动力转移、农产品销售市场等方面的支撑，还担负着为新型工业化提供优质投资环境、人力资源、销售市场等方面的任务。可以说，新型城镇化引领城镇体系建设，更加注重传统四级城镇体系末端县域建制镇的延伸，更加注重县域城镇体系的建设与创新，更加突出城乡统筹、城乡一体的新型城镇化理念，更加强调城镇与乡村之间的地域整合与综合发展。

三、中原崛起河南振兴的战略选择

2010 年以来，河南省积极推进中原经济区建设，实施中心城市带动城镇化发展战略，城镇体系结构日趋完善，大中小城市协调发展的现代城镇体系格局基本成型，初步形成了等级结构相对分明、规模结构相对完整、职能类型定位清晰、空间结构合理的大中小城市、小城镇及新型农村社区各具特色、竞相发展的城镇体系。但是中原经济区作为一个约 1.7 亿人口的区域，城市规模结构还明显不合理，结构体系也不够完善。一是中原经济区核心城市郑州、洛阳的中心带动能力不强，对整个地区的辐射带动作用不明显。二是中等城市数量偏少，位序—规模序列结构不完整。三是小城镇数量多、规模小，服务带动乡村地区发展的能力较弱。四是城镇之间的互补性不够强，彼此间尚未形成紧密的分工协作关系。五是外围的城镇之间协调性不强，合作机制尚未完全建立。

为此，在新型城镇化的引领下，亟须促进中原经济区城镇功能的发育和完善，形成序列完整、结构清晰、功能互补、协调发展的城镇体系等级层次、规模序列、职能类型和空间布局结构，形成群体的集聚效应，从而带动城市—区域的整合发展。构建现代城镇体系是河南省基于加快经济发展方式转变、建设中原经济区而做出的重要战略部署，是推动人口、产业和生产要素向城镇集聚，加速河南城镇化进程的重要选择，是破解城乡二元结构问题，实现城乡区域一体化发展的有效途径，是加快中原崛起河南振兴的重要载体。因此，要实现中原崛起河南振兴，就必须发挥新型城镇化在现代城镇体系建设中的引领作用，就必须加强城镇体系建设，形成城乡统筹、城乡一体的新型城镇化发展格局。

四、中原经济区发展的必然选择

当前，中原经济区的城镇化发展的基本状况如下：①城镇化快速推进，城镇化率的提升速度超过全国平均水平。2011 年底，中原经济区城镇人口达 6816 万人，城镇化率为 39.4%；其中河南省城镇化率为 40.6%，比 2001 年提高了 16.2 个百分点，十年间平均每年提高 1.62 个百分点，高于全国平均水平约 0.3 个百分点。②城镇化总体水平依然较低，滞后于经济发展水平。2011 年，中原经济区城镇化率低于全国平均水平（51.3%）11.9 个百分点，城镇化综合水平与沿海发达城市差距较大。其中河南省城镇化率低于全国平均 7.7 个百分点，居全国倒数第五，中部地区倒数第一。尽管城镇化速度明显加快，但相比于经济发展水平，城镇化进程仍然滞后，城镇化率仅为工业化率的 70% 左右。③城镇体系的规模结构不尽合理，核心城市的中心带动作用不强。2010 年，中原经济区 58 个城市中，大城市 17 个（含超大城市 1 个，特大城市 2 个），占 29.31%，中小城市 41 个（中等城市 19 个，小城市 22 个），占 70.69%，后者是前者的 2.41 倍。由此可知，中原经济区核心城市郑州规模偏小、综合竞争力不够强、辐射带动作用不明显，在全国城镇体系中的等级地位不高；中小城市的数量偏多，规模序列结构尚不平稳。④城乡发展水平差异明显，城乡差别有进一步扩大的迹象。河南省城乡居民人均收入的绝对差距已由 2001 年的 2098 元扩大到 2011 年的 11591 元，城乡居民收入比由 2.51：1 扩大到 2.76：1；城乡居民消费支出绝对差距由 2735 元扩大到 8016 元，城乡居民消费支出比高达 2.86：1。城乡基础设施和公共服务水平差距也很大，农村水、电、路、气和教育、卫生、文化设施建设严重不足。

由上述城镇化发展状况可知，中原经济区在推进城镇化的过程中，还面临着提高城镇化综合水平、增强核心城市的辐射带动作用、完善城镇体系等级层次与规模序列结构、促进城乡统筹发展等方面的难题。因此，中原经济区的城镇化之路，既不可能走过去那样注重城镇化率提高、片面追求经济增长、城乡分割、缺乏特色的传统城镇化老路，也不可能照搬发达国家、地区的做法，而必须走中原特色和符合区情的新型城镇化道路。河南省建设中原经济区，也必须在新型城镇化道路的框架中，密切结合中原地区实际，走出一条在中西部欠发达地区有示范意义的城镇化的新路子。

新型城镇化引领城镇体系建设，是河南建设中原经济区的必然选择。积极推进新型五级城镇体系建设，就抓住了当前中原经济区新型城镇化发展的主要着力点，就能够以此为框架全面推进新型城镇化进程。中原经济区推进新型城镇化的总目标为：城镇化水平与全国平均水平明显缩小，基本建立结构合理、功能强大的现代城镇体系，形成具有中原特色，以中原城市群为核心增长板块，大中小城市和小城镇、新型农村社区协调布局，城乡统筹、城乡一体、产城互动、节约集约、生态宜居、和谐发展的城镇发展新格局，成为全国尤其是中西部地区最具活力的以城镇化促进三化协调科学发展的示范区。到 2020 年，中原经济区城镇化率力争达到 50% 以上，其中河南省达到 55% 以上，中原城市群紧密层达到 65% 以上；中原经济区五级城镇体系中，国家区域性中心城市复合式发展，地区性中心城市组团式发展，地方性中心城市内涵式发展，中心镇集聚式发展，新型农村社区积极稳妥发展，为中原经济区的顺利建设和健康发展提供强有力的城镇体系支撑。

第二节　新型城镇化引领城镇体系建设的主要方式

以新型城镇化为引领，建设新型五级现代城镇体系，就是要增强郑汴都市区核心增长极的中心带动机能，提升中原城市群增长板块的辐射带动能力，提高县城经济的发展活力，增强特色中心镇的集聚力，发挥新型农村社区的基点支撑作用。

一、新型城镇化引领城镇体系建设的作用机理

（一）新型城镇化引领现代城市—区域体系建设

第三次科技革命之后，人类的生产力水平、科技水平实现了跨越式的发展，城市的形态、功能以及在区域发展的作用发生了巨大而深刻的变化与演进。在新时代背景下，新型城镇化引领下的城镇发展更注重城市与区域的整合发展，城镇间的互动更加注重区域内外城镇之间商品、劳务贸易、生产要素等紧密的交流和互换，区域发展也更加注重区域城镇体系的规划与建设。在新型城镇化的不断推进中，城市区域化、区域城市化日益显现，城市与区域的协同、综合发展成为城镇体系建设的新主题。在这种

发展背景下，城市、城镇、乡村之间的互动联系更强，逐渐形成了以中心城市为支撑，以城市边缘区、乡村为支撑的城市—区域系统地域单元，各级城市—区域系统单元的有机组合就形成了相互联系、相互支撑的城市—区域系统。在城市—区域系统的整合体系下，城市—区域之间、城镇之间、城乡之间的互动更强，各种资源要素自由流通、优势互补，城市带动乡村，乡村支持城市，最终形成城市、城镇与乡村经济、社会、文化、环境等方面的综合发展。

（二）新型城镇化引领现代城镇体系建设

从新型城镇化的概念内涵出发，要实现各方面的发展目标，就必须统筹推进大中小城市、小城镇及新型农村社区建设，就必须充分发挥各级别城镇的独特优势和角色分工，从而达到协调发展、互促共进之目的。也就是说新型城镇化为各级别城镇发展进行了明确的职能定位，使其各司其职又相互协作。具体而言，统筹规划布局区域内各级别城镇及新型农村社区的发展格局，完善交通一体、产城融合、产业链接等联动发展机制，建设全国区域性中心城市、地区性中心城市、地方性中心城市、中心镇及新型农村社区五级城镇体系，支撑区域内各项事业的稳步前行。在全国区域性中心城市建设方面，要促进其复合式发展，增强核心增长极的区域影响力和核心竞争力。在地区性中心城市建设方面，要根据城市之间的优势、互补关系，发挥城市之间组团发展的优势，吸纳带动周边基础较好的县城、县级市和特定功能区一体发展，培育整体竞争优势。在地方性中心城市建设方面，要倡导城市的内涵式发展，提高城市资源利用效率、基础设施水平、人居环境质量和城市人文素质，提升城市吸引力、凝聚力和综合承载能力。在中心镇建设方面，要注重建制镇之间的集聚式发展，充分发挥小城镇统筹城乡的重要节点作用，着力推动土地集约利用、人口集中居住，考虑将基础好的发展成为小城市，提高县域城镇的辐射能力和带动农村发展能力。在新型农村社区建设方面，要科学规划，因地制宜，分类推进，整合村庄、土地、人口、产业等资源要素，促进农业规模经营、农民多元就业，改善生活环境和生产条件，使其真正成为统筹城乡发展的结合点、推进城乡一体化的切入点、促进农村发展的增长点。

（三）新型城镇化引领现代城乡体系建设

城乡统筹、城乡一体是新型城镇化的最高阶段，新型城镇化谋求城乡协调、人居环境质量提高，这都需要构建合理、完善的现代城乡体系。传统的城乡体系以"中心城区—中心镇区——般建制镇—行政村—自然村"为骨架支撑，而在新型城镇化引领下城乡统筹战略发展下，现代城乡体系的支撑结构转变为"中心城区—中心镇区——般建制镇—新型农村社区"。现代城乡体系建设之所以用新型农村社区替换村，是因为新型农村社区已经是城镇的范畴。新型农村社区既充当着基点型城镇的各种经济、社会、文化功能，同时又成为城乡发展的增长基点和带动中心，推动了城乡一体的发展。新型城镇化引领城乡体系的建设，不仅增大了城乡之间的相互作用的内容、深度和范围，而且引起生产集聚带来农业人口向城市转移及城市生产和生活方式的普及。在新型城镇化的引领下，新型农村社区建设逐渐使"城乡联系—城乡融合—城乡一体"的现代城乡发展脉络清晰，也更加鲜明地反映了现代城乡体系最终发展的城乡一体目标。

二、新型城镇化引领城镇体系建设的推进策略

（一）在新型城镇化的引领下完善城镇体系规划

在新型城镇化的引领下，要充分考虑区域发展的自然条件、资源禀赋、历史背景、经济基础、社会文化与城镇体系的现状和问题，以区域创新体制为主导，以社会生产力发展为动力，以政策机制为调控阀，通过调整结构、组织功能、控制城镇化进程，为充分发挥城镇体系的区域带动效应创造条件，使城镇体系在自身建设和带动区域发展中渐趋完善，最终使城市—区域系统综合发展的总进程纳入共生互控的良性循环轨道。中原经济区要完善城镇体系规划，必须：①把中心城市看作是城市—区域系统的"极核"，不仅要体现其主导职能和个体优势，更要体现其在城市—区域系统中的地位和作用；②加强城市—区域系统、城镇体系的组织规划，将结构规划、功能规划、城镇化进程规划融为一体，形成相互衔接的规划建设指导体系；③加强中心城市综合发展规划，将城市总体规划、分区规划、详细规划、专项规划等融为一体的整体规划，它可以使各部门的工作有机

地结合在一起，并将整个城市规划与管理纳入一个完整的系统；④规划不仅要重视综合交通、电力电信、给排水、防震减灾等硬要素，也要重视历史保护、文化传承、文脉延续、非物质文化遗产保护等软要素。

（二）在新型城镇化的引领下优化城镇体系功能

完善的城镇体系功能是提升城市—区域系统综合竞争力的重要基础，也是城市区域化、区域城市化的重要标志。在新型城镇化的引领下，既要不断充实城镇体系的基本功能，又要进一步强化不同地区的城镇特色，突出城镇的主导功能。同时，通过规范、高效的管理，确保城镇体系整体功能在运行中实现全面提升。中原经济区要实现城镇体系功能优化，必须：①以城市—区域系统、城镇体系规划为支撑，明确各级城镇的发展方向和空间扩展方式，整合城镇体系的空间布局结构，优化土地利用配置；②建设完善的城镇体系综合交通、电力电信、供水供能、排污减排等基础设施以及防灾减灾设施，保持较高的城镇体系基础设施综合配套水平；③发挥城镇之间的规模集聚与功能协同效应，进一步推动郑汴都市区和中原城市群建设，增强核心增长极、增长板块的辐射带动作用；④建立区内与区际的联动合作机制，运用现代信息技术，促进城镇体系管理的精细化、科学化、智能化，提高城镇体系的科学管理水平。

（三）在新型城镇化的引领下促进五级城镇的一体化建设

新型城镇化是以城乡统筹、城乡一体、产城互动、节约集约、生态宜居、和谐发展为基本特征的城镇化，是大中小城市、小城镇、新型农村社区协调发展、互促共进的城镇化。新型城镇化要求从城乡统筹的现实出发，从城乡一体发展的高度着眼，通过现代城镇体系的规划与建设，构建城乡互动、协调发展的机制，促进了新型城镇化发展与新型农村社区建设的有机联动。中原经济区现代五级城镇的一体化建设，必须：①城镇体系规划与新型农村社区规划的密切结合，构建城乡一体化发展网络化体系；②充分发挥各级城镇的中心带动作用，促进城镇传统产业、基础设施、公共服务、现代文明向乡村地区扩散；③培育县域中心城区、中心镇区、建制镇的农产品深加工与其他非农产业，适当扩大其人口规模，增强现代城镇体系的县域基础支撑作用；④积极稳妥推进新型农村社区建设，构建基点型小城镇，为新型农村社区的合理过渡搭好桥梁。

（四）在新型城镇化的引领下营造城镇体系发展的优良环境

新型城镇化追求"生态宜居、和谐发展"的发展目标，就要求强化生态环境的优化和提升城镇的承载能力，保持"发展"的城镇系统与"稳定"的环境系统之间的动态平衡，建设环境友好型城镇，实现人与环境的和谐共处。一方面，在城镇体系的规划与设计中，要充分考虑城镇体系的环境承载能力，协调城镇与区域之间的环境依存关系，确保城镇体系发展的生态屏障安全。另一方面，在城镇体系的建设与管理中，要树立环境优先的理念，创造良好的发展环境，提升城镇生产、生活品质。中原经济区要营造优良城镇体系发展环境，必须：①建立健全城镇体系的生态平衡系统，理顺城镇生态系统物质流与能量流，增强自然生态系统的环境承载力；②优化城市—区域系统的开放空间平台，充分发挥灰色系统、绿色系统以及蓝色系统在营造优良环境中的巨大作用；③坚持对建设项目的环境影响评价，监控城镇污染源，控制污染排放，综合治理各类污染，改善城镇体系发展的环境质量；④推广生态园区、生态工程、生态企业和生态建筑，提倡低碳生产、生活和消费方式，建设一个生产发展、生态宜居、社会和谐的城镇人居环境。

三、新型城镇化引领城镇体系建设的战略重点

第一，增强郑汴都市区的中心带动作用。随着郑汴新区的设立、郑汴之间快速交通廊道的贯通，郑州市区、开封市区以及中牟全境将形成郑汴都市区。该区域是中原城市群、河南省、中原经济区经济发展的发动机和增长极，更是带动中原经济区主体区、外围区和协作区的辐射源头。该区域的中心城市距离邻近，经济联系密切，因此可充分借助这一优势，利用郑汴核心增长极的辐射效应与科技、人才、信息、金融等优势条件，迅速提升城市发展的优势产业、主导产业。同时加强新密、新郑、巩义、登封、荥阳等县级市、县城与郑汴都市区核心区的经济联系，走网络型发展模式，最终形成以郑州为核心，以郑汴一体化区域为核心的综合性网络区域，从而促进郑汴都市区在经济增长和推动新型城镇化的辐射带动作用。

第二，促进中原城市群城镇的网络化发展。中原城市群是中原经济区

城镇化高度发达区和城镇密集区之所在，紧裹郑汴都市区，直接接受其各种辐射效应，并承担承内启外的重要任务。随着中原城市群综合竞争力的进一步提升、产业结构的进一步整合、等级层次结构的优化调整，城镇之间的联系日趋密切，网络化发展成为中原城市群增长板块发展的必然选择。因此，在网络化发展战略的支撑下，必须以京广复合发展轴带、陇海复合发展轴带为网络化发展模式下的"主动脉"、以其他等级的铁路、公路、通信轴带为网络化发展模式下的"支脉"，以全国区域性中心城市、地区性中心城市、地方性中心城市为一级、二级、三级网络节点，通过导入、整合互补性、异质性的资源要素和促进产业集聚区、文化创意产业区建设，实现中原城市群由初级的基础设施网络化到高级内生联系为主的过渡发展，逐步形成一个层次分明、功能互补、结构合理、功能完善、开放式的现代化城市—区域系统。

第三，增强县域城镇体系的支撑作用。在县域城镇体系建设中，各城镇要依托自身发展的基础、经济发展的潜力和城镇规划的目标，有步骤、分阶段地拉大城镇框架和扩大城镇规模以适应地方县域城镇体系的发展要求。河南省应重点培育核心增长板块内经济实力强劲的支点城镇巩义、禹州、新密、新郑、荥阳市、登封、偃师、长葛、舞钢、辉县、卫辉、孟州、沁阳的建设，形成支撑网络化发展的城市群城镇体系，从而带动整个增长板块综合发展实力。其他的一些省直管县试点县（市）和省扩权县如中牟县、长垣县、新安市、义马市、临颍县等应重视城镇建设的规模化和集聚化，重点提高建设质量，形成产业集聚区与中心城区互动建设的融合发展模式。离地区性中心城市很近的安阳县、新乡县、濮阳县、许昌县，综合实力较好的镇平县、舞阳县、西平县、伊川县、上蔡县、唐河县、郸城县、新野县、淮阳县、鹿邑县等，可重点解决基础设施建设、城乡社会发展等方面的难题，提高综合服务能力。其他的县（市）可根据城镇建设规划的要求，合理部署各项事业的建设任务，重点完善道路交通、公共设施、基础设施、环卫设施等方面的建设以适应县域城镇体系建设各项指标需求。

第四，打造特色鲜明的中心镇。中心镇承担着县城、县级市的部分副中心职能，并拥有部分县级管理权限，是县域经济发展的强力支撑。2009

年，河南省在全省县政府所在镇以外 308 个中心镇中优选 100 个区位优势明显、特色经济突出、景观资源丰富、设施基础较好，且具有较大发展潜力的中心镇作为特色中心镇建设试点，重点支持其率先发展，足见特色中心镇在县域经济发展的重要作用。因此，中原经济区今后县域乡镇的发展，必须进一步完善规划，注重建管并进，致力打造富有中原特色的中心镇，不断增强特色中心镇的集聚功能。在特色中心镇建设中，一方面，要做好特色中心镇的镇域总体规划、镇区控制性详细规划、产业集聚区规划、历史文化名镇规划等，为科学地规划建设提供合理的依据和参考；另一方面，要充分借鉴国内外特色村镇建设的成功经验，总结出县域特色中心镇基础设施建设、产业集聚区建设的典型模式。此外，要在加快特色中心镇的同时，引领县域其他一般性建制镇向特色中心镇靠拢，完善县域城镇体系整体布局，促进县域经济的全面发展和农村富余劳动力的合理转移。

第五，积极稳妥地推进新型农村社区建设。新型农村社区建设是新型城镇化引领的重要切入点，加快新型农村社区建设，对于推进中原经济区新型城镇化进程、促进三化协调发展等具有重大的现实和长远意义。具体而言，要推动中原经济区的新型农村社区建设工作，必须做好以下四方面内容：首先，要高起点规划、高标准进行建设、高功能进行配置，向着宜居型、生态型、幸福型居住社区规划建设。其次，要结合各地区的基础条件，采取政府引导、部门支持、社会帮扶的办法，动员各方力量，整合各种资源，加大力度，加快进度，全力推进农村新型农村社区建设进程。再次，按照因地制宜原则，对不同时期不同地区的新型农村社区建设进行分类指导，积极探索新型农村社区建设的推进模式。最后，在建设新型农村社区的同时，一定要做好拓展产业发展空间、土地流转工作、保护生态、修复环境等方面的配套工程建设，使之真正成为中原经济区现代城镇体系末端的基点型小集镇。

第三节　新型城镇化引领城镇体系的结构调整

等级层次、规模序列、职能类型和空间布局是城镇体系的四大结构，新型城镇化引领下的城镇体系建设必然引起四大结构的调整与升级，从而为中原经济区建设形成大中小城市和小城镇协调发展的城镇化格局提供支撑。

一、城镇体系等级层次结构的调整

依据城镇体系等级层次的理论与方法，采用城镇中心性强度指标，运用主成分分析评价方法对中原经济区 30 个省辖市进行计算，结果见表2。中原经济区 30 个省辖市的中心性强度值差异较大，综合发展实力和在整

表 2　中原经济区 30 个省辖市中心性强度值（$F_总$）排序

城市	F_1	F_2	F_3	$F_总$
郑州	4.3191	0.6272	1.6312	2.6293
洛阳	1.4786	0.4614	−1.1959	0.8041
邯郸	1.4524	−0.3918	−1.8016	0.5811
南阳	0.9739	−0.9631	−1.0596	0.2707
聊城	0.0452	0.7002	0.8309	0.2232
焦作	0.1474	1.1398	−1.4101	0.1801
新乡	0.0509	0.2927	0.4614	0.1201
长治	−0.3099	1.1104	0.9742	0.1158
邢台	−0.1998	0.5658	1.4435	0.1126
平顶山	0.1021	0.4198	−0.8477	0.0661
菏泽	0.0155	−0.6616	1.4444	0.0018
安阳	0.1075	−0.0023	−1.1093	−0.0311
三门峡	−0.5546	1.3217	0.0967	−0.0506
许昌	−0.1154	0.5079	−1.1352	−0.0605

（续表）

城市	F_1	F_2	F_3	$F_总$
信阳	−0.2386	−0.5876	1.4521	−0.1237
濮阳	−0.6501	1.0025	0.1922	−0.1552
晋城	−0.8116	0.8437	1.5908	−0.1606
济源	−0.7505	1.8502	−1.2289	−0.1671
周口	−0.1716	−0.6984	0.6743	−0.1706
漯河	−0.6896	0.7207	−0.2063	−0.2619
商丘	−0.0755	−0.9999	−0.5387	−0.2722
淮北	−0.6920	0.4959	0.1633	−0.2753
运城	−0.4335	−0.2403	−0.0395	−0.2870
鹤壁	−0.7367	0.8367	−0.6781	−0.3044
开封	−0.3325	−0.9601	0.6155	−0.3129
蚌埠	−0.2530	−0.9819	0.0345	−0.3202
驻马店	−0.3454	−1.4563	0.6683	−0.4085
阜阳	−0.0095	−2.2632	−0.9681	−0.5068
亳州	−0.7129	−1.2365	0.1393	−0.6127
宿州	−0.6097	−1.4533	−0.1936	−0.6234

个经济区发展中作用有明显差别。郑州市的中心性强度值最大（2.6293），远远高于其他省辖市。洛阳市、邯郸市的中心性强度值较大，分别为0.8041、0.5811，虽与郑州市有一定差距，但与其他省辖市相比也遥遥领先。中心性强度值较低的是驻马店（−0.4085）、阜阳（−0.5068）、亳州（−0.6127）和宿州（−0.6234），其经济实力、城镇规模和辐射作用与其他地级市相比较弱。

将表2城镇中心性强度值由高到低排列，找到数值急剧变化的拐点值，可计算出数列中的"断裂点"，即差别较大的前、后两个数字的中间值。表2中，第一个城镇中心性强度拐点是由郑州市的2.6293急剧变化至洛阳的0.8041，那么郑州与洛阳之间的断裂点=(2.6293+0.8041)/2≈1.7。据此可知，郑州与洛阳之间的1.7是第一个断裂点，洛阳与邯郸之间的0.7是第二个断裂点，邯郸与南阳之间的0.4是第三个断裂点，周口与漯河之间的−0.2是第四个断裂点。据此，并考虑各个城市自身经济

表 3　中原经济区省辖市的等级层次

中心性强度值	等级	城市	个数
>1.7	一级	郑州市	1
0.4—1.7	二级	洛阳市、邯郸市	2
−0.2—0.4	三级	南阳市、聊城市、焦作市、新乡市、长治市、邢台市、平顶山市、菏泽市、安阳市、三门峡市、许昌市、信阳市、濮阳市、晋城市、济源市、周口市	16
<−0.2	四级	漯河市、商丘市、淮北市、运城市、鹤壁市、开封市、蚌埠市、驻马店市、阜阳市、亳州市、宿州市	11

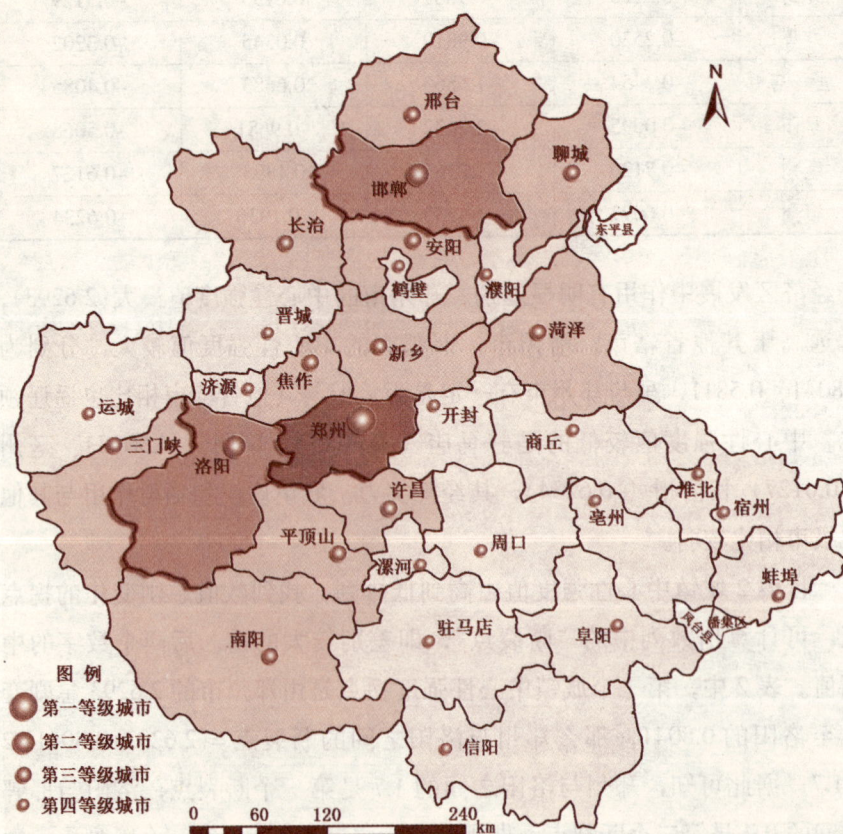

图 5　中原经济区省辖市的等级层次

发展的情况，可将30个省辖市划分为4个等级（表3）。同时，应用Arc GIS9.3软件的空间表征功能将等级层次的划分结果在中原经济区行政区划图上显示出来（图5），从而能更清楚、直观地了解整个经济区城镇体系等级层次在地理空间的分布情况，为把握中原经济区的城镇发展情况提供依据。

由表3可知，中原经济区30个省辖市中，郑州市作为第一等级层次城市，综合发展实力最强，是整个经济区经济、文化、社会等诸方面发展的龙头和领头羊。洛阳市作为第二等级层次的城市，是仅次于郑州市的核心城市，综合发展实力远大于其他省辖市，与河南省省会城市郑州共同带动整个经济区的发展。邯郸市作为第二等级层次的城市，综合发展实力仅次于洛阳，支撑着经济区北部地区的发展。第三等级层次共有16个城市——南阳市、聊城市、焦作市、新乡市、长治市、邢台市、平顶山市、菏泽市、安阳市、三门峡市、许昌市、信阳市、濮阳市、晋城市、济源市、周口市，占城镇总量的53.33%。其中南阳市、聊城市、焦作市的综合发展实力最强，位居第三等级层次的前几位，晋城市、济源市、周口市的综合发展实力较为接近，处于第三等级层次的后几位。第四等级层次共有11个城市——漯河市、商丘市、淮北市、运城市、鹤壁市、开封市、蚌埠市、驻马店市、阜阳市、亳州市、宿州市，占城镇总量的36.67%。其中漯河市、商丘市、淮北市的综合实力较强，排名比较靠前；驻马店市、阜阳市、亳州市、宿州市等限于城镇规模、经济水平、社会生活水平的差异，处于第四等级层次的后几位，综合发展实力较弱。从图5可看出，第一等级层次的郑州市、第二等级层次的洛阳市位于河南省的中部，在郑汴洛城市走廊上相互呼应，共同推动着整个功能地区的城镇体系向外扩展。第二等级层次的邯郸市位于中原经济区北部的外围区，承担着向京津唐城市群联动的重要门户功能。第三等级层次的城市主要分布在中原城市群以及中原经济区西北部、北部的外围区，形成连绵分布的态势。第四等级层次的城市主要位于中原经济区的东南部的广大区域，形成城镇中心性强度值较弱的低谷区。

随着新型城镇化引领下城镇体系建设的逐步推进，河南省中心带动战略的实施，以及郑汴都市区的营建等，中原经济区现代城镇体系的等级层次结构将不断优化升级，各种资源要素将得到高效利用，经济、文化、科技、信息将进一步协调发展。届时，各等级城镇的持续发展将有新的发展台阶，中原经济区城镇体系建设也将在以郑州市为主核、洛阳市为副核的"双核"牵引下，逐步由非均衡增长向相对均衡增长迈进。

根据表3、图5中省辖市的等级层次构成情况和区域城镇化发展趋势，本书设计中原经济区五级现代城镇体系结构的基本框架如下（表4、图6）：

表4　2020年中原经济区城镇体系的等级层次

等级名称		城市	个数	个数
区域性中心城市	一级区域性中心城市	郑州市	1	3
	二级区域性中心城市	洛阳市、邯郸市	2	
地区性中心城市	一级地区性中心城市	南阳市、聊城市、焦作市、新乡市、长治市、邢台市、平顶山市、菏泽市、安阳市、三门峡市、许昌市、信阳市、濮阳市、晋城市、济源市、周口市	16	27
	二级地区性中心城市	漯河市、商丘市、淮北市、运城市、鹤壁市、开封市、蚌埠市、驻马店市、阜阳市、亳州市、宿州市	11	
地方性中心城市	一级地方性中心城市	巩义市、禹州市、永城市、武安市、新密市、新郑市、荥阳市、林州市、南宫市、沙河市、潞城市、高平市、登封市、邓州市、灵宝市、偃师市、项城市、长葛市、舞钢市、辉县市、卫辉市、孟州市、沁阳市、汝州市、义马市、永济市、河津市、临清市、界首市、固始县、中牟县、临颍县、长垣县、滑县、新安县、武陟县、潢川县、太康县、夏邑县、睢县、新蔡县、兰考县、濉溪县、涉县、襄垣县、泽州县、阳城县、高唐县、凤台县、涡阳县	50	

（续表）

等级名称		城市	个数	个数
地方性中心城市	二级地方性中心城市	安阳县、濮阳县、许昌县、邯郸县、长治县、开封县、邢台县、磁县、镇平县、舞阳县、西平县、伊川县、上蔡县、唐河县、郸城县、新野县、淮阳县、鹿邑县、沈丘县、新乡县、淅川县、泌阳县、尉氏县、商水县、民权县、西峡县、平舆县、西华县、鄢陵县、方城县、杞县、汝南县、宝丰县、桐柏县、新县、茌平县、莘县、临猗县、闻喜县、萧县、东平县、郓城县、东明县、五河县、临泉县、太和县	46	201
	三级地方性中心城市	息县、虞城县、光山县、博爱县、罗山县、淮滨县、襄城县、修武县、宜阳县、温县、叶县、商城县、栾川县、原阳县、渑池县、鲁山县、柘城县、内乡县、正阳县、扶沟县、封丘县、遂平县、淇县、嵩县、确山县、通许县、宁陵县、汤阴县、浚县、孟津县、获嘉县、陕县、南召县、清丰县、内黄县、社旗县、延津县、郏县、洛宁县、范县、卢氏县、南乐县、汝阳县、台前县、临漳县、成安县、大名县、肥乡县、永年县、邱县、鸡泽县、广平县、馆陶县、魏县、曲周县、临城县、内邱县、柏乡县、隆尧县、任县、南和县、宁晋县、巨鹿县、新河县、广宗县、平乡县、魏县、清河县、临西县、屯留县、平顺县、黎城县、壶关县、长子县、武乡县、沁县、沁源县、沁水县、陵川县、芮城县、万荣县、新绛县、稷山县、夏县、绛县、平陆县、垣曲县、阳谷县、东阿县、冠县、曹县、单县、成武县、巨野县、鄄城县、定陶县、怀远县、固镇县、阜南县、颍上县、砀山县、灵璧县、泗县、蒙城县、利辛县	105	
中心镇	特色中心镇、重点镇	县域内的特色中心镇、经济发展实力强劲的重点镇	约500	约3000
	一般中心镇	县域内充当村域经济发展重心的一般建制镇	约2500	
基点型小城镇	支撑性集镇	乡政府所在的集镇，非建制镇	约2000	
	新型农村社区	县（市）域村镇体系规划和村庄布局规划确定的中心村（社区）	预计达到8000—9000个	

图6 2020年中原经济区城镇体系的等级层次

一级区域性中心城市郑州、二级区域性中心城市洛阳和邯郸将成为中原经济区的主、副核心城市，三核联动牵引整个经济区发展。二级地区性中心城市有望实现与一级地区性中心城市的有机联动、协调互动和均衡发展，其中信阳、商丘有望成为二级地区性中心城市并充当整个经济区的副核心城市。随着县级市综合实力的不断壮大，河南省直管县试点、省扩权县政策的逐步实施，经济实力强劲的县级市以及发展条件较好的县（市）有望发展成为一级地方性中心城市。随着县域城镇体系的承载承接作用逐渐完善，一些发展较快的安阳县、濮阳县、许昌县、镇平县、舞阳县、西平县、伊川县、上蔡县、唐河县、郸城县、新野县、淮阳县、鹿邑县等县的综合实力将进一步提升，将发展成为二级地方性中心城市。随着河南省特色中心镇试点工程的逐步推进，特色经济突出、景观资源丰富、设施基础较好，且具有较大发展潜力的中心镇将成为乡镇经济社会发展率先发展区。另外，中原经济区将新型农村社区建设作为统筹城乡发展的结合点、推进城乡一体化的切入点、促进农村发展的增长点，可将其发展成为现代城镇体系的基点型小城镇。预计到 2020 年，通过不同级别城镇的发展与升级，中原经济区现代城镇体系的等级层次结构也将确立。

二、城镇体系规模序列结构的调整

截至 2010 年底，中原经济区城镇体系有 58 个建制市与 173 个县城，共 231 个城镇。其中，超大城市 1 个，特大城市有 2 个，各占总数的 0.43%、0.87%；大城市 14 个，占 6.06%；中等城市 19 个，占 8.23%；小城市 22 个，占 9.52%；人口超过 10 万的县城有 75 个，占 32.47%；人口小于 10 万的县城 98 个，占 42.42%（表 5）。从人口数特征来看，100 万以上的特大、超大城市只有三个，但其非农业人口占 231 个城镇非农业人口之和的比重达 11.73%；14 个大城市非农业之和为 956.05 万，占比为 24.23%；19 个中等城市非农业人口之和为 582.22 万，占比 14.75%；22 个小城市非农业人口之和为 260.42 万，占比 6.60%；173 个县城非农业人口之和为 1685.17 万，占比 42.70%。根据城市体系金字塔构成情况，中原经济区 58 个城市（30 个省辖市和 28 个县级市）构成的城市规模序列结构呈现比较规则的金字塔形（图 7）。但是，按照表 5 所列七个规模级别考察，中原经济区规模序列结构的不同级别城市的人口数构成不规则的金字塔形（图 7）。

表 5　2010 年中原经济区 231 个城镇的规模级别构成

城镇级别	划分标准	城市		人口	
		数量 / 个	比重 /%	数量 / 万人	比重 /%
超大城市	> 200 万	1	0.43	220.85	5.60
特大城市	100—200 万	2	0.87	241.78	6.13

（续表）

城镇级别	划分标准	城市		人口	
		数量/个	比重/%	数量/万人	比重/%
大城市	50—100万	14	6.06	956.05	24.23
中等城市	20—50万	19	8.23	582.22	14.75
小城市	20万以下	22	9.52	260.42	6.60
县城Ⅰ	10—25万	75	32.47	1092.34	27.68
县城Ⅱ	10万以下	98	42.42	592.83	15.02
总计		231	100	3946.49	100

数据来源：《中华人民共和国分县市人口统计资料2010》。

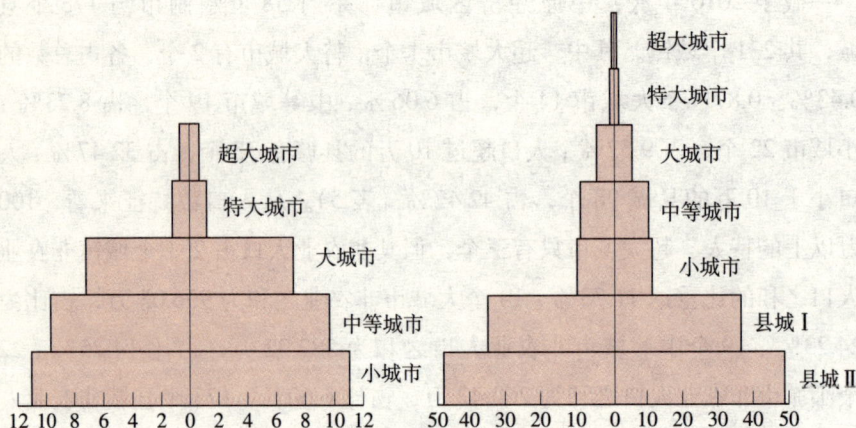

图7　2010年中原经济区58城市、231城镇的城市体系金字塔

因此，从整体而言，中原经济区城镇体系中城镇人口的规模级别构成不尽合理。但是，从平均水平而言，58个城市平均非农业人口38.99万，173个县城平均非农业人口9.74万，总的规模水平偏低。大城市有14个，人口占58市的42.28%，人口比却占到9.77%；尽管特（超）大城市只有三个，仅占58市的5.17%，人口比却占到9.77%；尽管中小城市多达41个，占58市的70.69%，人口比仅占到37.26%。郑州、洛阳与邯郸的人口占比看似不低，但由于总的规模水平偏低，其规模效应并不高，还有继续扩大规模的空间。现有的14个大城市的平均规模为68.29万，扩大规模的潜能较大。而中小城市规模普遍偏低以及县城平均规模不足10万的现

状，对中原经济区实施中心带动战略有较大的负面影响。可以说，在新型城镇化进程中，中原经济区各级别的城镇都面临着规模扩张的客观需求。

根据城市首位度指数公式进行计算，2010 年中原经济区城镇体系的两城市指数为 1.76，四城市指数为 0.66，十一城市指数为 0.52。理想状态下的四城市指数和十一城市指数都为 1，两城市指数为 2，但是中原经济区的两城市指数(1.76) 小于 2，四城市指数(0.66) 与十一城市指数(0.52) 均小于 1，且随着参与城市的增多，指数偏离理想值越多。这表明中原经济区的两城市指数显著，四城市与十一城市指数不突出，城市首位率尚未处于稳定状态。由此可知，中原经济区各城镇规模差距有较大幅度的缩小趋势，但处于发展的中级阶段，尚未形成完整的规模序列结构。

为更全面了解城镇体系规模序列的分形特征，有必要对中原经济区58 个城市、231 个城镇进行位序—规模分析。根据位序—规模法则公式进行计算，可得出 58 个城市、231 个城镇的人口规模和位序的双对数曲线图（图 8）。由该图可知 q 值为 0.899 与 0.842，这表明中原经济区城镇体系的人口分布比较均匀，城镇规模分布较为集中，中间位序的城市发育较多，特大城市、超大城市和小城镇发育不够。这一结果与规模级别特征和首位度指数的分析结果基本类似，都表明中原经济区城镇体系规模序列结构发育不够成熟，需要进一步整合设计。

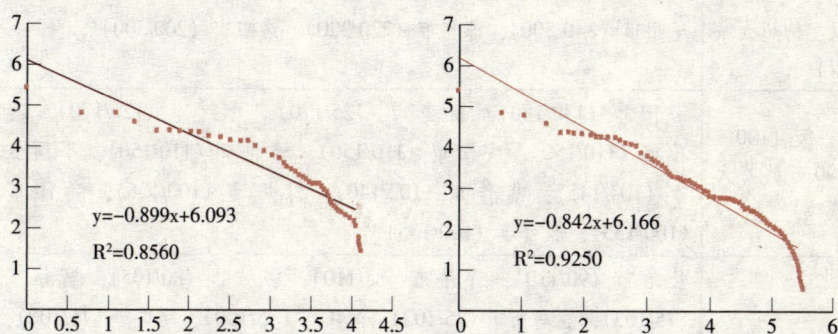

$$y=-0.899x+6.093 \quad R^2=0.8560$$
$$y=-0.842x+6.166 \quad R^2=0.9250$$

图 8　2010 年中原经济区 58 个城市、231 城镇的位序—规模图

随着新型城镇化进程的逐步加快，中原经济区城镇体系的规模序列结构也必将随之发生变化。合理调控和组织各城镇的市区非农业人口与城镇人口，使当前的城镇体系由中间位序城镇较多、小城镇低水平发育的状态

向高水平均衡阶段过渡，是构建中原经济区现代城镇体系规模序列结构的有效途径。

调整231个城镇非农业人口的依据是：①根据2010年中原经济区30个省辖市、28个县级市、171个县城的市（镇）区非农业人口，采用Dps7.05中的GM（1，1）模型，对自然状态下的非农业人口进行测算的结果。②充分考虑2020年河南省城镇化率将超过50%，每个县都有一个城镇达到20万人的发展目标。③参考《河南省全面建设小康社会规划纲要》、231个城镇总体规划、土地规划中确定的市（镇）区人口规模数。④考虑户籍制度改革可能带来的非农业人口的额外增长，以及在城镇工作、生活的农村户籍人口的客观存在。⑤适当考虑在中小城市附近或城中村、城乡结合部的新型农村社区人口。

根据以上依据，结合231个城镇在城镇体系中的定位、功能和发展态势，本书给出2020年中原经济区各级别城镇的市（镇）区非农业人口、城镇人口调控值（表6，图9）。

表6 2020年中原经济区各城镇市（镇）区非农业人口、城镇人口调控值（万人）

级别（以市区、镇区非农业人口计）	城市名称（非农业人口调控值／城镇人口调控值）
一级（200万以上的超大城市）	郑州市（340/500）、邯郸市（220/320）、洛阳市（200/300）
二级（100—200万的特大城市）	南阳市（130/180）、新乡市（125/170）、开封市（120/170）、商丘市（110/150）、安阳市（110/150）、淮北市（110/150）、平顶山市（104/145）、焦作市（102/140）、蚌埠市（100/135）、菏泽市（100/135）、邢台市（100/135）
三级（50—100万的大城市）	长治市（90/110）、许昌市（85/110）、聊城市（80/105）、宿州市（75/103）、驻马店市（75/103）、濮阳市（75/100）、周口市（75/100）、信阳市（75/100）、漯河市（75/95）、阜阳市（70/90）、晋城市（70/90）、运城市（70/90）、亳州市（65/90）、鹤壁市（65/90）、济源市（60/76）、三门峡（60/76）、固始县（51/60）、项城市（51/60）、临清市（50/60）、临泉县（50/60）

（续表）

级别（以市区、镇区非农业人口计）	城市名称（非农业人口调控值／城镇人口调控值）
四级（20—50万的中等城市）	邓州市（40/55）、伊川县（38/45）、魏县（38/45）、单县（38/45）、巩义市（38/45）、永城市（38/45）、偃师市（38/45）、长垣县（37/44）、临漳县（37/44）、潢川县（37/44）、荥阳市（35/42）、淮滨县（35/42）、巨野县（35/41）、太和县（35/41）、禹州市（33/39）、林州市（33/39）、登封市（33/39）、大名县（33/39）、曹县（33/39）、凤台县（33/39）、滑县（33/39）、茌平县（33/39）、尉氏县（33/39）、鄢陵县（33/39）、方城县（33/39）、温县（33/39）、原阳县（33/39）、新郑市（31/38）、宁晋县（31/38）、阳谷县（30/37）、高唐县（31/38）、上蔡县（30/37）、渑池县（30/37）、汤阴县（30/37）、桐柏县（30/37）、长葛市（30/36）、濉溪县（30/36）、扶沟县（29/35）、郓城县（29/35）、许昌县（28/34）、成武县（28/34）、平舆县（28/34）、确山县（28/33）、怀远县（28/33）、息县（27/32）、柘城县（27/32）、新密市（25/30）、灵宝市（25/30）、东明县（25/30）、辉县市（25/30）、夏邑县（25/30）、义马市（25/30）、鄄城县（25/30）、武安市（25/30）、莘县（25/30）、淮阳县（25/30）、成安县（25/30）、鸡泽县（25/30）、鹿邑县（25/30）、襄城县（25/30）、冠县（25/29）、定陶县（23/28）、商城县（23/28）、太康县（23/28）、新野县（23/28）、舞钢市（23/28）、沈丘县（23/28）、东阿县（23/28）、光山县（23/28）、陕县（23/28）、汝州市（23/27）、西平县（23/27）、威县（23/27）、河津市（23/27）、泌阳县（23/27）、宜阳县（23/27）、兰考县（23/27）、正阳县（23/27）、社旗县（23/27）、临颍县（22/26）、沙河市（22/26）、唐河县（22/26）、郸城县（22/26）、民权县（22/26）、罗山县（22/26）、邯郸县（22/26）、汝南县（22/26）、磁县（21/25）、肥乡县（21/25）、永济市（21/25）、安阳县（21/25）、中牟县（21/25）、濮阳县（21/25）、新安县（21/25）、沁阳市（21/25）、镇平县（21/25）、西峡县（21/25）、西华县（21/25）、虞城县（21/25）、封丘县（21/25）、南宫市（21/25）、利辛县（21/25）
五级（20万以下的小城镇）	武陟县（20/24）、新乡县（20/24）、杞县（20/24）、遂平县（20/24）、清丰县（20/24）、睢县（19/23）、舞阳县（19/23）、卫辉市（19/23）、鲁山县（18/22）、隆尧县（18/22）、高平市（18/22）、通许县（18/22）、延津县（18/22）、泗县（18/21）、孟州市（18/21）、博爱县（18/20）、内乡县（18/20）、开封县（18/20）、界首市（18/20）、蒙城县（18/20）、宁陵县（18/20）、浚县（18/20）、获嘉县（18/20）、新县（18/20）、台前县（18/20）、叶县（17/19）、广平县（17/19）、任县（17/19）、固镇县（17/19）、阜南县（16/18）、商水县（16/18）、新蔡县（16/18）、邢台县（16/18）、永年县（16/18）、邱县（16/18）、修武县（16/18）

（续表）

级别（以市区、镇区非农业人口计）	城市名称（非农业人口调控值 / 城镇人口调控值）
五级（20万以下的小城镇）	栾川县（16/18）、馆陶县（16/18）、临西县（16/18）、襄垣县（16/18）、卢氏县（16/18）、五河县（16/18）、汝阳县（16/18）、潞城市（15/17）、泽州县（15/17）、涡阳县（15/17）、淅川县（15/17）、宝丰县（15/17）、淇县（15/17）、内黄县（15/17）、郏县（15/17）、洛宁县（15/17）、范县（15/17）、阳城县（15/17）、闻喜县（15/17）、临猗县（15/17）、南和县（15/16）、南乐县（14/16）、曲周县（14/16）、萧县（14/16）、灵璧县（14/16）、垣曲县（14/16）、长治县（14/15）、屯留县（14/15）、颍上县（14/15）、嵩县（13/15）、平乡县（13/15）、沁县（13/15）、孟津县（13/15）、南召县（13/15）、芮城县（13/15）、泽州县（13/15）、沁水县（13/14）、绛县（13/14）、内邱县（13/14）、新绛县（13/14）、稷山县（13/14）、清河县（13/13）、巨鹿县（13/13）、柏乡县（13/13）、临城县（11/12）、陵川县（11/12）、长子县（11/12）、平陆县（11/12）、万荣县（11/12）、武乡县（11/12）、黎城县（11/11）、壶关县（11/11）、砀山县（11/11）、夏县（11/11）、新河县（10/10）、广宗县（10/10）、沁源县（10/10）、平顺县（10/10）

　　由表6、图9中2020年231城镇的市（镇）区非农业人口调控值可知：中原经济区将拥有三座200万人口以上的超大城市，其中一座超过了300万；100—200万人口的城市数目和人口数量均明显增加，50—100万人口的大城市数目和人口规模大幅增加；20—50万人口的中等城市数目有所增加，20万以下的小城镇大幅减少。至2020年，郑州市区非农业人口达到340万，城镇人口达到500万，仍为首位的超大城市；邯郸市区非农业人口达到220万，城镇人口达到320万，仍为第二位的超大城市；洛阳市区非农业人口达到210万，城镇人口达到300万，仍为第三位的超大城市；南阳市、新乡市、开封市、商丘市、安阳市、淮北市、平顶山市、蚌埠市、菏泽市、邢台市成为市区非农业人口100万以上的特大城市，城镇人口基本上都在150万以上；长治市、许昌市、聊城市、宿州市、驻马店市、濮阳市、周口市、信阳市、三门峡市、漯河市、阜阳市、晋城市、运城市、亳州市、鹤壁市、济源市以及固始县、项城市、临清市、临泉县成为市（镇）区非农业人口50万以上的大城市，城镇人口在60—95万；其他

图 9　2020 年中原经济区各规模级别城镇的分布图

的县级市和县城的非农业人口均在 10 万以上，其中许多将成为 20 万以上的中等规模城镇，部分城镇的城镇人口将接近 50 万。

展望 2030 年，中原经济区现有的 231 个城镇中，超大城市有可能增至 6 个，特大城市有可能增至 15 个，大城市有可能增至 60 个左右，中等城市的数量将稳定在 80 个左右，现有的县级市、县城有可能都进入 20 万人以上的大、中城市行列。届时，随着新型城镇化的健康发展与县域经济水平的大幅提高，现有的中心镇、一般性建制镇以及新设置的镇将会蓬勃发展，一批新兴的小城镇将出现在中原大地。大中小城市和小城镇协调发展，经济支撑有力、基础设施完善、服务功能健全、人居环境优美、发展协调有序的现代城镇体系将在中原经济区建设中真正起到中心带动的作用。

三、城镇体系职能类型结构的调整

从整体上看一个城市的作用、分工和特点，城市职能是城市在国家或区域中所起的作用，所承担的分工。城市的基本活动反映了城市的职能，因此可运用最小需要量法对城市基本活动和非基本活动进行分析，并在此基础上得到城市的优势职能，以统计分析法求取城市的优势职能，最后加以综合分析。首先，根据《中国城市统计年鉴2011》、《中华人民共和国分县市人口统计资料2010》中的数值计算中原经济区30个省辖市的各行业部门的基本职工比。其次，根据城镇体系职能的分类来分析中原经济区各市的优势职能、突出职能及职能强度（表7）。最后，通过归纳分析概括出中原经济区城镇体系职能结构的现状特征。

表7 中原经济区30个省辖市的城市职能参照指标

城市	优势职能	突出职能（职能强度）
郑州	科教文卫业	建筑业（0.10）、批发零售餐饮业（0.31）、服务业（0.20）、科教文卫业（0.18）
邯郸	工业	——
洛阳	工业	工业（0.18）
商丘	科教文卫业	
淮北	采矿业	采矿业（4.02）
平顶山	采矿业	采矿业（2.85）、服务业（0.12）
菏泽	科教文卫业	——
新乡	工业	工业（1.96）
安阳	工业	——
南阳	工业	工业（1.76）、批发零售餐饮业（0.57）、服务业（0.20）、科教文卫业（1.37）
蚌埠	工业	
焦作	工业	——
聊城	科教文卫	
邢台	工业	
漯河	工业	工业（1.97）、服务业（0.02）
开封	科教文卫业	服务业（0.27）

（续表）

城市	优势职能	突出职能（职能强度）
长治	工业	——
信阳	科教文卫业	——
宿州	科教文卫业	——
濮阳	采矿业	采矿业（4.89）、建筑业（4.06）、交通运输仓储及邮政业（0.02）
鹤壁	采矿业	采矿业（1.80）
许昌	工业	——
阜阳	科教文卫业	建筑业（0.09）、交通运输仓储及邮政业（1.39）、批发零售餐饮业（0.11）、金融房地产业（0.19）、科教文卫业（1.76）、公共管理业（0.79）
驻马店	建筑业	工业（0.26）、建筑业（4.26）、批发零售餐饮业（0.34）、金融房地产业（0.37）、公共管理业（1.18）
济源	工业	工业（1.69）
晋城	采矿业	采矿业（12.14）、批发零售餐饮业（0.24）
周口	建筑业	建筑业（2.46）、金融房地产业（2.87）、金融房地产业（1.06）、公共管理业（1.01）
运城	科教文卫业	科教文卫业（0.90）、公共管理业（1.20）
三门峡	工业	批发零售餐饮业（0.73）
亳州	科教文卫业	金融房地产业（0.10）、科教文卫业（1.79）

注："——"表示无突出职能。

由表7可知，中原经济区城市工业部门比重较高，城市的优势职能并不是十分突出，河南省省会城市郑州的省会职能、金融业和交通运输职能，郑州、安阳、洛阳和开封的旅游职能，信阳的门户职能等，都没有得到体现。许多地区性中心城市缺乏发展特色，城市职能结构趋同，城市的专业化程度不够突出，在城市部门经济结构上偏重于"大而全、小而全"。城市主导职能的趋异和互补是提高宏观经济效益的重要条件，相邻城市经济结构的总体差异越大，往往越有利于城市职能互补和集聚效益的发挥。这样一方面会降低城市基础建设的经济效果，另一方面由于相互竞争，彼此牵制，在很大程度上制约了城市社会经济效益。此外，经济发展水平低，工业还主要停留在对矿产资源的开发利用方面，工业结构多以传统工业部门为主，原材料和农副产品初加工部门多，深加工部门少。结果只能够提供一些初级产品，资源、原材料消耗多，科技含量和劳动力生产率低，经济效益差，环境污染严重。

随着中原经济区建设力度的不断加大，河南省的经济发展地位将越来越突出，现有的城镇体系职能类型已不能满足区域经济发展的要求，优化中原经济区现代城镇体系的职能类型结构势在必行。基本原则和理念是：其一，参照 2010 年中原经济区 30 个省辖市的职能类型结构，从城镇体系等级层次结构优化的框架出发，结合 231 个城镇职能类型的主导产业、支柱产业、优势产业的现状与未来趋势，协调好城镇之间的产业联系和空间布局类型的互补，突出城镇发展的优势经济职能，强调城镇的趋异和互补。其二，明晰全国区域性中心城市、地区性中心城市向综合类型的城市定位发展，突出一级地方性中心城市、二级地方性中心城市的主导经济职能，发挥三级地方性中心城市的突出职能，促使现代城镇体系的城市职能类型向既有综合又含突出职能的高级城镇体系职能类型升级。

中原经济区现代城镇体系职能类型结构的调整策略是：首先，分析每一个城镇自然资源、区位条件、主导产业和现有的社会经济基础，确定其产业发展的方向和经济发展的优势行业。其次，根据城镇的优势行业，确定其城镇发展的优势职能，此类部门应具有良好的经济效益和全面的带动作用，并作为整个城市未来一个阶段经济发展的核心部门。然后确定与主导优势产业、部门密切关联的产业部门，确定其城镇发展的突出职能。最后，从河南省与周围省份的区际经济协作关系和市场竞争的角度出发，协调中原经济区各个城镇的优势职能和突出职能，使之各具特色，搭配合理，既突出城镇自身和所在区域的优势，又避免水平的结构趋同，构成层次有序、结构合理的现代城镇职能体系。

按照上述的调整理念与调整策略，预计到 2020 年中原经济区城市、城镇之间的区内、区际联系更为密切，分工协作经过职能的优化调整逐步向理想化方向发展。全国区域性中心城市、一级地区性中心城市的职能综合性大为加强，辐射范围进一步扩大，中心功能的集聚效应明显。二级地区性中心城市的服务业、科教文卫业、批发与零售贸易餐饮业、公共管理与社会组织业等职能在工业职能、交通通信职能的基础上逐步突出，由此形成的产业群对城市与区域的互动发展带动力增强。一级地方性中心城市、二级地方性中心城市的职能专业化程度较高，三级地方性中心城市发展的优势经济职能突出，中心镇、基点型小城镇的特色产业迅速发展。总之，高等级层次城市向综合性发展，中等级层次的城市的突出职能强度进一步提升，低等级层次城镇逐步向专业化、职能化方向发展，现代城镇体系的整体功能得到最大程度的发挥。

四、城镇体系空间布局结构的调整

据城镇体系空间分形理论的计算，可知河南省城镇之间的空间关联维为 1.2677。由此可知，河南省 18 个城市之间的空间相互作用关联性处于一般水平，既不是离散至均匀分布，也不是很集中以至于空间各要素汇聚到首位城市郑州，而是处于较集中但不至于离散的地步。河南省整体城市的布局呈现以交通廊道为基础，以郑州市为核心的中心—外围圈层式分布。这种空间布局结构有利于城市之间沿交通轴以圈层状推进城市职能的分工与协调，也有利于城市在廊道发挥其扩散效应并带动周围小城镇；但另一个方面也造成了中心城市之间疏离，空间关联程度的松散，使得城市的整体功能不能较好发挥，给中原经济区的城市空间拓展带来一定的难度。

以中原经济区 30 个省辖市的城镇中心性强度的计算结果（表 2）为基础，结合中原经济区城镇体系不同等级层次的分布状况，来分析中原经济区城镇体系的空间发展态势；根据城镇体系的空间组织的基本规律，从中原经济区城镇体系的空间结构现状和城镇空间发展态势出发，结合城镇之间空间整合的"单核向心增长模式"、"单核非均衡增长模式"和"多核非均衡增长模式"，来分析中原经济区城镇体系的空间布局结构的调整模式。

"一极"整合模式（图 10）。郑州作为我国中部重要的中心城市，在发展自身、提升综合实力的过程中，必须选择距离较近、有合作基础的开封作为其构建一体化大都市区的重要伙伴，以提升其综合竞争力，扩展辐射带动效应。开封与郑州两市建成区距离仅有 30 千米，且有陇海铁路、G310、郑开大道和 G30 四条交通主干道相连，加之郑汴城际铁路的建设，

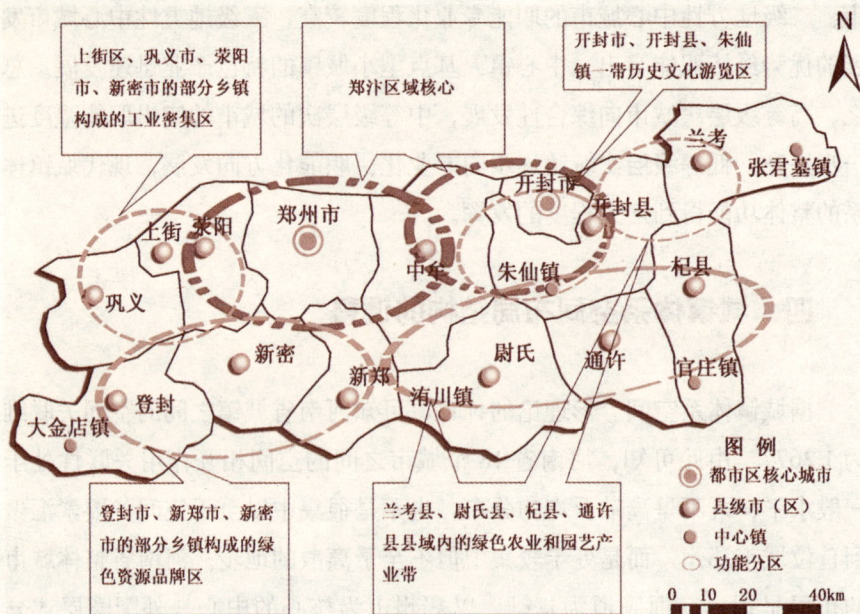

图 10　郑汴一体化地区的功能组织

二者几乎已经连城。根据国务院《指导意见》和《中原经济区建设纲要》，加快郑汴都市区建设已成为中原经济区建设的重要内容。郑州与开封应积极利用现有的四条主要交通联系通道以及未来的城际快速轨道，加强交流与合作，实现两城在经济、政治、文化等方面的对接，加快郑汴一体化进程，完善郑汴区域的功能组织，使郑汴都市区快速成长为中原经济区的核心增长极。

"一廊道"整合模式（图11）。郑汴洛城市廊道位于我国京广、陇海铁路相交的中部"黄金大十字"的横向地带，并且郑汴洛发展轴是中原城市群紧密层经济联系强度最强的主动脉，发展实力和潜力巨大。由于过去交通条件和人为因素的限制，沿轴发展走廊一直没有实质性的发展。在河南省提出构建现代城镇体系、郑汴一体化发展战略以及沿线地带发展潜力不断显现的背景下，沿线地区城市的发展步伐不断加快，综合实力显著增强。随着郑—汴—洛轻轨、郑汴新区的建设以及沿线地带工业园区、农业示范区的发展，郑汴洛城市廊道将成为中原经济区经济快速增长的核心区。通过郑汴洛城市走廊的建设，使该地带最终形成中原经济区中部的现

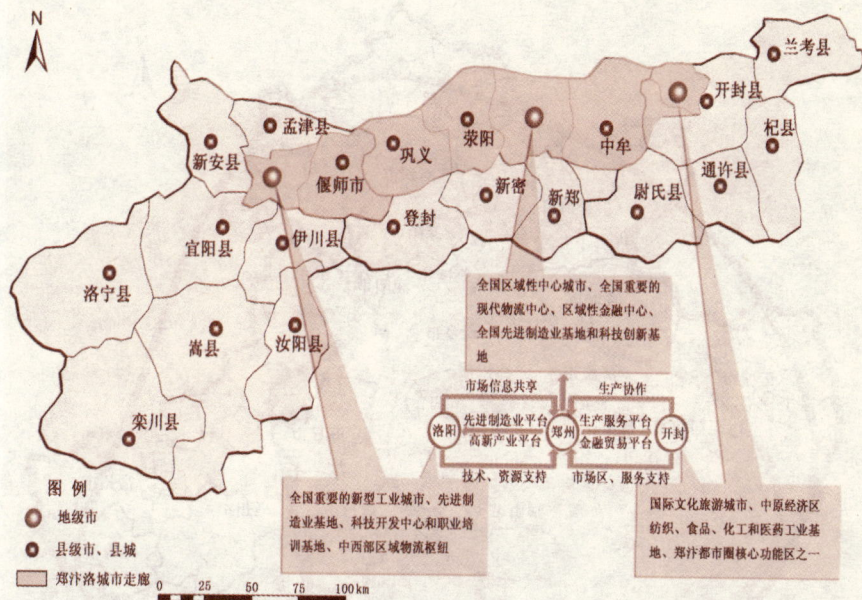

图 11　郑汴洛城市走廊的功能组织

代化城镇密集区、经济集聚核心区和都市连绵带。

　　"五核"整合模式（图12）。中原经济区城镇体系空间布局结构采取"五核"整合模式也是符合实际发展情况的。虽然郑州市作为中原经济区的核心城市和"发展极"不可取代，但其发展的历史较短，城市综合实力、城市规模、城市竞争力等方面与周边的省会城市相比，不占明显优势。仅依靠郑州市牵引整个中原经济区的整体发展，力量显得单薄，需要其他城市进行支持。二级区域性中心城市洛阳，与郑州市区中心仅有117千米之隔，历史文化积淀丰富、工业实力雄厚，可作为西部的副核心城市，对郑州市的牵引力将提供强有力的支撑。二级区域性中心城市的邯郸综合实力较强，是豫北最重要的联通城市和晋冀鲁豫四省的要冲，可作为副核心城市带动中原经济区北部地区的发展。一级地区性城市中信阳，城镇中心性强度值较大，是连接我国东西南北重要的交通枢纽，可将其培育成南部的副核心城市，与首位核心城市郑州在河南省形成南北呼应，共同促进中原经济区南部的快速发展。此外，在二级地区性城市中，商丘的城镇中心性强度值排名靠前，并且是鲁豫皖交汇区重要的经济、交通和工商业中心，

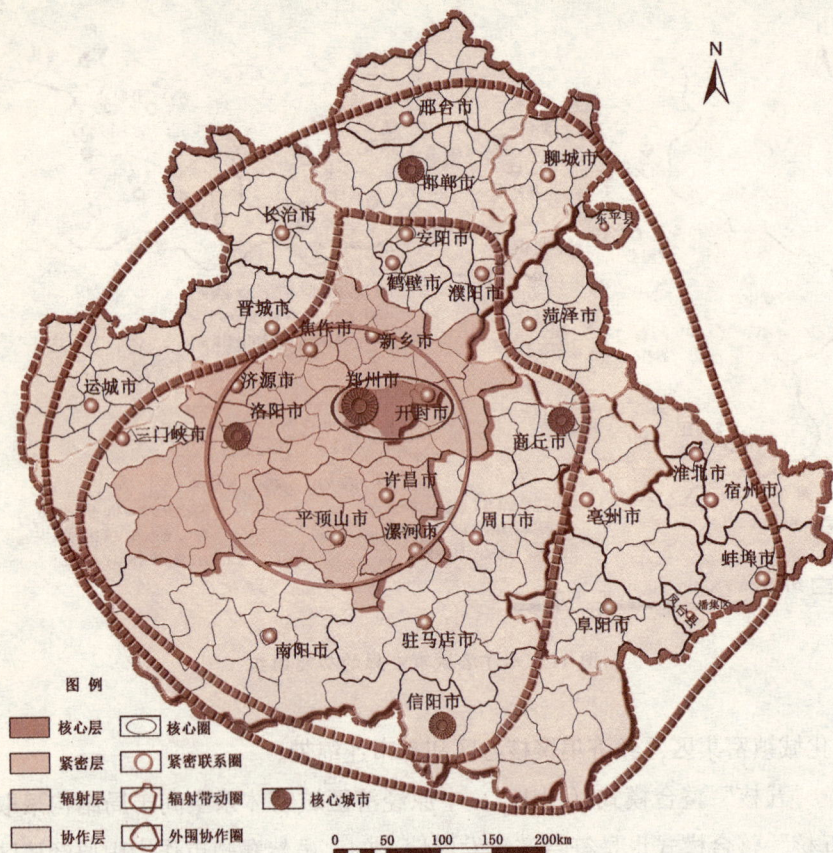

图12　中原经济区"五核、四圈、四层"结构图

可将其培育成东部的核心城市，带动东部城镇中心性强度低谷区的共同发展。如果以郑州为主核、以商丘、洛阳、信阳、邯郸为东西南北部的副核心，中原经济区城镇体系的增长极将会得到巨大的动力支持，同时河南省在中部崛起的地位也将有所改观，对中原经济区建设、中部崛起大有裨益。

"四圈层"整合模式（图12）。目前，中原经济区城镇体系内部正在形成以郑州市为核心的"四圈层"结构。"四圈"即核心圈、紧密联系圈、辐射带动圈、外围协调圈。核心圈以郑州市区、开封市区为核心，以郑汴产业带为轴带，以周围辐射的卫星城镇为节点的郑汴都市圈；第二圈是以郑汴都市圈为核心，以洛阳、开封、新乡、焦作、济源、许昌、漯河、平顶山为节点的紧密联系圈（即中原城市群紧密层区域）；第三圈是以中原城市群紧密层 9 市为核心，影响中原城市群整个区域的辐射带动圈；第四圈是以紧邻河南省外围区的城市为支撑，与周边省份 12 个城市进行紧密协作的联动圈。同时加快全区轨道交通体系建设，努力形成以郑州综合交通枢纽为中心的"半小时交通圈"、"1 小时交通圈"和"1.5 小时交通圈"。"半小时交通圈"就是以城际快速轨道交通和高速铁路为纽带，实现以郑州为中心、半小时通达开封、洛阳、平顶山、新乡、焦作、许昌、漯河、济源 8 个省辖市。"1 小时交通圈"就是以高速铁路为依托，形成以郑州为中心、一小时通达安阳、鹤壁、濮阳、三门峡、南阳、商丘、信阳、周口、驻马店 9 市的快速交通格局。"1.5 小时交通圈"就是以高速铁路、国

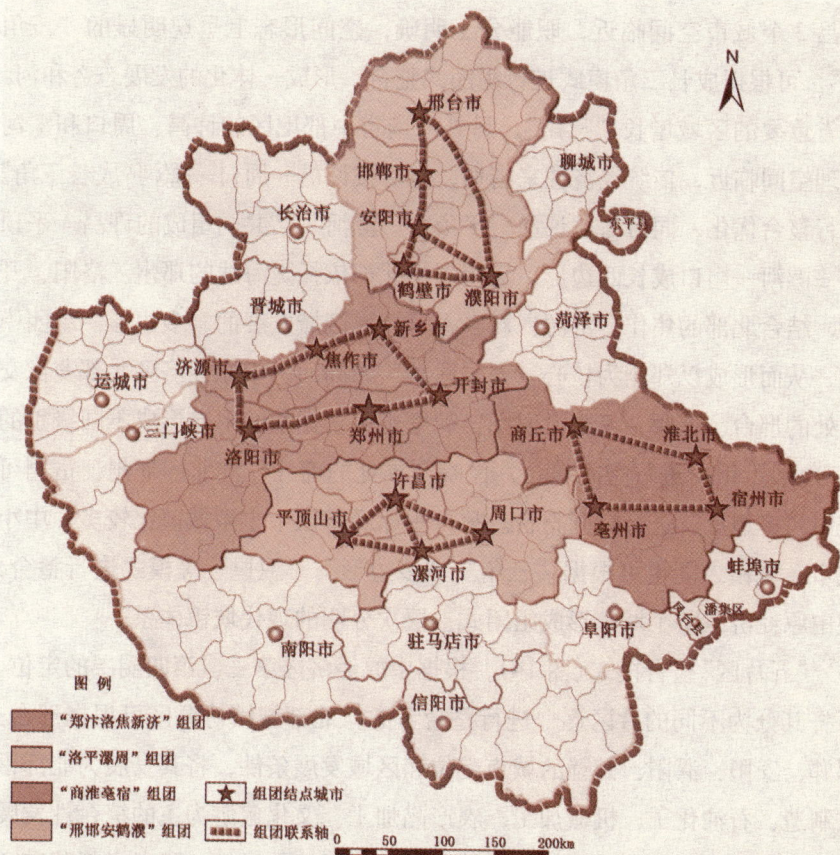

图 13　中原经济区"四组团"结构图

道为依托，形成以郑州为中心、1.5小时到达运城、晋城、长治、邯郸、邢台、淮北、聊城、菏泽、亳州、阜阳、蚌埠、宿州12市的外围联通格局。"四层"即核心层、紧密层、辐射层和协作层。核心层指郑汴都市区地区，紧密层包括除郑汴外的洛阳、平顶山、许昌、新乡、焦作、漯河、济源7市，辐射层包括中原城市群紧密层9市以外1小时交通圈的9个城市，协作层指河南省外围的12个城市和2个县。中原经济区的建设不仅要发挥中原城市群核心增长板块的牵引作用，还应联动各具特色和优势的协作城市优势，只有彻底融入中原经济区城镇体系的大格局，形成与中原城市群核心圈层、紧密圈层、辐射带动圈层以及外围协作圈良性互动的发展局面，中原崛起河南振兴的宏愿才能真正实现。

"四组团"整合模式（图13）。河南省城镇体系内部的平顶山、漯河、许昌3个城市空间临近，职能分工明确，空间形态上呈现明显的"三角形"，可根据成长三角模式进行组团式整合，形成一体化的发展态势和河南省重要的区域增长"三角"。另外河南省中部地区的许昌、周口和漯河地理空间临近，传统经济往来密切，也可按许昌—周口—漯河"成长三角"进行整合优化，同时与"许昌—平顶山—漯河"又共同组成的许昌—平顶山—漯河—周口成长四边形。河南省中北部依托陇海线的郑州、洛阳、开封，结合北部的焦作、济源、新乡，可构成区域发展的"多边形"组团模式，从而形成以郑州为核心"五星联动"的局面。中原经济区北部冀豫交界处的邢台、邯郸、安阳、濮阳、鹤壁也可根据空间形态形成不同级别的"三角形"组团进行空间整合，豫皖交界处的商丘、淮北、亳州、宿州可按照"多边形"进行空间整合。另外中原经济区中小型城镇比较多，中小城市、城镇之间也可根据"三角"、"多边形"、"卫星"等模式进行整合，使中原经济区整个城镇形成组团式、层次分明的现代城镇体系。

"五片区"整合模式（图14）。根据中原经济区第三、第四圈层的定位，可将其分为不同的片区逐一进行整合考虑。北部城镇协调区可根据邢台、邯郸、安阳、濮阳、鹤壁的城市定位和区域发展条件，将其发展为北部钢铁制造、石油化工、机械加工、农产品加工、文化旅游为主的综合性发展片区。西北部城镇协调区的三门峡、长治、晋城与运城，可考虑将其矿产资源开发、农副产品加工、林业果品业作为发展的重点，形成豫西农林产

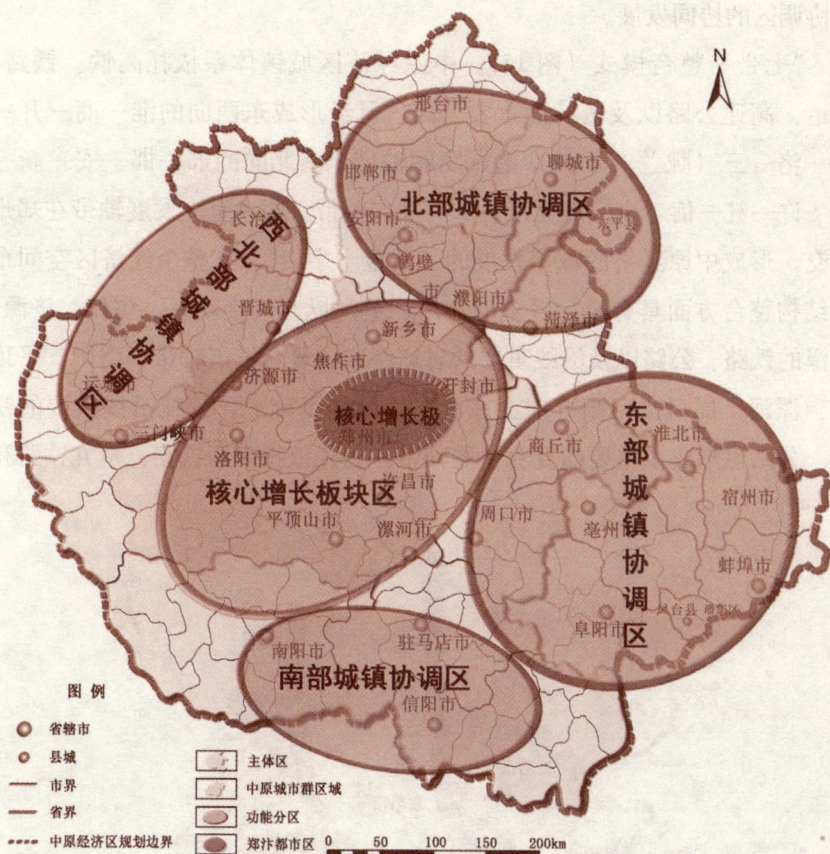

图 14　中原经济区"五片区"结构图

品加工片区。南部城镇协调区的南阳可发展生态农业、"绿色"林业、自
然保护区观光旅游、文化旅游、玉石加工、矿产资源开发等项目，形成西
南地区的综合发展片区；驻马店、信阳可将现代农业、生态旅游、文化旅
游作为其发展重点，同时发展特色农产品、物流中转等项目，形成豫南发
展片区。东部城镇协调区的商丘、周口、阜阳、亳州可发展高效农业、生
态农业、文化旅游等项目，淮北可重点发展煤炭深加工、化工建材、纺织
医药等支柱产业，宿州可积极发展生物化工、轻纺服装、农副产品深加
工、新能源技术等产业，蚌埠可强化其商贸物流、机械加工、综合旅游等
主导产业，形成东部城镇协调发展片区。通过不同区域的逐个整合，突出
地方特色，打造区域性中心城市，形成核心增长极、核心增长板块区和城

镇协调区的协同发展。

"七带"整合模式（图15）。中原经济区城镇体系依托高铁、铁路、国道、高速公路以及区域性重要公路，已经形成东西向的淮—商—开—郑—洛—三（陇兰产业带）重点发展轴带，南北向的邢—邯—安—新—郑—许—驻—信（京广产业带）重点发展轴带。两大重点发展轴带在郑州相交，形成中原经济区城市发展的"黄金十字架"，在整个经济区空间布局结构整合方面具有举足轻重的作用。黄河以北连接新乡、焦作、济源、菏泽的铁路、公路以及沿线重要的省道组成的复合发展轴带，洛阳、平顶山、漯河、周口、阜阳方向上在漯阜铁路的基础上，依托沿线重要的铁路、公路也形成了重要的复合发展轴带。另外依托宁西铁路、京九铁路和

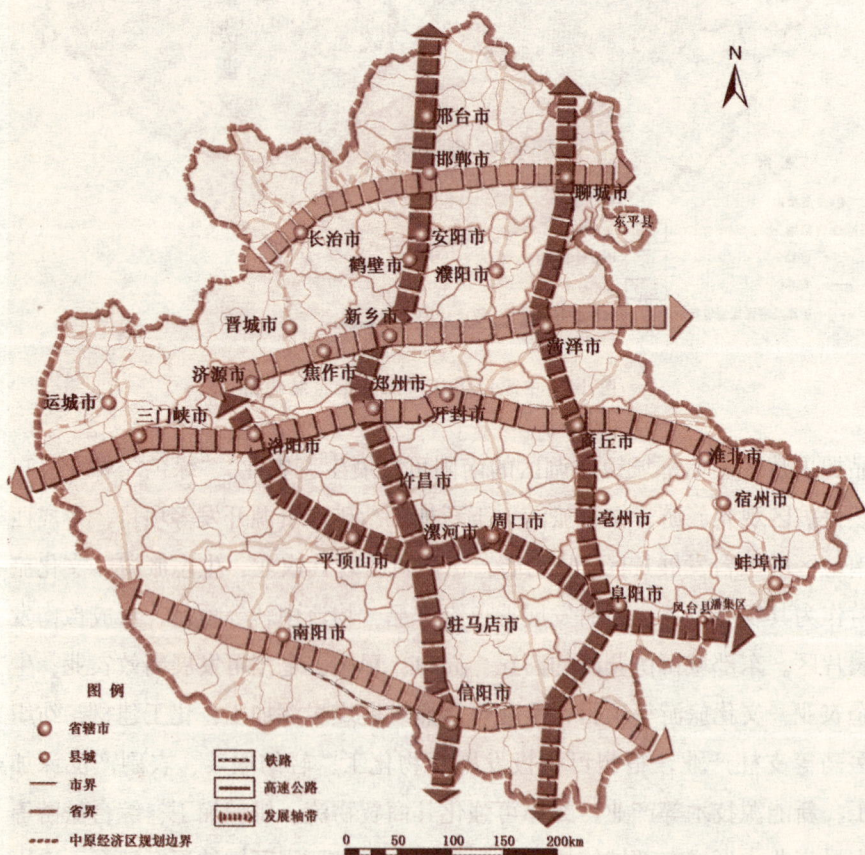

图15 中原经济区"七带"结构图

青蓝高速及其沿线的主要公路也正逐渐形成三条重要的发展轴带。以上7个发展轴带与中原经济区的产业发展轴带相对应，成为整个经济区城镇发展的7条重要经脉，中原经济区城镇体系的空间结构可根据这7条轴带进行空间整合。

第四节　新型城镇化引领城镇体系的功能组织

在全国的区位版图中，中原经济区位于"心脏"部位，承东启西、联南通北。在全国区域开发战略中，中原经济区处于枢纽地位，支撑中部崛起、完善开发格局。新型城镇化引领下城镇体系的功能组织对促进中原经济区的经济社会发展，推动国家的区域开发战略部署的实施，都有十分重要的意义。

一、新型城镇化引领城镇体系的核心组织

要做好中原经济区城镇体系建设的核心组织，必须做好以下两项工作：一是建设全国重要的区域性中心城市——郑州，提高其中心带动作用；二是加快建设郑汴新区发展，推进郑汴一体化进程。

郑州作为中原城市群、河南省、中原经济区的核心城市，必须不断加快自身的各项建设，率先走出一条以新型城镇化引领的三化协调科学发展之路，努力建设成为中原经济区的核心增长极、全国区域性中心城市，在中原经济区的建设中发挥好龙头作用、重心作用和示范带动作用。第一，促进产业升级，提升自身综合竞争力。大力实施工业强市、服务业优先、都市农业提升的产业优化升级战略，着力推进高成长性产业发展；着力做强现代服务业，加快区域性现代商贸中心、物流中心、金融中心建设；坚持用工业的、景观的、生态的理念，加快现代高效农业和都市农业发展。第二，推进城镇组团发展，加快新型城镇化进程。按照郑州市发展的"双核六城十组团"的格局，加快郑州城区和郑州新区的联动发展，加快周边卫星城镇和中心城区的融合发展，加快100个新型农村社区的规划建设，

促进各功能板块的协调发展。第三，做好郑州航空经济综合实验区建设。按照"培育大产业、建设大枢纽、塑造大都市"的理念，依托郑州国内大型航空枢纽建设，通过促进对航空依赖性较强的高端制造业、现代服务业的加速集聚和人口的加快转移，打造三化协调发展先导区，构建带动中原经济区发展的核心发展动力，建设郑州航空大都市。

郑汴新区是中原经济区核心增长极的重点建设对象，提高该区域的核心竞争力和创新活力是建设的重中之重。郑州新区、开封新区中城镇距离临近，经济联系密切，因此该区域可充分借助于这一优势，利用郑州新区、汴西新区的辐射效应与科技、人才、信息、金融等优势条件，迅速提升发展的优势产业。"九组团"即郑汴一体化区域的9大板块，包括郑东新区、经济技术开发区、航空港、白沙组团、刘集组团、官渡组团、九龙组团、中牟组团和开封新区。各个组团应相互协作，抓住郑汴一体化建设的"区位机会窗口"和郑州"双核六城十组团"的城镇化发展格局，促进郑汴产业带、开封新区的快速发展。支持郑州新区、开封新区创新发展，建设内陆开发开放高地，打造新型城镇化、新型工业化和新型农业现代化协调发展的先导区。因此，在今后发展中，中原经济区要形成以核心城市郑州为支撑，以郑州新区、开封新区为补充，以郑汴都市区为区域增长极的新格局。在新格局的支撑下，提升核心圈层城市的内聚力，增强中心城市的辐射带动作用，实现增长极核心区的快速发展。

二、新型城镇化引领城镇体系的内聚组织

中原经济区内聚组织的主要任务就是郑汴一体化地区和郑汴都市区内的城镇建设和经济发展的功能组织。

郑汴一体化地区的一级中心城市为郑州，副中心城市为开封，郑州和开封分别处于区域西、东部分的中心点上，二者的整合优势对中原城市群、河南省和中原经济区具有强大的中心凝聚力。二级重点城镇为巩义、荥阳、新密、新郑、兰考，一般城镇为登封、尉氏、通许、杞县、中牟、开封县，均为县级市、县的中心城镇，靠它们的辐射和带动，可促进郑汴地区经济的全面发展。三级城镇为其他建制镇，是郑汴地区本土城镇化的重要结点。

小区美景赛江南

云台山世界地质公园鸡冠洞叠帏宫

郑汴一体化地区东西长、南北窄，东西向的空间差异比较明显。西部是地方工业集中发展的地域，已形成一定的规模。中部是该区域的核心发展区，经济实力强大，社会发展先进，基础设施完备。东部是农业经济相对发达的地区，工业基础较薄弱，企业数量少且规模较小。据此，可将郑汴一体化地区划分为5个功能区：①郑州、开封市区和中牟县组成的核心功能区；②上街、巩义、荥阳、新密部分乡镇组成的工业密集区；③登封、新郑、新密部分乡镇组成的绿色资源品牌区；④开封市、开封县一带历史文化旅游区；⑤兰考、尉氏、通许县域绿色农业和园艺产品区。

郑州市区、开封市区和中牟全境组成的郑汴都市区承担着河南省现代城镇体系核心增长极的重任，随着郑汴一体化的深入，郑州市区和开封市区将对接为一个东西向的城市连绵带。2005年郑汴一体化战略提出，2006年底郑开大道建成通车，2009年郑开城际铁路批准建设。至此，郑汴之间由陇海铁路、G30、G310、郑开大道及未来的郑开城际铁路组成的"集束型"城镇通道已基本形成。郑开大道两侧地区，是郑汴都市区产业集聚的极好区位，开发郑汴产业带，是中原经济区建设郑汴洛产业带的第一步，郑汴一体化发展的第一个显性成果，中原崛起的第一个突破口。该产业带依托郑开大道，西起G4，东至开封金明大道，北起G30，南至G310，总面积接近500平方公里，是中原经济区核心区建设的先行区、郑汴都市区的产业集聚区、河南省节约集约用地的示范区。重点布局高新技术产业、现代制造业、现代服务业三大类产业，重点建设白沙教育和高新技术产业区、官渡科技研发与现代制造区和汴西复合型新城区等三大产业组团。开封应利用郑州的优势，使千年古城重新焕发青春，郑州也应借助开封的优势，让城市的综合竞争力更足，辐射带动能力更强。郑汴都市区真正成为中原城市群、河南省、中原经济区的核心增长极指日可待。

三、新型城镇化引领城镇体系的城市群组织

中原经济区的城市群组织，就是要加强中原城市群内重点城镇建设，促进城市群区域城镇布局走向网络化发展。就是要按照核心带动、轴带发展、节点提升、对接周边的要求，提升郑州中心城市的辐射带动能力，巩

固提高洛阳副中心城市地位，联动周边城市，增强地区性中心城市综合承载带动能力，推动城际轨道交通体系和高速铁路建设，加强城市功能互补和产业分工，加快产业集聚，实现交通一体、产业链接、服务共享、生态共建，促进大中小城市协调发展，形成辐射带动能力强、经济联系紧密、城市层级分明、体系结构合理、具有国际竞争力的开放型城市群，努力构建放射状、网络化、板块式的城市群发展格局。①

在重点城镇布局和建设方面，中原城市群应着力构建以郑汴都市区为核心增长极，以郑州、洛阳为主副核心城市，以其他7个省辖市为重要节点，以中小城市和小城镇为补充的多层次、网络化的现代城镇体系。进一步强化郑州市的核心地位，提升洛阳市的副核心地位，发展壮大其他节点城镇，促进新乡、焦作、洛阳、郑州与开封的"五星联动"，积极发展中小城市和小城镇。完善中原城市群联动发展机制，推进交通一体、产业链接、服务共享、生态共建，形成具有较强竞争力的开放型城市群，建成沿陇海经济带的核心区域和全国重要的城镇密集区。加快郑州都市区建设，提升交通枢纽、商务、物流、金融等服务功能，提升全国重要的区域性中心城市地位。高水平规划建设郑汴新区，大力发展先进制造业、电子信息产业和现代服务业，建设内陆开发开放高地，打造三化协调发展先导区，形成中原经济区最具活力的发展区域。推进教育、医疗、信息资源共享，实现电信、金融同城，加快郑汴一体化进程。推动郑州至开封、洛阳、新乡、许昌、焦作之间多层次快速交通网建设，促进城际功能对接，实现郑州与周边城市融合发展。②

四、新型城镇化引领城镇体系的外联组织

城镇体系的外联组织，是指以城市群与省内其他城市为骨干，营造省域现代城镇体系，以相对均衡发展为目标，联动城市群的外在动力，构建

---

① 河南省发展与改革委员会：《河南省建设中原经济区纲要》，2012年6月12日，见http://www.hndrc.gov.cn/fzgh/3041.jhtml。

② 河南省发展与改革委员会：《河南省建设中原经济区纲要》，2012年6月12日，见http://www.hndrc.gov.cn/fzgh/3041.jhtml。

能够承载城市群健康发展的"区域支撑体系"。中原经济区的外联组织，一方面要强化中原城市群现有城镇体系的等级层次结构，提高核心增长板块的内在支撑体系；另一方面要加强18个省辖市间的联系，构建支撑中原城市群发展的省域现代城镇体系，增强区域城镇体系健康发展的承载平台，以逐步实现中原经济区城镇的均衡发展目标。

具体而言，到2020年，在河南省范围内，要努力形成以郑州、洛阳为第一层级，以中原城市群其他16个省辖市为第二层级，以巩义市、新郑市、荥阳市、新密市、偃师市、汝州市、登封市、舞钢市、禹州市等9个城市为第三层级，以卫辉市、辉县市、沁阳市、孟州市等11个县级市为第四层级的等级层次结构。这一新的城市体系结构将为中原城市群城市间内聚力的提升、功能的完善提供重要的省域支撑平台。在区域网络化发展模式下，以京广、陇兰复合轴带为网络化发展模式下的"主动脉"、以其他等级的铁路、公路、通信轴带组成网络化发展模式下发展的"支脉"，分别以全国区域性中心城市、地区性中心城市、地方性中心城市、中心镇、基点型小城镇为网络节点，整合互补性、异质性的资源要素和促进产业集聚区、文化创意区建设，形成一个层次分明、结合合理、功能完善、开放式的城镇体系。

五、新型城镇化引领城镇体系的区域支撑组织

在中原经济区的空间结构布局中，中原城市群是其核心增长板块，它对于郑汴核心增长极的辐射带动和外围辐射层的扩散起着至关重要的作用。所以中原经济区今后的区域支撑组织中，一方面要进一步加强城镇之间联系强度，进而提高城镇的"内聚力"和综合竞争力，另一方面要进一步加强薄弱地带的建设，提升中原经济区整体道路网建设、物流联系、通信能力等薄弱环节的建设水平，以提高与外围区环境的"外联度"和协作能力。

在新型城镇化引领中原经济区建设中，如何形成中原城市群与中原经济区的联动机制，带动外围协作区和省际联动更是重中之重。在今后的城镇建设中，要强化洛阳、三门峡、济源、焦作协同发展，巩固在陕晋豫毗

邻地区的领先地位，发挥在与关中—天水经济区、太原城市群对接互动中的中坚作用。促进安阳、鹤壁、濮阳联动发展，凸显在晋冀鲁豫毗邻地区的优势，成为与环渤海经济圈衔接联系的前沿。推动商丘、周口、驻马店、信阳、南阳合作发展，增强在豫皖鄂陕毗邻地区和淮海经济协作区中的影响力，发挥承接东部产业转移的前锋作用和对接沿长江中游经济带的骨干作用。要发挥安阳、濮阳、商丘、三门峡、南阳、信阳等市与周边地区的经济合作优势，在强化建设京广、陇海两大发展轴的基础上，规划建设郑州至济南、重庆、合肥、太原等四大综合通道，深化经济、社会、文化等交流合作，重点建设 6 个协作区——豫晋陕黄河金三角地区；焦作、晋城、长治地区；安阳、邯郸、邢台地区；濮阳、菏泽、聊城及泰安东平县地区；商丘、周口、淮北、蚌埠、亳州、阜阳及淮南凤台县地区；南襄盆地区。探索跨省际协调机制，逐步形成中部地区的联动板块，进而实现中部崛起的整体目标。

第十章
新型城镇化引领基础设施建设

基础设施建设，是中原经济区三化协调科学发展的重要支撑，是新型城镇化引领四项基本建设的第二项建设。经济发展，基础先行。基础设施是人类赖以生存和发展的物质基础，是经济社会得以快速发展的前提条件，是人民过上美好生活的希望寄托。以新型城镇化引领基础设施建设，就是把基础打牢、把前提做好、把动力做足、把支撑做实，为三化协调科学发展提供坚实基础，为中原经济区建设提供重要前提。

第一节　新型城镇化引领基础设施建设的必要性

新型城镇化引领基础设施建设，是城镇化加速推进的内在要求，是三化协调科学发展的客观需要，也是保持经济持续快速发展的必然选择。

一、基础设施的分类

基础设施是指为社会生产和居民生活提供公共服务的物质工程设施，是用于保证国家或地区社会经济活动正常进行的公共服务系统，是人类社会赖以生存与发展的一般物质条件。基础设施种类较为繁多，按照不同分类标准，可以划分为不同的类型。

第一，按照职能类型划分。按照职能类型进行划分，基础设施可以划分为三种类型，即生产性基础设施、生活性基础设施和社会性基础设施。

①生产性基础设施是指可以充当若干个生产单位共同生产条件的固定资产设施和经营这类设施的机构，主要包括交通运输系统、能源供给系统、供排水系统等。②生活性基础设施是指专门为人民生活创造共同条件而提供公共服务的设施和机构，主要包括公用设施、生活服务、公用事业等。③社会性基础设施是指为社会提供公共服务的部门，主要包括国防、教育、科研、卫生、环保以及司法、行政管理系统等。

而在理论界，许多专家和学者进行理论研究时，根据基础设施职能的差异，又将基础设施分为两大类，即经济性基础设施和社会性基础设施。经济性基础设施是指对企业生产和居民生活提供直接产品或服务、对产出水平或生产效率具有直接贡献的设施和机构，即通常所谓的狭义基础设施，主要包括交通设施、通信设施、给排水设施、水利设施、卫生设施、管道燃气设施、固体废弃物收集与处理设施以及排污设施等内容。社会性基础设施是对企业生产和居民生活提供间接产品或服务、对产出水平或生产效率具有间接贡献的设施或机构，主要包括教育、文化、科学研究、医疗卫生、社会福利等内容。它们与经济性基础设施共同构成了广义的基础设施范畴。这种分类的优点是可以将基础设施效能和价值的创造相联系，但这种划分比较粗略，在实际经济生活中对生产性和非生产性的活动划分难度很大。

第二，按照经济属性划分。根据公共部门理论和新古典经济学等相关理论，按照经济属性的不同，基础设施又可划分为三种类型，即纯经营性基础设施、非经营性基础设施和准经营性基础设施。

纯经营性基础设施。纯经营性基础设施是指有收费机制、有资金流入的基础设施项目，市场机制对此可进行有效配置，其主要动机和目的是追求利润的最大化，其投资形成是价值增值的过程，可通过全社会投资加以实现，投资主体包括国有企业、民营企业、外资企业等。这类基础设施，其运作前提是由政府制定出符合社会和产业发展需要的基础设施建设项目规划，实行公开、公平、竞争的招投标制度，其融资、建设、管理及运营均由投资方自行决策，所享受的权益也归投资方所有。但对于这类基础设施，在价格制定方面，政府可兼顾投资方利益和公众的可承受能力，实行价格管制方法，尽可能使公众、投资方、政府三方满意。这类基础设施项目，如城市供水、供热、供电、通信等有关设施。

非经营性基础设施。非经营性基础设施是指无收费机制、无资金流入的项目，这是市场失效而政府有效的领域，属公共服务型项目，其目的是为了获取社会效益和环境效益。但由于这类项目市场机制难以发挥作用，投资主体只能由代表公共利益的政府来承担，资金来源以政府财政投入为主，需配以固定的税收或收费保障，其权益也归政府所有。同时，这类项目在投资运作过程中，也可考虑引入竞争机制，按照招投标制度进行操作，并力求提高投资决策的科学性、规范性，着力提升资金的投入产出效率。这类基础设施项目，如城市内的道路、河堤、降水排放、护坡、行道树、绿地、消防及各种防灾工程等有关设施。

准经营性基础设施。准经营性基础设施是介于纯经营性基础设施和非经营性基础设施之间的基础设施项目，是有收费机制和资金流入、具有潜在利润、因其政策及收费价格没有到位等客观因素而无法收回成本的项目。它附带部分公益性，是市场失效或低效的领域，因经济效益不太明显，市场运行的结果将不可避免地形成资金供给的诸多缺口，因此需要通过政府适当贴息或政策优惠维持营运，待其价格逐步到位及条件成熟时，即可转变成纯经营性项目。这类基础设施项目，如废弃物收集设施、交通运输设施等有关设施。

第三，按照地域差异划分。按照地域差异性进行划分，基础设施又可划分为两类，即城市基础设施和农村基础设施。

城市基础设施。城市基础设施是指为城市直接生产部门和居民生活提供共同条件与公共服务的工程设施，是城市生存和发展、顺利进行各种经济活动与其他社会活动所必须具备的工程性基础设施和社会性基础设施的总称。一般来说，城市基础设施主要包括六大系统：①城市交通运输系统，例如航空、铁路、航运、高速公路、地铁、轻轨高架、公共交通等基础设施项目。②城市能源供应系统，例如电力、煤气、天然气、液化石油气、暖气等基础设施项目。③城市供水排水系统，例如水资源保护、自来水厂、供水管网、排水管网、污水处理设施等基础设施项目。④城市邮电通讯系统，例如邮政、电报、固定电话、移动电话、互联网、广播电视等基础设施项目。⑤城市环保环卫系统，例如园林绿化、垃圾收集与处理设施、污染治理设施等基础设施项目。⑥城市防卫防灾安全系统，例如消防、防汛、防震、防台风、防风沙、防地面沉降、防空等基础设施项目。这些系统构成了城市的主要物质支撑体系，是城市经济和社会活动能够正常进行的基本要素。它们之间只有相互联系，才能形成一个统一的大系统，才能最大限度地发挥整体效应和集合效应，才能更好地为城市的快速发展与正常运营提供有效支撑。

农村基础设施。农村基础设施是指为农村生产和农民生活提供公共服务的各种基础性设施。参照中国农业现代化建设的相关法规文件，农村基础设施主要包括：农业生产性基础设施、农村生活性基础设施、生态环境基础设施、农村社会发展基础设施等四大类。①农业生产性基础设施：主要指现代化农业基地及农田水利建设。②农村生活性基础设施：主要指饮水安全、农村沼气、农村道路、农村电力等基础设施建设。③生态环境基础设施：主要指天然林资源保护、防护林体系、种苗工程建设、自然保护区生态保护和建设、湿地保护和建设、退耕还林等。④农村社会发展基础设施：主要指有益于农村社会事业发展的基础建设，包括农村义务教育、农村卫生、农村文化基础设施等。作为农村生产力的重要组成部分，农村基础设施在农业生产和农民生活中发挥着极其重要的作用。加强农村基础设施建设对于增加农民收入、缩小城乡差距、实现农村现代化具有重要意义。因此，在当前和未来一个时期，我们要把农村基础设施建设放在突出位置，切实推进城乡基础设施均等化，不断增强农村发展的动力，激发农村发展的活力，为农村经济的发展和农民收入的增加，提供重要的基础支撑。

除了以上对基础设施的分类外，还可以根据许多不同的标准对其进行分类。例如：①根据空间分布及收益范围，可将基础设施划分为全国性基础设施、区域性基础设施和局部性基础设施。②根据服务对象和性质，可将基础设施划分为生产性基础设施和消费性基础设施。③根据其依附的社会生产部门的不同，可将基础设施划分为工业基础设施、农业基础设施、商业基础设施、服务业基础设施等。④根据劳动、资本、技术含量大小，可将基础设施划分为劳动密集型基础设施、资本密集型基础设施和技术密集型基础设施。⑤根据资金来源渠道和性质，可将基础设施划分为公共投资型基础设施、私人资本型基础设施和混合资本型基础设施。当然各种分类方法都是基于科学研究的需要，其分类形式并不是绝对的。

二、基础设施建设在三化协调科学发展中的地位

以新型城镇化引领三化协调科学发展，要充分发挥基础设施的重要作用。这是因为，基础设施既是三化协调科学发展的基础，也是三化协调科学发展的动力，同时又是三化协调科学发展的支撑。

第一，基础设施是实现三化协调科学发展的基础。基础设施是促进经济社会发展的基本条件，是实现三化协调科学发展的前提基础，也是满足城乡居民生产生活需要的基础保障。基础设施供给的数量和质量是衡量三化科学协调发展程度的基本标准。在三化协调科学发展中，无论是城镇化，还是工业化，抑或是农业现代化，基础设施都是其赖以生存和发展的重要基础条件，基础设施建设也是三化协调科学发展中的首要问题。基础设施作为三化协调科学发展的有效载体，是各类要素集中集聚的基础，是新型城镇化、新型工业化和新型农业现代化发展的前提。

就新型城镇化而言，基础设施建设是城镇化加速推进的基础和前提。基础设施的建设有利于实现人口的集中集聚，推动城镇的形成与发展；有利于优化城镇空间布局，提升城镇的运行质量和效率；有利于推动人口的城乡流动和转移，加速推动人口城镇化进程；有利于促进城镇的集群化、组团化发展，提升区域整体竞争能力；有利于提升城镇居民的生活品质，提升城镇的文明程度。

就新型工业化而言，基础设施是工业经济发展的基础和保障。基础设施的建设，对于生产资料、生产产品等的运输、工业结构的转型升级、工业集中集聚集群发展等均具有重大意义。同时，基础设施也是企业得以正常生产和运营的前提。企业生产所需要的水、电等生产资料，均需要基础设施来保障。

就新型农业现代化而言，基础设施也是农业机械化、农业产业化的基础和保障。农业生产所需的生产资料需要基础设施来保障，农产品运输需要基础设施来提供，农业产业结构的升级以及农业产业基地、产业园区等

的建设，也需要基础设施来支撑。因此来说，基础设施在三化协调科学发展中的影响是全局性的，它是三化协调科学发展的基础。

第二，基础设施是推动三化协调科学发展的动力。基础设施是三化协调科学发展的基础，同时又为三化协调科学发展提供充足动力。

首先，基础设施的建设有利于产业结构的转换和升级。基础设施的投资能带动提供基础设施建设供给品产业的发展，促进产业结构的转换。同时，基础设施本身也是产业结构的构成部分，增加基础设施投资，有利于增加服务业产值，改善第一、二、三产业比例关系，推进产业结构的转型升级。

其次，基础设施的建设有利于拉动需求增长。由于基础设施的特殊属性，基础设施投资是政府支出的重要组成部分，按照投资乘数原理，加大对基础设施的投资可以创造大量的有效需求。此外，诸如交通运输、电话通讯、网络服务等基础设施，能为人们提供就业、教育和消费其他商品与服务的机会，能有效激发居民的消费需求。

还有，基础设施建设有利于提升区域生产效率。基础设施的建设有利于降低使用者的投入成本，增加使用者的利润，从而带来总产出、收入和就业的增长。此外，基础设施服务的改善会间接提高诸如劳动力、资本等生产要素的产出率。具体而言，基础设施可视为一种能够降低中间投入品固定生产成本的技术，随着分工和中间投入品数量的拓展，三化协调科学发展能够获得较强的内生增长动力。

第三，基础设施是促进三化协调科学发展的支撑。基础设施是三化协调科学发展的重要组成要素，基础设施的建设和完善能为三化协调科学发展提供重要的支撑。

首先，基础设施是决定一个地区竞争力的关键因素。现在的区域竞争是环境和服务的竞争，能否拥有优越的区域环境和高效的服务效率，直接影响和制约着这一地区在区域竞争中获取生产要素的能力与水平。基础设施的建设，有利于改善区域的发展环境，提升区域的服务质量和效益，提高区域的竞争能力，从而可以获取较多的生产要素和发展机会，为三化协调科学发展提供有效的要素支撑。

其次，基础设施能有效提升区域的通达性和运行效率。基础设施的功能完善和网络化可以增加区域内外的可达性，提高经济要素的接触频率，促进生产要素的高效流动，实现经济要素的有效集聚和扩散，从而提升区域的运行效率，为三化协调科学发展提供重要的"流量"支撑。

还有，基础设施建设可以为三化协调科学发展提供重要的智力支撑。基础设施的建设能有效改善居民的生活条件，提升居民的生活品质，从而可以激发他们干事创业的积极性、主动性和创造性，发挥他们的聪明才智，为三化的协调科学发展提供充足的智力支撑和人才支持。

三、新型城镇化引领基础设施建设的作用机理

新型城镇化引领基础设施总量扩充。新型城镇化的快速推进，必将带来基础设施总量的扩张。这是因为：其一，这是城镇化本质特征决定的。城镇化是农村人口向城镇集中聚集的过程。随着城镇化的加速推进，大量的农村人口将进入城镇生活就业，伴随着农村人口的大量涌入，势必会增加对基础设施的需求，这就客观上需要增加基础设施的供给，扩充基础设施的总量。其二，这是人们追求高品质生活需要决定的。随着"温饱问题"的解决和收入的快速增长，人们对高品质生活的追求日益强烈，对基础设施的完善和升级提出了较高要求，这也客观上需要增加基础设施的供给。其三，这是新型城镇化本质内涵决定的。与传统城镇化相比，新型城镇化更加注重社会和谐、更加注重生态环境保护和建设，这就需要进一步增加公共服务设施、生态环境保护设施等相关基础设施的建设，客观上也会增加基础设施的总量。其四，这是新型城镇化引领三化协调科学发展决定的。新型城镇化引领三化协调科学发展，其中最为重要的一点就是引领产业的发展，随着工业、农业和服务业的快速发展，也需要便捷高效的基础设施来支撑，这也客观上需要增加基础设施的供给。

新型城镇化引领基础设施效能提升。新型城镇化是大中小城市、小城镇和新型农村社区互促互进、协调发展的城镇化。正确处理好大中小城市、小城镇和新型农村社区的关系，形成科学合理的现代城镇体系是新型城镇化发展的本质要求。构建科学合理的现代城镇体系，既有利于统筹区域基础设施的建设，实现基础设施量的扩张，又有利于盘活现有的各级各

类基础设施，实现它们的有效衔接、组合和协作，发挥它们的集合效应和协同效应，提升它们的服务效能。以交通基础设施为例，构建现代城镇体系，既需要发挥铁路、公路、水路、航空、管道等单个通道的重要作用，又需要实现各个通道的衔接配合，使不同运输方式、不同功能、不同等级通道间衔接更加顺畅，以此形成便捷高效、运行畅通的综合交通运输网络。因此，新型城镇化引领基础设施建设，对于提高基础设施的运行效率、提升基础设施的服务效能等方面，具有重大意义。

新型城镇化引领基础设施结构优化。推进新型城镇化，有利于补齐基础设施网络中的短板，实现基础设施结构的优化。以公路交通设施为例：其一，加快新型城镇化，有利于进一步增加高速公路通道的数量，完善区间连接通道的建设，改造、提升、扩容现有的高速公路通道，从而可以进一步优化高速公路网络布局结构，形成由全国性高速、省际高速、省内高速等组成的便捷高效的高速公路运输网络。其二，有利于进一步改造提升现有的国道、省道等交通通道，提高国道、省道的通行能力和运行效率。其三，有利于进一步增加县级通道的数量，实现现有县道的改造提升，提高县道的通行能力和运输能力。其四，有利于进一步加快乡镇道路和村道的建设，改善农村的出行条件，提升农产品、农业生产资料等的运输能力和效率。其五，有利于进一步加快各类公路交通通道联系线的建设，实现各类通道的有效衔接和连接，优化公路交通网络的布局结构，从而可以构建形成以高速公路、国道、省道、县道、乡道、村道等为组成部分，功能齐全、层次分明的公路交通运输网络体系，为不同地区、不同层次、不同类型的交通运输需求提供有效服务，为以新型城镇化引领三化协调科学发展提供重要支撑。

第二节　新型城镇化引领基础设施建设的主要内容

新型城镇化引领基础设施建设，是一项复杂的系统工程，囊括基础设施的各个领域，涵盖基础设施的各个方面。以新型城镇化引领基础设施建设，就是要通过新型城镇化的加速推进，引领带动综合交通运输体系、能源保障体系、水利基础设施体系、信息网络服务体系、公共服务体系等的建设，构建形成高效化、便捷化、网络化的基础设施支撑体系，为三化协调科学发展提供坚实的基础支撑。

一、引领综合交通运输体系建设

（一）建设综合交通运输体系意义重大

综合交通运输体系是推进新型城镇化发展的重大战略工程。快捷高效的综合交通运输网络，对于增强中心城市辐射力、提高城市群综合竞争力、形成合理的城镇网络、构建协作高效的现代城镇体系等均具有重大的战略意义。当前，在以新型城镇化引领三化协调科学发展的大背景下，河南应以构建便捷高效的综合交通运输网络体系为重点，不断优化综合交通运输网络布局结构，重点做好基础设施通道网络和枢纽体系建设，加强客货运枢纽建设，搭建信息资源共享平台，提高综合交通运输效率，提升河南综合交通运输体系在全国的地位，为新型城镇化的加速推进和三化协调科学发展提供重要的基础支撑。

（二）加快综合交通运输体系通道建设

适应新型城镇化建设和区域经济协调发展的新要求，根据铁路、公路、民航、水运、管道等运输方式的发展特点，改造提升既有线路，高起点规划建设新线路，消除通道局部瓶颈，打通省际通道出口，强化通道安全保障，加快推进综合交通运输通道建设，提升河南省综合交通运输通道在全国的地位。

提升国家级综合交通运输通道发展水平。国家级综合交通运输通道是在国家发展格局中居于重要地位、发挥重大作用的战略通道，具有链接地域广、运输量大等特点。根据《国家综合交通网中长期发展规划》，在河南省范围内有两大国家级交通运输通道，即京广大通道和陇海大通道。京广大通道主要由京广铁路、京广客专、京港澳高速、大广高速、G106、G107、西气东输一线、成品油输油管线（锦州至郑州、郑州至长沙）等构成，是纵贯京广产业带、全国南北向重要综合交通运输通道。陇海大通道主要由陇海铁路、徐兰客专、连霍高速、G310、成品油输油管线（兰州至郑州）、西气东输二线、沱浍河航道、涡河航道等构成，是欧亚大陆桥重要综合交通运输通道。当前，实施新型城镇化引领战略，要着眼于强化河南在东部地区产业转移、西部地区资源输出和南北区域交流合作的重要作用，加快推进石武客运专线、郑徐客运专线、商丘至杭州客运专线、兰考至菏泽铁路等项目建设，加快推动京港澳高速改扩建、连霍高速改扩建等项目建设，切实做好G310、G107改造升级项目建设，着力推进沱浍河航运开发建设工程、涡河航运二期工程等项目建设，不断提升河南省对外交通能力和综合交通运输能力，增强"十"字形国家级综合交通运输通道的战略支撑力。

强化区域性综合交通运输通道建设。区域性综合交通运输通道是实现和增强区域之间经济社会联系的重要战略通道，对推动区域经济发展具有重大战略意义。当前，以新型城镇化引领综合交通运输体系建设，要着眼于强化河南与周边经济区的联系，加快推进京九、焦柳、宁西和侯月新兖等四大区域性交通通道建设，重点做好德商高速范县段、焦桐高速温县至巩义段、焦桐高速登封至汝州段等项目建设，重点推进宁西复线工程、月山至新乡第二双线铁路等项目建设，着力推进G220、G207、G327等改

郑焦晋高速公路

线项目以及 G312 改造升级项目建设，不断强化"井"字形区域性综合交通运输通道对三化协调科学发展的支撑作用。

加快地区性综合交通运输通道建设。地区性综合交通运输通道是沟通地方联系、促进地区经济发展的基础性战略工程。实施新型城镇化引领战略，要着眼于推进地方经济社会发展，加快推进宁洛通道、三淅通道、长泰通道等三大地区性综合交通运输通道建设，引导周边区域产业与城镇布局向通道集聚，增强对周边地区经济社会发展的辐射带动力。"十二五"期间，要围绕三大通道建设，着力实现三淅高速、晋豫鲁铁路、南林高速林州至长治段、范辉高速濮阳至范县段、范辉高速鹤壁至辉县段、南林高速豫鲁界至南乐段等项目建成通车，力求实现漯阜二线工程、沙颍河周口至漯河段航运开发建设工程等项目投入使用，着力推进蒙西至华中地区铁路项目、G311 和 G329 改线工程等项目建设，不断提升三大地方性通道对三化协调科学发展的支撑能力。

积极培育射线型综合交通运输通道。随着国家规划的郑（州）渝（重庆）客专、郑（州）合（肥）客专、郑（州）济（南）客专、郑（州）至太（原）等规划建设，河南未来将形成以郑州为中心的东北西南向、东南西北向的射线型综合交通运输通道。目前，以新型城镇化引领综合交通运输体系建设，要着眼于提高郑州综合枢纽地位，积极与国家有关部门沟通衔接，尽快推进四大射线型交通通道建设，着力加快相关配套项目的建设，着力加强郑州与主要枢纽城市间的快捷高效联系，吸引高端要素向通道与核心区集聚，引导河南加快形成新的发展轴和"米"字形重点开发地带，为三化协调科学发展提供重要支撑。

（三）加强综合交通运输体系枢纽建设

综合交通枢纽是载运工具流产生、汇集、交汇的关键区域，主要解决不同交通运输方式、不同运输方向间交通流的转换问题，对于提升综合交通运输网络的运输能力、应急保障能力和服务水平等均具有重大意义。以新型城镇化引领综合交通运输体系建设，要把构建合理有序的综合交通枢纽体系置于重要位置，按照客运"零距离换乘"、货运"无缝衔接"理念，统筹推进各种交通基础设施建设，加强多种运输方式在交通枢纽上的匹配与衔接，逐步实现综合交通运输体系的布局合理化、衔接顺畅化和运行高效化，为三化协调科学发展提供基础保障。

巩固提升郑州全国性综合交通枢纽地位。充分发挥郑州区位交通优势，以铁路、民航、公路建设为重点，优化多种运输方式的规划布局和资源配置，完善城市交通基础设施及相关配套设施建设，加强铁路站点、民航机场、公路站场及公交站点的配合与衔接。加快郑州客运枢纽体系建设，重点加快郑州高速铁路客运枢纽、郑州机场综合交通枢纽建设，着力完善郑州火车站客运功能，加强民航、铁路、公路、城市交通等多种交通运输方式的相互衔接，形成布局合理、功能互补、换乘便捷的三大现代化综合客运枢纽站。加快郑州货运枢纽建设，重点推进郑州国家干线公路物流中心、郑州铁路集装箱中心站二期和航空港物流园等建设，完善提升郑州北编组站、郑州货运东站功能和既有货物集疏运体系，依托陆桥和铁路、公路口岸，加强与沿海港口和各大枢纽对接，打造内陆"无水港"和东方陆港。积极发挥郑州机场一类口岸优势，把郑州机场打造成为国家重要的国内航线中转换乘和货运集散区域性中心。积极发挥郑州区位优势，在郑州规划建设全国性快递集散交换中心、中南邮政物流集散中心和电子商务产业园区，引导国内外知名快递物流企业入园进驻，形成直通国际，连接华南、华东、环渤海地区，辐射中西部的全国九大重点快递集散交换枢纽之一。

强化洛阳区域性综合交通枢纽建设。进一步挖潜洛阳交通区位优势，以公路、铁路的建设为重点，以民航的建设为辅助，加快交通场站配套建设，优化多种运输方式的配合与衔接，把洛阳打造成为区域性综合交通枢纽。加强洛阳综合客运枢纽建设。重点完善洛阳火车站、火车南站综合交通枢纽建设，着力加强洛阳机场与洛阳市其他客运站的联系，着力促进铁路、公路、民航、城市公交和出租车等多种交通方式的紧密衔接，构建形成洛阳综合客运枢纽站场系统。强化洛阳综合货运枢纽建设。重点实施唐寺门物流园区、关林物流园区等的改扩建工程，着力推进中州西路物流中心建设，完善各类场站、货场建设，加快省内区域快件分拣中心建设，把洛阳打造成为区域性货运交通枢纽。

加快地区性综合交通枢纽建设。加快推进开封、平顶山、安阳、鹤壁、新乡、焦作、濮阳、许昌、漯河、三门峡、南阳、商丘、信阳、周口、驻马店和济源等地区性综合交通枢纽建设，重点推进各市高铁客运枢纽站建设，完善高铁客运站与公路客运站的一体化布局与配套衔接。积极推进南阳机场、洛阳机场改扩建工程，切实做好商丘机场、信阳明港军民合用机场建设以及豫东北机场、鲁山机场前期准备工作。不断完善周口港的港口功能，以物流园区建设为依托，实现公铁水联运服务。加快建设安阳、南阳、信阳、商丘4个省内区域快件分拣中心。完善多式联运，强化功能配套，加快形成地区性综合交通枢纽与郑州、洛阳两大枢纽联动发展的良好格局。

培育重要县级交通枢纽。选择部分经济较为发达、交通区位条件较好同时又距离中心城市较远的县（县级市）建设县级交通枢纽，促进城乡人流、物流中转和集散。重点建设潢川县、永城市、民权县、巩义市、渑池县、灵宝县、西峡县、沈丘县、淮滨县等县级交通枢纽。同时，要科学规划、合理布局，货运站布局建设要考虑与产业集聚区的配套衔接，做好公路、铁路、水运不同运输方式在枢纽站的衔接；客运站布局建设要统筹考虑与城市交通、城乡交通等的接驳和换乘，配合客运专线建设提前做好规划，在铁路客运站配套布局公路客运场站。

二、引领能源保障体系建设

（一）加强资源勘探与开发

加大能源资源勘查和开发力度，提高资源供应能力，满足三化协调科学发展的需要。统筹安排资源勘查、开发、利用与保护，加强地质找矿力度。积极推进矿产勘查开发"走出去"战略，在省外、境外开展矿产勘查开发，建立一批有重要价值的勘查和开发基地。加强技术攻关，推广先进技术工艺，改善资源开采技术装备和管理，提高煤炭普采率和资源回采率，实现煤、石油、天然气等优势资源的保护性开发与高效利用。

加快安阳、鹤壁、焦作、义马、郑州、平顶山、永夏6个大型矿区建设，稳定豫北和豫西等老矿区生产能力，扩大豫中和豫东矿区生产规模。加快资源富集地区开发，重点开发禹州、汝州、登封等资源相对富集地区。坚持在保护中开发、在开发中保护的方针，搞好矿山生态环境的保护。健全资源有偿使用制度和合理补偿机制。严格矿业准入标准，建立矿业权交易制度，打击非法开采、乱采滥挖行为，整治资源开发秩序。加大资源整合力度，提高产业集中度，推动产业结构调整升级，拉长煤电产业链条，鼓励煤炭企业与电力企业联营和合作。

（二）强化能源资源的有效利用

加大能源资源整合与开发力度，实施资源"走出去"战略，有效利用中原经济区内外能源资源，不断提高能源资源的保障能力。

促进煤炭集约发展。实施百亿吨煤炭资源勘查工程，加快煤炭资源勘探和开发利用，不断提升煤炭供应能力。优化煤炭开发布局，以大中型现代化矿井建设为重点，稳定焦作、鹤壁、义马、永城矿区产量，高效开发郑州、平顶山矿区，增强煤炭保障能力。积极实施"走出去"战略，强化省外、境外能源资源勘查开发力度，加强与山西、陕西、内蒙古等煤炭资源丰富省份的合作，积极利用区外煤炭资源，提升煤炭供应能力。深入推进煤炭资源整合和企业兼并重组，合理配置后备资源，培育壮大骨干煤炭企业，提高煤炭产业集中度。加强煤矿安全技术改造和产业升级，提升采掘机械化和自动化水平，大力推进煤层气开发和瓦斯综合治理，建立煤炭安全生产长效机制，增强抗灾能力。

持续增强电力保障能力。立足本区保障、兼顾区际调剂，促进电源电网协调发展。加快推进核电建设，切实做好信阳、洛阳、平顶山等核电建设的前期准备工作。继续围绕南太行、豫南煤炭矿区及陇海等重要输煤通道，以现有电源扩建为主，布局高效清洁的大型燃煤电站。适度发展抽水蓄能和燃气电站。鼓励煤电联营和一体化发展，支持骨干煤炭企业开展电源建设。

积极利用区内外油气资源。加大油气资源勘查力度，扩大勘查范围，加快新区勘探，增加后备储量。完善油品输配网络，提高成品油供应能力。优先发展管道燃气，积极利用煤层气及液化天然气、压缩天然气等燃气资源。依托国家西气东输实施"气化河南"工程，加快构建燃气干网，配套完善支线管网和城市储气设施，着力建设中原油田、叶县地下储气库等重点项目。

（三）加强新能源和再生能源开发利用

新能源和再生能源开发利用是河南调整能源结构、提升能源效率、实施能源可持续发展的重要举措，也是提升能源保障能力的重要途径。河南要制定优惠的产业政策，改善能源结构，提升技术水平，积极开发太阳能、光热利用、生物质能源、风力发电等新能源，不断提高可再生能源和新能源的消费比例。

加快开发利用太阳能。大力发展太阳能光电、光热利用，以产业集聚区和城市新区为重点，积极实施太阳能屋顶计划和金太阳示范工程，推广使用太阳能光伏电源，鼓励建设与建筑物一体化的屋顶太阳能并网光伏发电设施，在光照条件较好的地区建设太阳能发电示范电站。

大力开发利用生物质能。充分发挥农业大省的资源优势，合理布局，积极实施秸秆等生物质能发电工程，将具备条件的燃煤小火电机组改造为秸秆发电机组。在大中型畜禽养殖场、工业有机废水排放重点企业和城市污水处理厂建设大中型沼气工程，并配套安装沼气发电设施。加快培育能源植物新品种，扩大燃料乙醇生产能力和使用量，开发并推广使用生物柴油等其他生物液体燃料。

加强风能和地热能资源开发。重点开发西北部太行山区、西南部秦岭大别山区等区域的风能资源，加快三门峡、南阳和信阳等风电场建设。积极利用地热资源，加快地热能源开发。

（四）推进配套设施建设

加快推进能源体系配套设施建设，不断提升河南能源保障能力。

加强电力设施建设。促进电网与电源协调发展，加快完善主网架，强化省际联络，加强城市电网建设和农村电网升级改造，积极发展智能电网。优化电源布局，建设火电集群，以沁北电厂为中心，着力建设豫北火电集群，积极推进焦作、济源、新乡、鹤壁、安阳等电源点建设；以姚孟电厂为中心，着力建设豫南火电集群，积极推进平顶山、南阳、许昌、驻马店、信阳等电源点建设；依托陇海线运输通道优势，着力建设陇海线火电集群，积极推进三门峡、洛阳、郑州、开封、商丘等大型电源点建设。

按照《河南省电力公司"十二五"发展》规划，到2015年，河南将建成以"一个支撑、两组通道、三大环网"为特征的河南电网主网架结构，

500千伏变电站布点到市，220千伏变电站覆盖到县，初步实现电网智能化，基本实现各级电网协调发展，能源保障水平、安全稳定运行水平显著提升，建成结构优化、技术先进、运行灵活、经济高效的国内一流电网。

加快油气管线建设。利用省内外油气资源，加快油气管道建设，形成布局合理的管道运输网络。实施炼油、地下储气库、成品油储备工程，重点建设洛阳—驻马店、兰州—郑州—长沙、锦州—郑州、中石化二期等成品油管道及郑州大型油品储备中心和输配枢纽，形成以郑州为中心的区域性输油管网。实施"气化河南"工程，加快燃气干网、配套支线管网、大型储气库和城市储气调峰设施建设，重点建设陕西榆林—濮阳、西气东输二线天然气管线和山西晋城至焦作煤层气管线，形成以郑州为中心辐射全省的供气网络，增强燃气保障能力。

三、引领水利基础设施体系建设

水利基础设施是促进国民经济发展的重大基础工程，也是推动中原经济区三化协调科学发展的基础保障。实施新型城镇化引领基础设施建设，要把水利基础建设放在重要位置，坚持兴利除害并举、防灾减灾并重，统筹区域水利基础设施建设，形成由南水北调中线工程干渠和受水配套工程、水库、河道、灌区及城市生态水系组成的复合型、多功能的水利网络体系，为河南经济社会发展提供重要的战略支撑。

加大重大水利基础设施建设。实施重点项目带动战略，加快推进区域性重大基础设施建设，为新型城镇化、新型工业化和新型农业现代化的发展提供用水保障。加快推进南水北调中线工程河南段及沿线城市受水工程建设，着力实施南水北调中线总干渠防洪影响工程建设。着力推进黄河、淮河治理工程，全面推进汝河、贾鲁河、沙河、北汝河、金堤河、卫河等骨干河道治理工程，重点支持河口村、出山店、前坪等大中型控制性水利工程建设，加强中小河流治理和蓄滞洪区建设，加强山洪灾害防治。充分利用国家分配引黄水量，适度开展引黄调蓄工程建设，新修一批引黄调蓄工程；加快推进黄河小浪底枢纽至南水北调中线工程干渠贯通工程建设。加快灌排体系建设，实施大型灌区和重点中型灌区续建配套与节水改造工

小浪底风光

程建设。加快应急水源工程建设，建设一批规模合理、标准适度的抗旱应急水源工程，建立健全应对特大干旱和突发水安全事件的水源储备制度。

加快水生态环境工程建设。加强水生态保护工作，全面改善水生态环境质量。科学编制水系开发治理规划，着力实施水土保持、地表水污染治理、地下水保护、城市水源地保护、入河排污口综合整治等工程，建设跨区域、跨流域的水系网络，加快河道整治，恢复水生态功能，有条件的河流恢复水运功能。实施新一轮治淮工程，推进贾鲁河、北汝河、汝河治理工程，加大沁河、伊洛河、金堤河、唐白河、卫河、漳河等河流治理力度。加大易灾地区、革命老区、黄河淤地坝等国家水土保持重点防治工程建设，实施存在安全隐患的大中型淤地坝的除险加固工程建设。大力开展水土保持生态清洁型小流域建设和生态示范工程建设，积极推进浅山丘陵、坡耕地整治工程，加大梯田、坡面水系和以水窖、塘堰坝为主的小型水保工程建设力度，提高农田蓄水保墒能力。严格水土保持制度，建立健全水土保持、建设项目占用水利设施和水域等补偿制度，探索建立生态环境用水保障机制和补偿机制。

完善城乡给排水网络建设。加快推进城乡给排水设施建设，保障城乡居民、产业发展等的用水需要。加强城市新区、产业集聚区、商务中心区和特色商业区等基础设施建设规划编制工作，高标准、高要求的配套相应的给排水设施和给排水管网。实施城镇老城区给排水设施改造工程，集中整治和改造一批设施落后、管网老化的给排水设施和管网，满足城镇居民和企业的用水需求。加大财政资金支持力度，实施农村集中供水工程和安全饮水工程，切实改善农村居民的饮水安全问题。

四、引领信息网络服务体系建设

当今社会是信息社会和知识经济社会，信息化发展在促进国民经济社会发展、提高区域竞争力、提升人民生活品质等方面，具有重要意义。实施新型城镇化引领基础设施建设，要把信息化发展放在优先位置，强化信息基础设施建设，提升基础信息网络性能，建设重大应用网络平台及信息系统，促进网络资源共享和互联互通，不断提升信息服务能力，为三化协调科学发展提供信息服务支撑。

第一，加快信息网络设施工程建设。实施信息网络设施建设工程，着力推进"宽带河南"、"数字城市"和"感知中原"等工程建设，为经济社会发展提供信息网络设施支撑。

实施"宽带河南"工程。引导电信运营商和用户实施城市光纤入户改造和农村光纤到村工程，形成城镇"百兆到户、千兆进楼、百万兆出口"网络覆盖能力，推进农村"光纤到村"。促进新一代移动通信、下一代互联网、物联网新一代信息通信技术研发与应用，支持移动通信网络优化升级，鼓励有条件的城市与电信运营商合作部署 Wi—Fi（无线相容性认证）、WiMax（全球微波互联接入）、无线宽带网络接入点，为市民提供方便快捷的网络接入环境。同时，鼓励广电运营商建设移动数字多媒体广播系统（CMMB）发射台，建设覆盖全省省辖市、县（市）城区的移动电视网络。

实施"无线城市"工程。坚持"政府引导、市场运作"的原则，着力推进"无线城市"建设。选择基础较好的城市开展"无线城市"试点工作，探索"无线城市"服务平台建设和普及应用的方式方法，形成符合河南实际、满足经济社会发展需要的"无线城市"建设与应用模式。加快"无线城市"建设，力争到 2015 年完成 18 个省辖市"无线城市"建设任务，形成中原"无线城市"群，为中原经济区建设提供服务和支撑。在此基础上，拓展应用领域，实施智能公共设施、智能交通、智能供水、食品安全监管等工程，推进"智能城市"建设，逐步实现城市管理和服务智能化。

实施"感知中原"工程。充分发挥物联网行业协会的引领作用，推进物联网产业发展，开展以物联网架构体系、频率体系、地址与编码体系、解析体系，设备互联互通操作、网络信息安全等为重点的标准体系研究，推进传感技术产业化，培育发展传感产业。推进传感网在安全生产、道路交通、城市管理、环境监控、质量监督等领域的应用。在此基础上，推进物联网与电信网、广播电视网和互联网融合发展，完善行业应用服务体系，促进"智慧中原"建设。

第二，加快重大应用网络平台建设。加快网络平台建设，为信息化发展提供重要平台和载体支撑。着力实施"三网"融合工程。积极推进电信网、广播电视网和互联网升级改造，开展"三网"融合应用服务。推进全省有线电视网络数字化、高清化整体转换工作，完成"三网"融合省级视频播控平台建设工作。实施郑汴电信同城工程，推进网络互联互通和资源共享，实现郑汴电信一体化。加快电子政务网络平台建设。推动电子政务网络向基层延伸，形成全省统一的电子政务网络平台。建设电子政务内网互联互通平台，实现党委、人大、政府、政协、检察院和法院六大系统电子政务网络的顶层互联互通。推进电子政务外网资源整合，形成全省统一的电子政务外网整体布局。

第三，推动重大信息系统建设。建立健全功能完善、高效快捷的公共卫生信息网络体系，推进医疗服务信息化，加快推广应用电子病历和数字健康档案，促进医疗、医药和医保机构信息共享、业务协同。建设全省统一的人力资源和社会保障信息系统，完善信息网络和数据中心，实现"数据向上集中、服务向下延伸"、"同人同城同库"和社会保障"一卡通"。加快推进国土资源、房管、交通、公安、人口计生、民政等领域的专业应用系统和公共信息平台的集成建设，实现城市管理和城市运行数字化、网络化。完善人口、宏观经济、自然资源和空间地理、法人代码等基础信息数据库建设，促进税收、金融等基础信息资源的开发和应用。实行网格化管理，提高城市科学管理水平。强化信息化对科技创新的支持，建设科技成果展示和交易平台，促进科技成果产业化。推进教育信息化，普及"家校通"，广泛部署基于互联网的教育和学习终端，营造普惠泛在的学习环境。引导社区信息化发展，鼓励城镇社区居委会建立社区管理与服务信息系统，创新社区服务，增强社区组织的管理服务能力，将政府服务延伸到社区和家庭。

第四，健全网络信息安全保障体系建设。落实信息安全等级保护、涉密信息系统分级保护和风险评估制度，建立网络信任、容灾备份、计算机病毒防治、应急处置等体系，提高网络信息安全综合防护能力。建立省、市两级重要信息系统密钥管理体系，建设两级密钥管理系统，实现对全省重要信息系统密钥的统一管理。完善省电子政务内网和外网电子认证管理平台，建设省、市两级电子认证注册审核系统，为河南网络信任体系建设提供基础支撑。推进信息安全测评实验室建设，构建功能完备的信息安全测评体系。推进容灾备份体系建设，建设省级信息数据容灾备份中心，建设数据库系统和备份处理系统，进一步提高信息数据安全管理水平。

五、引领基础设施的服务体系建设

公共服务体系是促进经济发展、推进和谐社会建设的重要保障。完善的公共服务体系对于经济的快速发展，对于社会的和谐、稳定，对于企业的健康发展、国际竞争力的增强，对于节约社会资源、提高服务效率等都具有非常重要的意义。实施新型城镇化引领基础设施建设，要把构建完善、高效的公共服务体系放在突出位置，全力加快教育服务体系、医疗卫生服务体系、就业服务体系、文化服务体系和社会保障体系建设，为形成三化协调科学发展新格局提供重要支撑。

第一，加快教育服务体系建设。教育是立国之本，兴邦之要。加快教育服务体系建设是推动经济社会发展的基础性工程。实施新型城镇化引领公共服务体系建设，要把教育事业发展放在重中之重，全力提升教育现代化水平。一是提高基础教育水平。加强对义务教育的投入力度，尤其要增加对农村义务教育的投入力度，切实改善农村基础教育的教学条件和学习条件，切实提高河南基础教育水平。二是加快职业教育发展。完善落实支持职业教育发展政策，加快国家教育改革试验区建设，强化职业教育基础能力建设，加强郑州、开封、周口、南阳、鹤壁等职业教育园区建设，加快培育一批校企合作、优势突出的职教集团，全力把河南打造成为全国重要的职业教育基地。三是加快高等教育发展。以提高质量为重点，以高层次人才培养为核心，加大高等教育层次、学科和专业结构调整力度，加快提升高等教育整体水平。继续推进郑州大学"211工程"建设，强化河南大学省部共建，加大对河南农业大学、河南工业大学、华北水利水电学院等省部共建高校支持力度，加快河南科技大学、河南理工大学、河南财经政法大学、河南师范大学等其他省内骨干高校发展。

第二，加快医疗卫生服务体系建设。医疗卫生服务体系是保障城乡居民人身安全、实现城乡居民健康发展以及经济社会快速发展的基本需要。实施新型城镇化引领公共服务体系建设，要按照"保基本、强基层、建机制"的要求，深化医药卫生体制改革，建立覆盖城乡居民的基本医疗卫生制度，提高全省人民的身体素质和健康水平。一是完善公共卫生服务体系。建立健全疾病预防控制、应急指挥救治、妇幼保健、采供血、精神卫生、食品安全与卫生监督等专业公共卫生服务网络，逐步建立农村医疗急救网络，逐步完善城乡公共卫生服务体系。二是完善医疗服务体系。按照《河南省"十二五"卫生事业发展规划》的要求，实施区域性医疗中心（医

现代化的体育中心

学中心）建设项目，在郑汴新区建设国家级区域医疗中心，18 个省辖市建设省级区域医疗中心。实施省、市两级儿童医院建设项目，加强县级医院儿科建设，全省医疗机构儿科床位数达到 3 万张。把河南省公共卫生医疗中心建设成为国内一流的传染病医院，重点加强艾滋病等重大传染病高发地区市、县两级传染病医院建设。健全精神卫生防治体系，建设覆盖城乡、功能完善的重性精神疾病管理治疗网络。全省精神卫生医疗机构床位数达到 1.5 万张。逐步完善康复医疗服务网络，提高康复医学服务能力。三是完善医疗保障体系。进一步提高城镇职工、城镇居民医疗保险和新农合的参保（合）率，逐步提高城镇居民医保和新农合的筹资标准及保障水平，提高城镇职工医保、城镇居民医保和新农合的支付限额，实现新农合和城镇基本医疗保险市级统筹。完善新农合和城镇基本医疗保险关系跨地区转移接续与异地就医结算制度。

第三，加快就业服务体系建设。就业是民生之本，是和谐社会建设之要。以新型城镇化引领公共服务体系建设，要把扩大就业放在经济社会发展的优先位置，全力加快就业服务体系建设，努力实现充分就业。一是实施更加积极的就业政策。制定实施优惠的就业促进政策，建立健全项目建设带动就业机制，大力发展服务业和劳动密集型产业，积极扶持中小型企业发展，着力实施全民创业工程，多形式、多渠道开发就业岗位，实现劳动力充分就业。二是积极开展劳动技能培训工程。实施全民技能振兴工程，健全面向全体劳动者的职业培训制度，紧密围绕河南产业结构调整和承接产业转移需要，以培养高素质产业技能人才为重点，大规模开展职业技能培训，全面提升劳动者就业、创业能力。三是强化公共就业服务。健全统一、规范、灵活的人力资源市场，加强县、乡基层就业服务设施建设，建成覆盖城乡的公共就业服务体系。

第四，加快文化服务体系建设。以建设华夏历史文明传承创新区为契机，全力加快文化服务体系建设，不断满足人民群众日益增长的精神文化需求，切实适应三化协调科学发展的需要。一是加大投入力度。坚持以政府为主导，以农村和城市社区为重点，不断加大投入力度，加强公共文化基础设施建设，建立健全覆盖城乡的公共文化服务体系。二是加快重点工程建设。按照《河南省"十二五"文化发展规划》，到 2015 年完成河南省图书馆新馆、河南博物院二期工程等重点文化工程建设，完成省直文艺院团剧场新建改造工程，实现每个院团拥有一个 600 座以上现代化剧场，扶持 300 个特色鲜明的非遗文化展示场馆等。三是加快文化产业发展。整合文化资源，完善产业链条，培育龙头企业和知名品牌，推动文化产业成为国民经济支柱性产业。四是促进文化体制改革。以培育壮大文化市场主体为核心，推动文艺院团、电影院线、报刊出版等领域改革，完成经营性文化事业单位转企改制，支持社会力量兴办各类文化经营实体，实现文化市场主体多元化。

第五，加快社会保障体系建设。社会保障体系是民生的"安全阀"，是经济社会发展的"减震器"。以新型城镇化引领公共服务体系建设，要坚持"广覆盖、保基本、多层次、可持续"的原则，加快推进覆盖城乡居民的社会保障体系建设，不断提高城乡居民的社会保障水平。一是扩大社会保障覆盖范围。重点做好非公有制经济从业人员、农民工、灵活就业人员参保工作，实现应保尽保。实现新型农村社会养老保险制度全覆盖，建立健全城镇职工和居民养老保险制度，积极做好基础养老金全国统筹工作。以最低生活保障为基础，实现城乡社会救助全覆盖。以扶老、助残、救孤、济困为重点，逐步拓展社会福利保障范围。二是提高社会保障水平。加大公共财政对社会保障的投入，多渠道充实社会保障基金，不断提高城乡居民的社会保障水平。三是完善社会保障体制机制。完善各项社会保险关系跨区域转移接续政策，全面推进医疗、失业、工伤、生育保险市级统筹，建立完善省级调剂制度。推动机关事业单位养老保险制度改革，完善落实被征地农民补偿机制和社会保障制度。

第三节　新型城镇化引领基础设施建设的保障措施

以新型城镇化引领基础设施建设，要通过进一步完善组织保障、强化要素投入、坚持绿色发展、注重科技创新、创新投融资机制、构建人才高地等措施，确保工作实施，推动项目落实，为三化的协调科学发展提供重要保障。

一、完善组织保障

第一，强化组织领导。加强对基础设施建设的组织领导，保障基础设施建设的顺利开展和有效落实。在省级层面，建立由省政府主要领导为组长，分管副省长为副组长，发改、财政、交通、水利、国土、建设等部门为成员的领导小组。领导小组定期召开会议，了解掌握基础设施建设动态，研究解决制约重大基础设施建设的战略性、全局性和关键性问题，制定协调落实促进基础设施建设的政策措施。领导小组下设建设办公室，具体负责基础设施建设的沟通、协调、督促等工作。在市级层面和县级层面，也要建立健全相应的组织机构，统筹推进市、县的基础设施建设。

第二，创新基础设施管理体制。按照国家行政管理体制改革的总体要求和加快基础设施建设的需要，建立决策、执行、监督相互分离又相互协调的基础设施管理模式，打破条块分割，加强各类基础设施的衔接和基础设施建设的协调。进一步理顺各类基础设施之间的关系，做到权责一致、分工合理、决策科学、执行顺畅、监督有力。深化机构改革，梳理内部职能关系，将行政执行性职能进一步分离出来，充实到所属专业管理机构。同时上收分散在各专业管理机构的法规政策、标准规范、宏观规划等决策性职能。根据职能结构优化的需要，其内设机构的部门化设置模式，应与所属专业管理机构的部门化结构模式有所区别，避免决策层和执行层之间机构类同、职责同构。

第三，建立长效协调与合作机制。以新型城镇化引领基础设施建设，要广泛建立国家、省内外的合作发展与沟通机制。积极争取设立由省领导挂帅，交通、发展改革、国土、建设、城乡规划、水利、财政和金融等相关部门共同参与的省级基础设施建设议事沟通协调机制，合理制定基础设施规划实施保证体系，确保各类基础设施之间和城乡之间的衔接协调，强化规划的指导性与约束力，促进各类基础的协调发展和各种资源的合理、有效配置。在国家层面，重点加强省级铁路、民航等与国家有关部委的沟通联系，实现中央、省、地方良性的互动与合作。在重大项目上，加强与国家规划的衔接，争取国家在项目规划、审批、资金和技术等方面的支持。

二、强化要素投入

第一，强化用地保障。以贯彻国务院《指导意见》和《中原经济区发展规划纲要》为契机，加大与国家有关部委沟通协调力度，积极争取国家对河南省基础设施建设用地的支持，优先安排重大基础设施项目的用地指标。根据经济社会发展状况和基础设施建设情况，及时修编完善《河南省土地利用总体规划》，把重大基础设施项目建设用地统筹纳入河南省土地利用总体规划。加大对基础设施建设的支持力度，全省年度新增建设用地计划指标预留部分，适当向基础设施项目倾斜。各市、县（市、区）要加快修编土地利用总体规划，统筹安排基础设施建设用地。

第二，强化资金保障。加大政府投资力度。根据经济社会发展实际，精心安排基础设施投资，充分发挥财政资金在保障和改善民生、促进社会事业发展等方面的引导作用。建立省、市、县（市、区）财政用于基础设施投入的正常增长机制，完善区县政府配套重大项目资金机制，发挥政府投资的主导作用。积极发挥政府投融资平台的重要作用，着力创新投融资体制机制，多方面、多渠道、多方式筹集基础设施建设资金，保证基础设施建设需要。积极创新投融资模式，灵活运用 BT、BOT、BTO、BOO、BOOT 等多种投融资模式，扩大基础设施建设项目的融资规模。

三、坚持绿色发展

第一，高度重视生态保护。坚持绿色发展、低碳发展原则，强化基础设施建设中的生态环境保护、水土保持以及洪水影响评价工作。研究制订生态型公路、港口、航道等工程的技术指南，逐步建立健全基础设施建设的生态保护激励机制。科学规划、合理布局区域基础设施，主动避绕生态敏感区，尽量拟合原地形，减少高填深挖，采取水土保持、动物通道设置、植物和湿地保护等措施，减少对生态环境的影响。

第二，加强污染治理力度。注重基础设施建设的经济效益、社会效益、环境效益和生态效益的统一。开展基础设施施工期的污染治理，强化基础设施营运期的治理力度，推广应用固体废弃物分类收集、处理等环保技术。加大基础设施节能减排力度，鼓励应用清洁环保应用技术和装备，淘汰高耗能设备和工艺，降低污染物排放水平。

第三，节约集约利用资源。加强科技创新，强化资源节约集约利用，着力推动基础设施发展方式从粗放型向集约型转变。推进基础设施在规划、设计、建设、养护等环节的资源节约集约利用，不断提升资源利用效率。鼓励利用原址进行基础设施改扩建，因地制宜控制永久用地和临时用地，加强对临时用地恢复管理，提高土地资源综合利用效率。提高铁路、公路、航空、水路等基础设施的建设质量，努力延长基础设施的使用寿命，提高资源利用的效率，减少对各种资源的占用和消耗。积极探索资源循环利用新模式，推广使用废弃物（废水）循环利用新材料、新工艺、新设备，着力开展路面材料、施工废料、弃渣、港口疏浚土等资源的再生和综合利用。

第四，强化节能环保监管。研究建立基础设施节能减排和环境保护监管体系，完善节能环保监督管理网络，加强对重点用能单位的指导、监督和考核，引导重点用能单位改进用能管理和技术，督促制定并实施节能减排计划和管理措施。建立节能减排、环境保护目标责任制，完善环保监测统计指标体系，建立能源消耗统计指标体系和节能环保评价监测机制，把节能减排、环境保护等要求纳入绩效考核体系。

四、注重科技创新

第一，加快基础设施创新体系建设。整合科研资源，围绕共用技术开展公关合作、攻关，探索建立基础设施多元化科技创新合作模式，逐步形成以企业为主体、中介为纽带、科研院校为支撑的基础设施创新体系。加强原始创新、集成创新和引进消化吸收再创新，坚持引进先进技术与自主创新相结合，加大对公益性和基础性科研项目及产学研合作项目的支持力度，积极发展具有自主知识产权的核心技术和关键技术，形成具有自主知识产权的基础设施技术体系。设立基础设施经济技术创新基金及评估机制，资助、奖励基础设施领域的各类技术创新和研究。

第二，加大新技术在基础设施建设中的应用研究。在基础设施规划、设计、施工、运营各环节，研究推广应用新技术、新工艺、新材料，不断提升基础设施、运输装备和营运管理的科技含量。积极适应基础设施现代化的要求，推动应用于基础设施的智能技术的研发与应用，使用先进技术和装备改造现有基础设施。紧密跟踪现代新兴信息技术发展趋势，围绕感知识别、网络传输、智能处理和数据挖掘等关键环节，开展联合应用攻关。在信息化重大工程和示范试点工程实施中，加强对物联网、云计算、海量存储、高速传输、我国第二代卫星导航、遥感遥测等新技术的一体化应用研究，力争在拓展应用领域、创新应用模式、提升应用水平等方面取得重要突破，并加快成果转化和推广。

五、创新投融资机制

第一，加强体制机制创新。深化改革，强化体制机制创新，逐步建立起以优质资产和资本为融资载体，以基础设施建设投资公司为操作平台的"政府主导、产业化发展、市场化运作、企业化经营、法制化管理"的投融资体制。建立城乡规划建设和土地收储经营相结合的联动机制。加强城乡规划建设，扩大城镇建设用地增加和农村建设用地减少挂钩范围，促进用地计划指标向重大基础设施倾斜。支持在基础设施投融资平台设立土地储备中心或分中心，承担土地储备、整理和开发职责。建立政府债务风险控制和清偿保障机制。成立由政府负责同志牵头，财政、住房建设、国资等相关部门和投融资主体主要负责人参加的基础设施投融资决策机构，作为政府投融资管理的决策层，负责确定融资方案和投资方向，掌控基础设施建设的举债规模、结构和成本。注重逐年消化历史债务，严格控制新增债务规模。建立基础设施投融资偿债保障机制，集中部分财政资金、土地收益和其他经营开发性收入，设立基础设施偿债基金，委托投融资平台管理和使用，逐步形成以盈利性项目为载体，以偿债基金为还款来源的债务清偿保障机制。

第二，扩宽开放领域。依据项目区分理论，合理界定基础设施经营性项目、非经营性项目、准经营性项目。对于经营性项目中的自来水厂、污水处理厂、垃圾处理设施等基础设施，充分放权，推向市场，引入市场竞争机制，鼓励和吸纳企业、社会资本参与投资，为集中政府财力建设公益性基础设施以及政府退出经营性项目创造条件。对于非经营性项目中城市道路（桥）、城市河道治理、城市防灾体系等基础设施，项目本身不产生直接的经济效益，应由政府直接投资。对于准经营性项目中的城市轨道交通、公共设施、城市热力供应、自来水管网、污水管网等基础设施，由于收费费率的限制，其回报率低或较长时期内难以取得回报，虽然项目本身能产生一定现金流，但完全推给市场企业难以承担，政府应承担一定的投资责任，用政府的财政、税收资金来承担一部分投资，其余部分吸收社会资金参与。同时，对市政道路、桥梁冠名权和商业性广告、市政道路维护、路灯维护、城市绿化管理、卫生保洁以及公厕等基础设施，要全面推向市场，运用竞价竞争机制，择优选择经营主体。

第三，打造投融资平台。加快建立和组建由政府直接管理的省本级、各省辖市基础设施投融资集团（公司），履行政府投融资平台职能。城建投融资集团（公司）作为政府主导的城建投融资主体，按照政企分开的原则，具体承担基础设施建设项目的融资、投资、建设、运营等全过程管理，参与建设项目周边土地规划、储备、整理、熟化、开发。同时，各投融资集团（公司）应以盘活资产、筹集资金、实施项目建设为主要经营内容，并以按时还本付息、防范风险、降低建设成本、加快项目推进为主要经营目标，建立完善预算管理制度，建立健全公司内部管理制度，着力完善公司内部控制体系，积极加强公司财务分析和预测，合理确定资产负债率和资产收益率，对各个项目和环节实施预算编制、执行、分析、考核，确保资金合法运作、专款专用、高效使用，减少资金占用和浪费，不断提高信用等级和融资能力。

第四，多渠道募集建设资金。广开渠道，既要利用好现有的筹融资渠道，也要解放思想，开拓新的筹融资方式和渠道，多渠道多方式筹措建设资金。一是加强和扩大政府投资规模。二是充分利用土地资源筹集建设资金。完善土地开发机制，转变土地经营方式，按照一级垄断、二级归口、三级放开的原则，加大土地收储力度，严格土地招标拍卖制度，结合基础设施建设同步开发周边地段，通过土地招商、公开拍卖或有偿划拨，将土地收入转变为基础设施建设资金。三是加强与银行等金融机构合作。加强与银行等机构的合作，积极争取国家政策性银行、商业性银行和国际金融组织的贷款支持。四是利用资本市场融资。出台相关配套政策，积极帮助大型基础设施企业采取企业债券、增资扩股、信托计划等方式募集建设资金，着力吸引社会资本参与基础设施建设。五是依托基础设施项目融资。对于政府缺乏资金和技术的大型基础设施项目，要灵活运用多种投融资模式，扩大项目融资规模。

六、构建人才高地

第一，实施人才发展战略。结合基础设施建设和管理的综合性、专业性、技术性等特点，以高层次人才、高技能实用人才、高素质管理人才及有关重点领域急需紧缺人才为重点，加强优秀拔尖人才和急需紧缺人才的引进培养，优化人才结构，提升人才素质，强化人才使用与激励机制建设，为基础设施的建设提供人才保障和智力支持。

第二，加快培养专业性人才。支持部属院校和共建院校开展基础设施基础科学和应用科学研究，培养基础设施建设与发展急需的新型创新人才。支持基础设施建设、运营管理和服务领域的技能型实用人才培养实训基地和职业教育示范院校建设。加强基础设施行业教育培训的软硬件环境建设，加快远程继续教育服务网络建设。加强综合运输、现代物流、道路运输、城市客运、城市轨道交通、公路桥梁养护、港口航运、应急救援等重点领域急需紧缺人才的引进培养。提高飞行、机务、空管、机场等专业培养能力，加快培养一批具备民航专业背景、熟悉国际民航规章标准、能够参与国际交流合作的人才。建立邮政行业专业化技能型人才培养基地，加快快递服务专业人才培养。

第三，加大从业人员培训力度。发展多层次教育体系和在职人员培训体系，提高从业人员的业务能力、服务和执法、管理水平。加强基础设施主管部门领导为主的领导干部培训。推广执法人员和执法证件管理系统，对执法人员实行动态监管和自动考评，加强执法队伍正规化、专业化、规范化、标准化建设。加强基础设施安全生产和应急工作相关人员的在职培训，强化应急队伍建设，切实提高基础设施从业人员应对突发事件的处理能力。

第十一章
新型城镇化引领生态环境建设

生态环境建设，是中原经济区三化协调科学发展承诺"不以牺牲生态和环境为代价"的重要保证，是新型城镇化引领"四项基本建设"的第三项建设。生态环境建设内容多样，牵扯面很广，在城镇化进程中最容易被忽视甚至受到伤害而"被牺牲"。在新型城镇化引领之下的三化协调科学发展进程中，生态环境建设也必须接受引领，放眼未来，谋划全局，统筹兼顾，给践行"两不牺牲"的承诺作出保证，为中原经济区的可持续发展提供有力支撑。城市—区域系统生态环境的构成也有"二元结构"——城区生态环境与区域生态环境，尽管二者是一个有深刻内在联系的统一体，但其存在状态和内涵机理差别很大、各有特色，新型城镇化引领生态环境建设必须有针对性地分类指导。

第一节　新型城镇化引领生态环境建设的必要性

中原经济区三化协调科学发展的最重要、最关键的前置词是"两不牺牲"，即"不以牺牲农业和粮食、生态和环境为代价"。新型城镇化引领生态环境建设，是中原经济区建设的重点，对全面实施可持续发展战略，转变以破坏环境和极度消耗资源为代价的经济增长方式，发展循环经济，改善生态环境质量，维护生态安全等，都具有重要意义。

一、生态环境建设的内容

（一）生态环境建设的概念

生态环境是指影响人类生存与发展的水资源、土地资源、生物资源以及气候资源数量与质量的总称，是关系到社会和经济持续发展的复合生态系统。生态环境问题是指人类为其自身生存和发展，在利用和改造自然的过程中，对自然环境破坏和污染所产生的危害人类生存的各种负反馈效应。生态是指生物（原核生物、原生生物、动物、真菌、植物五大类）之间和生物与周围环境之间的相互联系、相互作用。当代环境概念泛指地理环境，是围绕人类的自然现象总体，可分为自然环境、经济环境和社会文化环境。当代环境科学是研究环境及其与人类的相互关系的综合性科学。生态与环境虽然是两个相对独立的概念，但两者又紧密联系、"水乳交融"、相互交织，因而出现了"生态环境"这个新概念。它是指生物及其生存繁衍的各种自然因素、条件的总和，是一个大系统，是由生态系统和环境系统中的各个"元素"共同组成。生态环境与自然环境在含义上十分相近，有时人们将其混用，但严格说来，生态环境并不等同于自然环境。自然环境的外延比较广，各种天然因素的总体都可以说是自然环境，但只有具有一定生态关系构成的系统整体才能称为生态环境。

生态环境建设是中国生态学家于 20 世纪 80 年代末提出来的一种科学学说，其理论和方法体系仍在不断探索之中。虽然"生态环境建设"一词在学术界、政府文件、领导讲话和大众传媒中已经广泛应用，但还缺乏规范的界定。生态环境建设作为一定区域背景下，为解决生态退化和环境破坏问题而采取的一系列人为干预活动的统称，含有生态恢复与重建的意思，具有一定的综合性。综合国内外相关文献，生态环境建设是人类理性行为参与下积极的生态恢复与重建过程。生态恢复和重建可以通过积极的抑或是消极的方式去实现。所谓消极方式是指当引起生态退化和环境破坏的因素得到控制或消除以后，依靠纯自然力的修复过程；而积极方式是在自然力无法实现修复或者需要加速修复过程的情形下，以积极的人为参与和调控为主要特征的生态恢复和重建过程，即生态环境建设。生态环境建设的直接目标是修复受损生态系统和景观的结构、功能和过程并使之达到健康的状态，因此生态环境建设的参照系未必是原生的生态系统和景观。恢复或重建的系统能够长期持续地自我维持，是生态环境建设的最终目标。

（二）生态环境建设的特点

生态环境建设具有以下特点：①复杂性。生态环境建设不可能超越一定历史、社会、经济、文化等多种因素的影响和制约，所以不单纯是技术问题，相反具有相当的复杂性。因此，生态环境建设中的非技术因素，特别是人文社会因素也必须引起足够重视。②针对性。必须针对具体区域的生态环境问题进行规划、设计和实施，即因地制宜。③动态性和不确定性。生态环境建设的动态性源于生态系统本身组成、结构、过程和功能的动态性，而且，生态系统的动态演替或灾变更多地表现为复杂的非线性，导致实践中生态环境建设作用下生态系统和景观演变方向的不确定性，也就意味着，生态环境建设不可避免地存在风险。

（三）生态环境建设的原则

生态环境建设应遵循以下原则：①面向区域问题导向原则。所谓问题导向，就是生态建设项目和方案的规划设计要以具体的生态环境问题为基本依据；而面向区域，就是要充分考虑具体区域的特点以及生态系统和环境演变的规律性。生态退化和环境污染等问题的类型和特点多种多样，其驱动因子包括自然的和人文的，并在一定程度上相互交织，表现出相当的复杂性。同时，任何生态环境问题的产生都离不开具体区域的自然和社会经济发展的背景条件。城市—区域生态环境建设规划与城市—区域的城镇体系规划、城镇总体规划等，都是一个城市—区域系统范围的发展战略。除了要同城市—区域的社会、经济发展规划相结合外，要落实到地块上，还应与城镇体系规划、城市建设总体规划结合起来。这样"面"上（区域）和谐统一，"点"上（城镇）熠熠生辉，城镇成为所在区域生态环境优良的明珠。当然从发展趋势考虑，应在重视"面"（区域）的基础上，突出"点"（城镇）的生态环境建设。这个点（城镇）的概念主要是指人口集聚的"建成区"及"规划区"，这是环境保护的重点。在努力建设好一批生态示范区的基础上，抓好一批以城市建成区和规划区为重点的生态建设。

②建设目标的科学性原则。生态环境建设必须首先确立科学的目标，在比较简单的情形下是单目标的，但更多的是由多种目标构成的目标体系。③参与的广泛性原则。社会资本是生态建设成功的必要条件之一。这里的社会资本不仅仅指资金，还包括可投入生态建设的潜在人力、物力资源数量以及社会各界对生态建设的认同度和投入意愿。广泛参与是保障生态建设社会资本最优化的关键途径。因此，推进广泛参与已经超越了自然科学的范畴，成为一个具有相当复杂性的社会经济问题。长远上，维持人与自然的和谐关系是生态建设的内在要求，而广泛参与对于维持这种和谐关系非常重要。使社会各界投身于保护和恢复自然系统行动中的最好方式是将生态建设与其各自的利益或需求建立密切联系。④科学监测与评价原则。生态建设，从具体项目的确立到整个实施过程都离不开科学监测，并且项目完成后在一定的时间范围内监测工作仍然非常必要，可以为生态建设效益的后评估提供数据支撑。⑤积极发展生态农业原则。"要保护农业生态环境，积极推广生态农业，防止农业环境的污染和破坏"，这是国务院发出的《关于环境保护工作的决定》中提出的一项重要任务，为我们各级农牧渔业部门做好环境保护工作指明了方向。农业是国民经济的基础，它涉及全国人民吃饭穿衣的大问题。从人类有史以来，人们在农业生产中积累了同自然作斗争的丰富经验，经历了一个从原始农业、传统农业到现代农业的发展过程。农业环境质量的好坏，直接关系到人民生活水平的提高和改善。目前中原经济区农业发展正逐步向集约化、产业化的现代农业道路迈进，目标是实现新型农业现代化。现代化农业发展之路更应该建立在良好的生态基础上，没有农业生态的良性循环，就没有新型农业现代化。

二、生态环境建设的重要性

（一）生态环境建设是中原经济区实现三化协调科学发展的关键

生态环境建设是中原经济区贯彻科学发展观的重要举措。新型城镇化就是要最大限度地进行经济、社会和生态协调发展。生态环境建设就是在可持续发展理论的指导下，运用生态学原理、系统工程方法和循环经济理念，充分发挥区域生态、资源、产业和机制优势，大力发展生态效益型经济，实现物质能量的循环利用，促进经济增长方式的转变和环境质量的提高，加快生产力的发展。通过生态环境建设，有效地培育文明先进的生态文化，提高公众的生态意识，树立现代文明的发展观、效益观、财富观、价值观、道德观和法制观，改变传统的生产方式、生活方式、消费观念，实现人与自然的和谐共生。加快生态环境建设，通过发展绿色经济，增加人民的财富，提高人民的生活质量，为中原经济区人民创建最安全、最洁净、最殷实、最健康的生存环境，推动中原经济区健康、有序、可持续、快速增长，实现中原经济区经济的快速发展、社会进步与生态环境良性循环。

（二）生态环境建设是新型城镇化引领的重要内容之一

改革开放以来，中原经济区城镇化建设得到迅速的发展，集中了更多的工业、运输工具及人口，在有限的空间内要消耗更多的物质和能量、排出更多的废弃物，自然环境负荷过大，已超过环境的自净能力，环境污染日益严重，具体表现在：①交通污染严重，汽车—城市蔓延—高速公路—汽油，是导致资源耗竭、环境破坏、气候变化和物种灭绝的主要原因。②城市空间扩展艰难，城市经济与城市生态在用地上出现尖锐的矛盾。③食品安全事故频频发生，食品安全问题日益突出。④城市大气质量日益恶化，供人类呼吸的氧气缺乏，CO_2 浓度增加，并含有许多有害气体，市区的大气与区外大气差异很大。⑤水资源量减少，污染严重。⑥垃圾及工业等排出的固体废物增加。

目前中原经济区生态环境建设存在着一些误区与问题。①认识问题。重视城区生态环境建设，忽略了周边乡村区域，花费了大量的人力、物力，建设效果却不明显。②资金问题。目前西方大多城市生态环境得到较好的改善，城市绿地面积较大，并且城市绿地以花草、树木为主，给人以美的感觉。西方环境质量的改观是建立在巨额资金支持基础上的。中原经济区的情况与西方不同，人口众多，土地资源十分珍贵，生态环境建设必然带来城市面积的大范围扩张，占用大面积的良田，导致农业用地大面积减少。中原经济区较低的经济发展水平不可能在城市大面积的空地上用于养花种草，资金问题是中原经济区难以解决的问题，资金的限制是中原经济区生态建设难以进行的主要原因，北京、大连、深圳的生态建设也是建立在高资金消耗基础上的。③模式问题。一些城市模仿东部沿海生态城市建设的模式，但最终都因为资金难以支持而荒废，花费了大量资金，动用了大量的人力、物力，而生态效果不明显。中西部地区城市及其周边地区自然条件、自然资源、社会环境、人文环境、经济环境等与东部差异较大，城市性质、城市职能及城市在全国的地位与东部也有较大的差异。故在城市生态建设方面应走一条自己的路，要既经济实惠又有明显的生态效益。④特色问题。城市景观环境的建设正在被一种"急功近利"的思想所左右，一些城市的管理者和建设者为了片面追求所谓的"政绩"而"大兴土木"，把大量的财力物力投入到城市形象的塑造上。这种被称作"城市美化运动"或"城市化妆运动"的城市景观建设行为，是一种没有远见的赶时髦现象，其结果造成了今天中原经济区城市发展中的"特色危机"。⑤急进化问题。城市生态建设是一个循序渐进的过程，但是目前相当多的城市都存在"急进化"问题。虽然近几年由于城市的水资源短缺，人们对大规模种植草坪的现象提出了质疑。但是很多城市为了在短时间内取得绿化的效果，仍然热衷于大规模发展草坪，尤其是公共绿地、住宅小区的建设。城市自然生态系统形成中占主导地位的树木、尤其是乡土树木的种植比例较低，影响了城市绿地综合生态效益的发挥。

强烈的现代化需求使得城镇化与工业化建设快速发展，经济总量增长较快，城市基础设施大规模建设，人类活动密集，使得快速的结构性增长和高物耗、高污染严重的产业发展对城镇及区域生态环境的胁迫效应以正反馈形式发展。环境事故、生态灾难、生态难民及自然灾害频率不断增加，生物多样性、水源涵养能力、生态服务功能及生态系统健康水平的持续下降给人民的身心健康、区域的环境状况以及经济的持续发展造成了严重的威胁。环境污染、生态破坏表象的后面是国有生态资产的流失、生态服务功能的退化，以及国民生态素质的低下。各级城市的生产、生活与生态管理职能条块分割，以产量、产值为主的政绩考核指标和短期行为，以及生态意识低下、生态教育落后的国民素质，是生态环境虽局部有所改善但整体继续恶化的根本原因。人们习惯于追求物理的实效而忽视生态的过程，发展的目标往往集中于工程结构、经济过程及社会功效，而忽视生态资产的流失和生态服务功能的退化。因此，中原经济区新型城镇化建设必须寻求一条新的产业革命和生态建设之路，探索实现环境与经济协调发展的现代化建设模式。

（三）生态环境建设是"两不牺牲"的重要体现

中原经济区新型城镇化的引领作用是建立在"两不牺牲"的基础上的，即"不以牺牲农业和粮食、生态和环境为代价"。新型城镇化的引领作用将大大改善中原经济区农村生态环境，从而将农业引向生态化、安全化、高产与高效化。目前，绝大多数农村生态环境的保护和建设缺乏目标和规划，农村基层环保机构不健全，没有专门的环保人员，对农村居民也没有进行必要的环保知识和环保重要意义的宣传。农民环保意识淡薄，居民对环保工作缺乏理解、支持和参与，更谈不上形成生态环境保护的良好氛围，农村乡镇环保基础设施建设相对滞后，村镇可支配的财力有限，环保基础设施投入严重不足，许多乡镇还没有生活污水处理厂和生活垃圾无害化处置设施，白色污染、垃圾围镇和粪便直接排入河道现象时有发生。一些工业企业也因技术设施落后，造成工业"三废"经常超标排放，污染了农村的环境。农业面源和农村生活污染对农业生态环境构成了危害，化肥、农药、激素类和抗菌素类化学品的超标准不合理使用，在种植业、养殖业方面产生了明显的负效应。一些地区的高密度、高投入的水产养殖模式，加剧了水体的富营养化。畜禽规模化养殖污染防治缺乏规范化管理，畜禽粪便流失现象严重。农作物秸秆综合利用率低，秸秆焚烧禁而不止。大多数农村尚未建立生活垃圾集中处理体系，生活垃圾倾倒于河、塘、沟、渠现象较为普遍。农村改厕进度缓慢，加重了水环境的污染负荷。农村河、湖、沟、渠淤塞严重，恶化了水质，影响了排灌，也阻碍了河道的交通。农村小城镇规划建设缺乏衔接配套，加大了农村环境治理的难度。随着农村城市化进程的加快，中原经济区农村小城镇和中心村聚居人口迅速增加，但生活污水、垃圾处理的配套设施却相对滞后，形成了生活污染源，使农村生活污染治理难度加大。对农村环保工作的执法监督缺乏力度。故生态环境建设对于改善中原经济区农村生态环境就显得迫切需要。

随着新型农村社区建设的加快，农村人口开始逐渐在新型农村社区内转化为城镇居民。但如果新型农村社区环保基础设施和监管跟不上，将会出现新的环境与生态问题。目前大部分城镇建成的生活污水处理厂有限，基本限于收集处理城区生活污水，覆盖新型农村社区的集污管网还共建共享，个别镇建有垃圾处理厂，但相当一部分镇民更习惯于贪图方便，将塑料袋、快餐盒、废旧电池，甚至变质过期药品、有毒有害物质等垃圾随意丢弃；镇级设有基层环保所，但人手不多，监管力不从心。乡镇工业化产生的工业污染十分严重，相当一部分是以低技术含量的粗放经营为特征，以牺牲环境为代价的工业化。而且，随着城市环境保护力度的增大，不少污染型企业从城市转移到郊区、乡镇甚至新型农村社区附近，某些地方政府基于发展经济的考虑也不惜引进污染转嫁型企业。乡镇企业一般资金、技术力量薄弱，不愿意建设或购买环保设施；有的虽有治污设施，但长期闲置，废水不经处理，直排入河；有的企业甚至私设排口，偷排现象严重；还有不少锅炉、窑炉烟尘超标严重。

三、新型城镇化引领生态环境建设的作用机理

（一）新型城镇化带动各类生态工程的建设

中原经济区面临的生态环境问题，不单纯是环境污染，而主要是由于人口激增、环境与资源破坏、能源短缺、食物供应不足等共同构成的综合效应。因此新型城镇化的建设不但要保护环境与资源，更迫切的要以有限资源为基础，生产出更多的产品，以满足人口与社会的发展需要，并力求达到生态环境效益、经济效益和社会效益的协调统一，改善与维护生态系统，促进包括废物在内的物质良性循环，最终是要获到自然—社会—经济系统的综合高效益。

因此，新型城镇化对生态系统的发展与生态工程的建设提出了"整体、协调、再生、良性循环"的新的更高的要求。从而推动一系列生态工程的建设。例如：太行山绿化工程、黄河中游防护林工程、平原绿化工程、防沙治沙工程、天然林保护工程、黄河中游林业生态治理工程、城市绿化及城郊生态工程、交通通道绿化工程、生态环境保护工程、防治沙漠化及农田林网工程、百村生态工程和可持续发展试验区、农业生态示范区、自然保护区、生态示范区、水污染治理及城市环境综合整治等一系列生态环境保护与建设工程。目前各种类型的现代化科技养殖园、无公害农产品基

地，农业绿色经济示范园、工业循环经济生态园的建设也取得明显成效。

（二）新型城镇化带动城乡生态环境的优化

随着中原经济区新型城镇化的推进，城区过密的人口得到缓解，过多的工业项目会向外转移，以减轻城市的人口压力和空气污染。机动车尾气问题会得到治理，使机动车污染基本得到控制，部分烟囱会被拆除，大气环境质量将大为改善。绿化、美化建设与生态城市、低碳城市、区域生态廊道工程也将启动。连接重点生态区的骨干河流、道路的绿化带达到一定宽度，建有贯通性的城市森林生态廊道，江、河、湖、海等水体沿岸注重自然生态保护，水岸绿化率达80%以上。在不影响行洪安全的前提下，采用近自然的水岸绿化模式，形成城市特有的风光带。公路、铁路等道路绿化注重与周边自然、人文景观的结合与协调，绿化率不断提高，形成绿色通道网络，城市郊区农田林网建设按照国家要求达标。重视生物多样性保护，城市森林建设树种丰富，注重绿地土壤环境改善与保护，城市绿地和各类露土地表覆盖措施到位，绿地地表不露土，科学栽植、管护树木。建成区内建有多处以各类公园、公共绿地为主的休闲绿地，多数市民出门平均500米有休闲绿地，城市郊区建有森林公园等各类生态旅游休闲场所，基本满足本市居民日常休闲游憩需求。

随着中原经济区上升为国家战略，新一轮的开发建设大潮即将到来，持续探索不以牺牲农业和粮食、生态和环境为代价的三化协调科学发展的路子，是中原经济区建设的核心任务。在中原经济区建设过程中，农村生态环境的保护问题不容忽视，必须结合农村生态环境保护及立法现状，切实预防和解决中原经济区建设过程中产生的农村生态环境问题。绿色质量的提升大大美化了道路交通环境，同时也改善了道路沿线各个村庄的环境风貌，带动了农村绿色经济发展。采取生态经济型、生态景观型、生态园林型等多种模式开展乡村绿化，郊区观光、采摘、休闲等多种形式的乡村旅游和林木种苗、花卉等特色生态产业健康发展，从而推动了新型农村社区建设。对旅游资源丰富、旅游环境保护较好、有开发潜力的村，积极发展生态旅游型生态村；对农业产业化发展好、建有绿色无公害食品和林果基地的村，鼓励发展绿色产业型生态村；对矿产资源丰富、矿区生态修复较好的村，支持发展矿山修复型生态村；对有深厚民间文化底蕴的村，整合农村唢呐、锣鼓、皮影、剪纸和书画资源，全力打造传统文化型生态村。

（三）新型城镇化带动工农业生态园区的建设

新型城镇化是以城乡统筹、城乡一体、产城互动、节约集约、生态宜居、和谐发展为基本特征的城镇化，是大中小城市、小城镇、新型农村社区协调发展、互促共进的城镇化。新型城镇化的核心在于不以牺牲农业和粮食、生态和环境为代价，着眼农民，涵盖农村，实现城乡基础设施一体化和公共服务均等化，促进经济社会发展，实现共同富裕。所以新型城镇化必然带动工农业生态园区的建设。

生态工业园区最本质的特征在于企业间的合作以及企业与自然环境间的互动，是通过密切产业联系、加强废物利用，达到降低生产成本的目的。在生态工业园区内实行清洁生产，废物源少，各企业之间废物、能量和信息的交换达到尽可能完善的资源利用和物质循环以及能量的高效利用，区域对外界的废物排放趋于零，达到对环境的友好。

农业生态园（Agriculture ecological garden）也称农业休闲园，是指利用田园景观、自然生态及环境资源，结合农林渔牧生产、农业经营活动、农村文化及家庭生活，提供国民休闲，增进国民对农业及农村的体验为目的的农业经营。是集旅游功能、农业增效功能、绿化、美化和改善环境功能于一体的新型产业园。它是采用生态园模式进行观光园内农业的布局和生产，将农业活动、自然风光、科技示范、休闲娱乐、环境保护等融为一体，实现生态效益、经济效益与社会效益的统一。推进农村生态园建设，实施农村环保，清洁种植和清水养殖，化肥施用减量化和农药施用减量化，村庄环境综合整治和规模化畜禽养殖污染防治，创全国环境优美乡镇和生态村创建，使农村呈现出村容整洁、环境优美、生态文明、人与自然和谐共处的新风貌。

（四）新型城镇化带动生态社区的建设

生态社区是一种可持续的人类聚居模式。它是以生态学基本原理为指导，以人与自然的和谐相处、资源与能源的高效使用为核心，利用现代生态技术手段，营造一种自然、和谐、健康、舒适的人类聚居环境。生态社区具有节能降耗性、自然亲和性、居住品质的健康和舒适性、经济的高效性与社会和谐性的特点。即，生态社区对环境不产生新的污染，选址不破坏脆弱的自然地貌，把健康放在首位，统筹考虑社区全生命周期的经济合理性，强调居民共治等。生态社区并不是对传统社区进行根本性的颠覆，更多是把二者看成是一种传承和拓展的关系。可居性仍然是生态社区的核心，但是对可居性的理解必须在广度和深度上有所拓展。在广度上，生态社区的可居性包括人与自然、人与人的和谐相处，对自然的关注不仅指向与人直接相关的建筑，也包括建筑、社区与周边环境的关系。社区中人与人的关系还包括社区居民在周边就近就业的可能性——也就是所谓职住平衡的问题。在深度上，生态社区的可居性与传统社区可居性在内涵上有更大的差异，例如强调无障碍设计，强调建筑空间的健康性，强调公交、会所、商店、幼儿园等公共配套设施的数量、距离，强调绿地的植被配置，这些都意在指向通过公共设施的完善使社区获得更高的生态价值。正是由于广度和深度不同面向的拓展，生态社区的居住品质才全面优于传统居住社区。

快速城镇化表现为城镇规模的快速扩张，而规模扩张所需土地来源于对周边耕地的蚕食与农村的建设用地。过去那种靠蚕食周边耕地来获得工业和城镇建设用地的粗放型发展的路子已不能适应新型城镇化建设的需求，土地问题只有通过农村建设用地来解决。农村建设用地，一种是进城农民闲置的宅基地，一种是通过集约化农民的宅基地节约出来的建设用地，表现为土地利用效率的提高。而这两者对农村建设用地节约的实现统一于新型农村社区建设。所以说，新型农村社区建设是中原经济区城乡统筹发展的突破口和关键点。

生态社区在规划、设计、建设施工时要做到节地、节材、节水、节能，预先设置供热、雨水收集和中水回用等系统。另一方面，很多已建成的住区也开展了一系列生态社区的创建活动，譬如，对住宅进行节能、节水改造，实施垃圾分类收集等。生态社区的建设不仅包括硬件场所的建设，在后期的运营管理过程中还要引入生态理念，并且居民的行为对于社区的生态及可持续发展同样重要。从这个角度来看，生态社区的创建主体既包括政府、开发商、设计师等前期规划建设者，还包括社区居民、物业管理者和社区委员会等社区活动的参与者与协调者。

第二节　新型城镇化引领城区生态环境建设

　　新型城镇化引领生态环境建设的第一个重要领域，是城镇的"中心城区"（简称"城区"）。城区也是城市—区域系统的"市区"部分，虽与"市域"有千丝万缕的联系，但却拥有相对独立的"城市生态系统"，其生态环境建设也自有区别于区域的独到之处。新型城镇化引领城区生态环境建设的主要途径是：城区环境污染的综合治理，城区开放空间系统的优化，城区绿地系统的建造，以及城区生态水系工程的营造等。

一、城区的生态环境问题

　　中原经济区城市水资源日益匮乏是影响发展的主要因素之一。中原经济区所处地区是水资源相对贫乏地区，可供开发利用的水资源较少，部分河流无天然径流，人均水资源占有量仅为全国平均水平的五分之一，世界平均水平的二十分之一。流经城市的河流水质污染比较普遍、比较严重。淮河水系和海河水系的支流多为城市排污性河流，环境容量有限。黄河最脆弱的地带——花园口以下的地上悬河位于该区，这里河道淤积严重，黄河断流由 20 世纪 70 年代的 10 天，发展到 20 世纪 90 年代的 100 余天。21 世纪以来，各项水利工程措施陆续完工，黄河断流局面才得以改善，但形势依然严峻。近年来，中原经济区城市地下水年超采量 1.0 亿立方米，因而形成多处的地面沉降，土地资源压力大。

　　中原经济区城区大气污染也十分严重。大气污染越来越与城市性质有密切关系，平顶山工业污染较严重，开封交通污染较严重，郑州、洛阳、新乡、许昌、漯河则属工业污染、交通污染、生活污染等多种污染并举的综合性污染城市。其中郑州、洛阳二市由于城市规模大，人口拥挤，工业、商业、旅游业、交通运输业等各业相对发达，大气污染不仅涉及生活污染、交通污染和工业污染，而且污染程度较高。郑州市多年来一直是全国著名的污染城市，大气环境达到污染标准的天数、大气环境中可吸入尘

古都开封休闲公园

埃量均高于西安、济南等省会城市，污染治理形势十分严峻。

中原经济区城区绿地严重匮乏，例如，2011年省会郑州市人均公共绿地10.8平方米，建成区绿化覆盖率35.1%，与国家生态园林城市尚有一定差距，离国际生态园林城市还有更远的路要走。随着城市土地与人口的扩大，城市垃圾也越来越多，越来越复杂，生活垃圾与工业垃圾"交相辉映"。更为糟糕的是，现代生活垃圾中还有不少含有毒成分的化学物质和重金属，耕地受到此种污染，生产的粮食就无法食用。绝大部分城市垃圾的处理都还采取传统的、简单的焚烧法与填埋法，这两种方法简单易行，不需过多投资，但回收利用率低，并易造成环境二次污染。

城区噪声污染越来越严重，居民及文教区、工业区和混合区的噪声都很大，市区"热岛"效应也随着高大的商厦、居民楼、广场、道路的建设而愈加明显。郑州不仅表现在市区气温比郊区高，而且一年中有部分天数成了全国闻名的"火炉"。

二、生态环境综合治理

在新型城镇化引领过程中，对生态环境必然边开发边保护，与此同时，还必须先治理已经存在的生态环境问题。绿化是维持城区生态平衡最有力的生物性措施，城市绿化是改善城区生态环境的核心。绿色植物的光合作用和呼吸作用，维持着大气中 CO_2 与 O_2 的不断循环，并使二者的含量保持均衡。绿色植物光合作用，不仅能满足人体的呼吸代谢平衡，还能通过树木、花草的叶片吸收大气中的 SO_2、HF 和 Cl_2 等有害气体，吸尘滞废。许多植物，如银杏、天门冬、虎尾兰、龟背竹等，还能分泌杀菌素，具有灭菌作用。空气中有益人体健康的负氧离子含量，在林中则远远超过无林地区。丛密的树木还可降低声波，吸收噪声，保护人们身心健康。只有把绿化作为改善城区生态环境的首要任务，并兼顾美化景观等，才能创造健康、舒适、优美的人居环境，才能提高中原经济区城市品位，树立对外开放的良好形象，从而有利于国际交流和科技、教育、文化的发展。

加强中原经济区城市水环境治理，做好"水"文章，采取污水截流、生态补水、河道整治等综合治理措施，建设稠密的污水管网与城市污水处理厂，让城区的水更清。坚持从源头严格把关，将重污染、高能耗的项目拒之门外。

创建企业环境行为准则，进行环境标志产品认证、企业环境信用评价、清洁生产审核和创建绿色企业等，将企业的环境信用纳入社会信用体系之中，通过多种媒体向社会公示，监督企业行为。要充分发挥规模以上工业企业的龙头作用，大力抓好一批投资规模大、科技含量高、经济效益好的项目建设，促使其早开工、早投产、早见效，培育一批"三高"（高科技、高品质、高效益）、"三密"（信息密集、智力密集、技术密集）企业，扩大自主科技研发，带动高新技术产业发展，推进工业园区工业发展。层次分明、衔接互补、分工协作、资源共享的工业园区建设能够很好地推进产业聚集，建立企业间相互合作的机会和渠道，向企业提供市场信息和技术支持信息等等。企业共享园区基础设施和服务，有利于提高资源利用率，改变传统的"资源—产品—污染排放"的工业经济模式，而是利用生产环节相关的企业聚集打造"资源—产品—污染排放—再利用"的闭路循环链。

宣传生态意识，提高市民素质，治理城区"脏、乱、差"的现象。街道旁的环卫设施常被破坏，公交车上吸烟，随地扔垃圾，红绿灯对行人来说形同虚设等问题，都与市民素质有关。生态建设不单是政府的责任，而是一项全民参与活动，市民是否具有生态环保意识，市民素质高低影响着生态建设战略的实施以及效果。

三、优化城区开放空间系统

城市开放空间是指"在一定城市地域内，具有一定结构和多重功能的存在于建筑实体之外的开敞空间体"，而具有一定要素构成、结构形态和功能组合的各类开放空间的集合体，即可视为"城市开放空间系统"。该系统的构成要素按基本性质与功能的不同分为绿色、灰色和蓝色开放空间系统三大类。其中绿色开放空间是指城市园林绿地系统，包括不同类型的城市绿地、庭院、公园、花园等要素。灰色开放空间是指城市对外交通空间、对内交通空间及广场、未绿化的闲置用地，包括：铁路、公路、广场、闲置用地等类型。蓝色开放空间是城市内部的河流、湖泊以及沟渠等各类水体景观的总称。开放空间担负着城市多样的生活活动、生物的自然消长、隔离避灾、通风导流、表现地景，以及限制城市无限蔓延等多重功能，亦即是展现生态的、社会的、文化的、经济的等多重目标的载体。开放空间不但给城市居民提供了娱乐休闲的空间，也是交通、休憩、文化教育等多种职能的载体，同时有利于提高城市的防灾能力。城市开放空间是一个空间体的概念，它与城市的生态系统、经济系统、社会系统相互支撑和相互交叉重叠，共同构成城市巨系统。

在新型城镇化引领过程中，城市要花大力气优化开放空间环境，重塑城市形象。久居都市的人们大都有向往自然、回归自然的要求，开放空间优化的最根本任务就是更多地把自然引入城市，让城市的阳光更亮些、空气更清新些、水体更清澈些、树木更茂盛些；能让城市人多看到一些活蹦乱跳的动物和形形色色、生机盎然的各类植物。

城市开放空间系统的优化要因地制宜，铸造个性鲜明、特色突出并符合城市可持续发展要求的空间环境。要通过城市人居空间的开发、经济社会的变更、地域形态的调整、建设基础的改善和生态环境的优化，提高城市生态系统的结构水平和功能效应，提高各生态要素的存在质量与运行质量。通过土地用途更替、用地结构转换、用地布局调整、用地产权重组等措施，实现土地现有功能和潜在功能的再开发，从而优化城市用地的配置。

新型城镇化引领下的城区开放空间优化主要包括以下内容：

第一，优化开放空间系统空间结构。新型城镇化建设必然要综合考虑城市用地条件、人口分布模式、经济发展水平、城市未来发展趋势等来进行城市内部功能结构的调整优化，与此同时，考虑城市职能的特点、生活居住空间、商贸服务空间、交通运营空间、行政文化空间、生产仓储空间与开放空间的关系，构建一个优秀合理的开放空间结构。结构的优化包括静态布局、动态扩展和功能定位三个方面的优化。

第二，优化开放空间系统的圈层一体化。开放空间系统按照空间尺度差异分为小空间尺度的不同圈层内部镶嵌式组合结构与大空间尺度的圈层式组合结构。小空间尺度开放空间组合形式受人为的干预较大，表现形式较复杂，表现为从外到内越来越复杂多样。大空间尺度的圈层式组合结构分为：外围圈层、主体圈层和内里圈层。三个圈层相互依存，相互影响，持续不断的进行能力与物质的交换，维持着城区生态系统的良性循环和永续发展。主体圈层与外围圈层的一体化，要保护好二者开放空间的通达性；主体圈层与内里圈层的一体化主要体现在二者开放空间的融通，即多方沟通，融为一体。三个圈层的沟通使开放空间真正成为一个一体化的有机系统，外围圈层是开放空间系统这棵大树植根的土壤，主体圈层是树干，内里圈层是枝叶。外围圈层绿色大地的生态，经由开阔的通道直达建成区各处，并通过主体圈层、内里圈层的干、枝、叶浸润各个角落，被建筑和设施所组成的硬环境重重包围的整个建成区乃至局部地段，通过开放空间系统的一体化组织，与外围圈层绿色大地有机相连、相融，生态城市建设由此获得强大的空间支持。

第三，优化开放空间系统组成要素。城区开放空间系统的要素的优化应遵循城市生态规律，创造优质的生态环境、运行环境、建设环境、生活环境与景观环境，为生态城市建设奠定空间基础。利用暂未开发和弹性置换用地，提高市区绿化覆盖率和绿地率，科学合理地扩充和廓清道路、广场用地，提高市区道路网密度和人均交通用地面积。合理调整绿色、灰色与蓝色开放空间布局结构与功能发挥，贯彻一体化原则，做到林、园、水成点、线、面密切结合，对内交通、对外交通、广场协调发展，横道、竖道、环道有机结合。

四、实施城区绿化工程

绿化工程建设是新型城镇化引领城区生态环境建设的一个重要的组成部分，是中原经济区城市形象、城市文明、城市文化和城市特色的重要体现，是城市现代化建设的重要标志。城区绿化工程能够改善城市的气候、卫生环境、美化景观、节省能源等，使中原经济区城区居民生活质量大大提高，从而促进中原经济区城市的可持续发展。

城区绿化工程要充分利用环境生态原理与原则，运用现代科学技术，来规划和建设城区的生态环境，有效地防治城市的空气污染、水污染、土地污染、噪声污染。在城市绿地建设中融入园林走向自然山水的精神，发挥城乡绿化的整体性、系统性的生态功能，通过建设绿色廊道，把城乡区域内的"点"、"线"、"面"有效地连接起来，构建区域性绿色生态网络，

五孔桥游园绿地

实现城乡一体化，以维持生物生息地的连接性和生物群落种的多样性。结合中原经济区城区绿化建设的实际与问题，城区绿化工程包括以下几个核心问题：

第一，公共免费公园工程。公共免费公园工程的建设在我国已悄然升起，它是以城区河流、湖泊等自然景观与广场、历史遗迹等人文景观为重点进行建设的。它是城区居民日常休憩、娱乐的重要场所，每天早晚的业余时间，城区市民会选择在这里游玩放松，节假日流量更大。公共免费公园的使用频率很高，应该是城区绿化工程的核心。该工程建设以植物造景为主，既要保证公园规模还要考虑绿化环境建设，其动工规模不宜小于1000平方米，公园实施面积规模大小要结合其周围环境、自然条件以及公园的活动性质等因素，其规模应考虑到公园人口规模。

第二，社区绿荫工程。社区绿荫工程的建设直接贴近城区居民的生活。人们生活居住环境的社区少不了园林绿地规划建设，舒适安逸的良好居住环境，在很大程度上使人们的精神为之振奋，心情为之舒畅。社区绿地规划要考虑城市居民的便捷性以及舒适性，可设置些座椅及简单的娱乐设施器材，在其绿地布局上多采用草皮或吸湿性很强的沙质铺地，可多采乔木灌丛栽培，以遮阳避晒。在树种优化配置上，多可乔灌结合或者采用常绿的速生植物等，适当地合理点缀些花卉或草皮，另外选取一些健壮而且便于管理的树种也都可以。

第三，单位附属地绿地工程。企业、机关事业单位机构等的绿地实施规划面积在城市绿地系统所占的比例较高，可以有效发挥绿地系统的功能效用吸收工厂的噪音、净化污染物以及包括降低厂区的温度等，在一定程度上还使单位的整体环境得以改善、加以美化。单位具体绿地工程比较分散，可采用花、草、树木等。因为绿地规划实施过程中要充分考虑与这些部门机构的建筑规模形象相协调，像靠近大楼附近的绿化范围，常规上多采用花坛、草坪以及不同种类的雕像、艺术水池等，远离大楼的区域可根据地形采用自然式规划、布局，像配置艺术盆栽、树木林丛、设计草坪等。

第四，生态廊道工程。以道路、河流、高压线路为基础的生态廊道工程必不可少。公路绿地可一定程度上控制降低交通公路的地面温度以及吸收车辆噪音等,从而有效缓解车辆噪音污染。公路隔离绿化带所释放的氧气,缓解了交通排气污染,隔离绿化带的绿地规划,也降低了交通安全隐患事故的发生。生态廊道工程设计要整体上加以衡量,生态廊道工程规划应综合多方面的因素进行协调,力求创造更加优美的绿地景观。

第五,环城防护森林工程。环城防护森林工程是在城区周边一定宽度内建立环城防护森林带,种植一些抗污染、吸收污染的树种,从而能够有效地降低污染对城市的危害。防风固沙林带的高大密植乔木,可以减低风速,还可将夏季郊外的凉风引入到城市。环城防护森林工程是城市绿化系统的重要组成部分,是保持城市生态平衡的重要因秦。

五、推动城区生态水系工程营造

新型城镇化引领城区生态环境建设,必然推动中原经济区城区生态水系工程的建设,全面提升城市生态水系形象,实现"水系为韵"的区域城市特色,打造"水在城中流、楼在岸边建、人在景中居"的魅力宜居环境。河流及其自然特征,明显有别于以水泥和钢材为主要材料的街道、楼房和汽车等的城市景观,河流的物质特性、形态特性、功能特性的介入,将提高城市景观的多样性,为城市的舒适性、安定性、可持续性提供一定的基础。河心沙洲和河流两岸的绿地,为较多种类的动、植物提供了栖息、生存和繁衍的场所;同时河流本身又是城市中大的水生动、植物生存的自然环境。河流已经成为城市生物多样性存在的重要基地。水上各种运动,可提供新的文体娱乐形式,河流两岸、河心沙洲的自然景观可提供亲近自然的场所。故按照"保障水安全、恢复水生态、爱护水环境、经营水景观、发挥水效益、提升水价值"的规划理念,下大力气解决好水量不足、水流不畅、水质不良、环境不优等突出问题,是中原经济区城区水生态建设的重点。

中原经济区正在实施与即将实施的几个城市的生态水系工程有:开封市水系工程、郑州市引黄生态水系工程、郑州市高新技术开发区须水河生态水系工程、洛阳市洛南新区景观水系工程建设、安阳市中轴线水系景观工程、新乡市水系景观工程等。

开封北依黄河，惠济河、北支河、护城河穿城而过，龙亭湖、包公湖、铁塔湖、阳光湖分布市区，水域面积达 170 平方公里，占老城区面积的 1/4。开封水系工程旨在打通连接龙亭湖和铁塔湖的广济河，使两湖的湖水自由流动，从而形成一个水上旅游链。河道两侧的景观带，东西平均宽达到 100 米，种植不同的植被、形成不同的风景，由北向南将形成集锦园、春花园、夏荫园、秋韵园、冬凝园 5 个景观游园。景观段附近还将建设酒楼、茶楼、商业经营场所等不同的标志性建筑。水系工程完工后，开封的四河（黄汴河、惠济河、广济河、利汴河）、五湖（包公湖、龙亭湖、西北湖、铁塔湖、阳光湖）将被连接，龙亭湖（景区）与包公湖景区实现牵手。届时，开封将重现北方水城风貌，人们可乘船游览古城。

郑州从邙山引黄河水注入东风渠、金水河、熊耳河等市区多条河道——全长 38.6 千米。工程涵盖郑州境内的 12 条河流，12 座水库，3 个湖泊，2 个湿地，牵涉到 1010 平方公里的水域面积。引黄生态水系工程建设完善了城市供水系统，确保供水安全；疏浚河道，截污治污，有效解决市区防洪除涝和河道污染问题；解决河道水源问题，使季节河实现长流水、流清水，河湖水系沟通"水循环"；推进中水回用，提高水资源利用率；增加市区水面，营造水景观，融城市水系、绿化建设为一体；黄河水经市区生态景观水系后，转为下游中牟县灌溉用水，实现水资源的可持续利用。

2011 年 6 月，郑州高新技术开发区的须水河生态水系提升工程开始建设，预计 2012 年年底整个生态水系工程完工通水。工程改造内容主要包含河道整治、输水和绿化景观建设三个方面，整个项目总投资约 6.6 亿元，主河道南起梧桐街，北至连霍高速，全长 5.7 千米，设计上口宽为 80 米。河道工程防洪标准为 50 年一遇，包括疏挖、护砌及滨河护栏三部分；输水工程主要包括补水管线敷设和现有泵站改造两部分，蓄水工程设蓄水构筑物，主要为 10 座橡胶坝及闸坝；绿化面积约 280 平方公里，包括 40 多个景观节点，整体景观布局呈"三环三带两线"分布。作为郑州市生态水系工程的重要支撑水系，高新区将通过此次对须水河生态水系的改造提升，打造宜业宜居城市环境，实现产城融合的目的。

洛阳市洛南水系骨干工程可概括为："二干五支一渠三湖"，即自洛河上游小作和白村引水的两条干渠；王城大道至龙门大道中心区域的五条支渠；自龙门伊河引水的引伊济洛渠；会展中心和体育中心的三个中心湖。水面面积达 100 平方公里，水系总长超过 40 千米。除此之外，还布置有若干个分支渠和小区湖，以形成水景公园。

安阳市中轴线水系景观工程建有开阔的大型集会广场、清澈见底的中央水体、殷商文化气息与现代灯光造型相结合的各种文化主题雕塑都已呈现在市民面前。中轴线水系景观工程是东区水系工程的中枢工程，南面将与 CBD 中央商务区水系相连，北与市委市政府、易园水系相通，属城建三年计划的重点工程和标志性工程。该工程占地面积约 10 万平方米，投资 3000 万元，水源取自中水。建设内容主要包括，大型集会广场（太极广场）、中央水体、水上舞台、水幕电影、音乐喷泉、文化主题雕塑、灯光雕塑等。音乐喷泉是该工程项目的一大亮点，其喷水最高高度为 138 米，是目前中原地区喷水高度最高的音乐喷泉，目前喷泉及喷泉水池内的建设已经完毕，只剩下部分灯光的安装，中轴线水系景观工程以水为题，构建起了城市滨水景观，配以体现安阳文化特色的太极广场、浮雕墙、灯光雕塑等，建成后不仅可以接待一些大型的水上表演，还将为市民提供一个多功能的集会、休闲、娱乐空间，对有效提升安阳城市的文化品位，丰富市民娱乐文化生活具有重要作用。

新乡市水系景观工程建设包括卫河水源景观工程、西孟输水连通工程、景观完善工程等。集水系与园林为一体的水系景观建成后，必将改善城市环境，提升城市品位。目前，水系景观工程建设已全面展开。建成后，西孟姜女河、人民胜利渠即可连通。卫河水源景观工程中的卫河大坝已确定修建成一座 20 米宽的橡胶坝和 6 米宽的"人"形船闸，中间用鱼形岛联结，不仅美观还较大幅度降低了工程造价。

第三节　新型城镇化引领区域生态环境建设

新型城镇化引领生态环境建设的第二个重要领域，是除了城镇城区以外的广大地区（简称"区域"）。区域也是城市—区域系统包围"市区"的部分，即所谓的"市域"，但却不受市域的行政限制，所有城市市域的综合即为这里所说的"区域"。新型城镇化是与生态文明时代相适应的人类社会生活新的组织形式，城区与区域融合发展，城镇与乡村统筹发展，区域生态环境建设对城镇生态环境质量的维护与提高意义重大。新型城镇化引领区域生态环境建设的主要途径有：城区周边生态环境建设，村庄农田生态环境建设，江河湖泊生态环境建设，山地丘陵生态环境建设。

一、城区周边生态环境建设

传统城镇化进程牺牲了生态与环境利益，城镇化进程使得各类工业园区、交通、住宅等都会向城区周边地区进军，导致一系列的环境问题。放射状的公路交通线纵贯城郊农田，密集的公路网覆盖城区周边整个地区，川流不息的车辆给郊区大气造成污染，CO_2、SO_2、Pb 污染就是城区周边日趋严重的问题之一。同时随着城镇化发展，部分河道被填埋，导致自然河网水系密度降低，水资源短缺，各种工业污水注入河流，造成河水污染。工业、交通、住宅区等在城区周边地区的落户，大量农田和村宅被征用，土地面积大量减少，城镇化与农业与城郊土地与环境的矛盾日益加深。

城镇不是封闭的系统，而是一个与周边地区紧密相连的开放系统，城市生态系统与周边地区生态系统在客观上形成一个整体，城镇与区域之间进行着广泛的物质循环、能量流动、信息传递，从而保证了城镇功能的正常运行。为此，新型城镇化引领区域生态环境建设，要求城区周边与城区空间上有机融合，功能上优势互补，强调人与自然的和谐共生，创造既能充分利用和享受现代城市生活又具自然和田园之美的理想家园。

"亦城亦乡"建设是将各城市功能区沿周边交通线扩散，是城市功能向周围乡村扩展的过程。各级交通线所在的区域是城市新的扩张区，这里应成为现代化的高科技工业、高科技农业、新型商业、高级住宅的分布区。区内按生态规划进行布局，以高科技农业园区代替绿地系统，进行生态环境建设。周边地区是城镇向农村的扩展地带，也是乡村城镇化的地区，是联系城乡的纽带。该类地区地势平坦，适于农业生产，也便于城镇开发建设。在轴线开发区两侧选择土质相对较差的地带进行高科技工业园区、科技园区、大学园区、现代化的大型超市商业区、现代化的生态住宅区建设，同时保留50%以上的农用土地，进行现代农业园区的开发。

城区周边地区的建设必须向高空发展，并且重点在于给乡下农民提供各种优惠政策，建设新型农村社区，鼓励农民入住社

云台山世界地质公园潭瀑峡水帘洞

区。这样一方面可以彻底改善农民的居住条件，减少村庄数量，增加耕地面积，缩小城乡居民间的差异，达到节约土地、节约资源、控制用地的目的；另一方面居民可以集中居住，缩短出行距离，减少交通量，方便居民之间的交往，有利于城乡社会的和谐。高层建筑周围应被乡间田野所包围，当然，这里所说的田野是精耕细作、技术密集的都市型生态农业与观光农业。"城市建在农田中，农田建在城市周边"，实现"城中有田，田中有城"的"亦城亦乡"发展战略，其目的在节约集约土地，发挥每一寸土地的效益与作用，为政府节约大量绿化资金，在绿化资金零投入的情况下

实现"亦城亦乡"协调发展。

二、村庄农田生态环境建设

新型城镇化要引领村庄绿化工作,大力推进"生态村、绿色村、绿化示范村"的创建,绿化大地、美化家园。生态村的建设以建沼气池、改厕、改厨、改猪圈为主要内容,全面推进"农户用能生态化、房屋庭院整洁化、农业生产有机化、农民生活小康化"等。积极引导农户正确开展垃圾分类,帮助农户购置分类处理垃圾箱,建设资源分类中心和垃圾填埋场,最终实行垃圾无害化处理。规划设计农户生活污水处理沟,妥善处理生活污水,彻底解决农村"脏、乱、差"状况。按照"一户一院、一院一景、一景一特"的规划要求,推进庭院绿化生态建设和美化,使庭前屋后整洁优美,花草树木错落有序,打造环境优美、村容整洁的生态家园。

通过修建道路、改建上下水管道、改造厕所环境、改善住房条件等来美化村庄,为农村群众创造一个便利、安全、卫生、舒适的生活环境,使广大农民从村庄环境整治中得到切实的利益,也有了进一步建设生态村的愿望和动力。选择人口相对集中的地段开辟休闲、娱乐、健身广场,结合村庄总体布局,建设具有本区特色和风格的农村生态休闲园。经常组织开展环保公益宣传、体育比赛、文艺演出、观看电影活动,传承民俗文化,传播生态文明。做好村庄规划编制工作,落实项目的实施,进行长效的管理机制是生态村建设的实质性内容。

村庄生态环境建设要以创建文明镇村等为抓手,以转变农民生产和生活方式为核心,全面推进农村生态建设,着力提高农村环境质量,构建生态优美、和谐稳定的新型农村社区。多渠道加强农村环保宣传教育,利用社会新闻媒体、手机短信、环保知识宣传栏等多种形式加大环保宣传力度,并编撰一些环保知识宣传手册分发到各家各户,使广大干部群众充分认识到加强农村环保工作的重要性和紧迫性,真正提高公益意识、环保意识和责任意识,革除陋习,倡导科学、文明的生活方式。

农田生态环境建设是区域生态环境建设的重点。农田区光、热、水等条件较好,耕地比重大,适于农业的综合发展,是中原经济区粮、棉、油、烟、果等的重要产区。农田生态环境建设应以不牺牲农业与粮食为前提，并充分体现不同农田的生态特色。

积极发展生态农业。利用生物与环境适应的生态平衡规律，对农业生产系统内部生产潜力进行深度开发。依靠农业高新技术是关键，技术的投入，以减少化肥、农药等的使用，生产绿色农产品，提高农产品品质。提高农业生产效率，开源节流，防止地力衰退。改良品种、轮种、套种，进行农产品深加工，增加产值和附加值，促进传统农业的产业化、集约化、生态化转型。

提升农业产业结构。从种植业、养殖业到加工业，建立起大大小小的良性循环圈，建立合理的生态结构和生产结构，把有机废弃物消化在物质与能量的良性循环之中。这样，既增加了财富又净化了环境，收到经济，环境双重效益。这对发展生产和保护环境都有重要意义。要大力发展生态农业的科学研究。也可以结合行业特点把种植业、养殖业进而加工业、甚至产供销形成一个有机的较大的生态循环系统，扩大能流和物流的范围，把各种废弃物都作为资源利用起来。

建设生态产业园。顺应绿色、有机、无公害的消费潮流，利用畜禽粪便等有机肥料为绿色蔬菜的种植提供充足的有机肥料，大力推广绿色种植技术，发展有机菜园，既满足村民日常消费需求，又为"菜篮子"提供保障，促进农民增收，还使家禽家畜的粪便污染这一突出问题得到妥善处理。紧紧围绕农业产业发展，利用当地的土地资源，在村庄周围、自家庭院或房前屋后种植花草、瓜果树木，大力发展庭院经济。注重保护环境资源，大力发展无公害粮食、瓜果菜生产，逐步形成农业生产与生活的良性循环。不断适应市场经济要求，调整农业产业结构。

建立节水型农业。农业用水占全省总用水量的70%，要因地制宜抓好各种节水灌溉工程建设，在不增加灌溉用水总量的基础上扩大灌溉面积，提高粮食生产能力，实现水资源的可持续利用，建设节水型现代高效农业，水利工作者要为推进农业现代化建设担当起责任。

"绿色"防止病虫害。以测土配方施肥进行病虫害防控，是有益于乡村生态环境的绿色防控。从农村清洁工程等项目的实施入手，通过印发资料、举办示范、科技下乡等形式，积极引导农民开展秸秆还田、增施有机肥，发展绿肥生产，推进沼气入户，推广"猪—沼—果（粮、鱼）"等生态种养模式。促进粪污资源利用，实施病虫害综合防治，注重完善农业防治、生物防治、生态调控、物理诱杀、科学用药等技术的集成创新，全面推广高效低毒农药，不断减少农药使用量。

对严重影响生态资源、污染环境的建设项目，坚决实行环保一票否决制。强化对农村工业项目的监督检查，实行环保管理属地负责制、监督检查责任制以及环境影响评价"终身负责制"，严防污染向农村转移。做到行政一把手对管辖范围内的环境质量负责，乡镇企业法人对本企业影响范围内的环境质量负责。加大新型城镇化进程中的农村环境污染监管及治理的力度加强宣传，设置环保投诉举报热线、信箱等，发动群众和村民自发监督。制定农村环境保护专项规划坚持经济建设、城乡建设和环境建设同步规划、同步实施、同步发展。

三、江河湖泊生态环境建设

河南省地跨淮河、长江、黄河、海河四大流域，其流域面积分别为8.61万平方公里、2.77万平方公里、3.60万平方公里和1.53万平方公里，100平方公里以上的河流有493条。湖泊主要有：薄山湖、南湾湖、宿鸭湖、三门峡湖、小浪底水库、丹江口水库、鸭河口水库等。

河南省属干旱和半干旱地区，水资源先天性匮乏，近20多年的经济快速发展和人口增加又使供水量大幅度增长。生产和生活用水增长，水资源利用率已经达到98%，造成水系内平原河流68%的河段干涸。水生态系统明显萎缩，水生和陆生动植物物种数量减少，生态系统功能下降，湖泊和湿地面积萎缩，地区地下水位持续下降。河流两岸植被减少，水体受到污染，水土流失日益严重，流量逐年减少，生态平衡得以破坏。主要原因为：①沿岸居民、企业与管理部门缺乏环保意识，大量生活垃圾倒入河中，加之工业废水的排放和残留农药随雨水流到河中，水质普遍下降。②随着两岸人口的增加，土地和生态压力增大，农业耕作方式落后，坡地居多，一到雨季大量泥沙冲到河中，极易发生洪灾。③产业开发使河流沿岸生态环境不断恶化，水中生物逐年减少，部分水源枯竭，许多寨子出现人

西游记原景洛阳花果山

畜饮水困难问题，人与自然的和谐发展失衡。新型城镇化引领中原经济区江河湖泊生态环境建设，主要包括以下内容：

生态恢复工程。包括主河槽清淤清污整治、人工湿地水质净化、滩地绿化和河道内垃圾处理等工程，恢复碧水清流的亮丽风景线。还包括人工湿地生态工程，是利用"填料—植物—微生物"三者共同组成的生态系统，相互作用，协同降解水中的污染物。其中，填料通过物理作用，吸附水中的污染物，植物通过自身的生理代谢作用，吸收污水中的氮磷等营养物质。同时，附着在填料和植物根际的大量微生物对水中碳素的转化起到关键作用。

水环境综合整治。加大综合整治江河湖泊的力度，实现水清、河畅、岸绿、景美。要实施江河湖泊环境综合整治，清理河道垃圾和规范畜禽水产养殖场、点，取缔占道经营的排污摊点，整治和规范沿河排污行为。同时，清理违章建（构）筑物，完善污染防治设施，实施江河湖泊生态建设。拆除养鱼网箱，清理、取缔违法排污摊点，规范沿河单位、住户的排污行为，清理违章建（构）筑物。完善江河湖泊经营摊点和企事业单位的排污设施，完成江河湖泊规模化畜禽水产养殖场污染治理和沿河村屯垃圾存放场(点)的建设，完善河道保洁制度，实现河面无漂浮物、河中无障碍物、河岸无垃圾的"三无"标准，江河湖泊饮用水源一级保护区水质全面达标。每2至4千米河道配备1名保洁员，负责对辖区内临河的居民聚居地及河道沿线垃圾进行清扫和收集，将垃圾运到垃圾处理场，并定期打捞河道内的生活垃圾和漂浮物。

旅游项目的理性开发。江河湖泊生态旅游价值巨大，"仁者乐山，智者乐水"，亲水是一种情结，是人的一种天性。很多旅游项目的开发都需要借助甚至依附于水资源的开发，江河湖泊的观光、戏水、休闲、度假等项目是旅游开发的重中之重，河流湖泊大都开发成知名的旅游区点。河南省水系众多，各市依托这些江河湖泊，发展观光、运动、娱乐、滨水休闲度假甚至旅游景观房地产等项目，取得很好的经济效益。与此同时，旅游项目的开发与建设也会对景区生态环境带来威胁，造成损害。提倡生态旅游，在旅游的项目议定、规划设计、开发建设、经营管理等所有环节上，理性思考，严格控制，避免水环境遭到损害。

四、山地丘陵生态环境建设

河南省山脉集中分布在豫西北、豫西和豫南地区，北有太行山，南有桐柏山、大别山，西有伏牛山。丘陵多数是低山经过长期风化剥蚀的石质丘陵，有些是黄土高原经流水切割而形成的黄土丘陵，丘陵与山地往往相伴而分布，主要集中分布在豫西北少数地区、豫西山地东缘和豫南东部边缘地带。山地丘陵面积为7.4万平方公里，占全省总面积的44.3%。

水土保持是山地丘陵生态环境建设的重点。水土保持突出强调预防为主，预防、监督、治理相结合。正确处理好经济社会发展与水土保持生态环境建设的关系，强化预防。水土流失实行严格的分类管理，划分重点监督区、治理区和预防保护区，对整个区域进行系统全程的跟踪管理，充分与防洪、水资源保护相结合，特别注意水源保护区动态。水土保持与水系布局、河道整治、排洪工程结合，避免因水土流失而产生的洪涝灾害和水源污染等。做好随时监测，对易发生水土流失的地段，设立专门的监测站点，进行及时监测和预警预报，尽量减轻成灾损失。水土保持强调工程措施与生物措施相结合。工程措施为主要安全保护措施，生物措施为长远环境改善和绿化、美化措施，基础设施建设过程中的水土流失防治，主要是防止地面裸露、洪水泛滥，减少泥沙淤积，确保发挥保护作用。改善提高居民生活质量，提供旅游、休闲场所与美化城镇形象采取综合性措施，使生态环境改善的效用在城镇改扩建及开发建设项目水土保持方案中都有充分体现，获得治理水土流失和美化环境的双重效应，创造出优美的生态区。还可以通过旅游进行生态环境建设。这里有大批的国家级森林公园、国家自然保护区、地质公园、大峡谷、峡谷漂流、古村落、恐龙文化、湿地等，目前旅游业已成为山地丘陵地的支柱产业。

林地生态建设至关重要，应该确定"基本林地"保护政策。根据国土功能区划规划，进一步细化基本林地的建设范围和标准。从发挥生态保护功能和维护生态安全的角度出发，生态防护林建设面积不得少于国土面积的 10%，对于生态环境脆弱区域防护林面积不得少于 40%。注重沿路、沿水和沿村的原始生态的保护，运用"近自然林业"理论推进生态环境建设，要保持绿化近自然的特点。林地的建设，在树种选择上要坚持适地适树，注重乡土树种的使用，兼顾新优林木良种；在造林模式上要坚持因地制宜；不要刻意追求植物造型，要注意保留原有乡土树种，甚至"杂草"；在营造成片林时要注重保护原有生态多样性，乔灌草合理配置，有利于动植物栖息和繁衍，这有利于涵养水源以及保持水土。

山地丘陵区村落生态环境建设可分为三种模式：①生态景观型。对经济条件较好、农民收入较高的地段，定位在美化人居环境，提高生活层次，构建生态文明等层面上。主要通过农村城镇化、园林化建设，使农村生态、经济、文化等全面发展。②生态经济型。对经济条件中等的村庄，定位在培育农村新的经济增长点，提高林业产值的比重，实现生态、经济双赢。主要通过发展农村庭院经济和农田经济林，发展一批示范性带动性强的农户。③生态防护型。对于经济条件一般的村庄，定位在建设生态屏障，改善生态环境，防灾减灾，加大林草植被建设力度，提高农业增产增收。

第十二章
新型城镇化引领社会管理建设

　　社会管理建设，也是中原经济区三化协调科学发展的重要支撑，是新型城镇化引领"四项基本建设"的最后一项建设。新型城镇化引领的三化协调科学发展不同于传统的发展方式和发展模式，必须转变领导观念，加强和创新社会管理理念，切实转变管理方式，提高社会管理水平和服务水平，为建成城乡经济繁荣、人民生活富裕、生态环境优良、社会和谐文明的中原经济区打下坚实基础。

第一节　新型城镇化引领社会管理建设的必要性

　　新型城镇化引领的三化协调科学发展，社会管理建设举足轻重，直接决定着中原经济区建设的最终成效。中原经济区各个层面、不同领域的发展、建设谋略，三分在于规划，七分在于管理，若不加强、改进和创新社会管理，必将影响中原经济区建设的大局。因此，新型城镇化引领社会管理建设具有重大的战略意义，十分必要。

一、社会管理的内涵与类型

（一）社会管理的内涵

　　从历史的角度以及国际经验，社会管理是指在一定的共同价值基础上，一定的规章制度下，一定的法律框架内，政府、社会、企业和公众规范社会行为，协调社会关系，解决社会问题，防范社会风险等各类活动的总称。

上述社会管理的内涵主要反映出几个问题。一是社会管理的内容。当前社会管理的内容主要有当今的社会行为、社会关系、社会问题及社会风险等。二是社会管理的必要性。社会管理其实就是稳定社会秩序，激发社会活力，保持社会经济长期和谐、稳定、高效发展，当今社会发展的现实要求实施社会管理。三是如何管理社会。在新的历史时期，要想管理好社会的方方面面，使社会管理与服务紧跟时代的步伐，适应社会的发展需要，必须转变观念，借助各项法律制度，由过去被动的管理转变为主动的服务，处理新时期出现的各类社会问题和社会矛盾。四是社会管理的主体。这就是社会管理的队伍建设问题，社会管理队伍是指社会管理的主体，包括政府、社会、企业、公众还有一些志愿者等。

（二）社会管理的类型

社会管理一般分为宏观和微观两个层次。

宏观社会管理是指在中央政府层面上，对社会实施的各项管理，其实质就是对社会各领域的宏观调控。具体讲，宏观社会管理就是指中央政府通过公共财政、社会福利、社会保障以及基本公共服务的供给，也通过社会自身的行为规范、社会关系协调、公众参与等来稳定社会秩序、激发社会活力的各类管理活动。

微观社会管理则是指基层政府、基层组织、企业和社会参与的社会治理活动。由于我国的疆域幅员辽阔，各区域的社会境况不同，除由中央政府制定的宏观社会管理内容具有相同或相近之外，全国各地不可能制定出适合全国各地的、内容相同的微观社会管理内容。因此，这就要求各地政府、组织必须根据本地的特征，制定符合本地特色、适于本地管理的微观社会管理内容。

二、社会管理的时代特征

社会管理的实质就是对人的管理，当今社会，所有的社会活动都是围绕人进行的，而人的思想是最活跃、最复杂、最难以揣摩的。因此，解决了如何管理好人的思想问题，也就从根本上解决了当今时代复杂的社会管理。

人的思想来源于社会实践，反过来又指导社会实践，人类集体的思想及社会实践共同推动了人类社会的发展进步。而如何管理人的思想、人的社会实践，推动、促进、发扬、传播好的思想与实践，抑制、打击、监控、限制、破坏与人类文明相悖、与事物发展规律相悖的思想，是人类社会发展过程中的一项重要任务。人的思想活动与人们认识世界的程度及实践水平密切相关。随着科技水平的发展和虚拟网络的广泛应用，新时期社会管理毫无疑问的就带上了时代的特征。

当前，人的思想、社会实践与计算机、网络密切相关，前者是我们认识世界的根本，后者是依据我们的认知，进行改造世界、管理社会的方法。有了计算机，人类数千年的认知，方寸之间可以管理，人们的计算、设计、科研、互动、生产、生活等都可以管理，而且高度精准。当前计算机、虚拟网络已变为最强、最有力、最智能的实践工具，走在了实践的最前沿。有了网络，世界变小了，容易管理了，随着科技水平的不断提高以及人们的认知范围不断扩大，增加社会管理难度的各类违法犯罪活动，也给当今的社会管理提出了严峻挑战，这是当今高科技时代社会管理的显著特征。

此外，随着改革进程的不断推进，社会经济的持续发展，人民生活水平的不断提高，传统的社会管理已不再适应新时期社会发展的需求。过去的城市人都是由各单位自行管理的社会人组成，伴随着私营职业者和自由职业者人数的不断增加，原来的社会人就变成了各自独立的自由人，这种情况下再用过去强行的社会管理已不再适应现实的需求。因此，政府部门、社会组织等社会管理的主体必须转变思想观念，由原来以管理为主、服务为辅的工作方式及时转变为以管理为辅，服务为主、寓管理于服务之中。否则，过时的社会管理将阻碍社会经济的发展。

三、社会管理的体制创新

（一）社会管理体制创新的必要性和紧迫性

随着改革和经济发展方式转变进程的推进，我国的经济体制、社会结

构、利益格局以及人们的思想观念等都发生了深刻变化。这种空前的社会
变革，在给我国经济社会发展带来巨大活力的同时，由于历史和现实、体
制和机制等原因的影响所导致的经济、政治、社会、文化等各种不安定、
不公平、不对称的矛盾逐渐增多。一些个体及社会行为的失当、失范和失
序，在一定程度上影响了社会的稳定与和谐，给经济社会发展提出了新要
求，给社会管理带来了新挑战。因此，针对当前这种局面，创新社会管理
体制很有必要。

保持社会稳定、促进社会和谐发展，给社会管理提出了新的要求，原
有的社会管理体制，在许多方面已不再适应新时期经济和社会发展的需
求。因此，保持改革开放和经济转型的顺利推进，要求我们必须坚持用发
展的眼光来认识社会、用敏锐的嗅觉来发现社会、用务实的作风来调查社
会、用灵活的头脑来分析社会、用果敢的胆识来对待社会、用真挚的感情
来热爱社会，从根本上保持社会稳定、和谐、经济快速发展。因此，加强
和创新社会管理体制就显得极为迫切。

（二）创新社会管理体制要尊重和维护公民的权益

中国市场化改革带来经济社会的巨大发展，也积累了大量的社会矛
盾，产生了许多突出的社会问题，出现了越来越多的社会事件，社会问题
凸显，社会矛盾激化。社会性事件从个体性开始发展到群体性，从个人化
逐步趋向组织化，从过去单纯的私人利益追求发展到社会公共利益的诉
求，从过去单纯的经济、人身权利的主张逐渐发展到政治权利的要求。社
会性事件已经成为经济社会发展过程中必须予以重视的主要问题，处置不
好或处理不当都将严重地影响社会的稳定与和谐。创新社会管理，必须尊
重公民的权益，有效地化解社会矛盾、解决社会问题，从而保持社会稳
定、实现社会和谐。许多社会矛盾的形成、社会问题的出现及社会事件的
产生，追根究底都是由公民的权益在经济社会发展中受到侵犯而引起的。

公民的权益本质上是一个利益问题，既包含政治、经济利益，又包含
文化和社会利益。市场经济的发展是通过市场自发的秩序调节机制来调控
经济社会发展中的各种利益关系的，但市场经济是有缺陷的，市场调节机
制具有滞后性和自发性，其对公民利益的调节与市场秩序的调控是有限度
的。在市场化环境中，仅仅依靠市场这个"看不见的手"来实现对公民利

益的调节还很不够，还需要国家和社会通过建立强制性的制度规范和权威性的秩序体系，来协调经济社会发展中的各种利益关系，保障公民的权利免受市场或其他主体的侵害。只有公民的权利和权益能得到真切的尊重和实现，公民个体与社会的对抗情绪才能从根本上得到化解或消除，社会矛盾和社会风险才能真正减少。

（三）创新社会管理要科学处理好效率与公平的关系

在市场化改革和市场经济发展的环境中，公平与效率的关系问题，已经成为影响经济社会发展的焦点问题。科学地处理公平与效率的关系，能够消解经济社会发展过程中的疑惑，成为实现社会稳定与和谐的关键因素。在改革和经济转型迅速推进的同时，由于过去认识上的误区、制度上的障碍及观念上的守旧，追求经济快速发展的同时，忽视了社会结构的改善。因而，在近段时期内，已经出现了社会存在与经济高速发展格格不入的社会公正、公平问题。例如利益分配方式的不均衡、资源配置机制的不平等、贫富差距的逐渐拉大、弱势群体的利益易受侵犯、经济社会制度上的不完善以及较为严峻的腐败问题等等，均构成了我国经济社会发展中多重重要矛盾。大量社会问题的出现，绝大部分是与在经济社会发展中没有正确、科学、合理地处理好效率与公平的关系问题有关，老百姓在追求经济高水平发展的同时，日益要求社会的公正和公平的诉求没有得到正面的回应和很好的落实。

"社会建设和社会管理互为前提和条件，相互依存，不可偏废。绝不能就社会管理抓社会管理，而应把社会管理放入社会建设这个更大的范围中来推进。加强和创新社会管理必须加快社会建设"。中国共产党第十七次全国代表大会报告在以前的社会主义政治建设、经济建设、文化建设的理论基础上郑重地提出了"加快推进以改善民生为重点的社会建设"，并明确指出"社会建设与人民幸福安康息息相关，必须在经济发展的基础上，更加注重社会建设"，同时提出"促进社会公平正义，推动建设和谐社会"。同年，在国务院政府工作报告中，第一次把社会公平正义的价值理念与和谐社会的社会建设方略高度联系。在经济社会发展和转型的关键时期，加强社会主义社会建设，就是要通过加强与创新社会管理，来促进和推动政治、经济、文化和社会管理体制的改革，逐步解决与日俱增、层出不穷的诸多社会问题和社会矛盾，形成科学认识和正确处理效率与公平关系的制度、体制、机制和程序，这不仅是社会主义社会建设的核心，也是加强和创新社会管理的重点内容。

（四）创新社会管理要构建稳定的社会秩序

市场化改革带来中国经济社会的转型，出现了现阶段面临的社会问题和社会矛盾逐步增多，政府承担的市场规范和社会管理任务比历史上任何一个时期都更艰巨。但市场经济环境有其自身特点与规律，政府有形调控有时也会出现失灵。因此，政府对市场的规范和社会的管理就只能是心有余而力不足。在经济社会飞速发展的今天，要充分激活和壮大社会力量，充分调动社会组织参与到社会自身的建设和管理中来。创新社会管理要求在大力推进和改善政府治理的基础之上，充分调动社会组织的力量，建设公民社会，实行社会治理，依靠社会自身的组织和力量，构建稳定的社会秩序。创新社会管理，把社会协同、公众参与作为党委领导、政府负责的补充，作为社会管理运行机制和规范体系的重要一环，它是由过去传统的"管理控制型社会管理"向现代的"服务型社会管理"转变的必经阶段，同时也反映了我国社会管理价值理念的根本转变与社会管理思想观念的根本变革。在社会管理体制创新的转型期内，加强和创新社会管理就是要通过强化社会治理的渠道和方式，发挥社会组织的规范作用，让公民在社会经济各方面的权利、利益都能得到根本性的保障，各种正当合理的诉求都能在社会管理体系中得到积极回应和有效满足，各种社会矛盾都能在法律的框架内得到及时有效的疏导和解决。创新社会管理的主要任务就是要构建社会治理的制度体系和体制框架，激发社会活力，凝聚社会力量，通过培育、发展和壮大社会组织，建立较为完善的诉求表达机制、利益协调机制、纠纷处决机制和秩序规范机制，化解社会矛盾、减少社会危机、弥合社会疏离、实现社会的和谐稳定，构建稳定的社会秩序。

四、新型城镇化引领社会管理建设的作用机理

（一）经济的稳步发展需要社会管理建设

随着我国"高增长、低通胀"的黄金发展时期的结束，中原经济区必

将进入"增长速度适度回落"的发展阶段。西方发达经济体依赖虚拟财富和超前消费的发展模式，以及新兴经济体依赖出口带动、投资拉动和高储蓄率的发展模式，均存在不可持续的问题，中原经济区也存在同样的发展模式问题。发展模式的转变需要时间，金融体系的改革也会产生新的动荡，世界经济将进入几年的调整期。作为人口稠密、经济发展相对落后的中原经济区来讲，农业人口占到全区人口总数的60%以上，虽已解决了温饱问题，但生活在贫困线以下的人口还部分存在，内需市场尚未完全培育起来。新型城镇化引领的三化协调科学发展，中原经济区必须通过加强社会建设、创新社会管理，来平衡社会各方利益，保障低收入群体的基本生活，维护社会稳定局面。

（二）农村剩余劳动力转移需要社会管理建设

中原经济区在新型城镇化的引领下，将有大量的农村剩余劳动力向大城市、特大城市、中小城市、小城镇及新型农村社区转移。由于整个经济区人口众多，相对密度大，各地的经济发展水平以及文化程度不同，再加上目前对城镇化过程的研究还不够成熟，在城市服务设施、城市基础设施、城市规划布局、城市建设造型以及城市的功能等方面存在很多缺陷，凡此种种，势必造成社会管理上的困难。因此，新型城镇化引领的三化协调科学发展，必须加强和创新社会管理，否则，和谐稳定的中原经济区建设必将受到严重阻碍。

大量的农村剩余劳动力进城容易，如何解决这些剩余劳动力融入城市的问题就变得极为紧迫和棘手。农村剩余劳动力进城的住房问题、工作问题、生活问题、医疗问题、子女教育问题、社会保障问题等，如若我们还赖以传统的社会管理，来处理当今中原经济区建设中出现的新问题，许多方面是行不通的。这就要求我们必须转变观念，从创新社会管理体制入手，加强和完善社会管理，转变管理方式，才能从根本上逐步解决。另外，一个新型农村社区由几个村整合而成，小的社区三五千人，大的社区一两万人甚至更大。大量的农村人口进住新型农村社区后，生活习惯、邻里关系都发生了很大的变化。伴随着新型农村社区建设，也出现了一些新的问题，如搬迁问题、生产生活方式问题、就业问题等等。这些问题都是新型农村社区建设正面临的也是必须要解决的问题。解决好了这些问题，新型农村社区才能更为有序地建设。因此，面对上述种种问题，必须从政策、观念、社会管理方式、方法、态度等方面进行更新和转变，以适应新型城镇化引领中原经济区三化协调科学发展的需要。

第二节　新型城镇化进程中存在的社会管理问题

随着中原经济区新型城镇化建设进程的持续推进，不可避免地会出现一系列的社会管理问题，而原有社会管理存在的问题还没有得到很好的解决。对此，如果没有清醒的认识，势必会影响到中原经济区建设发展的整个大局。

一、管理理念方面的问题

传统管理思想的束缚。社会管理是对人的管理，管理的核心是人以及人与人之间的社会关系，管理的实质是为人民服务、满足人们的各项需求。改革开放之前的计划经济体制长期束缚着管理者的思维，"路径依赖"式的管理方法也就困扰着当今的管理者。据统计调查分析，超过60%的人认为领导者依靠权力或者自己的威慑力去约束、限制被管理者，强迫被管理者遵守各项法律法规。但在不断民主化、法制化的社会发展环境下，这种管理思想下的管理方式已失去其控制力，并且由此引起了很多的管理与被管理的矛盾。中原经济区建设的当务之急，应逐渐使管理者的思维方式由控制型向服务性转变，努力创建与转变经济发展方式相适应的具有中原特色的社会管理新模式，走出传统管理思想固有的藩篱。

传统管理目标的桎梏。传统的社会管理，管理者往往根据管理的作用、方法与目标进行社会管理，而很少考虑管理背后的真正目的。一些领导干部和社会管理人员有意无意地把服务和执法的天平倾向了强势群体一边。在征地、拆迁、市容市政管理中，一些领导干部更多地考虑政府管理是为了更好的建设发展、为了获得更大的管理效益，而较少考虑管理的真正作用——人与人之间的社会关系更加和谐。因此，在这种管理目的的制约下，对管辖区服务对象的价值取向有所偏颇，过多地考虑既得利益团体和强势群体的利益，对弱势群体生存和发展的困难关注不够等等。城市中处于弱势群体的工人特别是农民工和农民基本上处于没有组织的状态，缺少组织的依托和关怀，也缺乏利益表达和权利维护的有力组织保障，从一定程度上也影响了社会管理效率水平。

管控思想严重、服务意识淡薄。社会管理应是管理与服务并重，寓管理于服务之中。但是，传统的管控思想，管理者往往注重通过各种管理去约束、限制被管理者，强迫被管理者遵纪守法，即想方设法把"相关人""管住、管好"。这种管理方式，容易造成忽视群众的需求、难处和疾苦，缺少主动调查和热忱帮助服务的态度。中原经济区社会管理建设是一个新课题，也会出现种种社会管理方面的新问题，这些新问题的解决途径就是要求政府部门和从事社会管理的工作者转变工作方式、方法，让社会弱势群体得到应得利益，进行思想和心理疏导，提供悉心的服务和帮助，从根本上缓解干群之间的矛盾，才能重树领导干部的形象，才能集中精力建设中原经济区这一宏伟大业。

二、管理方式方面的问题

公众的参与程度不够。由于对政府自身定位不准，对社会组织的作用认识不足，对公众权利缺少应有的尊重，一些地方在社会管理中仍然存在着简单管理甚至粗暴管理现象。社会管理主要采取单一的行政干预手段，即政府凭借政权力量，依靠自上而下的行政组织制定、颁布、运用政策和指令的方法来实现地方政府对全社会的领导、组织和管理。近年来，随着互联网等信息技术手段的发展，公众参与公共事务的热情尽管有所提高，参与的渠道有所拓宽，但是，总体而言，很多时候公众参与社会管理的程度仍然不高。

对传统的社会管理资源和手段利用不足。在传统的社会管理中，乡规民约、社会习俗对于规范人们的行为、调节社会关系、促进社会和谐稳定具有特定的功能。但是，随着改革进程的持续深入，传统社会中的优秀文化遗产和文化传统没有能够得到有效地保护和继承，对传统社会管理资源挖掘利用严重不足。硬管理有余，软管理不足，缺少柔性化的道德教化和沟通协调。

调解社会矛盾纠纷的手段单一。从形式上各地市已经建立了从调解、仲裁、复议、诉讼到信访、上访等一整套的纠纷解决渠道，但是，现有的纠纷解决机制还存在渠道不畅通、公正无保障、效力未确定的问题。

三、管理载体方面的问题

传统社会管理的载体比较狭窄，管理手段及方式比较单薄，管理的内容和管理效果较差。因此，创新社会管理体制，就要拓宽社会管理的载体，使之有利于调动市场和社会组织的参与力量；有利于实现公共资源、公共信息整合共享；有利于形成政府、市场、社会三者间的良性互动。创新社会管理需要科学整合各种社会资源，拓宽社会管理载体，充分发挥政府、社会组织、公众等多方面的积极性，形成政府调控、社会组织和公众协同参与的社会管理新机制。大力培育、发展各种社会组织、中介组织。大力培育发展各种贴近群众、各具特色的社区公益性民间组织，逐步将政府剥离出来的暂无社会单位承接的社会性、公益性、服务性职能交给民间组织承接，引导更多的社会力量参与社会管理。同时坚持培育发展和管理监督并重，完善培育扶持和依法管理社会组织的政策，发挥各类社会组织提供服务、反映诉求、规范行为的作用。

针对目前中原经济区社会组织发展中存在的主要问题，需要进一步创新管理体制，拓展社会管理载体。一是降低准入的门槛，因地制宜地确定准入条件，不搞"一刀切"。二是逐步实现社会组织与政府的彻底"脱钩"。政府过多或不适当的干预，往往会削弱社会组织的自治性，同时也不利于社会组织自身能力的发挥。三是引导社会组织进行公开、透明化的运作，促进各类社会组织加强自身建设，严格行业自律，规范从业行为，承担社会责任，提高自律性和诚信度，增强透明度和公信力。四是加强立法，通过法律的手段，明确社会组织的法律地位、工作范围、经费来源、管理手段、管理程序等。

四、管理法规方面的问题

改革开放以来，河南省先后制定了一些地方法律、法规，在法治建设上取得了一些成绩。再加上国家制定的法律、法规，仍然满足不了河南省经济、社会、文化快速发展的需求。由于社会管理所涉及的领域较多，任务繁重，对有关法律、法规的需求在不断扩大，而河南省有关社会管理的法制建设还显得比较滞后，有些领域还存在着一些空白。

在对社会组织的管理上，目前河南省还没有一部专门针对社会组织管理的地方法规。只有国务院颁布的《社会团体登记管理条例》和《民办非企业单位登记管理暂行条例》，民政部出台的《取缔非法民间组织暂行办法》、《民办非企业单位登记暂行办法》和民政部与其他部门联合下发的规范性文件等。这些法规或政府性规章总体上数量少，层次不高，缺乏配套，有的可操作性不强。由于缺乏专门的针对社会组织，尤其是针对民间组织管理的法律，使得社会组织的设立、性质、权利义务、治理结构、行为规范、变更与撤销等都没有明确的规范，同时在人员资格、职称评定、税收待遇等方面也没有相配套的法规与政策，尤其是缺乏问责与绩效评估体系。一方面，大量来自社会的捐赠、资助，因管理不规范、自我约束不够，出现了腐败等违法违规行为；另一方面，管理规范、努力敬业的组织因缺乏相应的信息披露机制和第三方考评机制，难以取得公众的信任。

对于如何规范大量的信访行为，如何引导和利用社会舆论，如何引导和利用新闻媒体，如何有效管理城市，如何有效保护公民的社会保障权益等等，目前河南省仍需进一步完善相应的位阶较高、效力较大的法律规定。

五、管理人才方面的问题

目前，河南省正处于建设中原经济区的空前高涨期，各种社会问题相互交织，迫切需要建设一支高素质的社会管理工作人才队伍。河南省在社会管理工作人才队伍建设的过程中，要注重解决制度、价值、认同、岗位、教育、本土化、供需、管理、考评、激励等方面存在的瓶颈。如何突破瓶颈，培养和造就一批职业化、专业化的社会管理工作人才队伍已迫在眉睫。

作为新型城镇化、新型工业化和新型农业现代化的保障，社会管理工作是现代社会解决社会问题、维护社会稳定的科学方法与社会制度。目前大多数发达国家、新兴工业化国家，均已将社会工作制度纳入整个社会管理、社会福利与社会服务的制度架构中。改革开放以来，河南省伴随着市场经济、城镇化、工业化以及农业现代化的发展，部分的单位制日益解体，单位人日益成为缺乏社会组织关怀、支持的"原子化社会人"。社会的组织化程度日益走低，大量人群没有纳入社会支持与社会管理体系。面对社会不断分化和社会问题的急剧增加，传统的社会管理体制、单一化行政手段、经验型工作方法等，已经难以发挥组织社会、服务社会与管理社会的功能。借鉴发达国家和地区社会管理的成功经验，在社会管理中引入现代社会工作制度，建设一支规模宏大、结构合理和素质优良的社会管理工作人才队伍，已势在必然。

社会管理是一项专业性很强的事业，需要专门的人才，特别需要大量的受过专门训练的社会工作人才。但是，河南省的社会管理工作人才队伍的总量不足，结构（性别结构和年龄结构）不合理。按照社区家庭服务、社会福利救助、教育辅导、司法矫治、就业服务、医疗卫生、职工权益维护、青少年服务等社会管理八大领域的人员配备标准。2011年河南省共需社会管理人员近28万多人，而实际从事社会管理的工作人员只有17.62万人，约占河南省人口的0.18‰，目前国外专业社会管理工作者占总人口的比例是：日本5‰，加拿大2.2‰，美国2‰，香港地区1.7‰，而我国只有0.3‰。通过比较，我们可以很清楚地看出：河南省不论是与发达国家还是与全国相比，在专业社会管理人员的配备上均存在较大差距。虽然河南省培养了不少从事专业社会管理的专门人才，但社会管理工作专业的高校毕业生就业困难。据有关部门统计，在目前每年毕业的社会管理专业的学生中，约有70%毕业生因找不到对口岗位而被迫转行，造成教育资源和人才的巨大浪费。

第三节 新型城镇化引领社会管理的主要途径

新型城镇化引领社会管理建设，必须改变传统的社会管理建设体制，理清社会管理思路，培养造就一批优秀的社会管理人才，探索新的社会管理方式，积极探求与中原经济区建设相适宜的社会管理途径。

一、健全社会管理宏观机制

（一）树立新型社会管理理念

新型的社会管理理念要求：①要确立以人为本的管理思想。坚持科学发展观，全面提高人民的物质文化和生活水平，尊重并保障人权，包括公民的政治、经济、文化权利，提高人们的思想道德素质、科学文化素质和健康素质，创造平等发展、充分发挥其聪明才智的社会环境，让发展的成果惠及全体人民。②要坚持顾客导向。政府要把自己的服务对象视为顾客，不断提升公共产品和服务的价值，追求零顾客成本，最大限度地降低公民办事成本。坚持政务公平、现场办公、集中办公、社会承诺制度、上门服务、电子政务等措施，形成制度，长期坚持不懈。③要坚持有限政府理念。有限政府强调政府的权力是有限的，对政府行为要立法，明确规定政府行为的一般原则，确认政府、企业、社会组织、个人各自的角色地位、职责职能、权利义务，使政府行为有法可依，使政府官员能够以法自律。政府要搞好职能转变，把生产经营权还给企业，对公共服务的管理采取政府买单、社会组织承揽的办法，政府集中精力进行政治管理和社会管理。

树立新型的社会管理理念就是要坚持以人为本，就是要把维护人民群众合法权益作为促进社会和谐的出发点和落脚点，着力解决好群众反映的热点、难点问题，解决好就业、就学、就医、住房、社会保障、社会治安、安全生产、环境保护等人民群众最关心、最直接、最现实的利益问题，真正从根本上减少和化解各种社会矛盾，从源头上减少因利益冲突引发的各种社会矛盾。实现成果共享，使生活在社会上的各个阶层、参与社会发展的不同群体，都能够实现各尽其能、各得其所、共同发展，使不同阶层、不同群体共享经济社会发展的成果。充分借助各种社会力量，培育发展各类社会组织，最大程度地整合各种社会资源，共同参与社会治理。着力减少社会发展的成本，通过制定和实施科学有效的社会政策，维护社会公平，实现社会公正，努力降低社会发展的成本，在更高层次上促进中原经济区的经济发展和社会进步，实现中原人的全面发展。

灵活多样的社会管理方式影响着社会管理的成效。创新社会管理方式，重要的是把服务寓于管理之中，从防范控制、轻服务协商型管理向人性化、服务型管理转变；从"捂、推、拖"的方式向"抓早、抓小、抓苗头"的方式转变；从偏重行政手段向综合运用多种手段解决社会矛盾和问题转变。通过社会管理方式、方法上的创新，使社会管理做到依法管理、科学管理、人性化管理。

（二）完善社会管理格局

完善社会管理格局，必须转变政府职能，建设服务型政府。政府职责不分，管了很多不该管而且也管不了的事务，严重地影响了政府社会管理职能的行使。因此，必须完善和创新社会管理格局，转变政府职能。在新的社会管理格局中，政府要切实担负起社会管理的职能，按照建设服务型政府的要求，深化行政管理体制改革，优化机构设置，在抓好经济调节和市场监管的同时，注重履行应承担的社会管理和公共服务职能，扩大公共财政对社会发展和社会事业的投入，把人力、物力、财力等公共资源更多地向社会管理和公共服务倾斜，把工作着力点更多地放在解决社会矛盾和社会问题上来。

要以发展社会事业和解决民生为重点，优化公共资源配置，注重向公共服务薄弱的新型农村社区、基层和欠发达的地区倾斜，逐步形成惠及全民的基本公共服务体系。不断地改进公共服务方式，简化办事程序，减少和规范行政审批事项，创新管理制度，为群众和基层提供方便、快捷、优质、高效的服务。严格按照法定权限和程序履行职责、行使职权，全面推进依法行政，善于运用法律手段处理各种社会矛盾和社会问题，既不能失职不作为，又不能越权乱作为。改变政府以往介入市场过多的"越位"行为和提供社会服务方面的"缺位"现象，顺应全球社会公共管理的新趋势，加快完善中原经济区社会管理格局。

二、完善城乡社会保障体系

（一）加快健全覆盖河南省城乡居民的社会保障体系

社会管理说到底是对人的管理，做好社会管理工作，必须坚持以人为本，以人民群众利益为重，以人民群众满意作为工作的出发点和落脚点。新型城镇化建设的首要目的就是要加快推进以保障和改善民生为重点的社会建设。当前，中原经济区要根据自身发展的实际，在做好各项民生工作的同时，完善城乡社会保障体系，统筹城乡各项事业的协调发展，缩小城乡各方面的差距，为实现中原崛起河南振兴打下社会发展基础。

建立健全覆盖河南省城乡居民的社会保障体系，应做到：①要完善社会保险体系建设。进一步完善城乡养老保险制度，推进农村社会保险全覆盖。继续完善城镇职工基本养老保险制度，加快解决历史遗留问题。制定机关事业单位编制外人员、城镇居民、被征地农民参加养老保险办法，逐步实现城镇居民养老保险和农村社会保险制度的统一。研究制定各类群体养老保险关系转移接续办法。总结试点经验，加快统筹城乡居民基本医疗保险制度实施步伐。完善门诊统筹、就医管理等配套措施。完善工伤预防、补偿与康复"三位一体"的工伤保险机制。健全职工生育保险医疗服务管理体系和费用结算办法。扩大失业保险基金使用范围，规范失业保险金申领办法。②完善城乡社会救助体系。规范城乡最低生活保障制度。完善临时救助制度，推进低保制度、专项救助制度与社会保险制度的有效衔接。提高农村五保、低保的供养服务水平，推进五保、低保供养服务机构建设。统筹城乡医疗救助制度，逐步形成五位一体的城乡医疗救助体系。③建立普惠型社会福利制度。建立以新型农村社区服务为基础，以政府主导、社会参与、受助者自助的各种社会化服务及相应福利津贴为主体、职工福利为补充的福利体系。

（二）加强社会保障基金、信息管理

提高社会保险统筹层次，在河南省范围内实行社会保险统一制度、统

一标准、统一征收和统一管理的统筹模式。完善基本养老保险省级统筹，实现工伤保险、失业保险省级统筹，探索提高医疗保险、生育保险统筹层次，加快提高农村保险的统筹层次。继续执行社会保险基金预决算制度，完善基金风险预警机制，全面提升基金监督、管理水平。发挥政府对社会保障建设的主导作用，逐步提高社会保障占公共财政支出的比重，积极争取中央财政对河南省社会保障事业发展予以重点支持，逐步缩小河南省与东部经济比较发达地区之间保障水平的差距。加快建立各级财政责任分担机制。整合新农保、新农合以及社会救助的经办资源，重点解决经办场地、人员、经费及信息系统的建设问题。

在社会保障的管理上，加快社会保障信息化建设，尽快实现社会保障一卡通，构建统一、高效、安全的人力资源社会保障信息系统应用支撑平台。加快建立河南省人力资源社会保障中心数据库，完善信息联网数据采集系统、基金监督应用系统、宏观决策支持系统，提升各类监管、服务、决策能力。

三、改革城乡户籍管理制度

（一）改革城乡户籍管理制度的意义

近年来，随着新型城镇化战略的实施，所引发的户籍管理制度改革，正由中、小城市向大、特大城市推进，其力度之大、范围之广前所未有。从全国各地改革试点的情况看，推进城镇化建设，共同的首选政策就是废除城乡分割的二元户口制度，这就抓住了现行户籍制度的要害，抓住了改革的根本，意义重大。

随着经济改革和新型城镇化建设发展的需求，社会上要求改革户籍管理制度的呼声越来越大。随着中原经济区经济社会的不断发展，现行的城乡二元户籍管理制度，在一定程度上已经阻碍了经济的进一步发展，不利于城乡经济一体化发展和新型城镇化建设进程的推进。现行的城乡户籍管理制度已经越来越不能适应经济社会的发展需要。主要表现有：①农业户口和非农业户口的二元化管理，既不科学也不合理，这种制度人为地将人口划分为两种阶层，不利于打破城乡二元壁垒，也不利于中原经济区安定团结政治局面的进一步发展。②户口迁移制度管理过死，难以满足公民的正常迁徙需要，一些老年夫妻投靠在异地工作的子女以及子女投靠在异地工作父母的难度大。③户籍制度和政治、经济、文化教育权力挂钩，户口被人为地赋予太多的附加值，现在由高考户籍差别导致的录取分数差异很大，在国家大力促进就业的背景下，由户籍差别引致的就业歧视也不容忽视。

改革城乡分割的二元户籍管理制度，对中原经济区经济的发展和人民生活的改善将产生深远影响，其意义是划时代的，它将成为河南省社会进步的重要标志。按照国家有关部门的户籍管理制度改革思路，河南省的户籍管理制度改革，可首先取消城乡二元"身份"限制，然后逐步还农民以平等的"国民待遇"，最终实现迁移自由。当务之急是取消身份限制，取消农业户口非农业户口等户口性质的区别，建立城乡统一的户口登记管理制度。户籍管理制度改革的最终目的是实现迁徙自由。因此，户籍制度改革不是形式上的创新。适应中原经济区新型城镇化建设和市场经济发展的需要，为最大限度地发挥人的知识、智力、智能创造条件，使人才这种最重要的资源得到合理配置，从而促进河南省经济持续稳定健康发展和社会的全面进步。

改革户籍制度，打破城乡二元经济格局非常必要、迫在眉睫，但同时我们也应该深刻地认识到，这不是一个单纯的户籍管理制度问题，而是涉及各方面社会管理体制的问题。因此，改革户籍制度必须从实际出发，希望通过一次、几次改革来解决所有问题，是不现实的。希望一个文件、一个决定，解决河南省所有人口管理问题是不可能的，也是不切实际的，必须做好长期的思想准备才行。

(二) 改革城乡户籍管理制度的途径

城乡户籍管理制度改革要从河南省的经济发展、新型城镇化发展的实际情况出发，积极、稳妥、分步骤地进行，坚持按实际居住地登记和当地需要、当地受益、当地负担的原则，由市、县政府按照可持续发展的要求，根据本地区的综合承受能力，科学地制订人口发展规划，确定人口迁移的规模和总量，并报上一级人民政府备案。

中原经济区城乡户籍管理制度改革，应适应新型城镇化引领社会管理建设的发展需要，按照国家有关户籍管理制度改革的有关规定和河南省的具体情况进行决策部署，坚定地推进城乡户籍管理制度改革，降低、放宽落实中、小城市和小城镇落户条件的政策。同时，遵循城镇化发展规律，统筹推进新型城镇化、新型工业化和新型农业现代化和大中小城市、小城镇以及新型农村社区协调发展，引导非农产业和农村人口有序向中小城市、建制镇及新型农村社区转移，逐步满足符合条件的农村人口落户需求，逐步实现城乡基本公共服务均等化。

中原经济区城乡户籍管理制度改革必须立足于河南省的省情，充分考虑当地经济社会发展水平，城市综合承载能力，特别是容纳就业、提供社会保障的能力。必须尊重农民意愿，切实保障农民合法权益；必须坚持统筹规划，着力完善配套政策；必须坚持分类指导，做到积极稳妥、规范有序持续推进。

河南省是一个传统的以农业为主的人口大省，人口规模大，流动人口多，人均耕地少，从事农业劳动的人口多等特点，城乡户籍管理制度改革困难重重，为保障中原经济区三化协调科学发展的顺利推进，改革城乡户籍制度势在必行。根据河南省的省情，城乡户籍改革的途径有：①建立城乡统一的户口登记管理制度，在全省范围内取消农业户口、非农业户口性质以及由此衍生的其他户口类型，统一登记为"居民户口"。②剥离或取消附加在户口上的一些社会管理功能，使户口成为国家依法对公民进行登记、确认公民身份，提供居民信息的工具。③凡具有合法固定住所（指拥有合法房屋产权）和稳定生活来源的，即可在当地登记落户。④凡符合迁移落户条件的，由本人提出申请，居住地户口登记机关负责为其办理登记落户手续。⑤实行以居住地划分城镇人口和农村人口，以职业区分农业人口和非农业人口的统计方法。⑥实行人口信息网络化管理，建立和完善人口基本信息计算机管理和公民信用信息管理系统，为公民遵纪守法、诚实信用提供基础管理平台。⑦根据大、特大城市的基础设施、服务设施及其承载力，合理控制大、特大城市的人口规模，进一步落实现行的城市落户政策。

四、加强对特殊人群的管理

（一）流动人群的管理及服务

随着中原经济区新型城镇化引领三化协调科学发展的持续推进，人口流动日益加剧，流动人口的生存环境与资源供给的矛盾亦日益突出。着力解决流动人口管理和新型城镇化建设中存在的现实问题，建立健全流动人口管理与服务体系，对于促进人口合理有序流动，为中原经济区的经济发展创造良好的社会治安环境，促进经济与社会协调发展具有十分重要的现实意义。

当前流动人群的管理存在不少问题。由于河南省地处中原，公路、铁路及航空交通极为畅通，便利的交通条件和飞速发展的社会经济为流动人口增添了强大的吸引力。据统计，2011年仅郑州市一个城市的流动人口就有300多万。流动人口的增加，一方面为城市的发展提供了丰富劳动力资源，成为城市建设的主力军；另一方面，由于大量的流动人口进入城市，多数的流动人口没有接受过相应的技能、技术及有关城市管理相关内容的培训，从根本上很难融入到城市，他们的进入会给城市的管理带来很多困难。目前，在流动人口管理中，存在的最现实问题就是管理的"被动性"所带来的管理难度增加。流动人口被动接受有关部门管理，应对有关部门的人口核查，有关部门迫于社会压力被动应付，对流动人口的管理效果自然大打折扣。究其原因，关键在于流动人口对"被管理"的"需求缺乏"。以进行暂住登记和办理暂住证为主的传统管理模式之所以难以发挥作用，关键在于暂住人口对《暂住证》的"不需要"，使其逐渐成为公安机关一厢情愿的管理手段，在社会的发展中自然日趋被动化终至被淘汰。

针对上述情况，河南省应立足省情，制定和落实流动人口管理与服务的各项政策措施，做到相关职能部门"主动管理"和流动人口"主动被管理"的有机结合。这样，既可以减轻管理压力，也可以大幅提高管理效果。如目前的《居住证》取代《暂住证》，这并非名称的简单变更，而是以附加众多利益增加流动人口的"需求"，引领流动人口主动进行登记、主动接受管理。当然，其效果自然主要取决于附加利益的"需求性"，是否能够真正满足流动人口的切实需要。对于租住单位和个人以及涉及的有关管理部门而言，其"需要满足"是引领主动接受管理和主动管理，从而有效实行管理的关键所在。如个人出租房屋申报登记的被动性，关键在于个人出租房屋申报登记的"无利益性"与发现不申报登记的"利益惩罚性"，有需要或者使其需要，才能使被动的登记行为转化为主动的申报行为。同时，对于不登、漏登、不报、瞒报的行为，要从法律制度上予以规范，给予一定的惩戒。要切实设定和建立"需要满足"体制，让主动接受管理或主动管理成为现实需要。

对流动人口的管理是一项极其复杂的社会化工程，如何管理城市的流动人口并给其提供有效的服务，使其能够真正把自己当作城市的一员，作为城市的主人翁，为构建和谐社会和新型城镇化建设贡献其聪明才智，必须从根本上改变过去对流动人口管理和服务的方式。其具体管理和服务的途径有：

第一，创新流动人口管理方法与转变服务态度。创新能够为发展提供不竭动力，流动人口服务与管理也要求根据河南省的实际情况不断寻求管理方法上的创新。为此，河南省在流动人口管理和服务创新时，应着力在推进服务管理理念创新、着力推进服务管理体制创新、着力推进服务管理模式创新以及着力推进服务管理手段创新上下工夫。随着对流动人口的管理理念、体制、模式以及手段的创新和实施，必将有效地促进河南省流动人口的服务与管理工作。当然，在思想多元化的现代社会，要达到此要求，亟须相关制度的设定与完善，它是行为的导引、监督与约束的必然规定，只有在完善的制度下，才能形成有效的监督。当然，制度不仅要制定得好，更要执行得好，这样才能促使相关服务与管理人员的服务与管理工作更到位、工作更有压力与动力。但是，制度设定更需要内涵的提升，工作方法有效与否关键在于服务与管理理念的端正与否。无论何种制度与方法，都需要用心来操作，只有始终坚持"以人为本、服务至上"的服务管理理念，有效提升流动人口服务与管理人员的责任意识、价值意识、岗位能力意识、服务社会意识，才能真正实现管理效果。同时还要正确认识时代警务要求，正确认识和处理装备提高和效能提升的关系。信息化建设是公安工作从传统走向现代的重要途径，也是当前破解流动人口管理难题的重要途径。要积极推进常住人口信息系统全国联网，建立集各有关职能部门管理服务职能于一体的流动人口综合管理服务信息系统，建立流动人口违法犯罪预警系统等，不断提升流动人口治安管理服务工作水平。在提高装备的同时，更要加强装备使用的实际使用效果，加强服务与管理人员的"人力"管理，强化流动人口信息的掌握程度，切实做到"应采（采集）尽采、应登（登记）尽登、应变（变动）尽变、应办（办理）尽办"，这样才能掌握实际流动人口信息，有效实现流动人口底数清、情况明、管得住、服务好的管理要求，真正提高服务与管理效能。

第二，加强部门协作，切实实现管理责任化。流动人口服务与管理是一项复杂的系统化、社会化工程，需要相关部门通力协作，公安机关包揽全部流动人口管理工作既不可能也不必要，各部门的密切协作、齐抓共管对于流动人口的有效管理至关重要。事实上，现有的流动人口服务与管理体制仍然是条块分割，政出多门，在相对割裂的体制格局下，公安、工商、房管、计生、民政、税务、人力资源和社会保障、交通等各部门之间工作缺乏配合、资源难以共享、信息缺乏沟通、工作缺乏动力，从而导致公安机关独立承担局面的出现。因此，应当在地方政府的统一领导下，制订流动人口管理协调工作机制，形成政府牵头、公安主管、多方配合的专职管理新模式。公安、工商、房管、计生、民政、税务、人力资源与社会保障、交通等职能部门应明确职责分工，细化管理工作要点，明确定位，不缺位、不越位，各司其职、各负其责、互通有无、互相配合，形成"条块结合、齐抓共管、整体推进"的流动人口服务与管理格局，切实做好流动人口的服务与管理工作。

第三，借鉴特种行业的管理要求，有效强化出租屋及其中介组织管理。出租屋管理是加强流动人口管理的基础性工作和重要手段。各地公安机关积极寻求管理创新，探索出"星级式"、"物业式"、"旅店式"等出租屋管理的有效模式。但苦于无有效强制性管理规定为后盾，虽有效果，但难以解决根本问题，出租屋漏管现象依然存在，尤其是城中村里出租屋更是如此。如现有规定虽然明确要求出租房屋须经房管部门审批，出租户主有责任登记和核实租赁人员的有关信息，但法则的缺位，使得许多出租户主往往不屑甚至逃避办理房屋租赁手续，有关部门难以及时掌握出租房屋的有关信息。法律规定的缺位致使出租屋管理成为流动人口管理的桎梏，其管理效果主要取决于专项行动。为有效解决出租屋漏管现象，当前我们可参照特种行业尤其是旅馆业的管理要求，在住房和城乡建设部颁布实施的《商品房屋租赁管理办法》和公安部等六部局颁发的《关于进一步加强和改进出租房屋管理工作有关问题的通知》的基础上，积极会同出租屋涉及的有关管理部门，深入调查研究，通过地方立法的形式制定出台出租屋管理的有关地方性法规，将出租屋及其中介组织纳入特种行业管理范围加以规制，明确规定出租屋中介组织、出租屋业主、房屋租赁人员以及有关出租屋管理部门的法律责任，以有效解决出租屋无有效强制性管理规定导致的责任不明、难以有效管理等问题，切实通过出租屋管理，加强对流动人口的有效管理。

第四，继续深化户籍制度改革，尽可能消除影响人口流动的制度和政策障碍。心理上的认同和归属感的形成是流动人口融入本地区的根本标志，而户籍条件、附加利益和身份差别则是阻碍其社会认同和归属感形成的主要障碍。只有逐步直至完全放开城市落户的限制条件，才能真正做到经济上同工同酬、政治上同责同权、生活上同城同利，真正加速城镇化进程。对于经济欠发达城市而言，不用考虑出现"人口入市"的井喷现象，不用担心城市容纳力不足的问题，石家庄等城市户籍政策调整的结果即有效证明了这一点。建立城乡统一的户籍登记管理制度，解决城乡和谐发展问题，是强化流动人口有效管理，促进经济和社会发展的必要举措。要继续深化户籍制度改革，切实解决流动人口的现实权益问题，有效增加流动人口的区域认同感和归属感；要积极创造条件，逐步拆除城乡户籍差别的"羁绊"，打破城乡界限、地区界限和城市界限，剥离户口上的各种附加利益，还户口作为"身份管理"的本来面目和初始作用，以"实际居住地"为户籍登记要件，确立新型户口管理制度。各流入区域要在劳动就业、社会保障、计划生育、医疗卫生、法律援助、机动车注册和驾照办理、公共交通、户籍管理和子女义务教育等方面强化对流动人口的权益保障和公共服务，促进流动人口的市民化，确保流动人口只要登记，纳入公安机关等有关管理部门的管理，即可享有本区域公民的同等待遇，切实消除流动人口的身份障碍和思想疑虑。同时，通过解决流动人口高度关注的切身权益问题，引导全社会形成尊重和善待流动人口的良好氛围，切实增强流动人口的认同感和归属感。使其不但在心理上融入城市，更要在身份上融入城市，真正实现农民市民化，城乡为一家。这不但有利于解决流动人口的问题，而且有利于社会的治安管理，更有利于新型城镇化的推进和中原经济区的三化协调科学发展，实现双赢。

（二）问题人群的管理及服务

问题人群主要指社区服刑人员、五年内刑释解教人员、社会闲散人员、"三失"青少年和问题青少年以及一些特殊类型的问题人员等。问题人群的服务管理成效如何，对社会和谐稳定有十分重要的影响。强化对特殊人群的管理和服务，是加强和创新社会管理的一个重点。社会管理工作的重要职责就是为社会上的贫困者、老弱者、身心残障者和其他不幸者提供帮助，预防和解决部分经济困难或生活方式不良而造成的社会问题，实现个人和社会的和谐一致，促进社会的稳定与发展。完善特殊人群服务管理必须注重发挥专业社会管理工作的作用。

随着经济的发展和结构的转型，各种矛盾叠加，竞争压力加大，人口和家庭结构发生变化，人们的思想复杂，一些思想有问题的人群如若不及时与其进行心理沟通和交流，极易变为问题人群。河南省地处中原，交通方便，流动人口多，流动到河南的问题人群也会增加，这给社会管理工作带来了大量的困难和挑战。因此，做好对问题人群的管理和服务任务艰巨，责任重大。要做好对问题人群的管理和服务应从以下几个方面着手：

第一，社会管理工作者通过与问题人群的沟通、交流，激发他们的自身潜能，回报社会。一般问题人群大多存在这样或那样的心灵创伤或心理障碍，有的存在自卑、孤独、烦闷、焦虑、脆弱、消沉、无聊等情绪，有的甚至染上了社会不良习气或对社会有过一定危害。社会管理工作者不要把问题人群视为社会的危险因素，而是要从人本、平等、尊重、真诚等价值观念出发平等待之，与之沟通、交流，给予充分的信任和应有的尊重。尊重其人格、隐私、个性，使其感受到自尊、自重，并给予热情关心，使其感受到社会温暖，帮助其建立自我认同，找回自信和乐观向上的心态，从根本上激发其上进的动力，使其成为对社会有用的人。

第二，帮助问题人群重新融入社会。在问题人群中，部分人有反社会或仇视社会的倾向，部分人自我封闭、与社会隔离、人际关系失调。社会管理和服务工作者应注重对案主所涉及问题的社会性因素进行分析、理解，致力于对案主个人在与社会环境互动中所形成的社会关系进行修复，优化个体与环境的关系，帮助其回归社会、融入社会。致力于增强个人的社会适应能力，发挥个人应有的社会作用。社会管理人员要做到对案主的社会地位和人际关系进行了解和评估，找出使个体发生问题的社会性原因，帮助受助者掌握人际交往的技巧、重建或改善社会联系网络、调适与社会环境（例如学校、社区、单位、家庭等）的关系、恢复受损的社会功能，增加社会资本，提高社会适应能力，重新融入社会。

第三，帮助问题人群解决现实生活中的实际困难。问题人群的生存基础往往遭到破坏，生活中会存在各种各样的实际困难。社会管理工作者要注意倾听受助人的诉求，了解其处境、心态和情绪，判断其潜在的精神和心理方面的问题，根据所掌握的情况建立个案、确定工作方法，提供相应服务或者利用科学知识帮助服务对象解决困难。对于有精神或心理疾病的人，社会工作者介入患者的心理和精神状态、生活方式和环境、社会关系和行为习惯，引导其改变生活观念和生活方式，建立良好的社会认知，构筑健康的人格，舒缓情绪，缓解心理压力，保持和增进心理健康或者利用其掌握的政策知识。在制度层面帮助问题人群长效性地解决基本生活和就学、就业、就医、住房等方面的实际困难和问题，帮助特殊人群开展生活技能培训，增强自我生存能力，从源头上预防类似问题的再度发生。

第四，提高社会管理工作者服务问题人群的专业水平。社会管理工作要在服务问题人群方面发挥应有的作用，必须着力于提升其专业水准。首先，培养和吸引专业人才。在完善相关社会工作专业人才教育培训体系的同时，着力解决人才评价、使用、激励中的各种问题，提高社会管理工作人才的薪酬待遇。合理确定社会管理工作人才工资待遇水平，提高基层社会管理工作专业人才待遇水平，重视解决社会工作专业人才社会保障问题，按国家有关规定办理社会保险事宜。其次，提升社会管理工作者的专业技能。在学习借鉴国外和海外社会管理工作理论和方法的同时，积极探索适合中原经济区复杂工作情景的社会管理工作专业技术。加强对社会管理工作案例的收集、总结、提炼，研究适合各类问题人群的社会管理工作方法，创造更多针对性、实效性、科学性的社会管理工作服务品牌。英国南英格兰地区的流浪青少年救助项目，美国的攻击性行为替换训练和18~24岁无家可归者社会服务，加拿大针对高中辍学学生的社会服务和针对犯人的重返社会训练所，新加坡针对辍学青少年服务项目，日本的青少年药物滥用预防，我国台湾地区不幸少女的预防救援及干预等社会管理服务项目，其从业人员的社工知识和技能培训，都值得我们借鉴。

总之，对问题人群的管理和服务，只有做到底数全摸清、情况全掌握、管理全覆盖、服务全到位，真正把对问题人群的管理纳入日常的工作安排中去，切实让问题人群有人管理、有人办理、有人落实，才能从根本上解决问题人群的"问题"，使他们重新做人，真正融入到社会中去，成为对社会有用的人。

五、建立新型农村社区的管理体制

（一）建立新型农村社区管理体制的意义

建设新型农村社区，是新型城镇化引领的切入点，统筹城乡发展、城乡一体化的结合点、促进农村发展的增长点。推进新型农村社区建设有利于集约利用农村建设用地，缓解建设用地紧张的瓶颈约束；有利于引导公共资源相对集中，完善农村公用设施配套；有利于改变农村传统生产方式，改善农村人居环境，提高农民生活质量；有利于促进农村经济、政治、文化和社会建设，促进城乡统筹协调发展。目前，河南省城乡二元结构问题显著，城乡结构仍处于不平衡状态，城乡居民收入差距不断扩大。作为人口大省、农业大省和国家粮仓，新型城镇化引领的三化协调科学发展必须从新型农村社区建设切入，创新新型农村社区管理体制势在必行。加强和创新新型农村社区的管理，关系到中原经济区建设的大局。新型农村社区建设在全国来说还没有先例，需要进行不断地探索和总结，统筹考虑方方面面，坚持政策引领、规划先行、突出主体、保障权利、规范有序、拓展创新、互动联动、一体运作，积极稳妥地开展新型农村社区建设，促使农业生产方式和农民生活方式转变，推动土地集约利用、农业规模经营、农民多元化就业、生活环境改善、公共服务健全，切实加快、加强创新新型农村社区管理体制，提高管理水平和服务水平。

（二）新型农村社区管理要从社区选址入手

新型农村社区建设是百年大计，社区选址应尽量做到科学、合理、可行。有关部门在为社区选址时，如果缺乏细致的调研，对当地的地形、地貌、自然条件、交通、供水以及耕作的方便程度等因素不甚了解，建成的新型农村社区可能会在自然环境、安全环境、产业布局以及耕作方便程度等方面存在种种问题，也就给建成后的社区管理带来了重重困难。因此，建设新型农村社区，一定要注重社区的选址，以减少日后社区管理困难。一个新型农村社区往往有多个村整合而成，在社区选址时，作为规划部门一定要综合考虑各方面因素，经过精心调研，广泛征求市（县）、乡、村的主管领导以及村民代表意见的基础上，尽可能多地让广大农民参与社区的选址，经过科学论证，合理确定社区的建设用地位置和用地范围。

（三）强化新型农村社区规划

新型农村社区规划的水平如何，布局合理与否，直接关系到小区的建设效果、居住环境、居民出行和耕作的方便程度等问题。这就要求规划部门在进行社区规划时，要广泛征求当地农民的意见和建议，不仅要让当地镇（乡）、村的领导参与规划，而且要让当地的群众代表也参与到社区的规划中来。在尊重他们合理化建议的基础上，作出生态环境好、居住环境优、出行方便、基础设施配套合理、能够最大限度地消除各种安全隐患的规划方案，经过多次论证、修改，最终拿出一个既合理又可行的社区规划方案。为了使社区的规划方案合理、可行，在进行社区规划时，每一个新型农村社区的规划都要由市（县）主管城市建设的副市长（副县长）牵头，由规划局、建设局、农合办三方督促，由镇（乡）、村的主管领导配合，农民代表广泛参与，由省级或地市级主管城市建设的部门负责评审验收，只有如此，才能从根本上保证新型农村社区规划的科学性和合理性。

（四）加强对社区居住建筑、基础设施和服务设施建设的监管

环境优雅、基础设施布局合理、服务设施齐全的社区，有利于社区管理；居住建筑质量低劣、居住环境恶劣、基础设施不到位、服务设施不齐全的社区，必然给日后的社区管理带来诸多问题。新型农村社区建设的质量如何，负责承建的建筑公司责任重大。为了保证社区居住建筑、基础设

施和服务设施的建筑质量，必须按照新型农村社区规划方案执行，主管领导和群众代表监管的方式直接参与社区建设，严格建筑工程招投标制度，严禁建筑工程转包现象，以保证小区居住建筑、基础设施和服务设施的建筑质量。新型农村社区在建设过程中，要严格按照规划方案执行，绝不容许暗箱操作或幕后操纵，改变新型农村社区的建筑密度、容积率以及绿化覆盖率等指标，降低了小区的居住环境质量，利用节约出来的土地搞房地产开发，从中渔翁得利，与农民争利益，影响干群关系，增加社区管理难度。此外，为了保证新型农村社区按照规划方案执行，保护广大农民的切身利益，方便日后的社区管理，严禁有人偷梁换柱，将原来规划的居住建筑变更为商住建筑，减少农民的人均居住面积，降低农民的生活居住质量。建议所有新型农村社区的居住建筑、基础设施和服务设施实行强行监理，同时，有关部门应成立以质监站为主的新型农村社区建设检查组，检查、督促新型农村社区的建筑质量、建筑类型以及基础设施和服务设施的配套建设情况等，把新型农村社区的建设情况掌握在动态的管理过程之中，从严执行新型农村社区各种建筑物的验收力度，杜绝劣质建筑蒙混过关，坑害百姓。

（五）新型农村社区居住建筑的分配管理

一个新型农村社区往往是由多个自然村整合而成，社区建成验收后，每个需要迁入的自然村居住在小区的哪个组团或单元，农户如何选择套型及楼层，这中间存在很多问题，如果解决不好，会影响村庄的拆迁以及社区管理。为了便于日后社区管理，应根据新型农村社区集中整合自然村的数量，把社区规划成与自然村庄数量相匹配的居住组团、每个组团的大小应与相应自然村的人口规模和户数相符，在广泛征求群众意见和建议的基础上，做好整个自然村的搬迁和入住，同一个自然村的居民，居住在同一个居住组团。村庄集体融入社区看似简单，处理不好会产生一系列新的社会管理问题。这样安排居住，一方面有利于居民处理邻里关系；另一方面还有利于集中管理，减轻社区管理上的难度。比如，在搬迁时农民会因居住建筑布局、楼房周围的环境、楼层的高低以及房屋的套型及大小等问题拒绝搬迁，增加社区管理难度。为此，自然村整体迁入社区以前，由自然村的领导干部逐一征求每户居民所需房屋的套型、面积的大小，经过统计后再次征求意见，直到逐户落实，由每户的户主签字后，张贴公布。为了便于这一工作的顺利开展，要求乡、村的地方领导在社区的规划、设计阶段就开始介入，把村民所需房屋的套型、面积和户数统计出来，以使规划出的居住组团、居住单元与自然村、村民小组的人口规模和户数相匹配，降低和减少入住社区房屋分配的难度。

（六）新型农村社区的日常管理

合村并居后，居民对社区基础设施和公共服务设施的需求越来越突出，水、电、煤气、暖气等基本生活设施的建设，活动中心、公共绿地、休闲广场等娱乐设施的修建和维护，社区卫生服务系统、安全保卫系统等的完善，均是保证社区生活正常运转的基础，需要大量的资金投入和有效管理系统保障。在城市社区，有相对健全的社区管理机构和制度保障，社区服务设施齐全，职能清晰。但新型农村社区，在组织机制不健全、管理制度不完善的情况下，需要挑选一批群众基础好、责任心强、管理经验丰富的社区管理人员，处理日常的社区管理工作。新型农村社区的日常管理应成立居委会和社区物业管理公司，居委会主管社区日常的行政管理工作，物业管理公司负责社区的安全保卫、环境卫生、基础设施和服务设施的日常维护。

参考文献

[1] 蔡世忠：《中原经济区建设中"三化"协调发展问题研究》，《河南农业科学》2011 年第 6 期。

[2] 陈留根：《中原经济区视野下河南农村区域文化建设存在的问题剖析》，《湖北函授大学学报》2012 年第 2 期。

[3] 陈树铭：《做好城市园林绿地规划的几点思考》，《现代园艺》2011 年第 11 期。

[4] 丛培军、王剑锋、宫朝勃：《重视城市水土保持，促进生态城市建设》，《山东水利》2009 年第 Z1 期。

[5] 崔功豪：《中国城镇发展研究》，中国建筑工业出版社 1993 年版。

[6] 邓丽君：《城乡一体化之我见》，《现代城市研究》2001 年第 2 期。

[7] 丁志伟：《河南省城市—区域系统空间结构分析与优化研究》，河南大学 2011 年硕士学位论文。

[8] 丁志伟、王发曾：《城市—区域系统内涵与机理研究——从城市、城市体系城市群到城市—区域系统》，《人文地理》2012 年第 2 期。

[9] 丁志伟、王发曾：《河南省城市—区域系统空间发展态势与布局优化》，《地域研究与开发》2012 年第 4 期。

[10] 丁志伟、王发曾、张改素：《基于多维视角的河南省城市—区域系统空间结构特征分析》，《河南大学学报（自然版）》2012 年第 3 期。

[11] 丁志伟、徐冲、王发曾：《郑汴洛城市廊道的"走廊城市"建设》，《国土与自然资源研究》2011 年第 2 期。

[12] 定明谦、白应统、王伟：《宣讲森林经营理念，推进城市森林发展》，《甘肃林业》2012 年第 1 期。

[13] 董鹏、李凯、袁艳平等:《我国生态农村建设之探索》,《研究与技术》2011 年第 3 期。

[14] 樊新生、李小建:《河南省经济空间结构演变分析》,《地理与地理信息科学》2005 年第 2 期。

[15] 方淑荣、游珍、蒋慧等:《生态化:中国现代农业发展的必然选择》,《农业现代化研究》2010 年第 1 期。

[16] 冯达成:《推进农村城镇化应首先搞好县城建设》,《商业经济文荟》2003 年第 4 期。

[17] 冯德显:《产业集群及其对河南经济发展影响研究》,《地域研究与开发》2003 年第 3 期。

[18] 冯德显:《从中外城市群发展看中原经济隆起——中原城市群发展研究》,《人文地理》2004 年第 6 期。

[19] 冯德显:《我国区域发展空间重组与构建中原经济区》,《地域研究与开发》2010 年第 5 期。

[20] 冯健、刘玉、王永海:《多层次城镇化:城乡发展的综合视角及实证分析》,《地理研究》2003 年第 6 期。

[21] 冯玲:《中原经济区生态文明可持续发展之路》,《改革发展》2012 年第 3 期。

[22] 耿明斋等:《中原经济区竞争力报告(2011)》,社会科学文献出版社 2011 年版。

[23] 龚维斌:《我国社会管理体制存在的主要问题》,《理论视野》2010 年第 1 期。

[24] 官永彬、陈培芳:《城镇化中政府行为的方式、困境及优化分析》,《特区经济》2006 年第 7 期。

[25] 郭庚茂:《河南省人民政府工作报告》,2009 年 1 月 12 日。

[26] 郭庚茂:《河南省人民政府工作报告》,2011 年 1 月 17 日。

[27] 郭庚茂:《在河南省第十一届人民代表大会第五次会议上的政府工作报告》,2012 年 1 月 8 日。

[28] 郭荣朝、苗长虹、夏保林等:《城市群生态空间结构优化组合模式及对策——以中原城市群为例》,《人文地理》2010 年第 3 期。

[29] 郭志富、张竞竞:《基于中部地区崛起战略的河南省地域空间组织研究》,《经济地理》2012年第8期。

[30] 国务院:《关于支持河南省加快建设中原经济区的指导意见》(国发〔2011〕32号),2011年9月28日。

[31] 国务院:《关于大力实施促进中部地区崛起战略的若干意见》(国发〔2012〕43号),2012年8月31日。

[32] 郭小燕:《世界"新型"城镇化趋势及其对中原经济区新型城镇化的启示》,《小城镇建设》2011年第2期。

[33] 韩建军:《产业集群的经济学分析及政府的作用》,《华东经济管理》,2003年第4期。

[34] 何曼青:《我国区域投资环境评估及监测指标体系与模型的构建》,《中国外资》2004年第11期。

[35] 河南人民政府:《河南省全面推进中原经济区建设纲要》,2011年12月28日。

[36] 河南人民政府办公厅:《河南省国民经济和社会信息化发展"十二五"规划》,2012年4月6日。

[37] 河南省人民政府:《河南省国民经济和社会发展第十二个五年规划纲要》,2011年4月20日。

[38] 河南省社科院课题组:《实现"三化"协调发展的战略抉择——我省以新型城镇化引领"三化"协调发展的探索与思考》,《河南日报》2012年8月17日。

[39] 河南省委宣传部:《解读中原经济区》,河南人民出版社2011年版。

[40] 河南住房与城乡建设厅:《河南新农村建设全面提速全省今年拟建100个示范镇》,《郑州日报》2009年3月23日。

[41] 何平:《新十八谈:新型工业化主导谱新篇》,《河南日报》2011年11月22日。

[42] 何平:《亿万人民的热切期盼——再论用领导方式转变加快发展方式转变之一》,《河南日报》2012年7月5日。

[43] 何平:《"两不牺牲"的庄严承诺——再论用领导方式转变加快

发展方式转变之二》，《河南日报》2012 年 7 月 10 日。

[44] 何平：《破解难题的战略抉择——再论用领导方式转变加快发展方式转变之三》，《河南日报》2012 年 7 月 17 日。

[45] 何平：《共同富裕的不懈探索——再论用领导方式转变加快发展方式转变之四》，《河南日报》2012 年 7 月 26 日。

[46] 何平：《科学发展催生深刻变革——再论用领导方式转变加快发展方式转变之五》，《河南日报》2012 年 8 月 3 日。

[47] 何平：《中原崛起的强力引领——再论用领导方式转变加快发展方式转变之六》，《河南日报》2012 年 8 月 10 日。

[48] 何平：《务实重干的科学统筹——再论用领导方式转变加快发展方式转变之七》，《河南日报》2012 年 8 月 15 日。

[49] 何平：《一以贯之，重在持续——再论用领导方式转变加快发展方式转变之八》，《河南日报》2012 年 8 月 22 日。

[50] 何平：《开辟三化协调新境界——再论用领导方式转变加快发展方式转变之九》，《河南日报》2012 年 8 月 30 日。

[51] 季小妹、陈忠暖：《我国中部地区城市职能结构和类型的变动研究》，《华南师范大学学报（自然科学版）》2006 年第 4 期。

[52] 贾宗岩、李显嵩、李星：《新型农村社区建设中的问题与对策》，《山西省农业管理干部学院学报》2011 年第 6 期。

[53] 金碚：《竞争力经济学》，广东经济出版社 2003 年版。

[54] 景晋秋、张复明：《城乡一体化研究的进展与动态》，《城市规划》，2003 年第 6 期。

[55] 鞠晴江：《基础设施与区域经济发展》，四川大学 2006 年博士学位论文。

[56] [美] 理查德·佛罗里达，司徒爱勤译：《创意阶层的崛起》，中信出版社 2010 年版。

[57] 李炳坤：《巩固和加强农业基础地位》，《上海农村经济》2009 年第 4 期。

[58] 李静：《长株潭城市群社会管理体制的构建与完善图机构研究》，《吉林广播电视大学学报》2010 年第 5 期。

[59] 李江涛、郭立翔：《遵循规律创新模式大胆探索——解读新型农村社区建设二》，《洛阳日报》2012年3月7日。

[60] 李克、张维宁、刘伟等：《中原经济区建设纲要（试行）解读》，河南人民出版社2011年版。

[61] 李娜、崔华华：《从生产力发展要求透视我国当代新社会阶层的形成》，《武汉理工大学学报（社会科学版）》2005年第1期。

[62] 林华：《关于上海新城"产城融合"的研究——以青浦新城为例》，《上海城市规划》2011年第5期。

[63] 刘方棫：《消费经济学概论》，贵州人民出版社1984年版。

[64] 刘汉成、程水源：《统筹城乡基础设施建设实现城乡基础设施一体化——以湖北省鄂州市为例》，《黄冈师范学院学报》2011年第1期。

[65] 刘宏毅：《产业集群发展模式的比较与选择》，《商场现代化》2006年第26期。

[66] 刘怀廉、欧继中：《中原经济区纵横谈》，河南大学出版社2010年版。

[67] 刘继生、陈彦光：《河南省城镇体系空间结构的多分形特征及其与水系分布的关系探讨》，《地理科学》2003年第6期。

[68] 刘瑾、耿谦、王艳：《产城融合型高新区发展模式及其规划策略——济南高新区东区为例》，《规划师》2012年第4期。

[69] 刘明合：《对马克思生产方式概念的再解读》，《泰山学院学报》2010年第2期。

[70] 刘伟、邴燕萍：《新时期大都市公共中心体系发展与规划策略——以浦东新区为例》，《浦东规划建设》2009年第4期。

[71] 刘文：《我国农业基础设施建设与管理研究》，《华中农业大学》2007年博士论文。

[72] 刘媛媛、涂建军：《中原经济区地缘经济关系研究》，《地域研究与开发》2011年第6期。

[73] 刘耀彬、李仁东、张守忠：《城市化与生态环境协调标准及其评价模型研究》，《中国软科学》2005年第5期。

[74] 刘盛和、陈田、蔡建明：《中国半城市化现象及其研究重点》，《地

理学报》2004 年增刊。

[75] [美] 刘易斯·芒福德著，倪文彦等译：《城市发展史：起源，演变与前景》，建筑工业出版社 1989 年版。

[76] 娄源功等：《中原经济区概览》，中国经济出版社 2011 年版。

[77] 陆大道、姚士谋、李国平等：《基于我国国情的城镇化过程综合分析》，《经济地理》2007 年第 6 期。

[78] 卢科：《集约式城镇化——开创有中国特色的新型城镇化模式》，《小城镇建设》2005 年第 12 期。

[79] 卢展工：《在中国共产党河南省第九次代表大会上的报告》，2011 年 10 月 26 日。

[80] 卢展工：《在商丘周口调研座谈时的讲话》，2011 年 11 月 8—12 日。

[81] 罗盘、曲昌荣：《河南务实发展静悄悄》，《人民日报》2011 年 8 月 9 日。

[82] 罗煜：《试论我国新型城镇化道路》，《决策探索》，2008 年第 10 期。

[83] 孟文学：《甘肃基层农业服务体系建设对策研究》，《甘肃农业大学》2005 年硕士论文。

[84] 苗长虹、王海江：《河南省城市的经济联系方向与强度——兼论中原城市群的形成与对外联系》，《地理研究》2006 年第 2 期。

[85] 穆艳杰、李慧：《中国经济发展的必由之路——低碳经济》，《长春师范学院学报（人文社会科学版）》2012 年第 5 期。

[86] 宁新田：《我国农业现代化路径研究》，《中共中央党校》2010 年博士论文。

[87] 彭红碧、杨峰：《新型城镇化道路的科学内涵》，《经济研究》2010 年第 4 期。

[88] 平萍：《一样的土地，不一样的生活——卢展工封丘原阳新乡获嘉卫辉修武孟州调研侧记》，《河南日报》2012 年 8 月 17 日。

[89] 乔家君、李小建：《河南省城镇密集区的空间地域结构》，《地理研究》2006 年第 2 期。

[90] 秦耀辰、苗长虹、梁留科等：《中原经济区科学发展研究》，科学出版社 2011 年版。

[91] 覃成林、郑洪涛、高见：《中原城市群经济市场化与一体化研究》，《江西社会科学》2005 年第 12 期。

[92] 仇保兴：《小企业集群研究》，复旦大学出版社 1999 年版。

[93] 仇保兴：《中国特色的城镇化模式之辩——"C 模式"：超越"A 模式"的诱惑和"B 模式"的泥淖》，《城市规划》2008 年第 11 期。

[94] 仇保兴：《中国的新型城镇化之路》，《中国发展观察》2010 年第 4 期。

[95] 曲昌荣：《河南务实发展稳步前行》，《人民日报》2012 年 4 月 6 日。

[96] 任平、周介铭、张果：《成都市区域城乡一体化进程评价研究》，《四川师范大学学报》2006 年第 11 期。

[97] 沈玉芳、张超：《上海与长江中上游地区经济协调发展研究》，《长江流域资源与环境》2002 年第 4 期。

[98] 石忆邵：《城乡一体化理论与实践：回眸与评析》，《城市规划汇刊》2003 年第 1 期。

[99] 司增绰：《基础设施经济属性的多角度考察》，《辽宁工程技术大学学报（社会科学版）》2008 年第 6 期。

[100] 苏俏云：《走向知识经济时代的新型城乡关系》，《人文地理》2002 年第 2 期。

[101] 宋立新、周春山、欧阳理：《城市边缘区公共开放空间的价值、困境及对策研究》，《现代城市研究》2012 年第 3 期。

[102] 孙莹：《新型农村社区规划建设的困境与出路》，《山西建筑》2011 年第 26 期。

[103] 陶希东：《社会管理转型的五大方向》，《学习时报》2012 年 8 月 20 日。

[104] 田卫东、王树恩：《区域优势产业集群发展中的政府作用研究》，《山东社会科学》2012 年第 11 期。

[105] 田玉荣：《园林树木在城市生态建设中的作用》，《现代农业科技》2010 年第 12 期。

[106] 王冰、顾远飞：《簇群的知识共享机制和信任机制》，《外国经济与管理》2002 第 5 期。

[107] 王发曾:《河南省国土开发的空间地域结构》,《地理学与国土研究》1991 年第 2 期。

[108] 王发曾:《河南城市的整体发展与布局》,河南教育出版社 1994 年版。

[109] 王发曾:《21 世纪发展中国家城市化的深层次发展》,《经济地理》,2003 年第 6 期。

[110] 王发曾:《论我国城市开放空间系统的优化》,《人文地理》2005 年第 1 期。

[111] 王发曾:《推进我国城镇化进程健康发展的必经之路》,《中国人口资源与环境》2007 年第 5 期。

[112] 王发曾:《构建我国城镇化进程的承载平台》,《甘肃社会科学》2008 年第 6 期。

[113] 王发曾:《中原经济区的新型城镇化之路》,《经济地理》2010 年第 12 期。

[114] 王发曾:《中原城市群的深度整合:内聚,外联与提升》,《中州学刊》2011 年第 6 期。

[115] 王发曾:《中原经济区"三化"协调发展之路》,《人文地理》2012 年第 3 期。

[116] 王发曾、郭志富、刘晓丽等:《基于城市群整合发展的中原地区城市体系结构优化》,《地理研究》2007 年第 4 期。

[117] 王发曾、刘静玉等:《中原城市群整合研究》,科学出版社 2007 年版。

[118] 王发曾、刘静玉、徐晓霞等:《中原城市群整合发展的关键问题》,《经济地理》2008 年第 5 期。

[119] 王发曾、闫卫阳、刘静玉:《省域城市群深度整合的理论与实践研究——以中原城市群为例》,《地理科学》2011 年第 3 期。

[120] 王发曾、袁中金、陈太政:《河南省城市体系功能组织研究》,《地理学报》1992 年第 3 期。

[121] 王发曾、张伟:《基于中部地区崛起的城市群整合发展》,《人文地理》2009 年第 5 期。

[122] 王发曾、吕金嵘：《中原城市群城市竞争力的评价与时空演变》，《地理研究》2011 年第 1 期。

[123] 王发曾、闫卫阳、刘静玉：《省域城市群深度整合的理论与实践研究——以中原城市群为例》，《地理科学》2011 年第 3 期。

[124] 王帆宇、袁艳红：《中部崛起面临的难点与对策》，《经济与管理》2006 年第 3 期。

[125] 王富喜、孙海燕：《对改革开放以来中国城镇化发展问题的反思——基于城乡协调视角的考察》，《人文地理》2009 年第 4 期。

[126] 王格芳：《用科学发展观审视我国城镇化中的突出问题》，《理论前沿》2007 年第 4 期。

[127] 王缉慈：《创新的空间——企业集群与区域发展》，北京大学出版社 2001 年版。

[128] 王建国：《构建中原经济区统筹协调的城乡支撑体系》，《中州学刊》2011 年第 1 期。

[129] 王玲杰：《中原经济区人口、资源与环境持续协调发展研究》，《黄河科技大学学报》2011 年第 3 期。

[130] 王伟：《河南全面推进新型农村社区建设》，《经济日报》2012 年 7 月 5 日。

[131] 王玮琳、雷蕾：《城市公共开放空间的人性化设计研究》，《山西农业科学》2008 年第 4 期。

[132] 王圣学：《关于城乡一体化的几点建议》，《理论导刊》1996 年第 5 期。

[133] 王晓、侯士元、石玉堂：《试论农业机械化与建设现代农业的关系》，《现代化农业》2007 年第 5 期。

[134] 王新涛：《产城融合理念下中原经济区小城镇产业选择与培育》，《企业活力》2011 年第 8 期。

[135] 王新涛：《郑州市中心城区生产性服务业选择及集群发展研究》，《长江大学学报》2012 年第 6 期。

[136] 王永苏：《试论中原经济区工业化城镇化农业现代化协调发展》，《中州学刊》2011 年第 3 期。

[137] 王震、唐欣：《城乡科技互动机制的制度创新研究》，《广东农业科学》2011 年第 17 期。

[138] 王振亮：《城乡一体化的误区——兼与〈城乡一体化探论〉作者商榷》，《城市规划》1998 年第 2 期。

[139] 魏江、申军：《产业集群学习模式和演进路径研究》，《研究与发展管理》2003 年第 2 期。

[140] 温月振、温志广：《推进我国城镇化的战略思考》，《农村经济》2005 年第 2 期。

[141] 吴彩虹：《关于小城镇建设的思考》，《理论与当代》2005 年第 4 期。

[142] 吴江、王斌、申丽娟：《中国新型城镇化进程中的地方政府行为研究》，《中国行政管理》2009 年第 3 期。

[143] 吴晓宇、姜伟：《建国以来农村生产关系变革与反思》，《天水行政学院学报》2011 年第 1 期。

[144] 徐维祥、唐根年、陈秀君：《产业集群与工业化、城镇化互动发展模式研究》，《经济地理》2005 年第 6 期。

[145] 谢晓玲、李欣怡：《基于城乡统筹的村镇体系规划》，《小城镇建设》2012 年第 5 期。

[146] 《新型城镇化引领"三化"协调科学发展研究》课题组：《新型城镇化引领"三化"协调科学发展之舞钢样本》，《河南日报》2011 年 9 月 7 日。

[147] 徐康宁：《开放经济中的产业集群与竞争力》，《中国工业经济》2001 年第 10 期。

[148] 徐晓霞：《中原城市群城市生态系统研究》，河南大学出版社 2006 年版。

[149] 许学强、周一星、宁越敏：《城市地理学》，高等教育出版社 1997 年版。

[150] 闫雷：《中原经济区农区三化协调发展体制机制创新探索》，《经济研究导刊》2011 年第 27 期。

[151] 闫卫阳、秦耀辰、郭庆胜等：《城市断裂点理论的验证、扩展

及应用》,《人文地理》2004 年第 2 期。

[152] 闫卫阳、王发曾、秦耀辰:《城市空间相互作用理论模型的演进与机理》,《地理科学进展》2009 年第 4 期。

[153] 杨朝兴:《中原经济区生态安全屏障建设研究》,《林业建设》2011 年第 3 期。

[154] 杨焕彩:《加快推进新型城镇化》,《山东经济改革研究》2010 年第 7 期。

[155] 杨建顺:《社会管理创新的内容、路径与价值分析》,《检察日报》2010 年 2 月 2 日。

[156] 杨凌:《30 个市 2 个县纳入中原经济区规划范围》,《河南日报》2012 年 8 月 8 日。

[157] 杨尚、王发曾:《中原城市群城镇体系空间结构分形特征及优化启示》,《河南科学》2007 年第 5 期。

[158] 杨士弘等:《城市生态环境学》,科学出版社 2003 年版。

[159] 杨迅周、杨延哲、刘爱荣:《中原城市群空间整合战略探讨》,《地域研究与开发》2004 年第 5 期。

[160] 杨玉敬:《河南省地方政府主导型农地流转现状分析及实证研究》,《湖北农业科学》2012 年第 8 期。

[161] 喻新安:《建设中原经济区若干问题研究》,《中州学刊》2010 年第 5 期。

[162] 喻新安、陈明星、王建国等:《中原经济区研究》,河南人民出版社 2010 年版。

[163] 喻新安、顾永东:《中原经济区策论》,经济管理出版社 2011 年版。

[164] 原玉丰:《生产性服务业产业集群的形成条件及动力机制研究》,《企业导报》2012 年第 5 期。

[165] 原丰:《新型农业现代化强基固本》,《河南日报》2011 年 11 月 30 日。

[166] 张慈、苑健斌:《城乡产业一体化发展研究》,《商业时代》2011 年第 4 期。

[167] 张从丽:《基础设施与经济发展关系探析》,《经济与管理》2008 年期 6 期。

[168] 张改素:《河南省城乡统筹发展的时空特征与定位推进研究》,《河南大学》2012 年学位论文。

[169] 张建秋:《中原经济区与新型农村社区建设》,《商丘师范学院学报》2012 年第 5 期。

[170] 张玲:《城市基础设施建设与区域经济发展研究》,东北财经大学 2006 年博士论文。

[171] 张旺锋、张永姣:《基于农村土地流转视角的县域村镇体系规划探讨——以临泽县为例》,《西北师范大学学报(自然科学版)》2012 年第 2 期。

[172] 张文秀、李冬梅、刑殊媛等:《农户土地流转行为的影响因素分析》,《重庆大学学报:社会科学版》2005 年第 1 期。

[173] 张晓丽:《我市生态型城市建设路径的理论思辨》,《科学观察》2007 年第 4 期。

[174] 张占仓:《河南省新型城镇化战略研究》,《经济地理》2010 年第 9 期。

[175] 张占仓、杨延哲、杨迅周:《中原城市群发展特征及空间焦点》,《河南科学》2005 年第 1 期。

[176] 赵文亮、陈文峰、孟德友:《中原经济区经济发展水平综合评价及时空格局演变》,《经济地理》2011 年第 10 期。

[177] 郑承庆、罗萍萍、吴声怡:《城市化背景下的乡村文化保护问题探析》,《福建农林大学学报》2008 年第 6 期。

[178] 中共河南省委、河南省人民政府:《关于加快水利改革发展的实施意见》,2011 年 1 月 21 日。

[179] 中共河南省委宣传部:《解读中原经济区》,河南人民出版社 2011 年版。

[180] 中共河南省委宣传部:《中共河南省第九次代表大会报告关键词解读》,河南人民出版社 2012 年版。

[181] 中国农业百科全书总编辑委员会水利卷编辑委员会、中国农业百

科全书编辑部：《中国农业百科全书：水利卷》，中国农业出版社 1986 年版。

[182] 钟涨宝、汪萍：《农地流转过程中的农户行为分析——湖北、浙江等地的农户问卷调查》，《中国农村观察》2003 年第 6 期。

[183] 周一星：《城市地理学》，商务印书馆 1995 年版。

[184] 周一星、孙则昕：《再论中国城市的职能分类》，《地理研究》1997 年第 1 期。

[185] 周加来：《城市化·城镇化·农村城市化·城乡一体化——城市化概念辨析》，《城市》2002 年第 1 期。

[186] 周建坪：《城市化与农村土地制度改革研究》，《郑州大学》2011 年硕士学位论文。

[187] 周永康：《深入推进社会矛盾化解、社会管理创新、公正廉洁执法，为经济社会又好又快发展提供更有力的法治保障》，《求是》2010 年第 4 期。

[188] 邹冬梅、陈成海、陈业渊：《实施农业标准化促进热带现代农业发展》，《热带农业工程》2009 年第 6 期。

[189] Ahmadjian V.1986. *Symbiosis an introduction to biological association*. Lebanon:The University Press of New England.

[190] Florida R.2007. *The Flight of the Creative Class: The New Global Competition for Talent*. New York: Harper Collins.

[191] Howard E.1898. *Garden Cities of Tomorrow*. London: Swan Sonnenschein.

[192] Okun A M.1975. *Equality and Efficiency: The Big Tradeoff*. Washington, DC: Brookings Institution.

[193] UnwinT.1989. *Urban-rural interaction in developing countries: a theoretical perspective*. London: Mount joy, Routledge.

后　记

近年来，河南省深入贯彻落实科学发展观，持续、延伸、拓展、深化中原崛起战略，形成了一个战略、一条路子、一个要领、一个形象的发展思路。一个战略，就是中原经济区发展战略；一条路子，就是持续探索走一条不以牺牲农业和粮食、生态和环境为代价的以新型城镇化为引领、以新型工业化为主导、以新型农业现代化为基础的三化协调科学发展的路子；一个要领，就是坚持重在持续、重在提升、重在统筹、重在为民的实践要领；一个形象，就是以务实发展树立起务实河南的形象。随着中原经济区上升为国家战略，河南在全国大局中的定位更加明晰、优势更加彰显。作为人口大省、农业大省、新兴工业大省、有影响的文化大省，河南是中国的缩影，河南的发展变化在全国具有典型意义。中原巨变再次昭示世人：中国特色社会主义道路前程广阔，中国特色社会主义理论体系魅力无限，中国特色社会主义制度优越凸显！

为了充分发挥理论先行、理论引领、理论破难、理论聚力的重要作用，河南省委宣传部组织编写了"中国特色社会主义道路河南实践系列丛书"，本书是系列丛书之四。2011年10月7日，是一个难忘的日子，一个令中原儿女欢呼雀跃的日子。当天晚上，中央电视台《新闻联播》节目头条播放了《国务院关于支持河南省加快建设中原经济区的指导意见》正式颁发的消息。这标志着：中原经济区正式上升为国家战略，中原崛起、河南振兴迈开了关键一步！

解析中原经济区新型城镇化引领三化协调科学发展之路，是中原学者义不容辞的责任，是时代赋予我们的光荣使命。河南大学环境与规划学院"城市区域综合发展"学术团队有比较丰厚的学术积累，尽管时间很紧，本书作者还是欣然接受了其中《新型城镇化引领三化协调科学发展》一书的研究与撰写任务。

本书的研究思路为：新型城镇化引领从新型农村社区建设与现代城镇体系建设切入，两个切入点是引领的突破口和具体抓手；为新型城镇化引领培育一种动力机制，该机制是引领的力量源泉与发力渠道；新型城镇化引领新型工业化、新型农业现代化等其他两化，为三化协调科学发展建立了内涵联系，营建了实施平台；新型城镇化引领产业集群发展、产城互动发展、城乡统筹发展等三条发展途径，全面涵盖了三化协调科学发展的实施通道；新型城镇化引领城镇体系建设、基础设施建设、生态环境建设、社会管理建设等四项基本建设，涵盖了三化协调科学发展的保障体系。

作者的分工如下：第一章，王发曾；第二章，王发曾；第三章，刘静玉；第四章，李晓莉；第五章，郭志富；第六章，王新涛；第七章，史亚娟；第八章，张改素；第九章，丁志伟；第十章，杨兰桥；第十一章，徐晓霞；第十二章，赵威。王发曾负责统撰全书，丁志伟、张改素负责编校全书图文。省委宣传部常务副部长王耀同志、省委宣传部副部长李宏伟同志审阅了全部书稿。葛卫华、刘向东、王珏等老师对书稿提出宝贵的修改意见，并提供了研究所必须的部分文献资料。在此向所有关心并帮助我们的领导、专家一并表示诚挚的感谢！

由于水平有限，书中难免有差错和不妥之处，恳请读者批评指正。

作 者

2012 年 10 月